mon alter ego 1

A1

MÉTHODE DE FRANÇAIS

Céline Himber
Catherine Hugot
Monique Waendendries

Véronique Mazarguil-Kizirian (Prononciation)

Anne-Marie Diogo (DELF)

Avec la participation de Jacqueline Maunier
(recherches documentaires pour les pages « Fenêtres sur... »)

hachette
FRANÇAIS LANGUE ÉTRANGÈRE

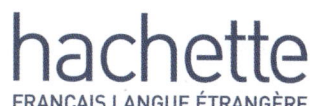

le parcours des autrices

Après des études de littérature et de dramaturgie, je me suis inscrite en master de FLE avec une idée en tête : enseigner le français par le théâtre. J'avais moi-même expérimenté l'apprentissage de l'anglais par ce biais aux États-Unis.
Lorsque j'ai commencé à enseigner, à l'Alliance Française de Cuenca, en Équateur, j'ai été confrontée au manque de motivation de mes élèves adolescents. Je leur ai alors proposé de participer à un projet de théâtre, ce qui a réveillé leur enthousiasme. Le succès de cette expérience m'a encouragée à explorer davantage le champ de la pédagogie de projet et à placer les besoins des élèves et le plaisir d'apprendre au centre de mes préoccupations.
J'ai ensuite continué à nourrir ces convictions en enseignant à un public d'adultes à l'Alliance Française de Lyon. Ces années de pratique sur le terrain ont alimenté mon travail d'autrice de méthodes pour adolescents. Pour *Le Mag'*, *Adosphère*, *Adomania* puis *Explore*, mes co-auteurs et moi avons basé notre réflexion sur cette certitude : impliquer les apprenants dans des tâches concrètes donne du sens à l'apprentissage et suscite la motivation.
Après ces quatre collections, j'ai eu envie de travailler sur une méthode pour adultes. J'ai alors rencontré Monique et Catherine, les autrices d'un manuel qui m'a longtemps accompagnée en classe : *Alter ego*.

Céline Himber

Monique Waendendries

Je suis franco-brésilienne ; le portugais est ma langue maternelle et le français ma langue paternelle. J'ai débuté ma carrière à l'Alliance Française de São Paulo, puis je suis venue en France pour poursuivre mes études universitaires dans le domaine du FLE. Tout naturellement, j'ai rejoint l'Alliance de Paris, où j'ai bénéficié d'un véritable accompagnement qui m'a permis de progresser. D'abord enseignante, je suis devenue au fil des ans formatrice d'enseignants, conceptrice de modules pour la formation à distance DAEFLE et conseillère pédagogique. J'ai aussi fait des missions à l'étranger et je suis intervenue dans des masters de FLE à Paris cité et Sorbonne nouvelle – Paris 3. J'ai toujours aimé allier la théorie à la pratique, je n'ai jamais quitté le terrain. Mes domaines de prédilection : l'observation de classe, la didactique du FLE et la linguistique.
J'ai eu la chance de toujours travailler en équipe. Avant *Mon alter ego*, j'ai mis en place à l'Alliance de Paris un dispositif d'accompagnement des enseignants, favorisant la pratique réflexive. Avec Catherine et Céline, nous avons souhaité proposer dans *Mon alter ego* un accompagnement pour tous les utilisateurs : apprenants, enseignants et institutions.

Catherine Hugot

Je me destinais à l'enseignement de l'anglais avant qu'un séjour en Irlande en tant qu'assistante de français infléchisse mon projet vers le FLE. Une formation d'enseignante à l'université de Dublin, en parallèle avec mes premiers cours dispensés à des adultes, ont confirmé mon désir de continuer dans cette voie.
J'ai été séduite par l'approche anglo-saxonne expérimentée dans cette formation, d'apprentissage actif basé sur les tâches. De retour en France, j'ai intégré l'Alliance Française de Paris, où le travail en équipe m'a permis d'affiner une approche méthodologique en phase avec mes convictions pédagogiques. Tout en continuant à enseigner, j'ai eu la chance de communiquer ma passion du métier à des enseignants, en France et dans le monde (Maroc, Chine, Canada, Inde…). J'ai eu à cœur de leur proposer des techniques et outils concrets expérimentés dans mes propres cours et de transmettre une méthodologie favorisant l'implication et la motivation des apprenants. Ces échanges en formation continue ou initiale, ont nourri ma propre pratique en classe.
Le plaisir de la transmission a trouvé une nouvelle expression dans la conception d'*Alter ego* et *Alter ego +*, avec des collègues animées des mêmes convictions et du désir de faciliter enseignement et apprentissage. Expérience qui a, en retour, enrichi ma réflexion et ma pratique.
Mon alter ego nous réunit, Monique, Céline et moi, dans la volonté d'aller plus loin dans l'accompagnement des utilisateurs de la méthode.

mon alter ego
l'accompagnement au cœur

Un alter ego, c'est quelqu'un en qui on a confiance, c'est un ami, un complice, un compagnon. Depuis 2006, les ouvrages *Alter ego* et *Alter ego +* ont été les compagnons de milliers d'enseignants et d'apprenants de français à travers le monde.
Aujourd'hui, Catherine Hugot, Monique Waendendries et Céline Himber nous présentent le nouveau chapitre d'une aventure exceptionnelle.

Racontez-nous le début de l'aventure *Alter ego*.

En 2006, *Alter ego* était le fruit de notre expérience sur le terrain, en tant qu'enseignantes et formatrices. Nous étions une équipe très soudée, nous partagions les mêmes choix méthodologiques. Et nous voulions aider les profs dans la préparation et l'animation de leurs cours.
C'est pourquoi nous avons proposé une démarche « prête à l'emploi », « pas à pas ». Une démarche qui diminue le temps de préparation et qui aide à animer le cours de manière efficace, cohérente, fluide. Une démarche qui implique l'apprenant, parce que la priorité est donnée au sens, avant la découverte des formes linguistiques.

En 2012, vous avez publié *Alter ego +*. Quelles évolutions avez-vous alors apportées ?

Fortes des retours de nos apprenants et des enseignants, nous sommes allées plus loin dans la scénarisation des leçons et dans la démarche actionnelle, notamment avec l'introduction de projets.

Et maintenant, parlez-nous de *Mon alter ego*.

On retrouve dans *Mon alter ego* trois autrices de la première heure (Catherine, Monique et Véronique pour la phonétique). Pour cette nouvelle aventure, Céline a rejoint l'équipe.
Son expérience sur le terrain et en tant qu'autrice de méthodes pour adolescents a enrichi la réflexion sur ce nouveau projet. Notre équipe a travaillé main dans la main.

> « L'apprentissage des langues est plus que jamais lié aux besoins des personnes dans la vie. »

Comment *Mon alter ego* s'inscrit dans le contexte actuel ?

Ces dernières années, nous avons constaté que l'apprentissage des langues est plus que jamais lié aux besoins des personnes dans la vie. La manière d'apprendre a évolué, la demande d'efficacité s'est accrue et l'apprenant attend des résultats rapides. Par ailleurs, l'enseignant doit s'adapter à des modalités variables.
Nous avons donc adopté une approche inédite. Nous avons d'abord inventorié les besoins des apprenants dans la vie avant d'identifier des tâches qu'ils peuvent être amenés à faire, en tant qu'acteurs sociaux. Les leçons ont donc ce point de départ et ce point d'arrivée.
Nous avons aussi pris en compte les besoins des enseignants et des institutions, à partir de notre expérience sur le terrain. Et nous avons envisagé un dispositif d'accompagnement répondant à ces besoins.

Comment cela se traduit-il pour les apprenants ?

Les besoins des apprenants sont de deux sortes : les besoins liés à la vie et les besoins liés à l'apprentissage. Chaque leçon répond à un besoin de la vie et présente un scénario bien défini, fortement contextualisé, qui implique l'apprenant. Le scénario est présenté de manière claire : l'apprenant sait dès le début de la leçon quel est l'objectif visé et quelle tâche il va réaliser en fin de leçon.
En ce qui concerne les besoins liés à l'apprentissage, nous avons prévu des rubriques pour aider l'apprenant à mémoriser et à renforcer ses stratégies.
Ainsi, l'accompagnement tel que nous l'avons envisagé, permet à l'apprenant de « donner du sens » à ce qu'il fait. Cela favorise son implication et son autonomie.

> « Nous avons aussi pris en compte les besoins des enseignants et des institutions. »

Et pour les enseignants ?

Les besoins concernent essentiellement la préparation du cours, l'animation de classe et l'évaluation des acquis.
Tout est prévu dans le dispositif d'accompagnement pour que la préparation du cours soit facilitée et pour que l'animation en classe soit aisée, fluide. Grande nouveauté, des tutoriels pédagogiques sont proposés pour répondre aux questions que se posent les enseignants sur la méthode et pour faciliter la mise en œuvre de certains types d'activités.
Mon alter ego tient aussi compte de la nécessité ou de l'envie qu'ont les enseignants de personnaliser et d'enrichir leurs cours : les activités et ressources *Classe+* les aident à adapter les cours à leur public.

...

… Et du côté des institutions ?

Mon alter ego propose des outils pour faciliter la mise en place de la méthode. L'accompagnement porte sur trois axes. Tout d'abord l'évaluation : grâce aux tests de positionnement proposés, l'institution sait exactement dans quelle classe placer les apprenants non débutants quand ils viennent s'inscrire. À cela s'ajoutent diverses propositions pour vérifier les acquis et bien sûr la préparation au DELF. Par ailleurs, nous proposons des outils qui tiennent compte de la diversité des offres de cours, notamment hybrides.
Enfin, *Mon alter ego* propose des outils pour soutenir la qualité des cours. Les tutoriels, notamment, favorisent la pratique réflexive au sein des équipes pédagogiques.

Le mot de la fin ?

Alter ego et *Alter ego +* sont devenus pour beaucoup d'utilisateurs de véritables compagnons, ils se les sont appropriés. Nous espérons aujourd'hui que *Mon alter ego* deviendra « leur alter ego ».

> **Nous avons imaginé un**
> **en réponse aux**

LES BESOINS
des utilisateurs

Les besoins des apprenants

› *Mon alter ego* prend en compte les besoins de la vie dans les domaines définis par le CECRL :
  – le domaine personnel (se loger, se nourrir…)
  – le domaine public (faire des achats, interagir sur les réseaux sociaux…)
  – le domaine professionnel (trouver un emploi…)
  – le domaine éducationnel (choisir un programme d'étude…)
› La méthode veille également à prendre en compte les besoins liés à l'apprentissage (savoir-apprendre)

Les besoins des enseignants

› *Mon alter ego* facilite la préparation du cours :
  – identifier et fixer des objectifs
  – prévoir la démarche
› La méthode donne des pistes concrètes d'animation de classe :
  – mettre en œuvre la démarche prévue
  – favoriser l'implication des apprenants et leurs interactions
› Elle propose un dispositif complet et régulier pour évaluer les acquis

Les besoins des institutions

› *Mon alter ego* permet d'identifier le niveau initial des apprenants
› La méthode aide à mettre en place une offre de cours diversifiée et personnalisée
› Elle soutient la qualité des cours et la pratique réflexive des enseignants

UNE OFFRE NUMÉRIQUE
complète et facile d'accès

Pour en savoir +

Le numérique pour les apprenants

› Le Parcours digital® : les activités *S'entraîner* au format autocorrectif + 150 activités complémentaires offertes avec le livre de l'élève
› Le livre de l'élève numérique
› Le cahier d'activités autocorrectif

« dispositif d'accompagnement besoins des utilisateurs »

Les autrices

L'ACCOMPAGNEMENT des utilisateurs

L'accompagnement des apprenants

- *Mon alter ego* implique l'apprenant dans un scénario pédagogique partant d'un objectif clair et aboutissant à la réalisation d'une tâche-cible de manière collaborative
- La méthode rend l'acquisition de la langue efficace grâce à des outils de conceptualisation, et facilite la mémorisation avec des aides à l'ancrage (*Récap'Lexique et communication, Récap' grammaire*) et des activités d'entraînement hors-classe
- Elle prend en compte les compétences préexistantes de l'apprenant et lui permet de renforcer ses stratégies pour comprendre, mémoriser, communiquer et coopérer en classe

L'accompagnement des enseignants

- *Mon alter ego* propose une démarche « clé-en-main » dans chaque leçon
- La méthode facilite la conceptualisation avec des tableaux, schémas et autres outils pour la compréhension et l'acquisition des actes de parole, de la grammaire et du lexique
- Elle aide à l'animation de classe grâce à des tutoriels et au guide pédagogique
- Elle facilite l'enseignement de la phonétique grâce à des activités spécifiques et des capsules vidéo

L'accompagnement des institutions

- *Mon alter ego* donne accès à des tests de positionnement, de vérification des acquis (évaluation formative) et à un entraînement au DELF tous les deux dossiers
- La méthode propose des activités et des ressources complémentaires pour répondre à la diversité des offres de cours et à l'hétérogénéité des classes (activités **Classe +** pour renforcer des acquis ou aller plus loin)
- Elle met à disposition des scénarios d'hybridation personnalisables pour faciliter la création d'offres de cours

Le numérique pour les enseignants

- Le Manuel numérique classe (livre de l'élève + cahier + guide pédagogique + kit d'accompagnement)
- L'espace *Mes cours* pour créer vos classes virtuelles et communiquer avec vos étudiants

Le numérique pour les institutions

- Un kit d'accompagnement composé d'outils et de ressources complémentaires (voir page 6)

Mode d'emploi

mon alter ego 1 c'est :

- **8 dossiers de 16 pages :**
  - 3 leçons de deux doubles pages
  - 1 double page « Fenêtre sur… »
  - 1 page « Stratégies et outils pour… »

- **1 double page de préparation au DELF tous les deux dossiers**

- **27 pages annexes :**
  - une épreuve DELF
  - un précis grammatical
  - un tableau des sons du français
  - des activités de phonie-graphie
  - un tableau de conjugaisons
  - une carte de France et un plan de Paris

- **1 livret :**
  - les transcriptions des dialogues et des vidéos
  - les corrigés des activités *S'entraîner*
  - un lexique multilingue

L'organisation d'un dossier

Une page d'ouverture

Le contrat d'apprentissage

Repères

 Activités et ressources complémentaires

 Activités en mouvement

 Rappels utiles ou informations pour aller plus loin dans le *Récap'grammaire*

ehachettefle.com

Le portail unique pour vos ressources numériques *Mon alter ego*

Pour les enseignants et l'institution

- **Le kit d'accompagnement**
  - le guide pédagogique*
  - les activités et les ressources « Classe* + »
  - les tests modifiables*
  - les tutoriels pédagogiques
  - l'outil d'hybridation
  - le test de positionnement

- **Le Manuel numérique classe**
  - le livre de l'élève + Parcours digital®
  - le cahier d'activités autocorrectif
  - le kit d'accompagnement

- **Les classes virtuelles « Mes cours » pour :**
  - communiquer avec les apprenants
  - partager des ressources
  - organiser des activités ou des évaluations
  - suivre les progrès de vos élèves

Pour les apprenants

- Le livre de l'élève + Parcours digital®
- Le cahier d'activités autocorrectif

 Les ouvrages de la collection *Mon alter ego* sont compatibles avec l'application **MEDIA+** pour smartphone. Prenez la page de votre livre en photo et accédez aux audio et vidéos qui lui sont associés.

*Également disponible en téléchargement au format PDF sur hachettefle.fr :
- le guide pedagogique
- les activités et les ressources « Classe + »
- les tests modifiables

Trois leçons de deux doubles pages

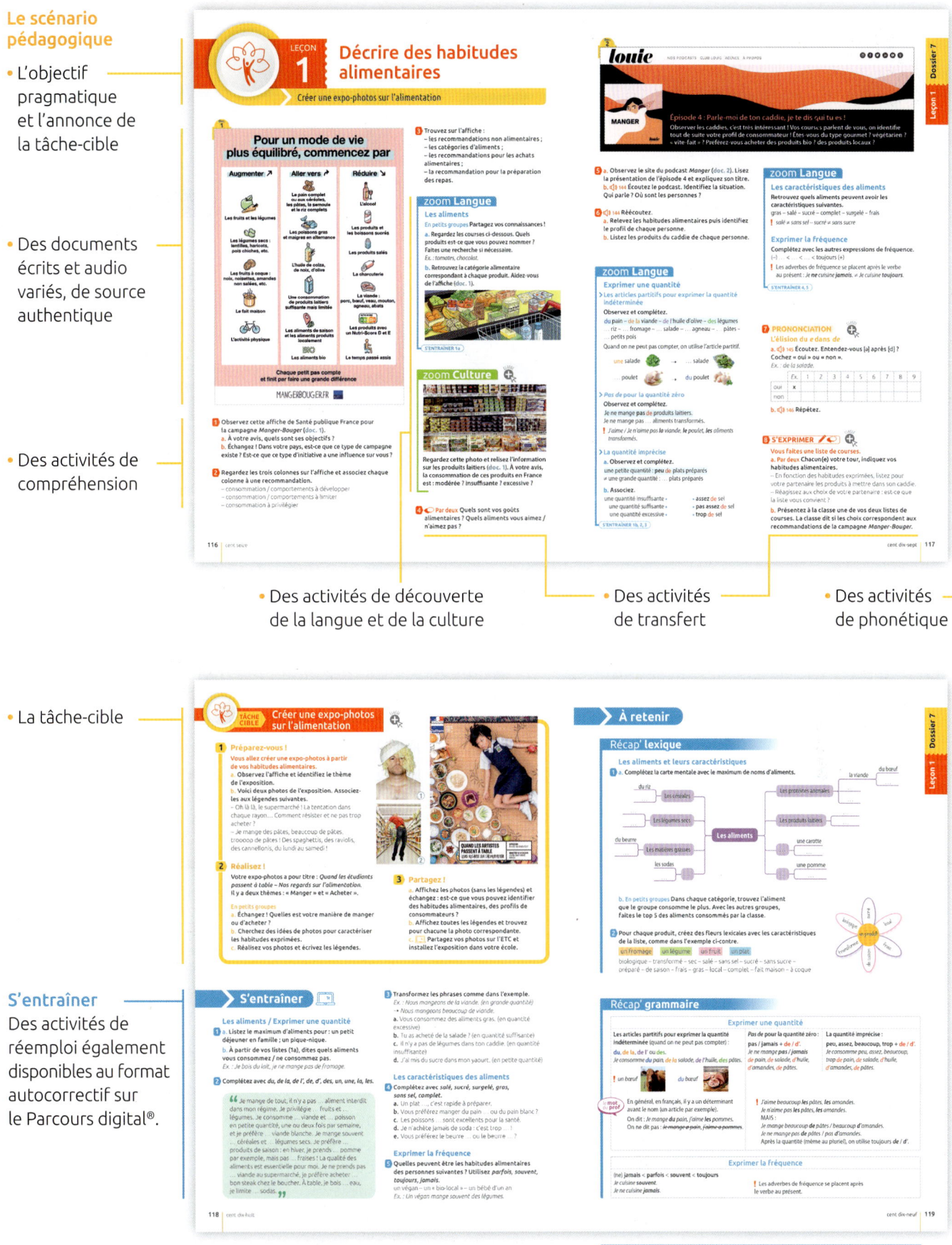

Le scénario pédagogique
- L'objectif pragmatique et l'annonce de la tâche-cible
- Des documents écrits et audio variés, de source authentique
- Des activités de compréhension

- Des activités de découverte de la langue et de la culture
- Des activités de transfert
- Des activités de phonétique

- La tâche-cible

S'entraîner
Des activités de réemploi également disponibles au format autocorrectif sur le Parcours digital®.

À retenir
- **Récap'lexique et communication** : des activités visant la vérification des acquis et la mémorisation du lexique et des actes de parole
- **Récap'grammaire** : un aide-mémoire pour ancrer les contenus grammaticaux étudiés

sept | 7

Mode d'emploi

Une double page « Fenêtres sur... »

Des rubriques variées (*Littératures, Sociétés, Patrimoines, Territoires* et *Identités*)

Des documents authentiques dont une vidéo et des activités pour découvrir des aspects culturels

Retrouvez des activités interactives complémentaires en lien avec la vidéo sur le site *Apprendre* de

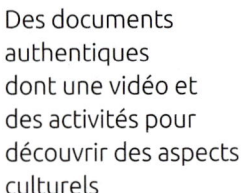

Une page « Stratégies et outils pour ... »

Des activités pour amener l'apprenant à renforcer ses stratégies pour comprendre, mémoriser, communiquer et coopérer en classe.

Deux pages « Entraînement DELF A1 »

Tous les deux dossiers, une préparation au DELF A1 avec les différentes activités langagières.

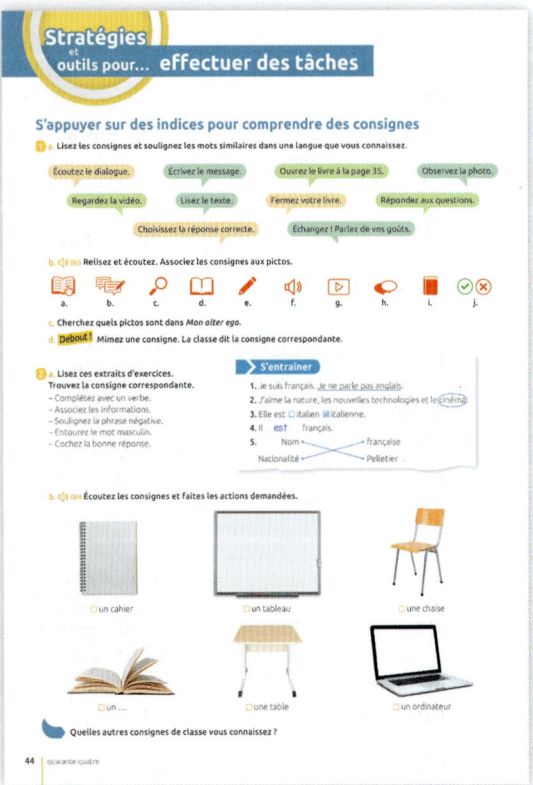

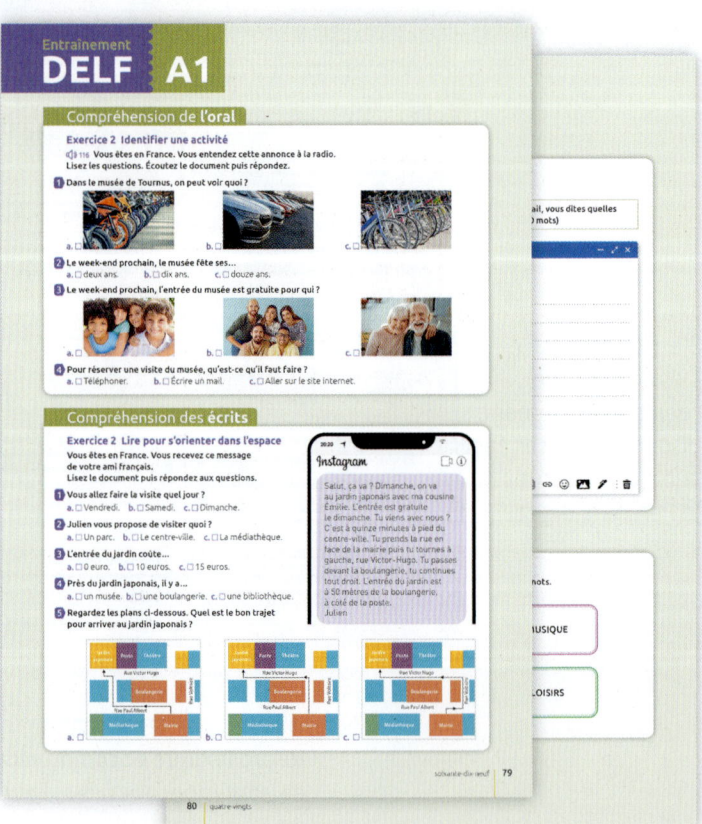

Tableau des contenus

DOSSIER 1 — Former un groupe

Besoins / Tâches-cible	Objectifs pragmatiques	Objectifs linguistiques morphosyntaxiques	Objectifs linguistiques lexicaux	Objectifs linguistiques phonétiques
LEÇON 1 — Faire connaissance / Faire le trombinoscope de la classe	Se présenter – Saluer (1) – Dire le prénom – Faire épeler / Épeler – Poser une question simple	– Le verbe *s'appeler* au présent (je, tu, vous) – La question simple (Et toi ? Et vous ?) – Il y a… – Les articles indéfinis	– *Bonjour, bonsoir* – L'alphabet – Les nombres de 0 à 20 – Les personnes de la classe	– L'alphabet **Phonie-graphie :** les signes orthographiques et les accents
Faire le profil linguistique de la classe	Dire la nationalité et les langues parlées – Demander / Dire quelles langues on parle – Demander / Dire la nationalité	– Le verbe *parler* au présent (je, tu, nous, vous) – Le verbe *être* au présent (je, tu, nous, vous) – Le masculin et le féminin des adjectifs de nationalité	– Les langues – Les nationalités	– Le rythme et l'accentuation (1)
LEÇON 2 — Créer des liens / Créer le calendrier des anniversaires de la classe	Demander, donner des informations personnelles (1) L'âge La date d'anniversaire	– Le verbe *avoir* au présent (je, tu, nous, vous) – *C'est le* + date – Les adjectifs possessifs (1) – L'adjectif interrogatif *quel(le)* (1)	– Les nombres de 20 à 69 – Les mois	– Les liaisons et les enchaînements avec les nombres – Le son [ɑ̃] **Phonie-graphie :** quelques graphies du son [ɑ̃]
Partager des fiches-profils sur un espace collaboratif	Demander, donner des coordonnées Le nom de famille Le numéro de téléphone L'adresse mail – Saluer (2) / Prendre contact	– *Vous* (valeur plurielle)	– Les nombres de 70 à 100 – Quelques termes relatifs à l'identité – Quelques formules de salutation informelle – Les signes et la ponctuation	
LEÇON 3 — Trouver des affinités / Créer un album-souvenir de la classe	Donner des informations sur quelqu'un – Donner des informations personnelles (2) – Dire ses goûts (1) – Présenter une personne	– Les verbes *être* / *avoir* au présent (synthèse) – Les articles définis – *Qui est-ce ? / C'est* + prénom – Les verbes en *-er* au présent (synthèse) – Les pronoms personnels sujets (synthèse) – La négation *ne… pas*	– La situation de famille – Les centres d'intérêt	– Les sons [ə] et [e] (1) **Phonie-graphie :** quelques graphies du son [e]
Contenus socioculturels	– Le tutoiement et le vouvoiement – Les numéros de téléphone en France		**Fenêtres sur…** – une pièce de théâtre : *Le Prénom* – le palmarès des prénoms en France	
Stratégies et outils pour…	Communiquer en classe → adopter une attitude active → demander de l'aide poliment			

DOSSIER 2 — Communiquer en contexte international

Besoins / Tâches-cible	Objectifs pragmatiques	Objectifs linguistiques morphosyntaxiques	Objectifs linguistiques lexicaux	Objectifs linguistiques phonétiques
LEÇON 1 — Prendre des cours de langue / Faire un témoignage vidéo sur son apprentissage	Parler de son apprentissage – Demander / Dire la raison, la motivation – Demander / Dire la profession	– Le verbe *apprendre* au présent – Les verbes en *-ger* au présent – *Pourquoi ?* → *parce que / pour* + infinitif / nom – Le masculin et le féminin des professions	– Les moments de la journée – Les motivations pour apprendre une langue – Les professions	– Les sons [y] et [u] **Phonie-graphie :** la graphie de [y] et [u]
LEÇON 2 — Trouver des opportunités pour pratiquer la langue / Proposer un programme d'événements francophones	Annoncer un événement – Indiquer le pays / la ville – Donner des informations chiffrées – Indiquer l'année – Donner des précisions sur un événement	– Le genre des noms de pays – Les prépositions devant les noms de pays et de ville (1) – *En* + année	– Les pays – Les grands nombres – Les mots interrogatifs *où, quand, qui* – Les types d'événements / d'activités – Les jours de la semaine	– Le schéma mélodique de la phrase – Le découpage syllabique **Phonie-graphie :** les homophones : *à / a*
LEÇON 3 — Participer à des rencontres internationales / Organiser un Café des Langues	Faire connaissance – Dire le pays / la ville d'origine – Saluer et prendre congé – Demander des informations personnelles	– Le verbe *venir* au présent – Les prépositions devant les noms de pays et de villes (2) – L'adjectif interrogatif *quel(le)(s)* (2) – La question fermée : intonative / avec *est-ce que* – La différence *oui / si*	– Les salutations – Les rencontres linguistiques	– La question intonative – Le son [ɛ̃] **Phonie-graphie :** la distinction [ɛ̃] / [ɛn] le schéma mélodique de la phrase et la ponctuation
Contenus socioculturels	– Le réseau des Alliances françaises – La Semaine de la langue française et de la Francophonie		**Fenêtres sur…** – la francophonie – des personnalités francophones	
Stratégies et outils pour…	Effectuer des tâches → s'appuyer sur des indices pour comprendre des consignes			

Tableau des contenus

DOSSIER 3 — Découvrir une ville

Besoins / Tâches-cible	Objectifs pragmatiques	Objectifs linguistiques		
		morphosyntaxiques	lexicaux	phonétiques
LEÇON 1 Trouver un hébergement lors d'un séjour Choisir un hébergement	Rechercher / Proposer un hébergement – Décrire un hébergement – Comprendre un commentaire de voyageur – Caractériser une personne, un hébergement	– Les articles définis / indéfinis – Les adjectifs qualificatifs : accord (1) et place – C'est… Il / Elle est… (1)	– L'hébergement – Les pièces et les équipements – Quelques termes pour caractériser une personne, un hébergement	– La liaison et l'enchaînement **Phonie-graphie :** la liaison avec le nom
LEÇON 2 Connaître de bonnes adresses Faire un carnet de bonnes adresses	Présenter un lieu « coup de cœur » – Localiser un lieu – Dire / Écrire une adresse – Faire un achat, une commande	– Les prépositions de lieu et l'article contracté – Les adjectifs démonstratifs – Ça (1)	– Les lieux de la ville – Les expressions de localisation – Les nombres ordinaux – Quelques formules d'achat	– Les consonnes finales muettes
LEÇON 3 Se déplacer et découvrir des lieux d'intérêt Créer un itinéraire de randonnée urbaine	Indiquer un itinéraire – Indiquer la destination, le chemin – Indiquer le mode de déplacement	– La préposition à + article – Le verbe aller au présent – Les prépositions en / à et les modes de déplacement – Les verbes prendre et descendre au présent	– Quelques verbes et expressions pour indiquer le chemin – Quelques marqueurs chronologiques – Les moyens de transport	– Les sons [e] et [ɛ] **Phonie-graphie :** l'accent grave / circonflexe / aigu pour les sons [e] et [ɛ]
Contenus socioculturels	– Les plus grandes villes de France – Le libellé d'une adresse (code postal, arrondissement…) – La Fête des Lumières à Lyon	**Fenêtres sur…** – les personnalités françaises dans les noms de rues – la féminisation des noms de rues – quelques caractéristiques de grandes villes de France		
Stratégies et outils pour…	Identifier un document écrit → repérer des indices visuels			

DOSSIER 4 — Entretenir des relations sociales

Besoins / Tâches-cible	Objectifs pragmatiques	Objectifs linguistiques		
		morphosyntaxiques	lexicaux	phonétiques
LEÇON 1 Avoir des partenaires pour des activités Créer un groupe pour des activités de loisirs	Parler de ses loisirs – Dire ses goûts (2) – Parler de ses activités	– Le pronom on (1) (= nous) – La question Qu'est-ce que… ? – Aimer (bien) / Adorer / Détester + nom / verbe – Être fan / passionné de + nom – Le verbe faire au présent + de + article – Jouer de / à – Pas de (1)	– Les loisirs	– Le son [ɔ̃] **Phonie-graphie :** la distinction [ɔ̃] / [ɔn]
LEÇON 2 Rencontrer des personnes d'une autre origine Proposer des familles d'accueil pour des francophones	Parler de sa famille – Dire le lien de parenté – Présenter et décrire des personnes	– Les adjectifs possessifs (2) – C'est… Il / Elle est… (2) Ce sont… Ils / Elles sont… – L'accord des adjectifs (2)	– La famille – La personnalité et le physique	
LEÇON 3 Communiquer à distance avec des proches Faire un podcast de messages téléphoniques	Annoncer / Réagir à une nouvelle – Informer d'un événement récent / imminent – Exprimer une réaction – Prendre congé dans un message	– Le passé récent – Le futur proche – Les pronoms toniques	– Quelques indicateurs temporels pour situer dans le futur – Formules pour prendre congé – Termes pour exprimer une réaction – Chez – Quelques termes du registre familier	– Le rythme et l'accentuation (2) **Phonie-graphie :** quelques graphies du son [ɛ]
Contenus socioculturels	– Le registre familier – Les podcasts d'Arte Radio	**Fenêtres sur…** – un auteur de bande dessinée (Riad Satouf) et une de ses œuvres emblématiques – les tendances sociologiques de la famille en France		
Stratégies et outils pour…	Identifier une situation orale → s'appuyer sur des indices sonores			

DOSSIER 5 — Gérer son quotidien

Besoins / Tâches-cible	Objectifs pragmatiques	Objectifs linguistiques — morphosyntaxiques	Objectifs linguistiques — lexicaux	Objectifs linguistiques — phonétiques
LEÇON 1 Organiser son emploi du temps au travail Créer un agenda partagé pour des groupes de travail	Parler de l'organisation au travail – Situer dans le temps – Demander / Indiquer l'heure (1) et les horaires – Demander / Indiquer des disponibilités pour un rendez-vous	– Structures pour situer dans le temps (*ce matin, cet après-midi, ce soir*) – Les prépositions pour indiquer les horaires – Les verbes en *-cer* au présent – Les verbes *pouvoir* et *vouloir* au présent	– Quelques indicateurs temporels : *avant, après, pendant* (+ nom) – Les activités au travail – *Moi aussi / Moi non plus*	– Les sons [ø] et [œ] **Phonie-graphie :** les graphies *eu* et *ou*
LEÇON 2 Déterminer sa routine quotidienne Faire un recueil d'astuces pour améliorer le quotidien	Décrire ses habitudes – Décrire sa routine quotidienne – Exprimer la régularité (1) – Dire l'heure (2) (dans la conversation)	– Les verbes pronominaux au présent – Les verbes *sortir, partir* et *dormir* au présent – Structures pour exprimer la régularité – Structures pour dire l'heure	– Les actions de la vie quotidienne – Les repas	**Phonie-graphie :** les verbes en *-eler, -ever, -ener, -eter* au présent
LEÇON 3 Organiser la vie en collectivité Établir un planning pour la vie domestique	Formuler des règles – Exprimer l'obligation / l'interdiction – Exprimer la fréquence (1) / la régularité (2)	– L'infinitif affirmatif et négatif (pour exprimer des règles) – *Il faut* + infinitif – Le verbe *devoir* au présent – Structures pour exprimer la régularité (2), la fréquence	– La vie collective – Les tâches ménagères	
Contenus socioculturels	– Les horaires de bureau en France – Les horaires des repas en France et dans quelques pays francophones		**Fenêtres sur…** – un phénomène de société : la colocation intergénérationnelle – un écrivain (Roland Barthes) et sa routine de vacances	
Stratégies et outils pour…	Mémoriser le lexique → grouper, classer, catégoriser			

DOSSIER 6 — Changer de cadre

Besoins / Tâches-cible	Objectifs pragmatiques	Objectifs linguistiques — morphosyntaxiques	Objectifs linguistiques — lexicaux	Objectifs linguistiques — phonétiques
LEÇON 1 Préparer un voyage Proposer une destination de voyage	(S')informer avant un voyage – Situer un lieu géographiquement – Parler de la météo / du climat et des saisons – Exprimer une nécessité	– Prépositions + points cardinaux – Structures pour parler de la météo / du climat – Prépositions + saisons – *Il faut / Avoir besoin de* + nom / infinitif	– Les points cardinaux – La météo / le climat – Les saisons – Les vêtements et les accessoires	– Les sons [s] et [z] **Phonie-graphie :** les graphies de [s] / [z]
LEÇON 2 Choisir des activités pendant un séjour Faire une brochure touristique	Donner des informations touristiques – Parler d'un lieu d'intérêt – Suggérer une visite, une activité	– Le pronom *y* complément de lieu – Le pronom *on* (2) (= *les gens*) – Les verbes *choisir, découvrir* et *offrir* au présent – L'impératif (1)	– Les lieux touristiques et leurs caractéristiques – Les animations et les événements culturels	
LEÇON 3 Partager une expérience Faire un podcast de témoignages	Raconter une expérience – Exprimer un ressenti – Raconter un événement passé – Faire une appréciation	– *Avoir envie de / peur de* – Le passé composé (1)	– Les activités de plein air – Quelques indicateurs temporels pour situer dans le passé – Quelques expressions de l'appréciation	– Les sons [ə] et [e] (2) **Phonie-graphie :** les graphies du son [e]
Contenus socioculturels	– La Suisse : climat et relief – La Dordogne, région touristique		**Fenêtres sur…** – les régions et le découpage administratif de la France – des lieux et événements emblématiques du patrimoine français	
Stratégies et outils pour…	Comprendre le fonctionnement de la langue → observer, catégoriser et relier au connu			

Tableau des contenus

DOSSIER 7 — Prendre soin de soi

Besoins / Tâches-cible	Objectifs pragmatiques	Objectifs linguistiques — morphosyntaxiques	Objectifs linguistiques — lexicaux	Objectifs linguistiques — phonétiques
LEÇON 1 — Se nourrir — Créer une expo-photos sur l'alimentation	Décrire des habitudes alimentaires — Exprimer une quantité — Exprimer la fréquence (2)	– Les articles partitifs / *pas de* (2) – Quantité + *de / d'*	– Les aliments et leurs caractéristiques – Les expressions de quantité (1) – Les expressions de fréquence	– L'élision du *e* dans *de*
LEÇON 2 — Aménager son logement — Élaborer un projet de décoration	Parler de l'aménagement d'un logement — S'informer sur des attentes — Caractériser des pièces, des meubles, des objets	– Structures du questionnement – L'accord des adjectifs (3) – La place des adjectifs (2)	– Les pièces, les meubles, les objets et leurs caractéristiques – Les couleurs	– L'intonation de la question **Phonie-graphie :** les graphies du son [o]
LEÇON 3 — Se soigner — Réaliser une brochure de prévention-santé	Parler de la santé — Exprimer des symptômes : douleurs et sensations — Faire des recommandations	– Structures pour exprimer les douleurs et sensations – L'impératif (2) : verbes pronominaux, *avoir*, *être*	– Les parties du corps – Les sensations	– La distinction [ɑ̃] / [ɛ̃] **Phonie-graphie :** quelques graphies des sons [ɑ̃] et [ɛ̃]
Contenus socioculturels	– La consommation de produits laitiers en France – Quelques spécificités de la consultation médicale en France (Doctolib, la carte Vitale)		**Fenêtres sur...** – une tendance alimentaire actuelle : le flexitarisme – un poème de Robert Desnos	
Stratégies et outils pour...	Faire face à des difficultés de communication → susciter la coopération, demander de l'aide			

DOSSIER 8 — Prendre part à des événements

Besoins / Tâches-cible	Objectifs pragmatiques	Objectifs linguistiques — morphosyntaxiques	Objectifs linguistiques — lexicaux	Objectifs linguistiques — phonétiques
LEÇON 1 — Cuisiner, recevoir — Partager des recettes	Comprendre et expliquer une recette de cuisine — Nommer un plat — Indiquer les ingrédients — Donner les instructions	– Les prépositions *à* ou *de* pour nommer un plat – La quantité précise + *de* – Le verbe *mettre* au présent – Les pronoms COD *le, la, les*	– Les expressions de quantité (2) – Les actions et les ustensiles pour cuisiner	– Les sons [k] et [g] **Phonie-graphie :** la prononciation des lettres *c* et *g*
LEÇON 2 — Rappeler de bons moments — Faire une rétrospective	Évoquer des événements personnels — Raconter un événement passé — Situer dans l'année — Féliciter, exprimer des vœux	– Le passé composé (2) : verbes pronominaux – L'imparfait (*c'était, il y avait*…) – Structures pour situer dans l'année	– Les grands événements de la vie – Les moments-clés de l'année – Formules de vœux	– La distinction [ɛ̃] / [ɑ̃] / [ɔ̃] **Phonie-graphie :** la prononciation des graphies *en / ent*
LEÇON 3 — Faire la fête — Organiser une fête de fin de niveau	Célébrer un événement — Inviter et répondre à une invitation — Se mettre d'accord sur un cadeau	– Les pronoms compléments *me, te, nous, vous* – Les pronoms COI *lui, leur* – Le présent continu	– Le départ à la retraite – Formulations pour inviter et répondre à une invitation – Les cadeaux et attentions	
Contenus socioculturels	– La composition des repas en France – Quelques moments-clés de l'année en France		**Fenêtres sur...** – quelques fêtes du calendrier français, les rituels et spécialités associés – les Français et la cuisine – les recettes préférées des Français	
Stratégies et outils pour...	Produire un écrit → analyser une consigne			

DOSSIER 1
Former un groupe

	Vous avez besoin de/d'...	Vous allez apprendre à...	Vous allez...
Leçon 1	faire connaissance	– vous présenter – dire la nationalité et les langues parlées	– faire le trombinoscope de la classe – faire le profil linguistique de la classe
Leçon 2	créer des liens	– demander, donner des informations personnelles – demander, donner des coordonnées	– créer le calendrier des anniversaires de la classe – partager des fiches-profils sur un espace collaboratif
Leçon 3	trouver des affinités	donner des informations sur quelqu'un	créer un album-souvenir de la classe

Fenêtres sur...	Stratégies et outils pour...
Littératures Découvrir une pièce de théâtre : Le Prénom **Sociétés** Découvrir le palmarès des prénoms en France	**Communiquer en classe** → adopter une attitude active → demander de l'aide poliment

LEÇON 1 — Se présenter

> Faire le trombinoscope de la classe

Notre classe de français — 12 étudiants

Akiko · David · Fiorello · Greta

et un professeur :

Rémy · Héloïse · Kali · Maria

Paloma · Sung · Tao · Vivian · Yassine

1 a. 🔊 002-003 Regardez le trombinoscope d'une classe internationale et écoutez. Qui se présente ?

b. `Debout !` 💬 En cercle, présentez-vous comme dans le dialogue.

2 a. 🔊 004-005 Regardez à nouveau le trombinoscope. Écoutez les présentations. Qui parle ?
Dialogue 1 → …   Dialogue 2 → …

b. 🔊 004-005 Réécoutez et répétez les questions pour demander le prénom.

zoom Langue
Saluer et se présenter
Observez et associez.

Bonjour ! / Bonsoir ! •	
Je m'appelle…, et **toi** ? •	• Situation formelle
Je m'appelle…, et **vous** ? •	• Situation informelle
Comment **tu** t'appelles ? •	
Comment **vous** vous appelez ? •	

3 a. 🔊 006-007 Écoutez l'alphabet des prénoms puis dites les lettres de l'alphabet.

b. Identifiez les voyelles et les consonnes.

c. Prononcez à nouveau les lettres et classez-les.
[a] : A – H – …
[e] : B – C – … – … – … – … – …
[ɛ] : F – … – … – … – … – … – …
[i] : I – … – … – …
[y] : … – U
[o] : O
[ə] : E

4 Debout ! 💬 Faites l'alphabet des prénoms de la classe : dites votre prénom et placez-vous par ordre alphabétique.
Ex. : A comme Andrew, B comme…

5 🔊 008-009 Écoutez les personnes épeler leur prénom. Identifiez les personnes sur le trombinoscope.

zoom Langue
Faire épeler / Épeler
a. Observez.

Comment ça s'écrit ? Ça s'écrit : M-A-R-I-A.	
é	accent aigu
è, à, ù	accent grave
ê, â, ô, î	accent circonflexe
ë, ü, ï	tréma
ç	cédille

b. 🔊 010 Un professeur épelle les prénoms suivants. Écoutez et corrigez l'orthographe.
Michel – Jerome – Helene – Kristine – Francois – Loic – Jorge

6 💬✏️ **En petits groupes**

a. Épelez le prénom d'une personne du groupe. Les autres écrivent.
b. Comparez et corrigez si nécessaire.
Ex. :
— Marcello
— Marcelo, ça s'écrit M-A-R-C-E-L-O.
— Non, ça s'écrit avec deux L : M – A – R – C – E – deux L – O.

7 🔊 011-012 Regardez à nouveau le trombinoscope et écoutez.
a. Dites le nombre total de personnes dans la classe.
b. Vrai ou faux ? Justifiez.
– Il y a six hommes.
– Il y a une professeure.
– Il y a cinq femmes.

zoom Langue
Les nombres de 0 à 20

a. 🔊 013 Écoutez et lisez. Puis dites les nombres.

0 zéro	
1 un	11 onze
2 deux	12 douze
3 trois	13 treize
4 quatre	14 quatorze
5 cinq	15 quinze
6 six	16 seize
7 sept	17 dix-sept
8 huit	18 dix-huit
9 neuf	19 dix-neuf
10 dix	20 vingt

b. 🔊 014 Écoutez et entourez le nombre entendu.
2 – 12   3 – 13   5 – 15   6 – 16

c. Formez deux groupes. En alternance, dites les nombres.
Groupe A : nombres pairs (0, 2, 4…).
Groupe B : nombres impairs (1, 3…).

Les articles indéfinis
Observez puis complétez.
Dans la classe, il y a **un** professeur et **des** étudiants.

	Masculin	Féminin
Singulier	… homme … étudiant	une femme une étudiante
Pluriel	… hommes … étudiants	des femmes des étudiantes

> **Vous allez faire le trombinoscope de la classe**
>
> **a.** Imaginez une présentation originale (version papier ou numérique) pour votre trombinoscope.
>
> **b. En petits groupes** Faites une photo de chaque étudiant(e). Écrivez les prénoms sous les photos. Vérifiez l'orthographe !
>
> **c.** Mettez les photos sur le trombinoscope et présentez la classe : écrivez le nombre de personnes, d'hommes et de femmes.
> *Ex. : Dans la classe, il y a…*

LEÇON 1 — Dire la nationalité et les langues parlées

> Faire le profil linguistique de la classe

Profil linguistique de notre classe

Langues parlées
- allemand
- arabe
- espagnol
- hindi
- japonais
- portugais
- anglais
- coréen
- français
- italien
- mandarin
- suédois

À la maison — Au travail, à l'université — Autres contextes

Nationalités

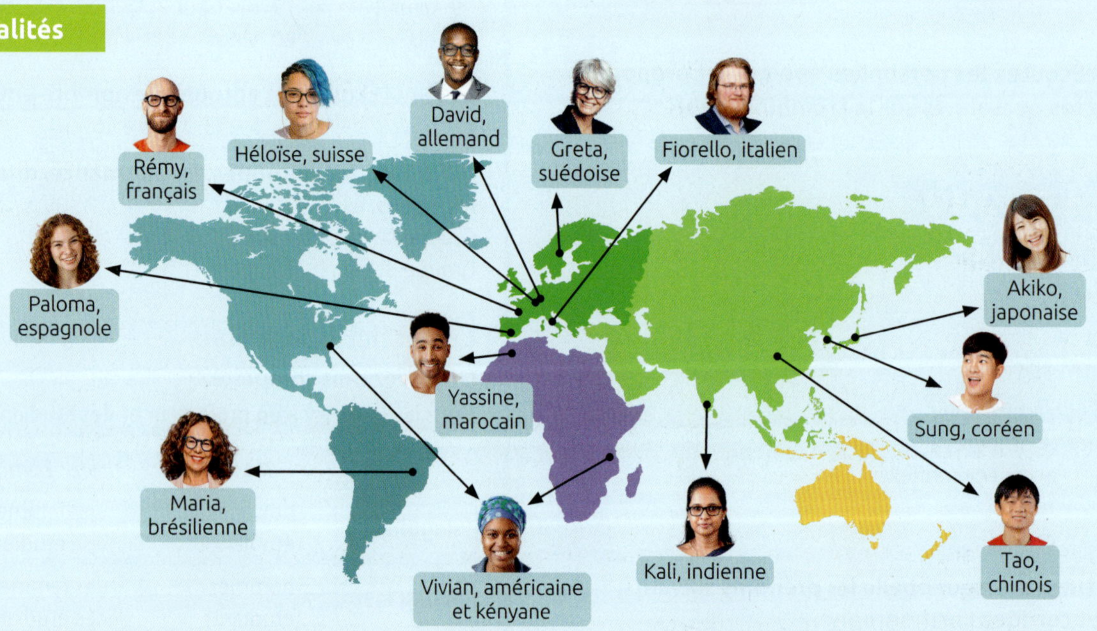

- Rémy, français
- Héloïse, suisse
- David, allemand
- Greta, suédoise
- Fiorello, italien
- Paloma, espagnole
- Akiko, japonaise
- Yassine, marocain
- Sung, coréen
- Maria, brésilienne
- Vivian, américaine et kényane
- Kali, indienne
- Tao, chinois

---

1 Observez le profil linguistique de la classe de Rémy. Les deux parties donnent quel type d'information ?

2 a. Observez la présentation des langues parlées. Associez chaque graphique au(x) contexte(s) correspondant(s).
professionnel – familial – amical – étudiant – touristique

b. 🔊 015-016 Écoutez le professeur et les étudiants.
– Ils parlent quelles langues ?
– Dans quel contexte ?

c. 🔊 017-018 Écoutez le dialogue et complétez le tableau.

	À la maison	Au travail, à l'école	Autres contextes
Greta	suédois	suédois, …	…, …
Yassine	…, …	…	…, …
Sung	…	…	coréen, …

zoom Langue

Demander / Dire quelles langues on parle

Observez et complétez avec les noms des langues.

Tu parles / Vous parlez quelle langue ?
Je parle / nous parlons…
anglais – f… – japonais – p… – suédois – c… – italien – a… – espagnol – arabe – h… – mandarin

3 a. Debout ! 💬 Circulez dans la classe et échangez ! Vous parlez quelles langues (à la maison, au travail / à l'université, dans d'autres contextes) ? Puis formez des groupes par nombre de langues parlées : 1 langue, 2 langues, 3 langues…

b. Faites la liste des langues parlées dans la classe et créez un nuage de mots.

Ex. : **Le nuage des langues de la classe de Rémy**

arabe hindi
anglais
allemand espagnol italien
portugais français mandarin
coréen suédois japonais

5 a. 🔊 019-020 Observez encore la carte. Écoutez et dites qui parle. Justifiez votre réponse.
Ex. : Paloma (espagnole).

b. 🔊 019-020 Réécoutez. Placez les étudiants dans leur groupe. Puis, à l'aide de la carte des nationalités, complétez la carte mentale avec les autres personnes de la classe.

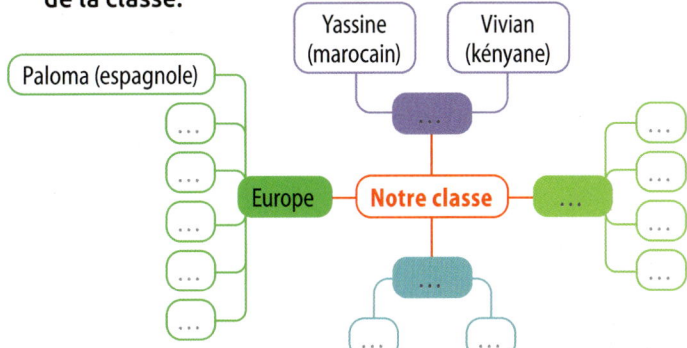

4 Observez la carte des nationalités de la classe de Rémy. Identifiez les continents représentés.

 Afrique  Amérique   Asie   Europe   Océanie

zoom **Langue**

Demander / Dire la nationalité

a. Observez.

Quelle est ta / votre nationalité ?
Tu es / Vous êtes français ? } Je suis / Nous sommes…

b. Regardez à nouveau la carte des nationalités puis complétez le masculin et le féminin des adjectifs.

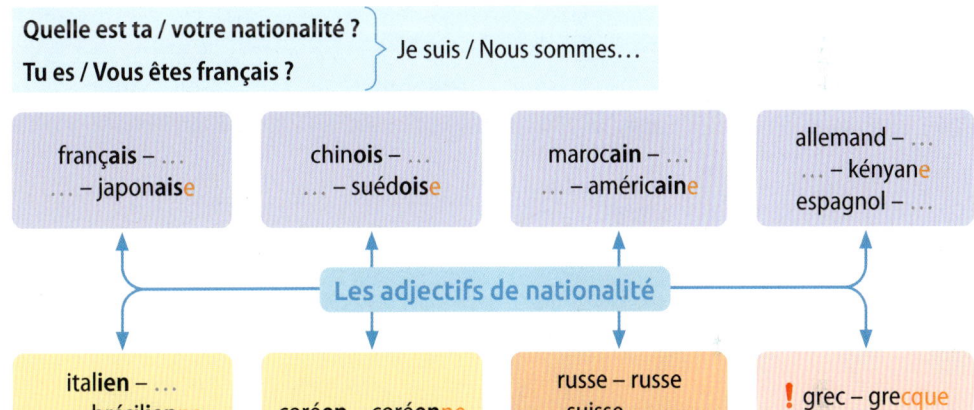

c. 🔊 021 Écoutez les adjectifs au masculin et au féminin. Prononciation identique ou différente ? Faites le geste correspondant, puis répétez.

Prononciation identique :   Prononciation différente :

d. Trouvez le féminin des adjectifs suivants.
africain – européen – asiatique

6 PRONONCIATION ▷ 01
Le rythme et l'accentuation

a. 🔊 022 Écoutez. Répondez pour chaque prénom : la prononciation « à la française » est en première ou en deuxième position ?

b. 🔊 023 Écoutez et répétez, marquez le rythme avec vos mains.

c. Debout ! 💬 Dites votre prénom dans votre langue. Puis dites votre prénom à la française et votre nationalité, comme dans l'exemple.
*Ex. : Ré/**my**// fran/**çais**.*

Vous allez faire le profil linguistique de la classe

a. Debout ! 💬 Circulez dans la classe. Interrogez les autres étudiants et notez les informations suivantes : prénoms, langues parlées, nationalités.

b. En petits groupes Choisissez une présentation originale (version papier ou numérique) pour réaliser le profil linguistique de la classe. Puis écrivez les informations.

c. Partagez les réalisations des groupes. Vérifiez les informations.

LEÇON 2 — Demander, donner des informations personnelles

> Créer le calendrier des anniversaires de la classe

Calendrier des **anniversaires** de la **classe**

Janvier		Février		Mars	
Jour	Prénom	Jour	Prénom	Jour	Prénom
le 10	David	le 6	Vivian	le 12	Héloïse

Avril		Mai		Juin	
Jour	Prénom	Jour	Prénom	Jour	Prénom
le 16	Greta				
le 25	Yassine				

Juillet		Août		Septembre	
Jour	Prénom	Jour	Prénom	Jour	Prénom

Octobre		Novembre		Décembre	
Jour	Prénom	Jour	Prénom	Jour	Prénom

1 🔊 024-025 Écoutez les échanges dans la classe de Rémy et répondez.
 a. Quel est l'événement aujourd'hui ?
 b. Regardez le calendrier. Quelle est la date d'aujourd'hui ?

2 🔊 026-027 Écoutez la suite des échanges.
 a. Que demande Rémy (le professeur) ? Choisissez.
 Il demande de…
 – former des groupes d'âge.
 – dire les dates d'anniversaire.
 – dire l'âge.
 b. Quels étudiants parlent ? Notez les prénoms.

3 🔊 026-027 Réécoutez.
 a. Trouvez l'âge de chaque personne.
 18 ans   19 ans   32 ans   50 ans   53 ans
 b. Dites quelles personnes ont le même âge.

zoom Langue

Demander / Dire l'âge

Observez et répondez. Dans quelle question « vous » s'adresse à deux personnes ou à un groupe ?
Vous avez / Tu as quel âge, Yassine ? *(formel / informel)* → J'ai 32 ans.
Et vous, dans la classe, vous avez quel âge ? → Nous avons…

Les nombres de 20 à 69

a. 🔊 028 Observez et écoutez. Puis dites et écrivez les nombres manquants.

20 vingt	30 trente	40 quarante	50 cinquante	60 soixante
21 vingt et un	31 trente et un	41 …	51 …	…
22 vingt-deux	32 trente-deux	42 …	…	
23 vingt-trois	…	…		
…				
29 vingt-neuf	39 trente-neuf	49 …	59 …	69 …

b. 🔊 029 Écoutez les suites de nombres. Puis répétez.

2 – 12 – 20 – 22 | 3 – 13 – 30 – 33 | 4 – 14 – 40 – 44 | 5 – 15 – 50 – 55 | 6 – 16 – 60 – 66

c. En petits groupes À voix haute, comptez de deux en deux, de trois en trois, de cinq en cinq.

4 PRONONCIATION
Les liaisons et les enchaînements avec les nombres

a. 🔊 030 Écoutez et répétez.

b. 🔊 031 Écoutez et identifiez le son entendu.

Ex. : 1. six‿ans
        [z]

[t]	[n]	[z]	[tʀ]	[k]	[v]
		1			

5 Debout ! 💬 Formez des groupes d'âge :

15-19 ans | 20-29 ans | 30-39 ans | 40-49 ans | 50+

Quel groupe est majoritaire ?

6 🔊 032-033
a. Écoutez. Que fait la classe ?
b. Réécoutez et complétez le calendrier (p. 18).

zoom Langue

Demander / Dire la date d'anniversaire

a. 🔊 034 Écoutez et lisez. Puis répétez les mois.

Quelle est ta / votre date d'anniversaire ?
→ C'est le 25 avril / le 1er (premier) novembre.
→ Mon anniversaire, c'est en…
janvier – février – mars – avril – mai – juin – juillet –
août – septembre – octobre – novembre – décembre

❗ 25 avril = 25/04 et pas ~~04/25~~.

b. 🔊 035 Écoutez. À chaque bip, dites le mois correspondant.

7 Debout ! 💬 Placez-vous en cercle avec une balle et interrogez-vous comme dans l'exemple.
Ex. : Mois numéro 6 ? → Juin !

8 PRONONCIATION ▶ 02
Le son [ɑ̃]

a. 🔊 036 Écoutez et levez la main quand vous entendez le son [ɑ̃].

b. Comptez de 10 en 10 (10, 20… 60) et identifiez les nombres avec le son [ɑ̃].

c. 🔊 037 Écoutez et répétez.

Vous allez créer le calendrier des anniversaires de la classe

a. Debout ! 💬 Circulez dans la classe. Demandez et notez les dates d'anniversaire.
b. Faites le calendrier des anniversaires de la classe.

Dossier 1 – Leçon 2

LEÇON 2 — Demander, donner des coordonnées

Partager des fiches-profils sur un espace collaboratif

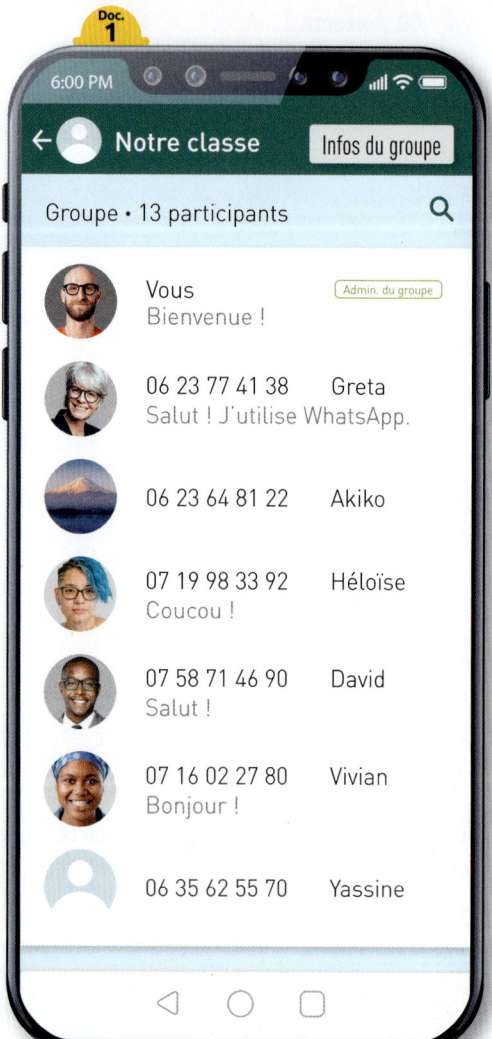

Doc. 1

zoom Langue

Demander / Dire le numéro de téléphone

Observez.

Quel est ton / votre numéro de téléphone ?
→ (Mon numéro,) c'est le 06 35 62 55 70.

Les nombres de 70 à 100

a. 🔊 040 **Écoutez et complétez.**

70 = 60 + …
80 = … × …
90 = … × … + …

b. 🔊 041 **Écoutez et continuez à compter.**

70 soixante-dix	80 quatre-vingt**s**	90 quatre-vingt-dix
71 soixante **et** onze	81 quatre-vingt-un	91 quatre-vingt-onze
72 soixante-douze	82 quatre-vingt-deux	92 …
…	…	…
		100 cent

! un **nombre** de personnes / de contacts.
un **numéro** de téléphone / de salle de classe.

Saluer / Prendre contact

Observez et complétez avec les formules de salutation relevées (act. 2c).

… ! / Salut ! *(informel)*
… !
Ça va ? / Comment ça va ? → Ça va ! / Bien !
Bienvenue !

zoom Culture

Les numéros de téléphone en France

a. 🔊 042 **Écoutez puis lisez le dialogue.**

– Quel est ton numéro de portable français ? Je le note sur mon téléphone.
– 0 - 6 - 5 - 3 - 4 - 1 - 1 - 6 - 2 - 8.
– Ah ! 06 53 41 16 28, c'est bien ça ?
– Oui, c'est ça. Et toi ? Quel est ton numéro de mobile ?
– C'est le : 07 31 19 45 78 ou, de l'international : (+)33 7 31 19 45 78.

b. Cochez les informations correctes.

1. En France, dans un numéro de téléphone, il y a ☐ 10 ☐ 12 ☐ 14 chiffres.
2. Les numéros de mobile commencent par ☐ 06 ☐ 33 ☐ 07.
3. L'indicatif téléphonique de la France est ☐ 06 ☐ 33 ☐ 07.
4. Pour donner un numéro de téléphone, on dit ☐ un chiffre après l'autre
   ☐ les chiffres deux par deux.

1 Observez le téléphone (doc. 1).

a. Quelle est cette liste ?

b. Il y a quelles informations ? Choisissez.
les prénoms des personnes – les noms de famille – les adresses mail – les numéros de téléphone

2 a. 🔊 038-039 Écoutez le dialogue. Notez le numéro de téléphone de Rémy.

b. 🔊 038-039 Observez à nouveau le téléphone et réécoutez. Qui donne son numéro de téléphone ? Dans quel ordre ?

c. Relevez sur le téléphone les formules utilisées pour saluer.

3 🔊 043-044 Écoutez et complétez les numéros des étudiants.

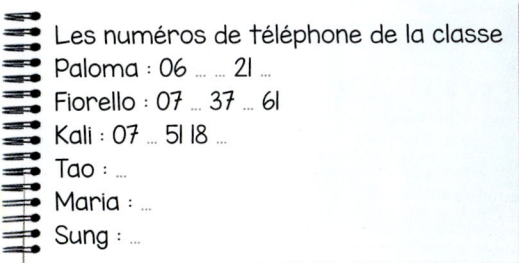

Les numéros de téléphone de la classe
Paloma : 06 ... 21 ...
Fiorello : 07 ... 37 ... 61
Kali : 07 ... 51 18 ...
Tao : ...
Maria : ...
Sung : ...

4 💬 **a. En petits groupes** Échangez vos numéros de téléphone.

b. Mettez en commun vos listes. Puis créez un groupe sur une application de messagerie (ex. : WhatsApp) avec tous les numéros de la classe.

Dossier 1 — Leçon 2

Doc. 2

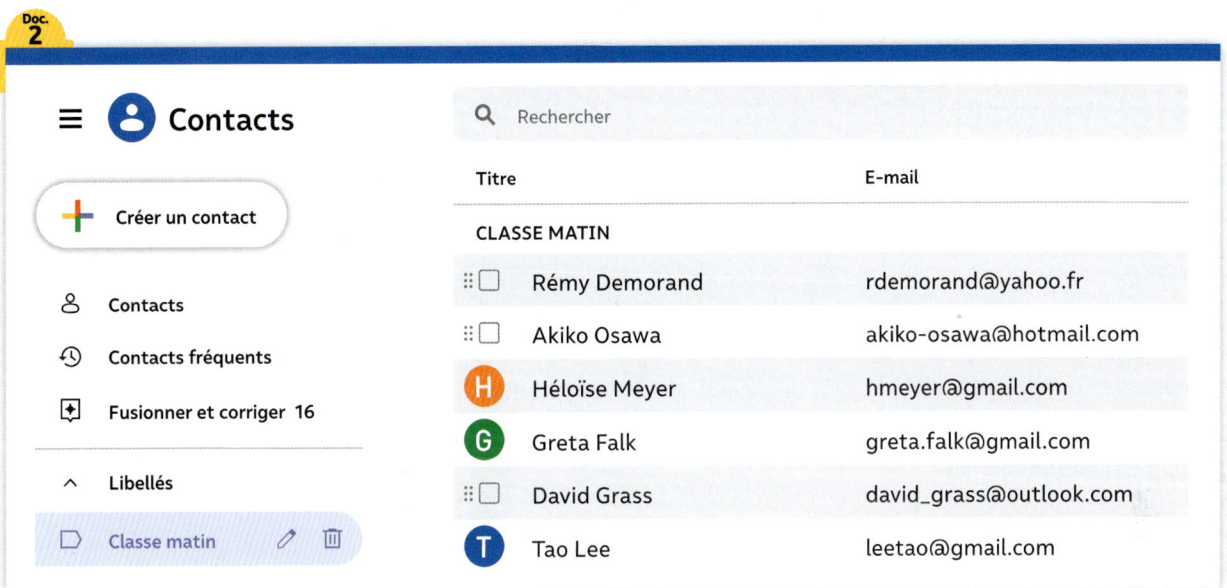

5 Regardez la liste de contacts (**doc. 2**).

a. Trouvez dans quelles adresses mail il y a le nom complet de la personne (prénom et nom de famille).

b. 🔊 045-046 Écoutez. Qui donne son adresse mail ?

zoom Langue

Demander / Dire l'adresse mail

a. 🔊 047 Lisez et écoutez. Puis associez.

Quelle est ton / votre adresse mail ?
→ (Mon adresse mail,) c'est akiko-osawa@hotmail.com.

- -   • arobase
- _   • point
- .   • tiret bas
- @   • tiret

b. 🔊 048 Écoutez et corrigez les adresses mail.
fmoretti@yahoo.it
maria-gomes@uol.com-br

6 a. Créez une adresse mail personnelle pour un espace de travail collaboratif (Drive).

b. 💬 **En petits groupes** Échangez vos adresses mail.

c. Créez l'espace de travail collaboratif de la classe (ETC) pour partager vos documents.

> **Vous allez partager des fiches-profils sur un espace collaboratif**

Nom de famille : Otieno
Prénom : Vivian
Nationalité : américaine / kényane

Langues parlées : anglais, espagnol
Âge : 36 ans
Date d'anniversaire : 6 février
Adresse mail : vivian.otieno@gmail.com
Numéro de téléphone : 07 16 02 27 80

a. Découvrez la fiche de Vivian et identifiez les types d'informations.

b. En petits groupes Créez une fiche similaire pour chaque étudiant(e) de votre groupe.

c. 💻 Déposez les fiches sur l'espace de travail collaboratif (ETC) de la classe.

d. 💻 Déposez sur l'ETC les autres documents de la classe : le trombinoscope, le calendrier des anniversaires, la liste des numéros de téléphone et des adresses mail.

LEÇON 3 — Donner des informations sur quelqu'un

Créer un album-souvenir de la classe

1 a. Observez la page (doc. 1) et choisissez la ou les bonne(s) réponse(s).

1. expat.com, c'est…
– un site professionnel.
– un site touristique.
– un réseau social.

2. La page présente…
– le profil d'un utilisateur.
– des commentaires d'utilisateurs.
– des suggestions de contacts.

b. Lisez la page et répondez.
– Qui est Clément ?
– Les informations suivantes sont dans quel ordre ?

`goûts` `langues parlées` `informations personnelles`

Doc. 1

expat.com — Se connecter — S'inscrire

Clémentguitton
Expatrié français à Montréal

Présentation

Je m'appelle Clément, j'ai 38 ans. Je suis français, j'habite à Montréal. Je suis marié : ma femme s'appelle Vanessa, elle est canadienne. Nous avons deux enfants. Ils ont les deux nationalités : ils sont français et canadiens. Adam a 5 ans, il est à l'école internationale. Louise a 2 ans.

Je parle français, anglais

J'aime le sport, la nature, la musique, le cinéma, l'art, l'économie, les nouvelles technologies

Profils similaires

HonoKivu — Aurélie62 — Starboy

---

2 Lisez le profil de Clément (doc. 1).
a. Complétez son formulaire d'inscription sur le site expat.com.

Nom de famille :	Guitton
Prénom :	…
Âge :	…
Nationalité :	…
Ville de résidence :	…
Situation de famille :	☐ célibataire ☐ marié(e) ☐ en couple ☐ divorcé(e)

b. Relevez les informations sur la famille de Clément.

3 Relisez. Choisissez les dessins correspondant aux goûts de Clément.

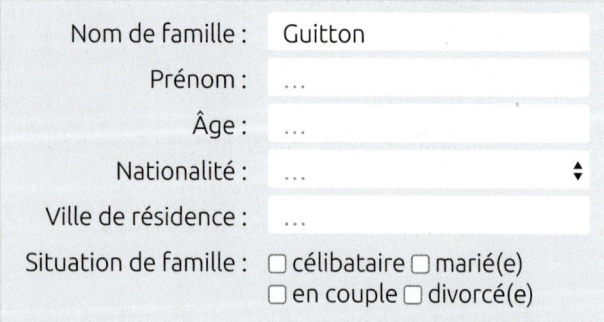
a.   b.   c.   d.   e.

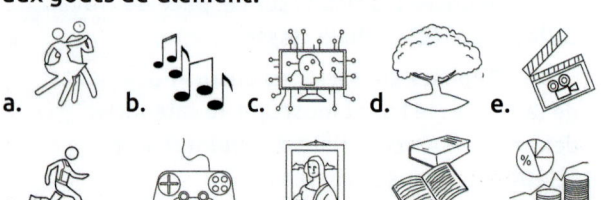
f.   g.   h.   i.   j.

zoom Langue

Les verbes *être* et *avoir* pour donner des informations personnelles

a. Complétez les conjugaisons au présent.

être		avoir	
je …	nous sommes	j'…	nous …
tu es	vous êtes	tu as	vous avez
il / elle …	ils / elles …	il / elle a	ils / elles …

b. *Être* ou *avoir* ? Choisissez le verbe utilisé pour indiquer :
l'âge – la situation familiale – la nationalité – le nombre d'enfants

c. 🔊 049 Lisez et écoutez. Vous entendez quelle différence ?
ils sont – ils ont

S'ENTRAÎNER 1

4 Debout ! 💬 Formez des groupes par points communs : pour la situation de famille puis par nombre d'enfants.
Ex. : Je suis en couple, et toi ? → Je suis célibataire.
Tu as des enfants ? → Oui, j'ai deux enfants.

Doc. 2

Présentation

Bonjour ! Je m'appelle Aurélie. Je suis française, j'ai 32 ans. Je travaille à Montréal. Je suis célibataire. Je cherche des personnes pour des activités sportives.

🗣 **Je parle** français, anglais, allemand

♡ **J'aime** la littérature, les jeux vidéo, la danse, la nature, le sport

5 Lisez le profil d'Aurélie (doc. 2) et identifiez les points communs avec Clément.

Langues communes : …   Goûts communs : …

zoom Langue

Dire les goûts – Les articles définis

Observez puis complétez avec des exemples.
J'aime **le / la / l' / les** + nom.

Les articles définis		
	Masculin	Féminin
Singulier	le sport, …	la nature, …
	l'art, …	
Pluriel	les nouvelles technologies, …	

S'ENTRAÎNER 2

Doc. 3

20:20   Instagram

clémentguitton

♡ ◯ ◁   🔖
10 j'aime

clémentguitton Week-end sportif !
Leozi C'est Vanessa sur la photo ?
clémentguitton Non, ma femme ne participe pas au week-end, elle n'aime pas le sport.
Leozi Alors qui est-ce ?
clémentguitton Une amie de mon groupe d'expat.com ! Les deux hommes sont des collègues, ils s'appellent Christophe et Ahmed. Ils habitent à Montréal, comme moi.

Dossier 1 — Leçon 3

6 PRONONCIATION

Les sons [ə] et [e]

a. 🔊 050 Écoutez et associez *le* et *les* à une mimique : ou 👄.

b. 🔊 051 Vous entendez *le* ou *les* ? Faites la mimique correspondante.

c. 🔊 052 Écoutez et transformez comme dans l'exemple.
Ex. : les goûts 👄 → le goût 👄

7 a. Observez le post Instagram (doc. 3). Qui publie la photo ?

b. Lisez les commentaires puis choisissez. Justifiez.
Sur la photo, c'est…
Clément – la femme de Clément – Aurélie – des collègues de Montréal

zoom Langue

Donner des informations sur quelqu'un

> **Présenter une personne**

a. Observez et complétez.

Qui est-ce ?   → … Vanessa. /
            Elle s'appelle Vanessa.
         → C'est Christophe et Ahmed. /
            Ils … Christophe et Ahmed.

b. Complétez la conjugaison du verbe *s'appeler* au présent.
je … – tu t'**appelles** – il / elle …
nous nous **appelons** – vous vous **appelez** – ils / elles …

> **Les verbes en -er au présent**

a. 🔊 053 Complétez la conjugaison du verbe *parler* et écoutez. Puis conjuguez le verbe *participer*.
je parl**e** – tu parl**es** – il / elle parl…
nous parl**ons** – vous parl**ez** – ils / elles parl…

b. 🔊 054 Complétez la conjugaison du verbe *aimer* et écoutez. Puis conjuguez le verbe *habiter*.
j'aim… – tu aim**es** – il / elle aim…
nous aim**ons** – vous aim**ez** – ils / elles aim…

> **La négation *ne… pas***

Observez puis cochez pour formuler la règle.
Elle **ne** participe **pas**. Elle **n'**aime **pas** le sport.

Dans une phrase négative,
– **ne / n'** se place   ☐ avant   ☐ après le verbe.
– **pas**   se place   ☐ avant   ☐ après le verbe.

S'ENTRAÎNER 3, 4

8 S'EXPRIMER ✏️💬

Vous devinez qui est la personne.

a. Écrivez votre profil pour expat.com. Choisissez un pseudo, ne donnez pas votre prénom.
b. Tirez au sort un profil et présentez la personne. La classe devine le prénom.
Ex. : Elle est célibataire, elle… Elle parle… Elle aime… Qui est-ce ? → C'est… !

TÂCHE CIBLE — Créer un album-souvenir de la classe

1 Préparez-vous !

Vous allez créer un album avec des photos de la classe.
a. Découvrez l'album-souvenir d'une classe. Identifiez les points communs entre les personnes.
b. Circulez dans la classe. Échangez avec un maximum de personnes pour connaître leurs goûts.
Ex. : J'aime la gastronomie, l'art et la littérature. Et toi ?

2 Réalisez !

En petits groupes
a Identifiez les points communs entre les personnes de votre groupe (langues, nationalités, goûts, etc.). Prenez des photos en fonction des points communs (2, 3, 4 ou 5 personnes).
b. Échangez les photos entre les groupes.
c. Observez les photos et trouvez les points communs. Puis écrivez une légende pour chaque photo : présentez les personnes et indiquez les points communs.

3 Partagez !

a. Montrez à la classe les photos légendées. La classe réagit. Modifiez les légendes si nécessaire.
b. Partagez les photos légendées sur l'espace de travail collaboratif de la classe et composez votre album-souvenir.

NOTRE CLASSE

Kim, Pablo, Linda, George et Grace parlent anglais, ils ont entre 25 et 30 ans. Ils aiment le français, la musique et les nouvelles technologies. Ils ne sont pas mariés.

Le groupe des 5 M : Mila, Myriam, Minh, Manuela, Marjane ! Elles ne parlent pas français. Elles aiment la littérature et la danse.

Ils s'appellent Silvio et Riccardo, ils sont italiens. Ils aiment la gastronomie. Ils ont des enfants.

S'entraîner

Les verbes *être* et *avoir* pour donner des informations personnelles

1 Complétez avec le verbe *être* ou *avoir* au présent.
a. Je … mariée avec Imad, il … tunisien.
b. Sabine … deux nationalités : elle … espagnole et belge.
c. Nous … deux enfants. Ils … 6 et 10 ans.
d. – Vous … canadiens ?
– Non, nous … des expatriés français.

Dire les goûts – Les articles définis

2 Pour chaque photo, faites une phrase comme dans l'exemple.

Ex. : → *J'aime la musique.*

a.    c.

b.    d.

Les verbes en *-er* au présent

3 Lisez le profil. Conjuguez les verbes au présent.

Je (s'appeler) Jérémy. Je suis marié, ma femme (s'appeler) Coralie.
Elle est belge, elle (parler) trois langues. Nous (habiter) à Bruxelles avec nos deux enfants. Ils (s'appeler) Armand et Lucie. Ils (aimer) le sport et la nature. Le week-end, nous (participer) à des activités avec notre groupe d'expatriés. Je (travailler) à la Commission européenne et ma femme (chercher) un travail.

La négation *ne... pas*

4 Transformez les phrases à la forme négative.
a. Nous sommes expatriés.
b. J'aime les jeux vidéo.
c. Ils habitent à Abidjan.
d. Vous êtes canadienne ?
e. Tu parles trois langues ?
f. Ma femme a 35 ans.

À retenir

Récap' lexique et communication

Se présenter et dire les goûts

Complétez le schéma avec les informations possibles.

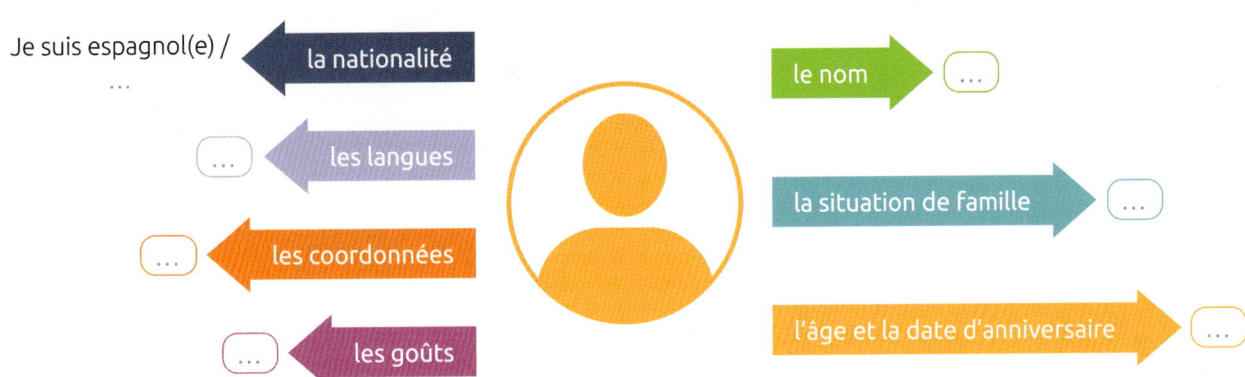

Je suis espagnol(e) / … ← la nationalité

… ← les langues

… ← les coordonnées

… ← les goûts

le nom → …

la situation de famille → …

l'âge et la date d'anniversaire → …

Récap' grammaire

Le masculin et le féminin des adjectifs de nationalité

américain, portugais, chinois	-ain → -aine, -ais → -aise, -ois → -oise
italien, coréen	-ien → -ienne, -en → -enne
allemand, espagnol, kényan	autre consonne → -e
suisse, belge	-e → -e

! Exceptions : *turc* → *turque* ; *grec* → *grecque*.

Les articles indéfinis et définis

		Masculin		Féminin	
Singulier	(avec consonne)	un professeur	le professeur	une professeure	la professeure
	(avec voyelle)	un étudiant	l'étudiant	une étudiante	l'étudiante
Pluriel		des professeurs	les professeurs	des professeures	les professeures
		des étudiants	les étudiants	des étudiantes	les étudiantes

Les verbes en *-er* au présent 🔊 055

Aimer, habiter, parler, travailler… sont des verbes réguliers.
base au présent = base de l'infinitif

Sujets	Base	Terminaisons	
je / j'	aim-	-e	prononciation identique
tu	habit-	-es	
il / elle	parl-	-e	
ils / elles	travaill-	-ent	
nous		-ons	
vous		-ez	

5 terminaisons différentes à l'écrit, 3 prononciations à l'oral

! S'appeler : je m'appelle, tu t'appelles, il / elle s'appelle, nous nous appelons, vous vous appelez, ils / elles s'appellent.

Les verbes *avoir* et *être* au présent 🔊 056

Ce sont des verbes irréguliers.

Avoir	Être
j'ai	je suis
tu as	tu es
il / elle a	il / elle est
nous avons	nous sommes
vous avez	vous êtes
ils / elles ont	ils / elles sont

 **le mot du prof** — Devant une voyelle : *le* → *l'*   *je* → *j'*   *ne* → *n'*

La négation *ne… pas*

sujet + **ne** / **n'** + verbe + **pas**
Je suis français. → Je **ne** suis **pas** français.
J'aime le sport. → Je **n'**aime **pas** le sport.

Littérature**s**

1 a. Observez l'affiche d'une pièce de théâtre à succès en France. À votre avis, quel est le thème ?

b. Lisez le résumé de la pièce. Vrai ou faux ?
1. Vincent a un bébé.
2. Vincent annonce le futur prénom.
3. Le choix du prénom est problématique.

Résumé
Vincent va être papa. À un dîner, la famille et les amis le questionnent sur le prénom du futur bébé. Vincent répond et cela provoque le chaos.

CLAUDE : Alors, est-ce que vous avez des idées de prénom ?
VINCENT : Oui. On en a même une assez précise.
ÉLISABETH : On peut savoir ?
VINCENT : Devinez ! […]
PIERRE : Christophe ?
VINCENT : Moins courant.
ÉLISABETH : Camille ?
VINCENT : C'est un garçon.
ÉLISABETH : Camille, c'est fille et garçon.
VINCENT : Moi, c'est garçon-garçon. […]
CLAUDE : Bartholomé ? Balthazar ? Donne-nous un indice.
VINCENT : Ça commence par un A.
PIERRE : Ah ! Un A. Alexandre ?
VINCENT : Non. […]
CLAUDE : Alphonse ?
VINCENT : Pas mal ! C'est pas ça. […] C'est une référence littéraire.
CLAUDE : Aramis ! Arsène !
PIERRE : Une référence littéraire connue ?… D'Artagnan ? Aragon ?
VINCENT : C'est pas un nom de famille.
CLAUDE : Abbas ? Attila ? Bon c'est quoi ?

M. Delaporte / A. de la Patellière, *Le Prénom*, Éd. L'avant-scène théâtre, 2012.

2 Lisez cet extrait de la pièce de théâtre. Choisissez l'information correcte.
a. Les personnes ☐ posent des questions pour deviner le prénom ☐ proposent des idées de prénoms.
b. Le futur bébé est ☐ une fille ☐ un garçon.
c. Le prénom commence par ☐ la lettre C ☐ la lettre A.

3 En petits groupes Comme la famille et les amis de Vincent, proposez des prénoms français à partir des indices donnés. Partagez vos propositions avec les autres groupes.

Sociétés

Fenêtres sur… — Dossier 1

1 a. 🔊 057 **Écoutez des extraits de chansons françaises à succès. Pour chaque extrait, identifiez le titre de la chanson et le nom de l'interprète.**

b. Regardez les titres des chansons. À votre avis, quels sont les prénoms masculins ? féminins ?

Pierre
de Barbara (1964)

Élisa
de Serge Gainsbourg (1969)

Petite Marie
de Francis Cabrel (1977)

Caroline
de MC Solaar (1991)

Léa
de Louise Attaque (1997)

Raphaël
de Carla Bruni (2002)

Alexandre
de Juliette Armanet (2017)

2 ▶ 03 **Regardez l'interview.**

a. Quel est le top 3 des prénoms pour les garçons et les filles dans les années 2020 ?

b. Identifiez les tendances. Associez.

années 2020 • • un retour des prénoms anciens
années 2030 • • des prénoms courts (1 syllabe)

3 En petits groupes Échangez !

a. Indiquez la tendance actuelle des prénoms dans votre pays. Vous observez des similitudes avec la situation en France ?

b. Faites le top 3 des prénoms français masculins et féminins préférés de la classe.

vingt-sept 27

Stratégies et outils pour... communiquer en classe

Adopter une attitude active

1 a. Trouvez les réponses correspondant aux questions.
Ex. : Qu'est-ce que c'est ? → C'est une chaise.

C'est une chaise. | C'est une lettre : a, e, i... | Ça se prononce « douze », avec « ou » comme dans « vous ». | T-A-B-L-E-A-U. | Page 36. | « Salut ! »

b. 🔊 058 Écoutez pour vérifier.

c. 💬 Par deux Posez une question, votre partenaire répond.
Ex. : Comment dit-on « book » en français ? → « Livre ».

Demander de l'aide poliment

2 a. 🔊 059 Écoutez les demandes des étudiants. Associez chaque demande à une photo.

a.

b.

c.

d.

b. Lisez pour vérifier. Puis soulignez les mots de la politesse.
1. Parlez lentement, s'il vous plaît.
2. Pardon, j'ai une question.
3. Je ne comprends pas. Vous pouvez expliquer ?
4. Comment ? Répétez, s'il vous plaît !

c. Quels autres mots de la politesse vous connaissez ?

Vous connaissez d'autres phrases ou expressions pour adopter une attitude active en classe ? Pour demander de l'aide ?

DOSSIER 2
Communiquer en contexte international

	Vous avez besoin de/d'…	Vous allez apprendre à…	Vous allez…
Leçon 1	prendre des cours de langue	parler de votre apprentissage	faire un témoignage vidéo sur votre apprentissage
Leçon 2	trouver des opportunités pour pratiquer la langue	annoncer un événement	proposer un programme d'événements francophones
Leçon 3	participer à des rencontres internationales	faire connaissance	organiser un Café des Langues

Fenêtres sur…	Stratégies et outils pour…
Territoires Se familiariser avec la francophonie Identités Découvrir des personnalités francophones	Effectuer des tâches → s'appuyer sur des indices pour comprendre des consignes

LEÇON 1 — Parler de son apprentissage

Faire un témoignage vidéo sur son apprentissage

Doc. 1 — Ils apprennent le français à l'Alliance française de Paris !

PAROLES D'ÉTUDIANT.E.S — VITOR L.
L'Alliance française est au centre de Paris. Le matin, j'apprends le français et, après la classe, je visite la ville. C'est super !
Vitor, portugais, 35 ans
Étudiant à l'Alliance française de Paris, niveau A2

PAROLES D'ÉTUDIANT.E.S — EMILY P.
Les professeurs sont excellents ! L'après-midi, j'étudie à la médiathèque : il y a des ordinateurs, des vidéos, des magazines. Dans cette école, nous apprenons facilement !
Emily, canadienne, 52 ans
Étudiante à l'Alliance française de Paris, niveau B2

PAROLES D'ÉTUDIANT.E.S — ISAAC W.
Ici, nous apprenons le français dans une ambiance internationale. Le soir, en classe, nous échangeons, nous partageons notre culture. Et le week-end, je voyage : l'Alliance organise des excursions.
Isaac, sud-africain, 40 ans
Étudiant à l'Alliance française de Paris, niveau B1

---

1 Regardez le site (doc. 1). C'est le site de quelle institution ?

zoom Culture

Le réseau des Alliances françaises

L'Alliance française, née à Paris en 1883, c'est plus de 800 centres dans le monde (132 pays) et trois missions : proposer des cours de français, diffuser la culture française et les cultures francophones, favoriser la diversité culturelle.

Il y a des Alliances françaises dans votre pays ? Dans quelles villes ? Elles proposent quelles activités ?

2 Regardez à nouveau le site et lisez le titre.
a. Qui parle ?
b. Quel est l'objectif de la page ? Choisissez.
proposer une inscription – donner des informations – faire la promotion de l'école

3 Lisez les paroles d'étudiant(e)s (doc. 1).
a. Les personnes parlent de quel aspect de l'école ? Associez et justifiez.

Vitor   Emily   Isaac

la qualité de l'école • l'aspect multiculturel • la localisation

b. Relevez les activités de chaque étudiant(e) et les moments indiqués.

zoom Langue

Parler de son apprentissage

> **Le verbe *apprendre* au présent**

a. C'est un verbe à trois bases. Observez la couleur des bases puis complétez la conjugaison avec les bonnes couleurs.

j'…   nous …
tu apprends   vous apprenez
il / elle apprend   ils / elles apprennent

b. Conjuguez le verbe *comprendre*.
je comprends, …

> **Les verbes en *-ger* au présent**

a. Complétez.
échanger : j'échange, nous …
partager : je partage, nous …

b. Complétez la règle puis conjuguez le verbe *voyager*.
Pour la 1ʳᵉ personne du pluriel (*nous*) des verbes en *-ger*, on écrit … devant la terminaison *-ons*, pour la prononciation.

S'ENTRAÎNER 1, 2

4 a. **En petits groupes** Qu'est-ce que vous aimez dans votre école de langues ?
b. Partagez avec la classe puis identifiez les principaux aspects positifs de votre école.

Doc. 2

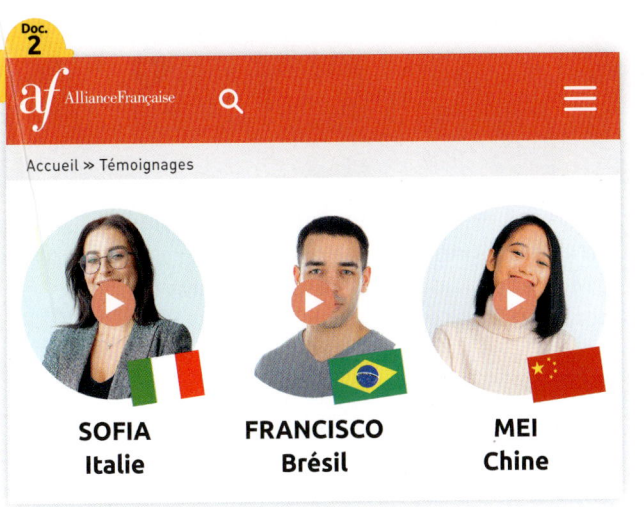

SOFIA — Italie
FRANCISCO — Brésil
MEI — Chine

5 a. 🔊 060-061 Regardez la suite de la page (doc. 2) et écoutez les témoignages. Vous entendez les étudiants dans quel ordre ?

b. Les trois étudiants répondent à quelles questions ? Choisissez.
– Vous aimez Paris ?
– Pourquoi vous apprenez le français ?
– Pourquoi vous êtes à Paris ?

6 🔊 060-061 Réécoutez.
a. Ils sont à Paris pour quelle raison ? Associez. (Attention, il y a un intrus.)

Mei • Sofia • Francisco

les études • le travail • le tourisme • l'amour

b. Identifiez les motivations de chaque étudiant(e).
J'apprends le français :
– pour communiquer avec la famille. → *Sofia*
– parce que mes cours de musique sont en français. → …
– pour le plaisir. → …
– pour travailler à Paris. → …
– parce que j'aime la langue française. → …

7 🔊 060-061 Réécoutez. Quelle est la profession de chaque étudiant(e) ? Choisissez dans la liste.
architecte – cuisinier / cuisinière – musicien / musicienne – traducteur / traductrice – graphiste

zoom Langue
Demander / Dire la raison, la motivation

Observez puis associez pour formuler la règle.

Pourquoi vous apprenez le français ?
→ **Parce que** j'aime la langue française.
→ **Pour** travailler à Paris.
→ **Pour** le plaisir !

parce que •
pour •
• + verbe à l'infinitif
• + sujet + verbe
• + nom

S'ENTRAÎNER 3

zoom Langue
Demander / Dire la profession

a. Observez puis associez les phrases aux photos.
Quelle est ta / votre profession ? → Je suis cuisinier.

Je suis informaticien. – Je suis infirmière. – Je suis serveur. – Je suis photographe. – Je suis avocate. – Je suis journaliste.

1. … 2. … 3. …

4. … 5. … 6. …

b. Complétez le masculin et/ou le féminin des professions.

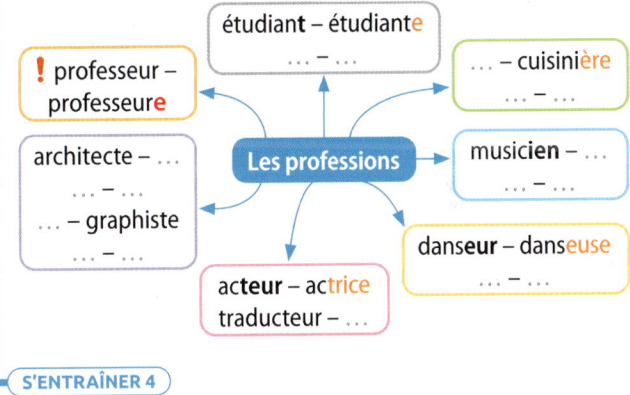

étudiant – étudiante
… – …
! professeur – professeure
… – cuisinière
… – …
architecte – …
… – …
… – graphiste
… – …
Les professions
musicien – …
… – …
danseur – danseuse
… – …
acteur – actrice
traducteur – …

S'ENTRAÎNER 4

8 **PRONONCIATION** ▶ 04
Les sons [y] et [u]

a. 🔊 062 Grave ou aigu ? Écoutez les sons puis cochez.
[u] comme dans *bonjour* ☐ grave ☐ aigu
[y] comme dans *salut* ☐ grave ☐ aigu

b. 🔊 063 Écoutez. Quel son vous entendez dans les mots : [y] ou [u] ?
Ex. : culture → [y] ; cours → [u].

c. 🔊 064 **Debout !** Écoutez. Faites le geste correspondant. Puis réécoutez et répétez.

Vous entendez [y] → 🤚   Vous entendez [u] →

9 **S'EXPRIMER** ✏️👁

Vous devinez les professions de la classe.

a. Écrivez votre profession sur un papier pour votre professeur(e). Il / Elle liste au tableau les professions de la classe.

b. Dessinez un objet pour représenter votre profession. Montrez-le, la classe devine. Vous confirmez et dites une raison / une motivation.
Ex. : ⚖️ → Tu es avocate ? → Oui ! Parce que j'aime la justice.

TÂCHE CIBLE — Faire un témoignage vidéo sur votre apprentissage

1 Préparez-vous !

Votre classe va faire des témoignages vidéo pour la promotion de l'école.

En petits groupes
a. Expliquez pourquoi vous apprenez le français. Puis dites pourquoi vous étudiez dans cette école.
b. Entraînez-vous à tour de rôle avant de réaliser votre témoignage.

2 Réalisez !

a. **En petits groupes** Filmez les témoignages vidéo avec un smartphone.
b. Mettez les vidéos sur l'espace de travail collaboratif (ETC).

3 Partagez !

a. Regardez les témoignages vidéo.
b. La classe choisit des témoignages pour le site de l'école.

S'entraîner

Le verbe *apprendre* au présent

1 Complétez avec le verbe *apprendre* ou *comprendre* au présent.
a. Le soir, nous … le français à l'Alliance française.
b. Elle … le piano au conservatoire.
c. Nous ne … pas l'exercice.
d. – Tu … ?
   – Non, je ne … pas.
e. Les étudiants … la langue française.
f. Vous … l'anglais dans une école à New York ?

Les verbes en *-ger* au présent

2 Transformez les verbes à la personne donnée.
a. L'après-midi, ils échangent avec des étudiants internationaux. → Il …
b. Je partage des vidéos avec la classe. → Nous …
c. Elle voyage en France. → Vous …
d. Vous partagez des documents sur l'espace collaboratif. → Ils …
e. Nous voyageons le week-end. → Tu …
f. J'échange avec le professeur. → Nous …

Demander / Dire la raison, la motivation

3 Complétez avec *pourquoi*, *pour* ou *parce que*.
a. – … vous habitez à Paris ?
   – … je travaille ici.
   – Vous apprenez le français … le travail ?
   – Oui, … communiquer avec les collègues.
b. – Tu apprends le français ? … ?
   – … ma femme est française.
   – Et tu travailles à Paris ?
   – Non, j'étudie au conservatoire … être musicien professionnel.

Demander / Dire la profession

4 Faites des phrases pour dire la profession.

   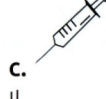 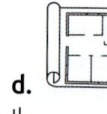

a. Elle …   b. Elle …   c. Il …   d. Il …

 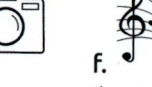  

e. Elle …   f. Il …   g. Il …   h. Elle …

À retenir

Récap' lexique

L'apprentissage, les motivations

1 a. Classez les motivations par catégories.

~~les voyages *(masc.)*~~ – ~~voyager~~ – les études *(fém.)* – le travail – visiter – la culture – l'amour *(masc.)* – étudier – les visites *(fém.)* – apprendre – l'apprentissage *(masc.)* – travailler – le plaisir

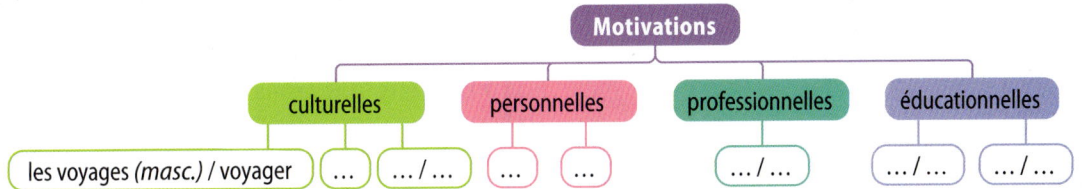

b. Quelles sont vos motivations pour apprendre le français ? Classez-les par ordre d'importance.

Les professions

2 Regroupez les professions en fonction des points communs (plusieurs solutions possibles).

musicien – traducteur – graphiste – architecte – cuisinier – informaticien – serveur – photographe – ~~avocat~~ – journaliste – professeur – danseur – acteur

a. Ils parlent beaucoup. → *un avocat, …*

b. Ils travaillent dans un restaurant. → …

c. Ils travaillent dans un théâtre. → …

d. Ils travaillent sur un ordinateur. → …

e. Ils sont artistes.  → …

f. Ils ont un vêtement spécial pour le travail. → …

Récap' grammaire

Le verbe *apprendre* au présent 🔊 065

C'est un verbe à trois bases.

j'	apprend**s**
tu	apprend**s**
il / elle	apprend
nous	appren**ons**
vous	appren**ez**
ils / elles	apprenn**ent**

Verbe similaire : *comprendre*

Les verbes en *-ger* au présent 🔊 066

Partager, échanger et *voyager* sont des verbes à une base.

je	partag**e**
tu	partag**es**
il / elle	partag**e**
nous	partag**eons**
vous	partag**ez**
ils / elles	partag**ent**

prononciation : [ʒ]

le mot du prof
- g + o, a, u → [g] comme dans *Hugo, Gabriel, Gustave*.
- g + e, i → [ʒ] comme dans *Georges, Gilles*.

Pourquoi ? → *parce que* et *pour*

Pourquoi vous apprenez le français ?

Parce que + sujet + verbe
Parce que j'aime la langue française.

Pour { + verbe à l'infinitif
{ + nom

Pour travailler à Paris.
Pour le plaisir !

Le masculin et le féminin des professions

-er → -ère	un cuisinier – une cuisinière
-ien → -ienne	un musicien – une musicienne
-eur → -euse	un danseur – une danseuse
-teur → -trice	un acteur – une actrice
autre consonne → -e	un avocat – une avocate
-e → -e *(masc. = fém.)*	un architecte – une architecte

! Exceptions : *un professeur → une professeure ; un ingénieur → une ingénieure ; un chanteur → une chanteuse*.

LEÇON 2 — Annoncer un événement

> Proposer un programme d'événements francophones

Doc. 1

MINISTÈRE
DE LA CULTURE
Liberté
Égalité
Fraternité

SEMAINE DE LA LANGUE FRANÇAISE ET DE LA FRANCOPHONIE

La Semaine de la langue française et de la Francophonie est née en 1995. Chaque année, en mars, elle propose des événements pour célébrer le français à l'international.

Les activités de la Semaine de la Francophonie

1 500 activités en France, mais aussi sur les cinq continents : en Suisse, au Canada, aux États-Unis, au Maroc, au Vietnam, à Madagascar, en Australie… Par exemple, cette année : un quiz sur la francophonie à Londres, en Grande-Bretagne ; un concours de poésie à Utrecht, aux Pays-Bas ; une rencontre littéraire à Beyrouth, au Liban…

1 Regardez le flyer (doc. 1). Quel est l'événement annoncé ? Est-ce qu'il existe dans votre pays / dans votre ville ?

2 Lisez le flyer. Vrai ou faux ? Justifiez.
a. C'est une semaine pour la promotion de la littérature française.
b. Cette semaine existe dans le monde entier.
c. C'est une initiative régulière.
d. Elle propose des cours de français.

3 Relisez et relevez les informations.
a. Il y a des activités dans quels pays / dans quelles villes ?
– En Europe : …
– Sur les autres continents : …
b. Le texte parle de quelles activités ?

4 a.  067-068 Écoutez l'extrait de Radio France internationale. Quelle est la date aujourd'hui ? Quel est l'événement ?
b. Réécoutez et identifiez les informations. Choisissez.
– Création de la Journée internationale de la Francophonie : 1988 / 1995.
– Création de la Semaine de la langue française : 1988 / 1995.
– Nombre d'utilisateurs du français : 300 000 / 300 000 000.

zoom Langue

Indiquer le pays / la ville

> Le genre des noms de pays

Identifiez les pays et les villes dans la liste suivante. Puis cochez pour formuler la règle.

la France – **la** Suisse – **le** Canada – **les** États-Unis – **le** Maroc – Madagascar – **l'**Australie – **la** Grande-Bretagne – Londres – Utrecht – **les** Pays-Bas – Beyrouth – **le** Liban

Les noms de pays qui se terminent par *-e* sont
☐ féminins ☐ masculins.

! Quelques exceptions : *le Mexique, le Cambodge*.

> Les prépositions devant les noms de pays et de villes

Observez et complétez la règle.

aux États-Unis – **en** Australie – **au** Canada – **à** Beyrouth – **en** France

… + nom de pays féminin
… + nom de pays masculin
… + nom de pays commençant par une voyelle
… + nom de pays pluriel
… + nom de ville

! Cas particuliers : à + nom de pays sans article → *à Madagascar, à Cuba, à Singapour*.

Donner des informations chiffrées

Associez.

trois cents • • 3 000
trois mille • • 3 000 000
trois millions • • 300

Indiquer l'année

Observez puis répondez aux questions.

La Semaine de la langue française est née **en** 1995.
→ **en** + année

– Nous sommes en quelle année ?
– Quelle est votre année de naissance ?
→ *Je suis né(e)…*

S'ENTRAÎNER 1, 2

5 a. **En petits groupes** Vous voyagez beaucoup ? Vous connaissez quels pays ? Créez une liste.
b. Comparez votre liste avec les autres groupes. Quel groupe est le champion des voyages ?
c. Chacun(e) votre tour : donnez la capitale d'un des pays évoqués. Les autres indiquent où c'est.
Ex. : Bruxelles. → C'est en Belgique !

Doc. 2

INSTITUT FRANÇAIS Maroc

Cours de français ▼ | Certifications | Étudier en France ▼ | **Agenda culturel** | Contact & accès

Maroc ▼

Mois de la francophonie : 75 événements proposés au Maroc en mars

Rencontre avec l'artiste Casimir Balibié Bationo
📅 Quand ? Samedi 13 et dimanche 14 mars
📍 Où ? IF Meknès
👤 Qui ? Apprenants de l'IF

Atelier théâtre
📅 Quand ? Lundi 15, mercredi 17, vendredi 19
📍 Où ? Université Ibn Tofail, à Kénitra
👤 Qui ? Étudiants

Exposition « Franco-photo »
📅 Quand ? 3-31 mars
📍 Où ? IF Agadir
👤 Qui ? Tout public

Jeu : *escape game*
📅 Quand ? Jeudi 25 mars
📍 Où ? Alliance française de Safi
👤 Qui ? 10 à 15 ans

---

6 a. Regardez le site de l'Institut français (IF) du Maroc (doc. 2). Il célèbre la langue française de quelle manière ?

b. Lisez les quatre propositions d'événements (doc. 2). Pour chaque événement, que font les participants ?
Ils regardent. – Ils sont acteurs. – Ils participent à un échange. – Ils jouent.

c. Retrouvez dans le flyer (doc. 1) deux activités en relation avec la littérature et un jeu.

7 Trouvez les événements de l'Institut français du Maroc correspondants (doc. 2). Justifiez.
a. C'est le week-end.
b. C'est à l'Institut français.
c. C'est un événement de trois jours.
d. C'est pour les adolescents.
e. C'est pour les étudiants de l'Institut français.

zoom Langue

Donner des précisions sur un événement

> **Les mots interrogatifs *où, quand, qui***

Associez les questions et les réponses.

Quand ? •
Où ? •
Qui ? •

• IF Meknès → information sur **le lieu**
• Apprenants de l'IF → information sur **les personnes**
• Samedi 13 et dimanche 14 mars → information sur **le moment**

> **Les types d'événements / d'activités**

Complétez la liste.
un atelier – une exposition – … – … – …

> **Les jours de la semaine**

Complétez.
lundi – mardi – … – … – … – … – …

S'ENTRAÎNER 3, 4, 5

---

8 PRONONCIATION ▶ 05

La mélodie et le rythme du français

> **Le schéma mélodique de la phrase**

a. 🔊 069 Écoutez et identifiez les trois phrases : séparez les phrases avec /. Puis cochez.

bonjour à tous bienvenue dans notre émission sur la langue française nous sommes le 22 mars

Quelle est l'intonation à la fin de chaque phrase ?
☐ La voix monte.   ☐ La voix descend.

b. 🔊 070 Écoutez la phrase suivante. Indiquez quand la voix monte (↗) ou descend (↘).
Bienvenue … dans notre émission … sur la langue française. …

> **Le découpage syllabique**

c. 🔊 071 Écoutez et frappez dans vos mains pour chaque syllabe entendue.
Ex. : Bonjour ! → 2 syllabes : 👏 👏

d. 🔊 071 Réécoutez et répétez.

e. 🔊 072 Écoutez et répétez les trois phrases. Attention aux syllabes et à l'intonation !
Bonjour à tous ! Bienvenue dans notre émission sur la langue française. Nous sommes le 22 mars.

9 S'EXPRIMER ✏️ 👄

Vous faites un quiz sur les pays francophones.

a. En petits groupes Choisissez un pays francophone. Faites des recherches sur le nombre d'habitants, une date importante et le nombre de langues officielles.

b. Écrivez les informations.

c. Lisez les informations. La classe devine le pays.
*Ex. : Il y a 67 millions d'habitants.
Il y a une date importante : 1789.
Il y a une langue officielle : le français.
C'est dans quel pays ? → En France !*

TÂCHE CIBLE : Proposer un programme d'événements francophones

1 Préparez-vous !
Vous allez proposer à votre école un programme d'événements pour la Semaine de la langue française et de la Francophonie.
Observez le programme.
Qui propose ce programme ?

2 Réalisez !
En petits groupes
a. Cherchez des idées d'événements puis mettez-vous d'accord sur un événement à proposer.
b. Précisez votre proposition pour la présenter à la classe : où ? quand ? qui ?

3 Partagez !
a. Présentez votre proposition à la classe.
b. La classe choisit quelques événements pour le programme.
c. Composez votre programme pour le proposer à votre école.

Alliance française Zimbabwe

PROGRAMME
SEMAINE DE LA LANGUE FRANÇAISE
15 → 20.03
FREE ADMISSION

Poésie & littérature zimbabwéennes	17.03
Concours francophone : dessin, poésie, écriture	18.03
Concert franco-zimbo	20.03

S'entraîner

Indiquer le pays / la ville

1 Indiquez dans quelle ville et/ou dans quel pays.
Ex. : Où est la statue de la liberté ? → À New York, aux États-Unis.
a. Où est la tour Eiffel ?
b. Où est le Québec ?
c. Où est Big Ben ?
d. Où est Amsterdam ?
e. Où est Bruxelles ?
f. Où est Sydney ?
g. Où est Mexico ?

Donner des informations chiffrées / Indiquer l'année

2 073 Écoutez et complétez les informations.

 … d'utilisateurs de la langue.
 … d'internautes.
 … d'apprenants.
 … professeurs.
 Prévisions pour … :
entre … et … de francophones.

Les mots interrogatifs *où, quand, qui*

3 Lisez les informations puis écrivez la question correspondante.
Ex. : À Beyrouth. → Où ?
a. Les étudiants de l'Institut français.
b. Dimanche 18 mars.
c. Les adolescents.
d. Dans les pays francophones.
e. En 2021.
f. Aux Pays-Bas.

Les types d'événements / d'activités

4 Associez.
une rencontre – une exposition – ~~un atelier~~ – un jeu – un concours

a.   b.  c.

Ex. : a. → un atelier.

d. 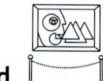 e.

Les jours de la semaine

5 Complétez avec les jours de la semaine.
… 9, dimanche 10 mars, … 11
… 20, mercredi 21 mai, … 22, … 23

À retenir

Récap' lexique

Indiquer le pays

1. a. Écrivez le maximum de noms de pays de chaque continent.
   b. Quels pays sont voisins de votre pays ?

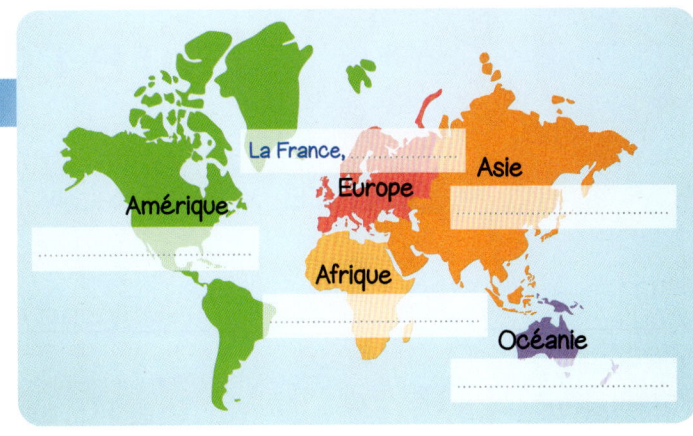

Les mots interrogatifs *où, quand, qui*

2. Complétez avec un mot interrogatif et des réponses possibles.

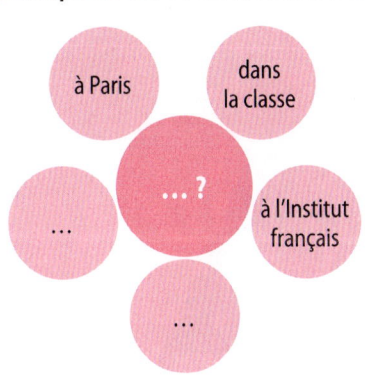
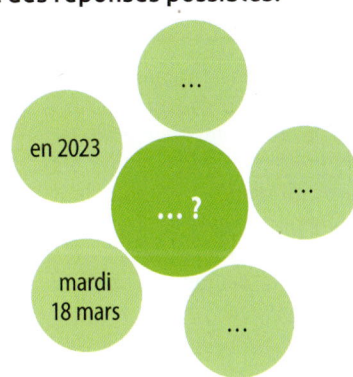
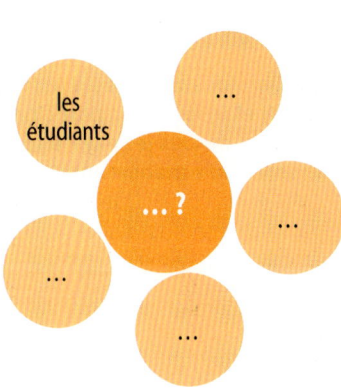

Les jours de la semaine

3. **En petits groupes** Répondez puis comparez vos réponses avec les autres groupes.

   a. **Dans votre pays…**
   – La semaine commence quel jour ?
   – Quels sont les jours du week-end / de repos ?
   – Les écoles ferment quel(s) jour(s) de la semaine ?

   b. **Et vous…**
   – Quel(s) jour(s) vous travaillez ou étudiez ? / Quel(s) jour(s) vous ne travaillez pas ou n'étudiez pas ?
   – Quel(s) jour(s) vous aimez ? / Quel(s) jour(s) vous n'aimez pas ?

Récap' grammaire

Le genre des noms de pays	Les prépositions devant les noms de pays et de villes	
Quel pays ? Quelle ville ? la France l'Australie *(fém.)*, l'Équateur *(masc.)* le Canada les Pays-Bas Madagascar Londres	**Dans quel pays ? Dans quelle ville ?** en France en Australie, Équateur au Canada aux Pays-Bas à Madagascar à Londres	→ pays féminin → pays commençant par une voyelle → pays masculin → pays pluriel → cas particulier (pays sans article) → ville
! Les noms de pays qui se terminent par *-e* ainsi que les cinq continents sont féminins. Quelques exceptions : *le Mexique, le Mozambique, le Cambodge*.	au Mexiqu**e** – au Mozambiqu**e** – au Cambodg**e**	

le mot du prof
- Les noms de pays sans article sont souvent des îles : *Cuba, Malte…*
  Autres noms de pays sans article : *Singapour, Andorre…*
- On utilise aussi les prépositions *en, au, aux* et *à* pour indiquer le pays / la ville de destination.

LEÇON 3 — Faire connaissance

Organiser un Café des Langues

NOS PROJETS ET ACTIONS

INITIATIVES

Au Café des Langues d'AMU, le mardi et le jeudi, les participants viennent de tous les pays. C'est un moment d'échange autour d'un café, de biscuits… Une opportunité de faire connaissance avec des étudiants locaux et internationaux, de discuter et de pratiquer des langues.

Comment ça fonctionne ? C'est simple : une table = une langue. Les organisateurs proposent des questions, des jeux, des quiz pour animer les conversations.

Ludovic, 20 ans, français, étudie l'espagnol à l'université d'Aix-Marseille : « Je viens pour pratiquer l'espagnol et pour découvrir les cultures du monde. » Elena vient d'Espagne, de Valence. Elle vient pour pratiquer le français : « Ici, nous venons du monde entier ! Je rencontre des Français et aussi des étudiants de Chine, du Japon, de Singapour, des États-Unis… C'est très intéressant ! »

Étudiants français et étrangers, vous êtes les bienvenus !

La lettre d'AMU n° 92 – mois de septembre

1 Regardez la page du magazine (doc. 1) et l'affiche (doc. 2).
a. Qui publie ce magazine ?
b. Quelle est l'initiative annoncée sur l'affiche ? Où ? Quand ?

2 Lisez l'article (doc. 1).
a. Définissez le Café des Langues : qu'est-ce que c'est ? Pour qui ? Quel est le fonctionnement ?
b. Vrai ou faux ? Justifiez.
1. Ludovic vient au Café des Langues pour étudier l'espagnol.
2. Ludovic vient d'Espagne.
3. Elena vient pour parler français.
4. Elena est espagnole.
5. Tous les participants sont européens.

zoom Langue

Dire le pays / la ville d'origine

▸ Le verbe *venir* au présent

a. C'est un verbe à trois bases. Observez la couleur des bases puis complétez la conjugaison avec les bonnes couleurs.

je …	nous …
tu vien**s**	vous ven**ez**
il / elle …	ils / elles vien**nent**

b. 🔊 074 Écoutez. Quelles formes verbales se prononcent [ɛ̃] comme dans *italien* ? [ɛn] comme dans *italienne* ?

▸ Les prépositions devant les noms de pays / villes

Observez puis associez pour formuler la règle.

Elle vient **d'**Espagne, **de** Valence. Des étudiants **de** Chine, **du** Japon, **de** Singapour, **des** États-Unis.

- du •
- de •
- d' •
- des •

- • + nom de pays pluriel
- • + nom de pays masculin
- • + nom de pays féminin
- • + nom de pays sans article
- • + nom de pays / ville commençant par une voyelle
- • + ville

S'ENTRAÎNER 1

3 **Debout !** 💬 a. Déterminez cinq espaces dans la classe, correspondant aux cinq continents.

b. À tour de rôle, imaginez un voyage : la ville de départ et la ville d'arrivée. Déplacez-vous d'un continent à l'autre et dites de quelle ville vous venez et dans quelle ville vous êtes. La classe dit de quel pays vous venez et dans quel pays vous êtes.
Ex. : Je viens de Berne et maintenant je suis à Mexico !
→ *Tu viens de Suisse et tu es au Mexique !*

4 🔊 075-076

a. Écoutez trois dialogues au Café des Langues d'AMU.
– Qui sont les personnes ?
– Elles viennent pour pratiquer quelle langue ?

b. Identifiez le thème abordé dans chaque dialogue.

- le travail
- le pays d'origine
- la musique
- la cuisine
- les voyages

5 🔊 075-076 Réécoutez.

a. Quelles questions vous entendez ? Choisissez.
– Quels sont les pays d'origine ? / Quelles sont les nationalités ? / Quel est ton pays d'origine ?
– Est-ce que vous travaillez ? / Vous travaillez ? / Quelle est ta profession ?
– Tu es étudiante ? / Tu n'es pas étudiante ? / Est-ce que tu es étudiante ?
– Est-ce que vous aimez la cuisine française ? / Vous aimez la cuisine française ? / Quelle est ta cuisine préférée ?

b. Retrouvez les réponses à chaque question.

6 🔊 077-078 Réécoutez les dialogues 1 et 3. Relevez les formules utilisées pour :
– saluer, à l'arrivée ;
– prendre congé, à la fin du Café des Langues.

zoom Langue

Saluer et prendre congé

Complétez avec les formules relevées (act. 6).

Pour saluer	
Bonjour !	Vous allez bien ?
… ! *(informel)*	… !

Pour prendre congé		
… ! Salut ! *(informel)*	Bonne … ! *(le matin)* … ! *(l'après-midi)* Bonne soirée ! *(le soir)*	À bientôt ! … !

Demander des informations personnelles

> La question avec *quel*

Complétez avec *quels*, *quelle* ou *quelles*, puis associez.

Quel est ton pays d'origine ? • — • masculin singulier
… est ta profession ? • — • masculin pluriel
… sont les pays d'origine ? • — • féminin singulier
… sont les nationalités ? • — • féminin pluriel

> La question fermée

a. Observez puis trouvez une autre formulation pour chaque question.
– Vous travaillez ? = …   } Oui. /
– … = **Est-ce que** vous aimez la cuisine française ? } Non.

b. Associez les questions et les réponses possibles.

Tu es étudiante ? • • **Oui**, je suis étudiante.
Tu n'es pas étudiante ? • • **Si**, je suis étudiante.
 • **Non**, je ne suis pas étudiante.

S'ENTRAÎNER 2, 3, 4

7 PRONONCIATION ▷ 06

La question intonative

a. 🔊 079 Écoutez. Vous entendez quelle intonation ? Faites le geste correspondant.

Question : ↗   Affirmation : ↘

Ex. : Tu parles français. → ↘   *Tu parles français ?* → ↗

b. 🔊 080 Écoutez et transformez : question → affirmation ou affirmation → question.
Ex. : Il voyage en Europe. → Il voyage en Europe ?

Le son [ɛ̃]

c. 🔊 081 Écoutez et levez la main quand vous entendez le son [ɛ̃].
Ex. : bien → [ɛ̃].

8 S'EXPRIMER 💬

Vous participez à un *speak dating*.

Debout ! Circulez dans la classe. Au signal de votre professeur(e), échangez avec un(e) étudiant(e) pour faire connaissance. Posez des questions : nom, nationalité, pays / ville d'origine, langues parlées, profession, goûts… Au signal de votre professeur(e), changez de partenaire.

TÂCHE CIBLE — Organiser un Café des Langues

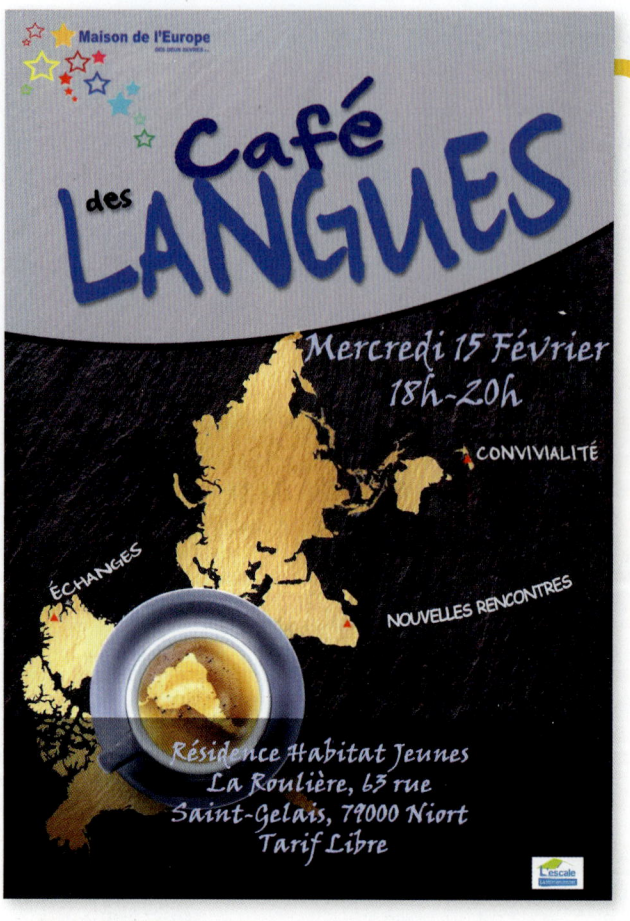

1 Préparez-vous !

Vous allez organiser dans votre école un Café des Langues « spécial français », pour faire connaissance avec des étudiants d'autres classes et pratiquer le français.

a. Choisissez le lieu de la rencontre (à la cafétéria, à la bibliothèque…) et le moment (après la classe, le soir…).
b. Listez des thèmes possibles pour la conversation.

2 Réalisez !

En petits groupes

À partir des thèmes de la liste, préparez des petits papiers avec des questions à poser aux participants.

3 Partagez !

a. Mettez en commun vos questions. Sélectionnez les questions à utiliser pour l'animation.
b. Installez le Café des Langues : préparez les tables avec les petits papiers, le café, les biscuits…

S'entraîner

Dire le pays / la ville d'origine

1 Transformez avec *venir de* comme dans l'exemple.
Ex. : *Vous êtes européens ?* → *Vous venez d'Europe ?*
– Vous êtes européens ?
– Oui, et du monde entier. Judith et moi, nous sommes britanniques. Ricardo et Jorge sont brésiliens, Cheng est chinois, Renate est allemande, Aïcha est marocaine. Et toi, tu es hollandais ?
– Non, je suis belge, j'habite à Bruxelles.

Saluer et prendre congé

2 Barrez l'intrus.
a. – 17 heures, le cours est fini ! Au revoir !
– *Bonne soirée ! / Au revoir ! / Bonne journée !*
b. – Salut, bon week-end !
– *Bonne journée ! / Bonjour ! / À lundi !*
c. – Salut Elsa ! À demain !
– *Salut ! / À bientôt ! / Bonne journée !*
d. – Bonsoir ! / Bonne soirée ! / Bonjour ! Vous allez bien ?
– Bien, merci, et vous ?
e. – Bonjour monsieur !
– *Bonne journée ! / Bonjour ! / Vous allez bien ?*

La question avec *quel*

3 Lisez le mail. Formulez les questions correspondant aux informations données. Utilisez *quel*, *quelle*, *quels* ou *quelles*.
Ex. : *Quelle est la date de la prochaine rencontre ?*

---

nouveau message

Bonjour,
Voici les informations en réponse à vos questions sur le Café des Langues.
La date de la prochaine rencontre : lundi 5 septembre.
Le lieu de rencontre : Café Polyglotte.
Les jours de rencontre : le lundi et le mercredi.
Le nombre de participants : 30 personnes au maximum.
L'origine des participants : groupe international.
Les langues pratiquées : anglais, espagnol, arabe, français, chinois.
Les conditions pour participer : sur inscription.
À bientôt !
L'équipe du Café des Langues

Envoyer

La question fermée

4 Trouvez la question correspondante. Proposez deux formulations quand c'est possible.
a. Oui, je parle anglais.
b. Si, je viens d'Espagne.
c. Oui, Yoko vient du Japon.
d. Oui, nous sommes étudiants.
e. Si, ils sont américains.
f. Oui, nous comprenons.

À retenir

Récap' lexique et communication

Les rencontres linguistiques

1 a. Qui fait quoi dans les rencontres linguistiques ? Complétez.

personnes → un(e) organisateur(trice)   un(e) …   un(e) participant(e)   un(e) …

actions → …   animer   …   étudier

b. Associez les termes exprimant la même idée.

faire connaissance • • de tous les pays
discuter • • une conversation
un (moment d')échange • • un sujet (de conversation)
du monde entier • • rencontrer une personne
un thème • • échanger

Les salutations

2 a. Le matin / Le soir, vous utilisez quelle(s) expression(s) pour saluer ? Pour prendre congé ?

Bonsoir !   Bonne soirée !   Bonne journée !   Bonjour !

b. En petits groupes Situation formelle ou informelle ? Que dites-vous dans les situations suivantes ?

– Bonjour madame, … ?
– …

– Salut, … ?
– …

Récap' grammaire

Le verbe *venir* au présent 🔊 082

C'est un verbe à trois bases.

je	vien**s**
tu	vien**s**
il / elle	vien**t**
nous	ven**ons**
vous	ven**ez**
ils / elles	vienn**ent**

Les prépositions devant les noms de pays et de villes

Vous venez d'où ? De quel pays ? De quelle ville ?

de	France	→ pays féminin
d'	Espagne, Iran	→ pays commençant par une voyelle (*masc.* ou *fém.*)
du	Japon	→ pays masculin
des	États-Unis	→ pays pluriel
de	Barcelone	→ ville
de	Madagascar	→ cas particulier (pays sans article)
d'	Athènes	→ ville commençant par une voyelle

le mot du prof Les prépositions *de, d', du, des* + nom de pays / ville indiquent le lieu d'origine ou la provenance.

La question avec *quel*

	Masculin	Féminin
Singulier	**Quel** est ton pays d'origine ?	**Quelle** est ta profession ?
Pluriel	**Quels** sont les pays d'origine du groupe ?	**Quelles** sont les nationalités du groupe ?

le mot du prof Avec *quel* + nom
→ *Tu parles quelles langues ?*
= *Quelles langues tu parles ?*

La question fermée

Tu es étudiante ?
Est-ce que tu es étudiante ? } → Oui. / Non.

Tu **n'**es **pas** étudiante ? } → **Si.** / Non.

le mot du prof Pour une question négative, *est-ce que* n'est pas possible.

Territoires

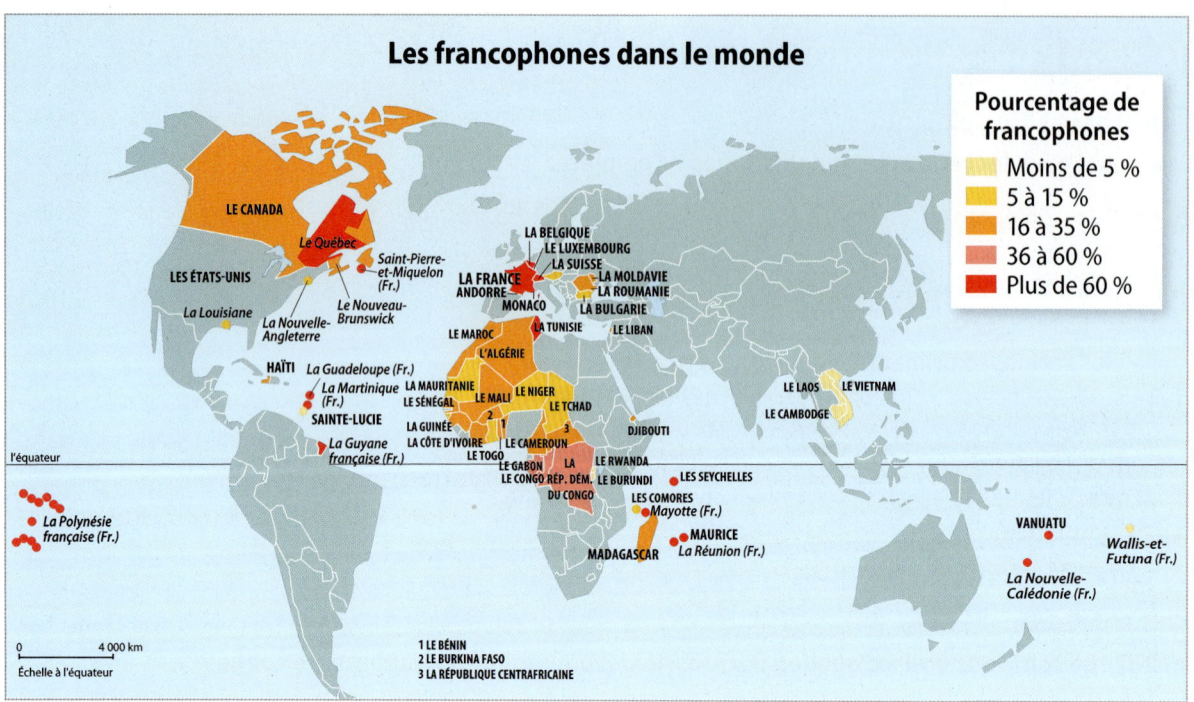

1 Observez la carte.
   a. Trouvez, près de votre pays, les régions ou les pays où le français est présent.
   b. Repérez les régions ou les pays à majorité francophone puis identifiez les territoires rattachés à la France (FR). Ils sont sur quels continents ?

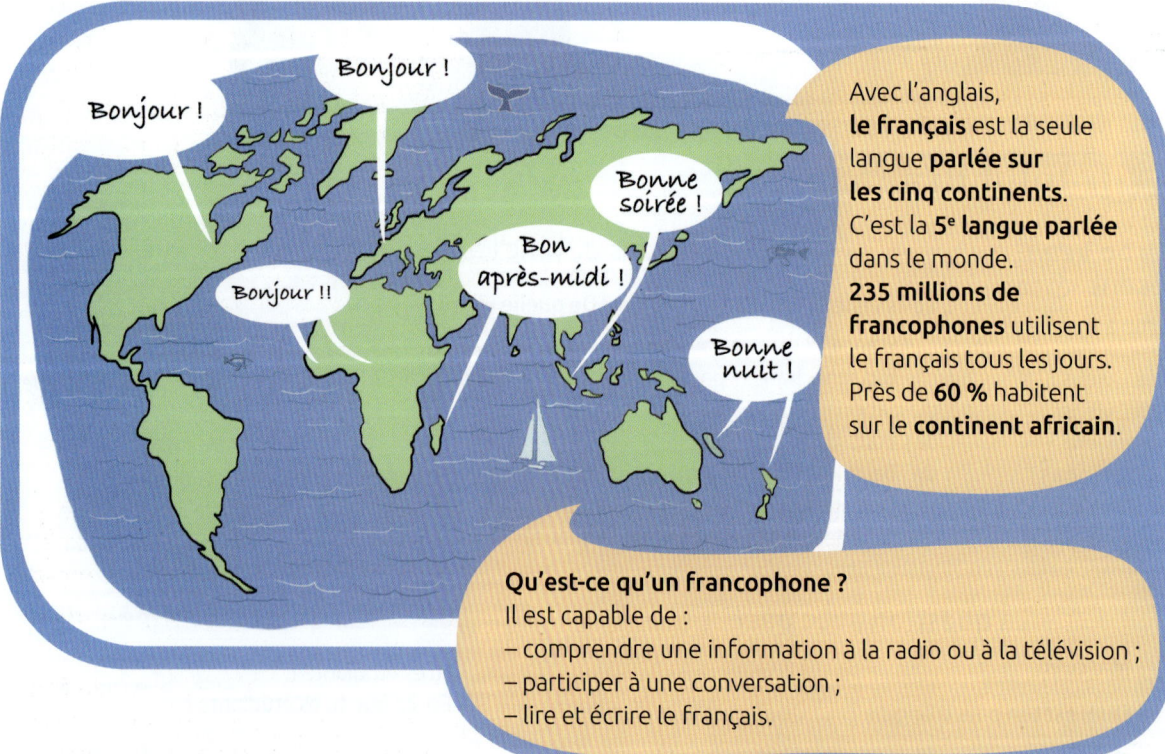

2 Regardez le dessin et lisez.
   a. Le dessin illustre quelle information ?
   b. Lisez la définition du francophone puis dites si vous connaissez des francophones (famille, amis, collègues…).

Identités

1 Observez les affiches des rencontres organisées par l'Alliance française de Paris et l'Institut français.

a. **Identifiez le thème des rencontres et le point commun entre les trois invités.**

b. **Quel est le pays d'origine de chaque invité ? Quel(le) invité(e) vient d'un pays francophone ?**

c. **Vous connaissez d'autres écrivains qui « viennent de loin » et écrivent en français ?**

À 18 ans, Yujian Li quitte la Chine pour étudier à Paris. Il a 24 ans et il travaille dans une entreprise française. *64 secondes*, une série de portraits de jeunes francophones pour la Conférence internationale pour la langue française et le plurilinguisme organisée à Paris.

2 07 **Lisez la page du site TV5 Monde et regardez la vidéo. Trouvez :**
– le mot préféré de Yujian Li ;
– des personnalités francophones importantes pour lui ;
– sa définition de la francophonie ;
– un mot français utilisé dans son pays.

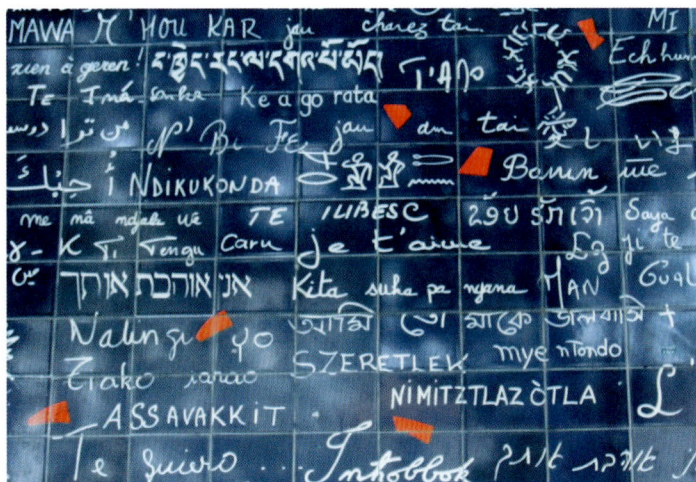

Le mur des « *je t'aime* », à Paris.

3 Yujian Li parle du « mur des amours ».

a. **Vous connaissez ce mur ? Observez la photo et trouvez la phrase en français.**

b. **Quelles autres langues vous identifiez ?**

4 **En petits groupes** À vous ! Réalisez un épisode pour *64 secondes*. Vous vous présentez et vous répondez aux questions suivantes.
– Votre mot préféré ?
– Une personnalité francophone importante pour vous ?
– Un mot français utilisé dans votre pays ?

Fenêtres sur...

Dossier 2

Stratégies et outils pour... effectuer des tâches

S'appuyer sur des indices pour comprendre des consignes

1 a. Lisez les consignes et soulignez les mots similaires dans une langue que vous connaissez.

- Écoutez le dialogue.
- Écrivez le message.
- Ouvrez le livre à la page 35.
- Observez la photo.
- Regardez la vidéo.
- Lisez le texte.
- Fermez votre livre.
- Répondez aux questions.
- Choisissez la réponse correcte.
- Échangez ! Parlez de vos goûts.

b. 🔊 083 Relisez et écoutez. Associez les consignes aux pictos.

a.   b.   c.   d.   e.   f.   g.   h.   i.   j.

c. Cherchez quels pictos sont dans *Mon alter ego*.

d. `Debout !` Mimez une consigne. La classe dit la consigne correspondante.

2 a. Lisez ces extraits d'exercices. Trouvez la consigne correspondante.
- Complétez avec un verbe.
- Associez les informations.
- Soulignez la phrase négative.
- Entourez le mot masculin.
- Cochez la bonne réponse.

▶ S'entraîner

1. Je suis français. <u>Je ne parle pas anglais</u>.
2. J'aime la nature, les nouvelles technologies et le (cinéma).
3. Elle est ☐ italien ☒ italienne.
4. Il ___est___ français.
5. Nom ⟶ française
   Nationalité ⟶ Pelletier

b. 🔊 084 Écoutez les consignes et faites les actions demandées.

☐ un cahier   ☐ un tableau   ☐ une chaise

☐ un ...   ☐ une table   ☐ un ordinateur

Quelles autres consignes de classe vous connaissez ?

Entraînement DELF A1

Compréhension de l'oral

Exercice 1 Identifier un événement

🔊 085 Vous êtes en France. Vous entendez ce message sur votre répondeur. Lisez les questions. Écoutez le document puis répondez.

1) Le cours est...
   a. ☐ mardi.
   b. ☐ mercredi.
   c. ☐ vendredi.

2) La professeure s'appelle...
   a. ☐ Mélanie Rabichon.
   b. ☐ Mélanie Robichaux.
   c. ☐ Mélanie Rebichoux.

3) Le cours est dans la salle...
   a. ☐ 15.
   b. ☐ 75.
   c. ☐ 115.

4) Pour confirmer votre présence, quelle action vous devez faire ?

 a. ☐
 b. ☐
 c. ☐

Compréhension des écrits

Exercice 1 Suivre des instructions simples

Vous suivez un cours de français. La professeure écrit ce message.
Lisez le document puis répondez aux questions.

> **nouveau message**
>
> Bonjour,
> Pour la leçon en ligne de jeudi, vous préparez une présentation personnelle. Vous indiquez trois informations : votre nationalité, vos centres d'intérêt et votre âge. Vous ajoutez votre profession mais pas votre prénom. Vous mettez aussi une photo de votre ville ou de votre pays. Vous partagez votre présentation jeudi matin sur l'espace collaboratif de la classe pour le cours du soir.
> À jeudi,
> Clotilde

1) Vous assistez à quel type de cours jeudi ?

 a. ☐
 b. ☐
 c. ☐

2) Dans la présentation, vous indiquez... a. ☐ votre classe. b. ☐ votre prénom. c. ☐ votre profession.

3) Vous ajoutez... a. ☐ une photo. b. ☐ deux photos. c. ☐ trois photos.

4) Où vous partagez votre présentation ?

 a. ☐
 b. ☐
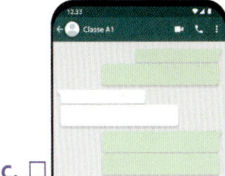 c. ☐

5) Votre cours est... ☐ le matin. ☐ l'après-midi. ☐ le soir.

Entraînement DELF A1

Production écrite

Exercice 1 Remplir une fiche de renseignements

Vous participez à la journée de la Francophonie. Vous remplissez cette fiche.

ORGANISATION INTERNATIONALE DE
la francophonie

Nom : ....
Prénom : ....
Date de naissance : ....
Nationalité : ....
Pays : ....
Courriel : ....
Téléphone : ....
Profession : ....
Langue(s) parlée(s) : ....
Personnalité francophone connue : ....
Centre(s) d'intérêt : ....

Production orale

Exercice 1 Entretien dirigé
Vous vous présentez. Répondez aux questions.

- Vous vous appelez comment ?
- Votre nom, comment ça s'écrit ?
- Quelle est votre date de naissance ?
- Quelle est votre nationalité ?
- Quelle est votre profession ?
- Quel est votre numéro de téléphone ?
- Vous habitez où ?
- Vous parlez quelle(s) langue(s) ?
- Quel(s) pays vous connaissez ?
- Quels sont vos centres d'intérêt ? Vous aimez le sport, le cinéma, le théâtre, la littérature ?

DOSSIER 3
Découvrir une ville

	Vous avez besoin de/d'…	Vous allez apprendre à…	Vous allez…
Leçon 1	trouver un hébergement lors d'un séjour	rechercher / proposer un hébergement	choisir un hébergement
Leçon 2	connaître de bonnes adresses	présenter un lieu « coup de cœur »	faire un carnet de bonnes adresses
Leçon 3	vous déplacer et découvrir des lieux d'intérêt	indiquer un itinéraire	créer un itinéraire de randonnée urbaine

Fenêtres sur…

Patrimoines Découvrir des personnalités françaises à partir de noms de rues

Littératures Identifier quelques caractéristiques de grandes villes de France

Stratégies et outils pour…

Identifier un document écrit
→ repérer des indices visuels

LEÇON 1 — Rechercher / Proposer un hébergement

Choisir un hébergement

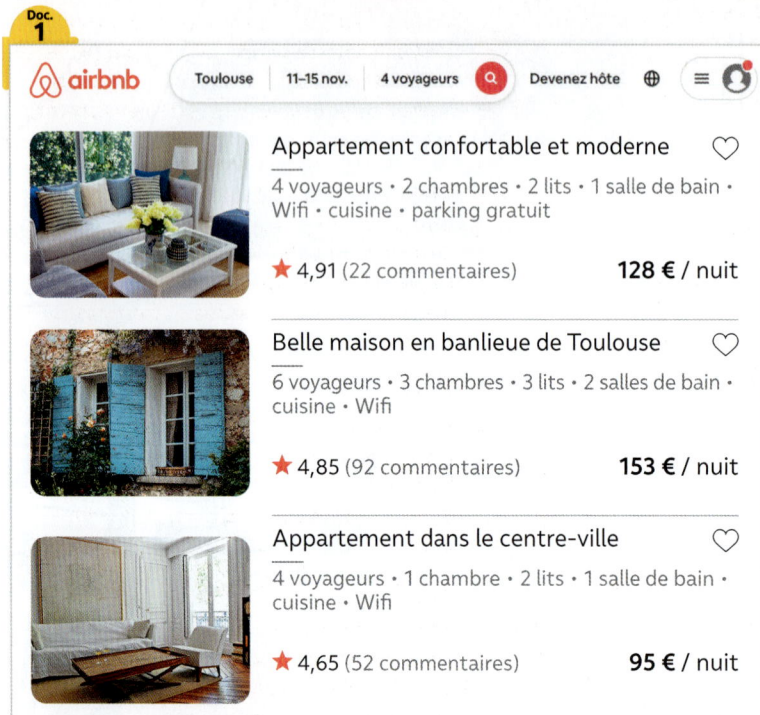

1 a. Observez la page du site Airbnb (doc. 1). Identifiez les critères de la recherche de location : destination, nombre de personnes, dates du séjour.

b. Lisez les annonces (doc. 1). À votre avis, quels sont les avantages et les inconvénients de chaque hébergement, pour une famille de deux adultes et deux enfants ?

2 Lisez la description du logement (doc. 2).
a. La description correspond à quelle annonce (doc. 1) ?
b. Les informations sur l'appartement sont dans quel ordre ?
les pièces – les équipements – la localisation – les précisions sur les pièces
c. Relevez les précisions sur les pièces et sur la localisation de l'appartement.

3 a. En petits groupes Regardez les équipements du logement (doc. 2). Échangez ! Quels équipements sont importants pour vous dans une location ?
b. 🔊 086-087 Des voyageurs demandent des précisions à l'hôte par téléphone. Écoutez et associez chaque question au picto correspondant.

 1.  2. 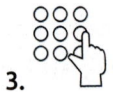 3. 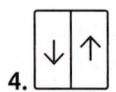 4.

zoom Langue

L'hébergement

Trouvez dans la liste suivante deux types d'hébergement et deux localisations.
un appartement – le centre-ville – une maison – un immeuble – la banlieue – un parking

Les pièces et les équipements

a. Associez chaque pièce avec ses équipements.

la chambre	une chaise – un canapé – une cuisinière –
la salle de bain	un lit – une baignoire – un lave-linge –
la cuisine	une télévision – un réfrigérateur –
le salon	une machine à café – un micro-ondes

b. Listez les équipements possibles d'un immeuble.

Les articles définis et indéfinis

Observez puis cochez pour formuler la règle.

> **L'**appartement (de l'annonce) est dans **le** centre-ville (de Toulouse), à 400 mètres de **la** station de métro Jean-Jaurès. Dans **l'**appartement, il y a **un** salon, **une** chambre, **une** salle de bain, **des** toilettes. Dans **la** chambre, il y a **un** lit double.

On utilise **l'article défini** pour une information
☐ non spécifique ☐ spécifique.
On utilise **l'article indéfini** pour une information
☐ non spécifique ☐ spécifique.

S'ENTRAÎNER 1, 2

4 PRONONCIATION ▶ 08
La liaison et l'enchaînement

a. ◁)) 088 Écoutez et lisez.
1. un salon – un hébergement
                   [n]
2. une cuisine – une information
                   [n]

b. ◁)) 089 Écoutez et répétez.

c. ◁)) 090 Écoutez et levez la main quand vous entendez [z].
Ex. : des hébergements
      [z]

d. ◁)) 091 Écoutez et répétez.

5 Debout !
a. Vous habitez où : en ville / en banlieue / autre ? Formez des groupes.

b. Vous habitez dans quel type de logement : une maison / un appartement / autre ? Formez des groupes.

6
Lisez les commentaires de voyageurs après un séjour à Toulouse (doc. 3).
a. Ils parlent de quelle location (doc. 1) ?
b. Qui donne les notes suivantes à la location ? Relevez l'appréciation globale de chaque personne pour justifier.
★★★★★ – ★★★ – ★★

7 Relisez.
a. Qui fait des commentaires sur l'appartement ? sur la propriétaire ?
b. Identifiez les quatre critères d'évaluation puis relevez les appréciations correspondant à chaque critère.

Doc. 3

 airbnb   ★ 4,65 • 52 commentaires

Propreté	4,4
Communication	4,8
Emplacement	4,9
Rapport qualité-prix (confort, décoration)	4,5

Hélène
Un séjour parfait ! Bon accueil de Christine : c'est une hôtesse sympa ! Elle est disponible et attentionnée. Elle donne des informations intéressantes pour les visites. L'appartement est très propre et pratique.

Djamel
C'est un beau logement, mais pour une famille de quatre personnes, je ne recommande pas ! La petite salle de bain n'est pas pratique avec des enfants. Le canapé-lit n'est pas confortable.

Flore
Nous sommes contents de notre séjour dans le bel appartement de Christine. C'est un logement agréable, il est bien situé. Il y a un grand marché à proximité. Bonne location pour un prix intéressant.

Antoine
Bon séjour, mais le confort est inégal. Très bon lit dans la chambre mais canapé-lit inconfortable. Appartement propre. Hôtesse sympathique.

---

zoom Langue

Caractériser une personne, un hébergement
> Les adjectifs qualificatifs

a. Observez et complétez le tableau puis la règle.
un prix intéressant – des informations intéressantes

Masculin	Féminin
…	intéressant**e**
grand	…
attentionné	…
disponib**le**	…
sympathi**que**	…

En général, l'adjectif au féminin = masculin + … .
Pour les adjectifs avec … final au masculin : féminin = masculin.
Pour le pluriel, on ajoute … .

❗ un **beau** logement / un **bel** appartement → une **belle** maison
un **bon** séjour → une **bonne** location

b. ◁)) 092 Écoutez. À l'oral, quels adjectifs sont différents au masculin et au féminin ?

c. Observez la place des adjectifs dans les appréciations relevées (act. 6b et 7b) et cochez.
En général, les adjectifs qualificatifs se placent
☐ avant   ☐ après le nom.
Grand(e), petit(e), bon / bonne, beau / belle se placent
☐ avant   ☐ après le nom.

> C'est… – Il / Elle est…

Observez puis complétez la règle avec *c'est* ou *il / elle est*.

C'est une hôtesse sympa. **Elle est** disponible et attentionnée.
C'est un logement agréable. **Il est** bien situé.

… + article + nom (+ adjectif).
… + adjectif.

(S'ENTRAÎNER 3, 4)

8 S'EXPRIMER ✏

Vous écrivez la description d'un logement.

En petits groupes Vous êtes les propriétaires de l'appartement de la première annonce (doc. 1). Écrivez la description du logement pour compléter l'annonce. Précisez la localisation, donnez des informations sur les pièces et les équipements.

Dossier 3 — Leçon 1

TÂCHE CIBLE — Choisir un hébergement

Strasbourg

Nice

Bordeaux

1 Préparez-vous !

Vous allez faire une sélection d'hébergements pour un séjour dans une ville française.

En grand groupe
a. Observez les photos. Mettez-vous d'accord sur la destination de votre séjour.
b. Vous souhaitez faire ce séjour avec la classe. Déterminez ensemble les dates et le nombre maximum de personnes pour chaque hébergement.

2 Réalisez !

En petits groupes
a. Listez les critères importants pour chacun(e) d'entre vous : le nombre de personnes par chambre, le nombre de salles de bain, les équipements, la localisation…
b. Faites une recherche sur un site Internet de location. Regardez les commentaires des voyageurs et faites une sélection d'hébergements pour le séjour.

3 Partagez !

a. Présentez votre sélection à la classe.
b. Donnez votre avis sur les propositions des autres groupes. Puis faites votre sélection définitive.
c. Partagez votre sélection d'hébergements sur l'ETC et répartissez les personnes de la classe dans les hébergements.

S'entraîner

Les pièces et les équipements

1 Observez les photos et dites quels équipements il y a.

Les articles définis et indéfinis

2 Complétez avec un article défini ou indéfini.

> Maison dans … centre-ville de Toulouse, à 200 mètres de / d'… station de métro Jeanne-d'Arc. Dans … maison, il y a deux chambres, … salon, … cuisine, … salle de bain et … toilettes séparées de / d'… salle de bain. … cuisine est équipée : il y a … micro-ondes, … machine à café et … réfrigérateur. Il y a … équipements pour enfants : … lit et … chaise pour bébé.

Les adjectifs qualificatifs

3 Complétez avec les adjectifs suivants, à la place correcte. Faites les accords nécessaires.

intéressant – petit – pratique – bon – confortable – attentionné – gratuit – équipé

a. Est-ce qu'il y a un … parking … dans l'immeuble ?
b. Luc et Nina sont des … propriétaires … .
c. Il y a une … cuisine … et dans la salle de bain, il y a une … baignoire … .
d. Dans les chambres, il y a des … lits … .
e. C'est un … appartement … pour une famille : il y a des équipements pour les enfants.
f. C'est une … location … pour un … prix … .

C'est… – Il / Elle est…

4 Formulez des appréciations avec un élément de chaque liste comme dans l'exemple.
Ex. : C'est un petit appartement. Il est agréable et bien situé.

C'est – Il est – Elle est

~~un petit appartement~~	située dans le centre-ville
une hôtesse agréable	propre et bien équipé
un hébergement confortable	~~agréable et bien situé~~
un immeuble moderne	équipé avec un digicode
une grande maison	sympathique et attentionnée

À retenir

Récap' lexique

Les pièces et les équipements

1 a. Classez les équipements suivants dans le tableau.

un lit – un canapé(-lit) – une baignoire – un lave-linge – une télévision – un réfrigérateur – une machine à café – une cuisinière – un micro-ondes – une chaise – un digicode – un ascenseur

Équipements électriques	Équipements non électriques
…	…

b. Vous avez quels équipements dans votre logement ? Dans quelle(s) pièce(s) ?

Caractériser une personne, un hébergement

2 Choisissez les qualificatifs possibles pour caractériser les éléments suivants sur un site de location d'hébergements.

un hôte / une hôtesse   un hébergement / une location   un séjour   un prix   un équipement

intéressant(e) – disponible – grand(e) – propre – pratique – beau / bel / belle – agréable – petit(e) – bon / bonne – sympa / sympathique – confortable / inconfortable – parfait(e) – attentionné(e) – gratuit(e) – moderne

Récap' grammaire

Les articles définis et indéfinis

Les articles définis	Les articles indéfinis
Pour une information spécifique, connue :	Pour une information non spécifique :
dans **l'**appartement de Christine	**un** salon, **une** chambre, **des** toilettes
dans **la** chambre	**un** lit double
dans **le** salon	**un** canapé-lit
dans **le** centre-ville (de Toulouse)	
la station de métro Jean-Jaurès	

C'est… – Il / Elle est…

Rappel : *C'est Marco Mori, il est italien, il est photographe.*
Pour présenter une personne : **c'**est + prénom / nom de famille.
Pour donner une information sur une personne : **il / elle** est + nationalité / profession.

Pour caractériser une personne ou un lieu :

C'est + article + nom (+ adjectif).   **Il / Elle est** + adjectif.
C'est une personne sympathique.   *Elle est sympathique.*
C'est un appartement moderne.   *Il est moderne.*

Les adjectifs qualificatifs

Singulier		Pluriel	
Masculin	**Féminin**		
petit	petit**e**	petit**s**, petit**es**	
grand	grand**e**	grand**s**, grand**es**	*singulier* + **s**
équipé	équipé**e** } *masculin* + **e**	équipé**s**, équipé**es**	! *Exception :* beau + **x**.
confortable } *masculin = féminin*		confortable**s**	
pratique		pratique**s**	
! beau / **bel** (+ *voyelle*)	belle	beau**x**, belles	
bon	bonne	bon**s**, bonne**s**	

En général, les adjectifs se placent après le nom : *un appartement **confortable***.
! *Beau, bon, petit, grand* se placent avant le nom : *une **petite** salle de bain*.

LEÇON 2 — Présenter un lieu « coup de cœur »

> Faire un carnet de bonnes adresses

Doc. 1

LES COUPS DE CŒUR
de Clément, notre auteur

Où manger à Marseille ? Où boire un verre ? Où dormir ? Où faire des achats ? Clément vous propose ses bonnes adresses pour votre week-end.

CUP OF TEA
1, rue Caisserie
13002 Marseille

Ce salon de thé-café-librairie est situé en face de l'église des Accoules, entre le Vieux-Port et le quartier du Panier. Pour avoir des conseils de lecture intéressants, découvrir des livres et déguster un bon thé sur la terrasse.

BOULANGERIE AIXOISE
45, rue Francis-Davso
13001 Marseille

Située près du Vieux-Port et des commerces du centre-ville, cette boulangerie-pâtisserie propose des pains variés, des sandwichs délicieux et des spécialités locales (biscuits, gâteaux aux amandes). Une autre adresse dans le douzième arrondissement, dans la rue Montaigne.

ÉPICERIE L'IDÉAL
11, rue d'Aubagne
13001 Marseille

Une adresse incontournable dans le premier arrondissement ! Cette épicerie, située près du marché des Capucins, propose des spécialités du monde entier. C'est aussi un restaurant le midi.

MAISON MONTGRAND
35, rue Montgrand
13006 Marseille

Situé dans le centre-ville, pas loin de la préfecture, cet hôtel est aussi un restaurant et une boutique d'objets de créateurs. Le jardin derrière l'hôtel est idéal pour déjeuner sous les parasols.

CAFÉ DE L'ABBAYE
3, rue d'Endoume 13007 Marseille

Ce bar est situé dans le quartier Saint-Victor, à côté de l'abbaye. Belle terrasse sur la place devant le bar, avec une vue magnifique sur le Vieux-Port. Les Marseillais viennent le soir pour prendre l'apéritif au coucher du soleil.

D'après Un grand week-end à Marseille, *éd. Hachette.*

1 Observez ces pages d'un guide touristique (doc. 1). Expliquez son titre. Situez la ville sur la carte de France p. 174.

2 Lisez la page.
a. Associez les lieux « coups de cœur » de Clément aux questions suivantes. Justifiez (citez le texte).
Où manger ? – Où boire un verre ? – Où dormir ? – Où faire des achats ?

b. Pour chaque lieu, les informations suivantes sont données dans quel ordre ?
localisation dans la ville – précisions sur le lieu – nom et adresse du lieu

3 a. Pour chaque lieu, regardez l'adresse et relevez les informations de localisation. Puis trouvez ces lieux « coups de cœur » sur le plan de Marseille (doc. 2).

b. Relevez les précisions sur chaque lieu.

Doc. 2

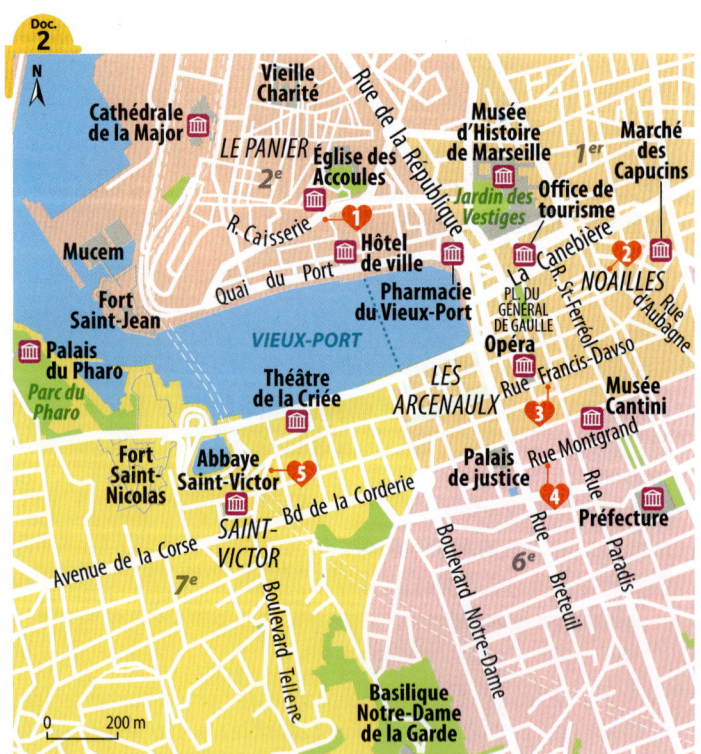

zoom Langue

Localiser un lieu

> Les lieux de la ville

a. Listez les lieux de la ville (**doc. 1** et **doc. 2**) puis classez-les dans les catégories suivantes.
commerces alimentaires – commerces non alimentaires – lieux administratifs / services – lieux culturels – lieux de promenade – autres

b. Quels commerces sont aussi des lieux de rencontre ? des magasins ?

> Les adjectifs démonstratifs

Observez puis complétez le tableau.
Ce salon de thé est situé en face de l'église

	Masculin	Féminin
Singulier	… bar – … hôtel	… boulangerie – … épicerie
Pluriel	**ces** lieux – … adresses	

> Les expressions de localisation

a. Complétez avec les expressions pour localiser les lieux.
Ce bar **est situé dans** le quartier Saint-Victor.

dans   sous   … ≠ derrière   en face de   … ≠ loin de

! **sur** la place – **sur** le quai – **dans** la rue – **dans** le quartier – **dans** le deuxième arrondissement

b. Observez puis complétez avec **des**, **de la**, **du** ou **de l'**.
La boulangerie est près **du** Vieux-Port et **des** commerces.
le musée → près … musée
la préfecture → à côté … préfecture
l'hôtel de ville → en face … hôtel de ville
les quais → loin … quais

> Les nombres ordinaux pour les arrondissements

Associez.
- 2ᵉ •   • premier
- 1ᵉʳ •   • douz**ième**
- 12ᵉ •   • deux**ième**

! premier / première (fém.) – cinq → cinqu**ième** – neuf → neuv**ième**

S'ENTRAÎNER 1, 2, 3, 4

zoom Culture

Marseille, l'adresse et le code postal

1. Marseille est divisée en 16 arrondissements. Quels sont les arrondissements du centre-ville ?

2. a. Trouvez, dans les adresses des lieux (**doc. 1**), l'ordre des informations suivantes.
le nom de la ville – le nom de la rue – le numéro de la rue – le code postal

b. Observez le code postal dans les cinq adresses. 13001 correspond à quel arrondissement ?

4 Debout ! Placez-vous en cercle, avec chacun(e) un livre dans la main. Donnez des instructions comme dans les exemples, les autres font les actions.
Ex. : – Vitor, devant Sarah !
– Le livre derrière vous / sur la table !

5 🔊 093-094 Écoutez ces dialogues entre un client et des commerçants.
a. Les personnes sont dans quel lieu (**doc. 1**) ?
b. Dans quel(s) dialogue(s) le client fait un achat ? commande quelque chose ?

6 🔊 093-094 Réécoutez. Listez les achats ou commande(s) du client puis relevez les prix.

zoom Langue

Faire un achat, une commande

a. Qui dit ces phrases : le client ou le / la commerçant(e) ? Précisez si c'est pour la demande d'achat ou pour le prix / le paiement.
Je voudrais ce gâteau, s'il vous plaît. – Ça, qu'est-ce que c'est ? – Vous désirez autre chose ? – Combien ça coûte ? – Cinq euros cinquante. – Combien coûte ce livre ? – Par carte, sans contact. – L'addition, s'il vous plaît ! – Vous payez comment ? – Il coûte 12 euros.

b. Complétez avec *ça* ou *ce / cet / cette / ces*.
Le client nomme le produit. → Il utilise … .
Le client ne nomme pas le produit. → Il utilise … .

S'ENTRAÎNER 5

7 PRONONCIATION

Les consonnes finales muettes

a. 🔊 95 Écoutez et observez. Puis complétez la règle.

1. client – port – près – biscuits – prix – d'accord
En général, les consonnes finales …, …, …, … ne se prononcent pas.

2. premier – quartier – panier – déjeuner – sur – cœur – bar
La consonne finale *r* ne se prononce pas dans les mots terminés par … .

b. 🔊 96 Écoutez et répétez.
1. Dans ce quartier, il y a un bar sur le boulevard.
2. Deux thés et deux gâteaux, s'il vous plaît !

8 S'EXPRIMER 💬

Vous faites un achat.

Jouez la scène.
a. Par deux Préparez-vous à l'oral : choisissez un commerce et un achat. À tour de rôle, entraînez-vous à faire cet achat (demande, prix, paiement).
b. En grand groupe Avec un(e) autre partenaire, jouez la scène. La classe dit de quel commerce il s'agit, quel est l'achat et le prix.

TÂCHE CIBLE — Faire un carnet de bonnes adresses

1 Préparez-vous !

Vous allez faire le carnet de vos adresses « coups de cœur » dans votre ville, avec ces rubriques.
Où manger ? – Où boire un verre ? – Où dormir ? – Où faire des achats ?

En petits groupes
À tour de rôle, présentez deux ou trois lieux préférés dans votre ville. Dites quel type de lieu c'est et pourquoi vous aimez ce lieu.

2 Réalisez !

En petits groupes
a. À partir des lieux présentés, sélectionnez des « coups de cœur » pour les différentes rubriques.
b. Rédigez un texte pour chaque coup de cœur.
– Indiquez le nom et l'adresse.
– Situez le lieu dans la ville.
– Donnez des précisions sur le lieu.

3 Partagez !

En grand groupe
a. Présentez vos adresses « coups de cœur » à la classe.
b. Mettez-vous d'accord sur les coups de cœur à retenir.
c. Réalisez votre carnet de bonnes adresses et ajoutez des photos. Déposez-le sur l'ETC de la classe.

S'entraîner

Les lieux de la ville

1 Retrouvez dans la liste dans quel lieu sont les personnes.
une librairie – une pharmacie – un restaurant – un musée – l'hôtel de ville – une boulangerie
Ex. : Adam achète un pain. → une boulangerie
a. Benoît visite une exposition de peinture.
b. Colette demande un passeport.
c. Imad achète un livre.
d. Florine déjeune avec un ami.
e. Thomas achète de l'aspirine.

Les adjectifs démonstratifs

2 Complétez avec *ce, cet, cette* ou *ces*.
a. J'aime … restaurant parce que la cuisine est traditionnelle.
b. Le quartier du Panier est situé dans … arrondissement ?
c. … lieux sont dans le centre-ville ?
d. … terrasse est idéale pour prendre l'apéritif le soir.
e. Il y a un beau jardin derrière … salon de thé.
f. Des touristes visitent … église.

Les expressions de localisation

3 Entourez l'expression correcte.
– Tu habites *sur / dans / entre* la rue Lodi ?
– Oui, *entre / dans / sous* l'épicerie et la pharmacie. *Dans / Sur / Sous* la place, *sur / dans / devant* mon immeuble, il y a une terrasse de café. Et toi ?
– J'habite aussi *devant / sur / dans* le quartier : *derrière / sur / entre* l'église, *sous / à côté de / sur* la librairie.

4 Faites des phrases avec les informations données pour situer les lieux.
Ex. : le musée / l'hôtel de ville (près)
→ Le musée est près de l'hôtel de ville.
a. le douzième arrondissement / le Vieux-Port (loin)
b. l'hôtel / les commerces du centre-ville (à côté)
c. le bar / la place Jean-Jaurès (en face)
d. la librairie / le restaurant *La Table d'Augustine* (près)
e. le parking / l'Opéra (pas loin)
f. l'université / les jardins du château (à côté)

Faire un achat, une commande

5 Associez les demandes et les réponses.
a. Combien coûte ce sandwich ?
b. Vous désirez autre chose ?
c. Ça, qu'est-ce que c'est ?
d. Vous payez comment ?
e. L'addition, s'il vous plaît !

1. Oui, je voudrais ce gâteau.
2. Par carte, s'il vous plaît.
3. C'est un pain traditionnel.
4. Oui, j'arrive !
5. Il coûte cinq euros.

À retenir

Récap' lexique

Les lieux de la ville

1 a. Complétez la carte mentale avec les lieux de la ville.

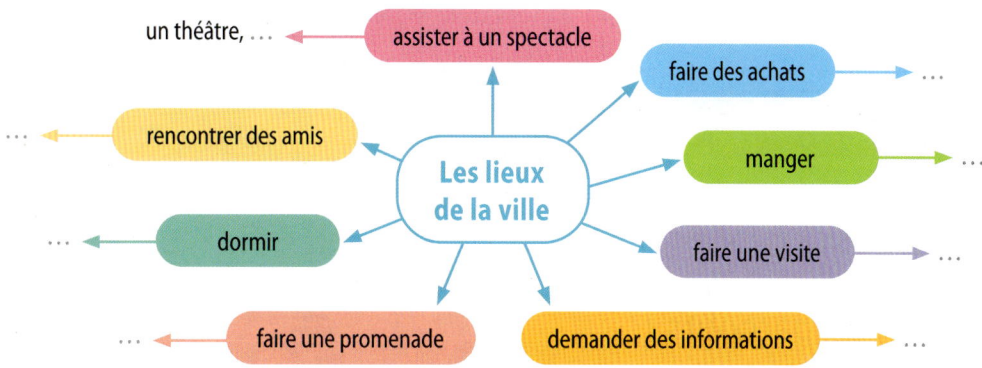

b. **En petits groupes** À partir de cette carte mentale, dites quels lieux vous aimez dans une ville.

Les expressions de localisation

2 a. Retrouvez les expressions de localisation correspondant aux dessins.

Ex. : 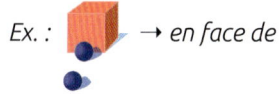 → *en face de*

1. 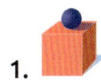 2.  3.  4.   5.  6. 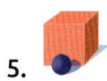 7.   8.

b. Indiquez les expressions contraires.

devant ≠ …   … ≠ …   … ≠ …

Récap' grammaire

Les adjectifs démonstratifs

	Masculin	Féminin
Singulier	ce bar cet hôtel, cet immeuble	cette boulangerie cette épicerie
Pluriel	ces bars, ces hôtels, ces boulangeries	

le mot du prof — Pour désigner quelque chose :   *Combien coûte ce gâteau ?* → ce / cet / cette / ces + nom
Combien ça coûte ? → ça (sans nom)

Les prépositions de lieu et l'article contracté

dans, sur, sous, devant, derrière + article + nom
dans la rue – sur la place – sous les parasols – devant le café – derrière l'hôtel

à côté		+ le	→ **du**	à côté **du** marché
en face	de	+ la	→ **de la**	en face **de la** place
loin		+ l'	→ **de l'**	loin **de l'**hôtel
près		+ les	→ **des**	près **des** commerces

LEÇON 3 — Indiquer un itinéraire

Créer un itinéraire de randonnée urbaine

Doc. 1

Sur les immeubles et monuments du centre-ville, dans les parcs, sur les quais de la Saône et du Rhône, 30 installations lumière pour découvrir Lyon, la nuit, de manière originale.

4 soirs et 4 parcours !

Des idées pour préparer votre itinéraire.

Parcours 1 : de la place Bellecour aux Terreaux

D'abord, sur la place Bellecour, vous admirez la première œuvre : *La Vague*. Vous allez ensuite au théâtre des Célestins : vous prenez la rue Émile-Zola et vous tournez à gauche. Vous marchez jusqu'à la place des Jacobins pour découvrir *Les Lumignons du Cœur* sur la fontaine. Puis vous traversez la place de la République.
Pour aller à l'hôtel de ville, vous continuez tout droit dans la rue de la République jusqu'à la place Louis-Pradel. L'Opéra est à droite. À gauche, vous longez l'hôtel de ville et vous arrivez à la place des Terreaux. Chaque année, des milliers de visiteurs vont aux Terreaux : c'est un incontournable de la fête. Enfin, pour retourner à Bellecour, vous descendez les quais de Saône et vous admirez les illuminations du Vieux-Lyon et de la colline de Fourvière.

La Vague — Place Bellecour
Les Lumignons du Cœur — Place des Jacobins

1 Regardez le site (doc. 1).
a. C'est le site touristique de quelle ville ? Quelles sont les dates de la Fête des Lumières ?
b. **En petits groupes** Échangez ! Connaissez-vous des fêtes des Lumières dans le monde ?

2 Lisez la page du site (doc. 1).
a. Présentez la Fête des Lumières de Lyon.
b. Que propose le site aux visiteurs pour la Fête des Lumières ?

3 Relisez le parcours 1. Tracez l'itinéraire sur le plan (doc. 2).

Doc. 2

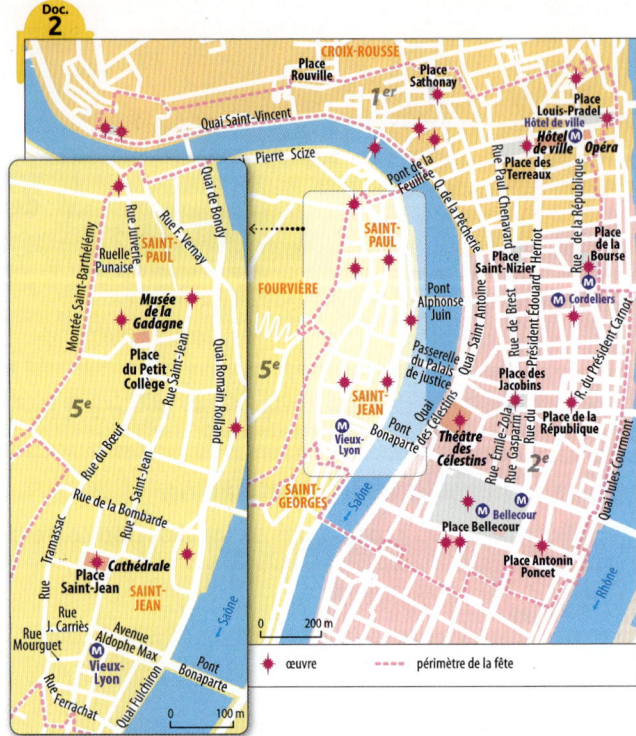

4 🔊 097-098 Écoutez et identifiez la situation : qui parle ? Où ? Quand ? De quoi ?

5 🔊 097-098 Réécoutez et regardez le plan (doc. 2).
a. Les personnes vont dans quel arrondissement ?
b. Relevez les réponses des personnes sur leur itinéraire. Repérez sur le plan les lieux cités et numérotez-les dans l'ordre.

zoom Langue

Indiquer la destination

> **La préposition *à* + article**

Observez les phrases puis complétez la règle de l'article contracté.

Vous arrivez **à la** place des Terreaux.
Pour aller **à l'**hôtel de ville.
Vous allez **au** théâtre.
Nous allons **aux** Terreaux.

à + le + nom masculin → …   à + les + nom pluriel → …

> **Le verbe *aller* au présent**

C'est un verbe irrégulier. Complétez la conjugaison.
je vais – tu vas – il / elle va –
nous … – vous … – ils / elles …

S'ENTRAÎNER 1

zoom **Langue**

> Indiquer le chemin

a. Associez les indications et les pictos correspondants.
prendre la rue… – tourner à gauche – monter (les escaliers, la rue) – continuer tout droit – traverser (la rue, la place) – marcher jusqu'à – tourner à droite – longer (la rivière, le quai) – descendre (les escaliers, la rue)

1.   2.  3.   4.   5.
6.   7.  8.   9.

b. Mettez les expressions dans l'ordre chronologique.
après / puis / ensuite – enfin – d'abord

> S'ENTRAÎNER 2

6 💬 **En petits groupes** Choisissez une destination sur un plan de votre ville. Indiquez le point de départ et l'itinéraire. Les autres devinent le point d'arrivée.

Doc. 3

FÊTE DES LUMIÈRES
INFORMATIONS PRATIQUES
8, 9 DÉC (19h-23h) 10, 11 DÉC (20h-0h)

CIRCULER DANS LYON

Le soir, le périmètre de la fête est fermé à la circulation. Il n'est pas accessible en voiture, à vélo ou à trottinette électrique.

Tarif spécial pour les déplacements en transports en commun. Attention ! Les bus du centre-ville ne circulent pas. Pour la ligne de tramway T2, le terminus est l'arrêt Berthelot.

Des milliers de visiteurs prennent le métro et descendent aux stations du centre-ville. La marche est préférable.

VENIR À LYON

 En voiture : vous garez votre véhicule dans les parkings en périphérie et vous prenez les transports en commun.

 En train : vous descendez à la gare de la Part-Dieu ou à Perrache. Puis vous prenez le métro ou vous allez à pied.

7 Lisez le flyer (**doc. 3**) et choisissez.
Les informations pratiques concernent…
– l'arrivée dans la ville ;
– les œuvres à découvrir ;
– les déplacements dans la ville pendant la fête.

8 Relisez.

a. Vrai ou faux ? Justifiez (citez le texte).
Dans le périmètre de la fête…
1. la circulation est possible pour les voitures.
2. les vélos et les trottinettes ne sont pas autorisés.
3. il n'y a pas de bus.
4. les stations de métro sont fermées.

b. Trouvez les indications pour les touristes : comment arriver dans la ville et aller à la Fête des Lumières.

zoom **Langue**

Indiquer le mode de déplacement

a. Listez les moyens de transport.
Transports en commun : le …, le …, le …, le ….
Autres moyens de transport : la …, le …, la ….

b. Complétez la règle avec la préposition *en* ou *à*.
… + moyen de transport fermé.
… + autres modes de déplacement.

Les verbes *prendre* et *descendre* au présent

a. Observez.
Vous **prenez** les transports en commun.
Vous **descendez** à la gare.

b. Le verbe *prendre* se conjugue comme *apprendre* et *comprendre*. Complétez la conjugaison et identifiez les trois bases.
je prend**s** – tu … – il / elle … – nous … – vous … – ils / elles …

c. Le verbe *descendre* a une seule base. Observez puis complétez la conjugaison.

je descend**s**	nous descend**ons**
tu descend**s**	vous …
il / elle descend	ils / elles …

d. 🔊 099 Écoutez. La conjugaison des verbes *prendre* et *descendre* est similaire pour quelles personnes ?

> S'ENTRAÎNER 3, 4

9 **PRONONCIATION** ▷ 09

Les sons [e] et [ɛ]

a. 🔊 100 Écoutez : vous entendez [e] comme dans *idée* ou [ɛ] comme dans *après* ?

b. 🔊 100 **Debout !** Réécoutez et faites les gestes correspondants.

[e] comme dans *idée* :

[ɛ] comme dans *après* :

c. 🔊 101 Écoutez et répétez.

10 **S'EXPRIMER** ✏️

Vous proposez un parcours pour la Fête des Lumières de Lyon.

a. Repérez sur le plan où sont les six œuvres à découvrir dans les quartiers Saint-Jean et Saint-Paul. Puis rédigez un parcours pour découvrir ces œuvres au départ de la place Bellecour.

b. Par deux Échangez vos propositions de parcours. Votre partenaire trace l'itinéraire sur le plan.

TÂCHE CIBLE : Créer un itinéraire de randonnée urbaine

1 Préparez-vous !

Vous allez créer un itinéraire de randonnée dans votre ville.

a. Découvrez Visorando, un site de partage d'itinéraires de randonnées. Regardez la proposition de randonnée. Vous êtes à Lyon : est-ce que cette randonnée vous intéresse ? Pourquoi ?

b. En petits groupes Imaginez une randonnée dans votre ville.
– Dans le parcours, il y a : des monuments ou des lieux culturels, un lieu original, une pause nature, une pause café.
– Choisissez le point de départ et d'arrivée, le(s) mode(s) de déplacement (à pied, à vélo…).

2 Réalisez !

En petits groupes

a. Rédigez votre proposition de randonnée, comme dans Visorando.
– Présentation : mode(s) de déplacement, points de départ et d'arrivée, nombre de kilomètres, durée, niveau de difficulté.
– Courte description de la randonnée.
– Itinéraire.

b. Ajoutez des photos pour illustrer votre proposition.

Randonnées Lyon

Lyon – De la place Bellecour au parc de la Tête-d'Or

10,92 km   3h15   Facile

Ce parcours permet de longer les quais de Saône à l'aller et les quais du Rhône au retour. Au passage, nous admirons les lieux incontournables de la ville et découvrons des curiosités. À mi-parcours, nous faisons une pause nature au parc de la Tête-d'Or.

Itinéraire de la randonnée
Pour arriver à la place Bellecour, il est préférable de prendre les transports en commun. Le point de départ est devant la statue de Louis XIV, sur la place Bellecour.

Lire la suite

3 Partagez !

À tour de rôle, présentez votre proposition de randonnée à la classe. Dites quelle(s) randonnée(s) vous intéresse(nt). Déposez les itinéraires de randonnées sur l'ETC de la classe.

S'entraîner

La préposition à + article / Le verbe aller au présent

1 Écrivez des phrases comme dans l'exemple.
Ex. : ils / aller / le musée → Ils vont au musée.
a. nous / aller / l'Opéra
b. tu / aller / cathédrale
c. je / aller / le parc
d. vous / aller / Fête des Lumières ?
e. Sarah / aller / le parking
f. les touristes / aller / les musées Gadagne

Indiquer le chemin

2 Complétez l'itinéraire avec les verbes suivants.
tournez – arrivez – continuez – prenez – traversez – marchez – longez – montez

PARCOURS DE VISITE

Vous êtes sur la place Saint-Paul. D'abord, vous tournez à gauche dans la rue Victor-Hugo. Puis vous … tout droit jusqu'à la place des Fédérés. Vous … la place. Ensuite, vous … la rue d'Algérie et vous … jusqu'à la rivière. Vous … la rivière sur le quai Saint-Michel puis vous … à droite dans la rue Vitet. Vous … les escaliers et vous … sur la place de la République.

Indiquer le mode de déplacement

3 a. Complétez avec les moyens de transport.

Ex. : Je prends 🚌 pour aller au centre-ville.
→ Je prends le bus pour aller au centre-ville.

1. Pour aller à Toulouse, vous prenez 🚆 ?
2. Je n'utilise pas 🚗 pour aller dans le centre-ville.
3. Stéphanie prend 🛴 pour aller au parc.
4. Les enfants utilisent 🚲 pour aller à l'école.

b. Transformez les phrases de l'activité a. comme dans l'exemple.

Ex. : Je prends le bus pour aller au centre-ville.
→ Je vais au centre-ville en bus.

1. Vous allez à Toulouse…

Les verbes prendre et descendre au présent

4 Transformez au singulier ou au pluriel.
Ex. : Vous descendez aux Terreaux.
→ Tu descends aux Terreaux.
a. Vous prenez la ligne de tramway T2. → Tu…
b. Fatia ne prend pas le train ? → Fatia et Marie…
c. Je descends à la station Hôtel-de-Ville. → Nous…
d. Je prends le bus à l'arrêt Vieux-Lyon. → Nous…
e. Tu prends les transports en commun. → Vous…
f. Il descend à Marseille en voiture. → Ils…

À retenir

Récap' lexique

Indiquer le chemin

1 Associez pour formuler des indications d'itinéraire (plusieurs possibilités).

Les moyens de transport

2 a. Complétez le tableau avec des moyens de transport.

l'arrêt *(masc.)*	la gare	la station	le parking
le bus, …	…	…	…, …

b. Vous connaissez d'autres moyens de transport ? Citez-les, avec les lieux correspondants.

Récap' grammaire

La préposition *à* + article

Pour indiquer la destination :

au (→ à + le)		au théâtre des Célestins.
à la	Vous allez	à la cathédrale Saint-Jean.
à l'	Vous marchez jusqu'	à l'hôtel de ville.
aux (→ à + les)		aux Terreaux.

Les prépositions *en* / *à* et les modes de déplacement

en + moyen de transport fermé → Vous circulez **en** bus, **en** tramway, **en** métro, **en** voiture, **en** train…
à + autres modes de déplacement → Vous circulez **à** pied, **à** vélo, **à** trottinette…

 Je vais / Je circule **en** transports en commun, **en** bus…
Mais : Je prends **les** transports en commun, **le** bus…

Les verbes *aller*, *descendre* et *prendre* au présent 🔊 102

Aller		*Descendre*		*Prendre*		
C'est un verbe irrégulier.		C'est un verbe à une base.		C'est un verbe à trois bases.		
je	vais	je	descends	je	prends	
tu	vas	tu	descends	tu	prends	Verbes similaires :
il / elle	va	il / elle	descend	il / elle	prend	*apprendre,*
nous	allons	nous	descendons	nous	prenons	*comprendre*
vous	allez	vous	descendez	vous	prenez	
ils / elles	vont	ils / elles	descendent	ils / elles	prennent	

Patrimoines

1 En petits groupes

a. Observez les plaques de rues parisiennes et regardez le graphique. Quelle est la particularité de ces trois noms de rues ?

b. À l'aide de la légende du graphique, identifiez les personnalités « stars » des rues françaises sur les photos.

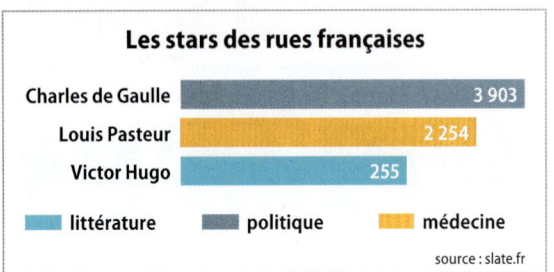

①

②

③

2 ▶ 10

a. Regardez cette image extraite d'un reportage. À votre avis, à quoi correspond le chiffre 2 % ? Faites des hypothèses sur le thème du reportage.

b. Regardez le reportage et vérifiez vos hypothèses : quelle est la tendance actuelle dans le choix des noms de rues ?

c. Relevez dans le reportage les noms féminins sur les plaques. Quelle est la « star féminine » des rues françaises ?

d. Ces femmes sont célèbres dans quel domaine ? Faites des recherches. Puis identifiez les femmes sur les photos ci-contre.

3 Échangez !

a. Dans votre pays, est-ce que les rues ont des noms ? Si oui, est-ce que vous faites attention à ces noms ?
Quels sont les noms de rues fréquents ?

b. En petits groupes Listez les personnalités « stars » des plaques de rues dans votre pays (ou d'autres pays que vous connaissez). Il y a des noms de femmes ? Puis comparez avec les autres groupes.

Fenêtre sur…

Littératures

Dossier 3 — Fenêtres sur…

1 a. Regardez les photos et associez chaque ville à son surnom.
La Ville lumière – la Ville rose – la capitale de la gastronomie – La Cité phocéenne*

* la cité phocéenne : ville créée par des marins grecs originaires de la ville de Phocée.

b. Est-ce que votre ville a un surnom ?

Lyon – Rue Mercière

Paris – Pont Alexandre III

2 a. Lisez l'affiche et l'extrait de chanson. Ce sont des hommages à quelle ville ?

b. Retrouvez dans l'affiche :
– une référence au surnom de la ville ;
– le nom de l'auteur de la chanson.

Toulouse – Quartier des Carmes

Marseille – Vieux-Port

TOULOUSE AIMER LES CARMES LE DÔME DE LA GRAVE ET LES QUAIS DE LA DAURADE
VOIR LA VIE EN ROSE
FLÂNER DANS LE QUARTIER DES ANTIQUAIRES
REFAIRE LE MONDE AU CAFÉ DES ARTISTES
PIQUE-NIQUER À LA PRAIRIE DES FILTRES
S'ENTHOUSIASMER DEVANT LA PLACE DU CAPITOLE
BOIRE UN VERRE AU BIBENT ET VISITER L'HÔTEL DE VILLE
ALLER À LA CAVE POÉSIE ET À L'ABC
S'ÉMERVEILLER DE LA BRIQUE ROUGE
CONNAÎTRE PAR CŒUR LES CHANSONS DE NOUGARO
LE NOM DES RUES EN OCCITAN ET L'ODEUR DE LA VIOLETTE
DÉVALISER OMBRES BLANCHES **ON DIRAIT**
MANGER DES CHOCOLATINES **LE SUD**
ET DES GLACES CHEZ OCTAVE
AVOIR UN ACCENT QUI SENT BON LE SOLEIL
ALLER VOIR LA MER SUR UN COUP DE TÊTE
ALLER VOIR LA MONTAGNE SUR UN COUP DE CŒUR
NE JAMAIS ÊTRE EN RETARD, CONNAÎTRE LE QUART D'HEURE TOULOUSAIN

CRÉÉ, AVEC AMOUR, À TOULOUSE, PAR LES MOTS À L'AFFICHE

Toulouse (1967)

Qu'il est loin mon pays, qu'il est loin
Parfois au fond de moi se ranime
L'eau verte du canal du Midi
Et la brique rouge des Minimes[1]
Ô mon país[2], ô Toulouse, ô Toulouse

1. Les Minimes : quartier de Toulouse.
2. País (langue occitane) = pays.

3 Relisez l'affiche.
a. Vous pouvez identifier quels lieux de la ville ? Aidez-vous de la liste suivante.
un quartier – un café – un lieu administratif – une boulangerie-pâtisserie – un lieu de promenade
Ex. : un quartier → les Carmes.

b. Trouvez des indices sur la situation géographique de Toulouse.
c. Relevez les éléments communs entre le texte et l'extrait de chanson.

4 En petits groupes Écrivez un hommage à votre ville sur le modèle de l'affiche.

Stratégies et outils pour... identifier un document écrit

Repérer des indices visuels

1 Regardez les documents et la liste. Puis identifiez le type de chaque document.

un mail · un poème · un programme · un article de presse · un formulaire · un extrait de pièce de théâtre · une recette de cuisine · une lettre · une interview · une annonce · une biographie · une bande dessinée (BD)

a.
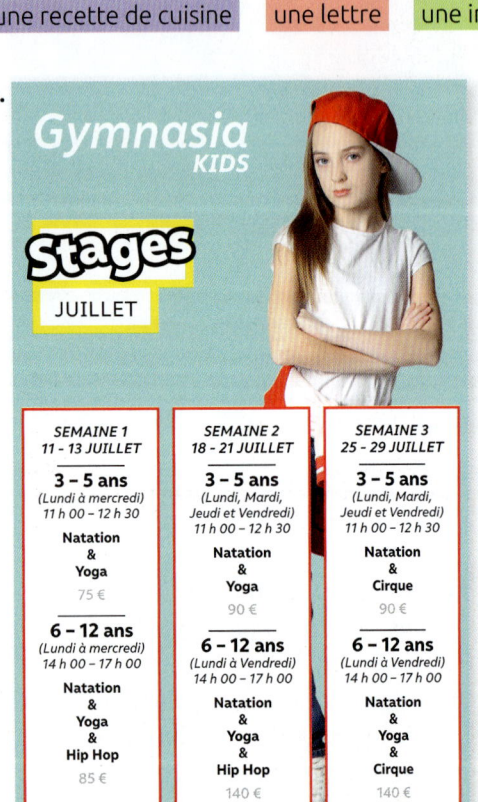

b.

c.
Chanson d'automne

Les sanglots longs
Des violons
De l'automne
Blessent mon cœur
D'une langueur
Monotone.

Tout suffocant
Et blême, quand
Sonne l'heure,
Je me souviens
Des jours anciens
Et je pleure.

Et je m'en vais
Au vent mauvais
Qui m'emporte
Deçà, delà,
Pareil à la
Feuille morte.

Paul Verlaine, 1866

d.

2 Cochez les éléments utiles pour l'identification de ces quatre documents.

☐ une illustration (dessin, photo…)
☐ la forme du texte
☐ une adresse
☐ un / des titre(s)
☐ la typographie (taille, couleur des lettres…)
☐ des dates et des horaires
☐ une signature
☐ une liste
☐ des mots-clés
☐ un logo

3 **En petits groupes** Entraînez-vous à identifier un document au premier regard ! Feuilletez votre manuel. Vous avez trois minutes pour identifier un maximum de documents (ne lisez pas les documents).

Ex. : Page 76 : une bande dessinée !

DOSSIER 4
Entretenir des relations sociales

	Vous avez besoin de/d'...	Vous allez apprendre à...	Vous allez...
Leçon 1	avoir des partenaires pour des activités	parler de vos loisirs	créer un groupe pour des activités de loisirs
Leçon 2	rencontrer des personnes d'une autre origine	parler de votre famille	proposer des familles d'accueil pour des francophones
Leçon 3	communiquer à distance avec des proches	annoncer / réagir à une nouvelle	faire un podcast de messages téléphoniques

Fenêtres sur...	Stratégies et outils pour...
Littératures Découvrir un auteur de bande dessinée et une de ses œuvres emblématiques	**Identifier une situation orale** → s'appuyer sur des indices sonores
Sociétés Identifier les tendances sociologiques de la famille en France	

LEÇON 1 — Parler de ses loisirs

> Créer un groupe pour des activités de loisirs

Doc. 1

Meetup — Français · Se connecter · S'inscrire

Pour rencontrer des personnes et partager des passions

[Créer un groupe]

ÉTAPE 1
Vous sélectionnez des thèmes pour les activités de votre groupe.

yoga — marche rapide — lecture — musique — dessin / peinture — couture — escalade — jeux de société — foot

ÉTAPE 2
Vous nommez et présentez votre groupe.

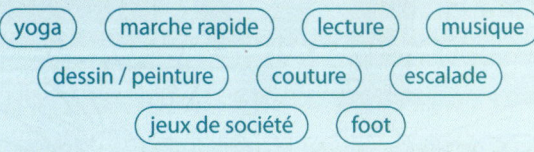

Activités entre voisins

Nous créons ce groupe pour faire connaissance avec les gens du quartier. On adore rencontrer des personnes et partager de bons moments, on déteste l'indifférence entre voisins !
Vous habitez dans le quartier Saint-Exupéry et vous aimez bien participer à des activités collectives ? Vous êtes fan de musique, vous aimez lire, faire du sport, dessiner… Vous adorez les jeux (le bridge, les échecs…), vous êtes passionné(e) de peinture, de loisirs créatifs… Bienvenue dans ce groupe !
Notre idée : organiser des activités dans le quartier (soirées lecture, après-midi jeux, rencontres sportives ou musicales…).

1 a. Observez la page du site (doc. 1). *Meetup*, qu'est-ce que c'est ?
b. Identifiez les étapes pour créer un groupe.
c. 103 Écoutez et identifiez la situation : qu'est-ce que les personnes font ?

2 103 Réécoutez.
a. Relevez le nom du groupe.
b. Identifiez quels thèmes (doc. 1) les personnes sélectionnent et les raisons de leurs choix.

3 Lisez la présentation du groupe *Meetup* (doc. 1).
a. Trouvez l'ordre des informations données sur le groupe.
activités proposées – objectif – participants

b. Vrai ou faux ? Justifiez (citez le texte).
1. Les organisateurs aiment les contacts sociaux.
2. Les participants habitent dans le même immeuble.
3. Ils apprécient les activités en groupe.
4. Tous les participants ont le même centre d'intérêt.

c. Associez les activités proposées avec les centres d'intérêt des participants.
Ex. : rencontres musicales → la musique.

zoom Langue

Le pronom *on*

Trouvez dans le texte une formulation équivalente à la phrase suivante. Puis complétez et cochez pour formuler la règle.

On crée ce groupe. = …   → **On** = …
On + verbe à la ☐ 1re personne du pluriel ☐ 3e personne du singulier.

La question *Qu'est-ce que… ?*

a. Observez puis proposez une autre formulation.
Qu'est-ce qu'on aime ?   = On … ?
… ?   = Tu préfères **quoi** ?

b. Observez puis proposez une autre formulation.
Qu'est-ce qu'on choisit comme nom ? = **Quel** nom on choisit ?
… ?   = **Quelles** activités tu aimes ?

Dire ses goûts

a. Classez les expressions suivantes dans le tableau.
j'aime (bien) – je déteste – j'adore – je suis passionné(e) / fan de – je n'aime pas – c'est ma passion

❤️❤️	❤️	❌	❌❌
…	…	…	…

b. Associez pour formuler la règle.

aimer (bien) / adorer / détester •   • + article + nom
être fan / passionné(e) de •   • + nom (sans article)
    • + verbe à l'infinitif

Les loisirs (1)

a. Classez les noms de loisirs dans les catégories correspondantes.

le sport · **la culture** · **les loisirs créatifs** · **les jeux de société**

la musique – le foot – la lecture – le yoga – la marche rapide – les échecs – le dessin – la peinture – la couture – l'escalade – le bridge

b. Retrouvez les verbes correspondant aux noms suivants.
la lecture – la marche – le dessin

> S'ENTRAÎNER 1, 2, 3

4 PRONONCIATION ▶ 11
Le son [ɔ̃]

a. 🔊 104 Écoutez et levez la main quand vous entendez le son [ɔ̃].
Ex. : bon →

b. 🔊 105 Écoutez et prononcez : [ooooo] – [ɔ̃ɔ̃ɔ̃ɔ̃ɔ̃].

c. 🔊 106 Écoutez et répétez.

5 Debout !
a. Choisissez un loisir dans la liste.
la couture – les jeux de société – la lecture – la peinture – la marche – le foot

b. Placez-vous sur une « ligne des goûts » et justifiez votre position.

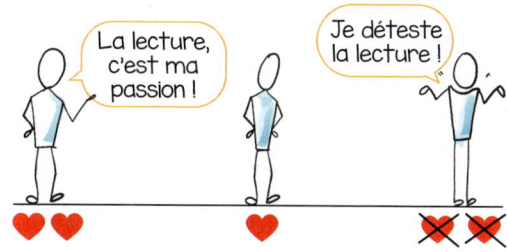

Doc. 2

ACTIVITÉS ENTRE VOISINS
📍 Poissy, France
👥 32 membres
👤 Organisé par Sven et Paul

Événements à venir

Mar. 18 juin, 19 h 30 📍 Parc Saint-Exupéry
Rencontre musicale
Pour les amateurs de musique !
Vous faites du saxophone, de la guitare, des percussions… ?
Paul et moi, nous jouons de l'accordéon et de la flûte. Vous apportez vos instruments et votre bonne humeur et nous faisons de la musique ensemble !
Vous ne faites pas de musique mais vous aimez chanter ? Vous êtes aussi les bienvenus !

3 participants — Participer

Dim. 23 juin, 10 h 📍 Stade Léo-Lagrange
Foot du dimanche
On est passionnés de sport et on fait du football en amateur. On propose une rencontre le dimanche matin au stade : on joue au foot ensemble et on fait des matchs ! Inscrivez-vous dans les équipes : masculine ou féminine. 16 participant(e)s minimum pour un match !

7 participants — Participer

6
Lisez la page du groupe « Activités entre voisins » (doc. 2).
a. Identifiez les événements proposés.
b. Repérez pour chaque événement les organisateurs, le lieu et le moment.

7
Relisez. Relevez les précisions sur les organisateurs, les participants et le déroulement de chaque événement.

zoom Langue

Parler de ses activités : faire de, jouer de / à

a. Observez puis complétez la règle.
Nous **faisons de la** musique / **des** percussions.
On **fait du** football / **de l'**escalade / **de la** marche.
Vous **ne faites pas de** musique.

Pour parler de ses activités (culturelles / artistiques, sportives) :
je fais… / … / … / …
je ne fais pas … } + nom d'activité ou d'instrument

b. 🔊 107 Le verbe *faire* est irrégulier. Complétez la conjugaison puis écoutez : quelles formes sont identiques à l'oral ?

je fais	nous …
tu fais	vous …
il / elle / on …	ils / elles font

c. Observez puis associez pour formuler la règle.
On **joue au** foot.
Nous **jouons de l'**accordéon.
Nous **jouons au** bridge / **aux** échecs.

jouer **au** / **à la** / **à l'** / **aux** • + instrument de musique
jouer **du** / **de la** / **de l'** / **des** • + sport à deux ou collectif
• + jeu

Les loisirs (2)

a. Retrouvez les noms de sports et les instruments de musique vus dans la leçon.

b. En petits groupes Partagez vos connaissances ! Listez d'autres noms de sports et d'instruments de musique.

S'ENTRAÎNER 4

8 S'EXPRIMER

Vous faites une enquête sur les loisirs de la classe.

a. En petits groupes Échangez sur vos activités préférées ! Vous avez des loisirs en commun ?

b. Présentez à la classe les activités communes de votre groupe. Puis faites la liste des loisirs préférés de la classe.

TÂCHE CIBLE : Créer un groupe pour des activités de loisirs

1 Préparez-vous !

Vous allez créer un groupe pour faire des activités de loisirs avec d'autres personnes.
En petits groupes
À partir de vos loisirs préférés (act. 8 p. 65), sélectionnez des thèmes pour les activités de votre groupe. Puis choisissez le nom de votre groupe.

2 Réalisez !

En petits groupes
a. Rédigez un texte de présentation de votre groupe avec les informations suivantes :
– objectif du groupe ;
– profil des participants ;
– type d'activités proposées.
b. Imaginez deux événements pour le groupe. Donnez un nom à chaque événement puis écrivez une courte présentation.

3 Partagez !

a. Présentez votre groupe et les deux événements. La classe demande des précisions.
b. Affichez toutes les présentations. Chaque personne s'inscrit à un / des groupe(s) puis à des événements.
Vous pouvez créer votre groupe sur un site participatif et publier vos événements.

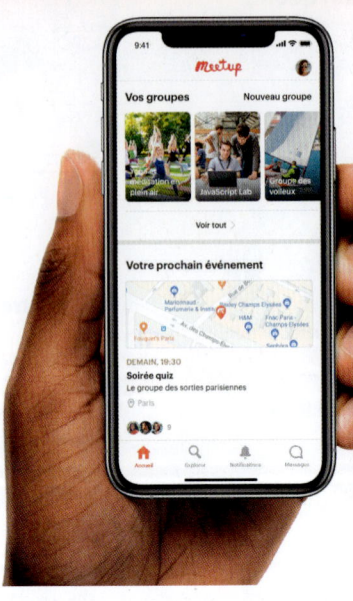
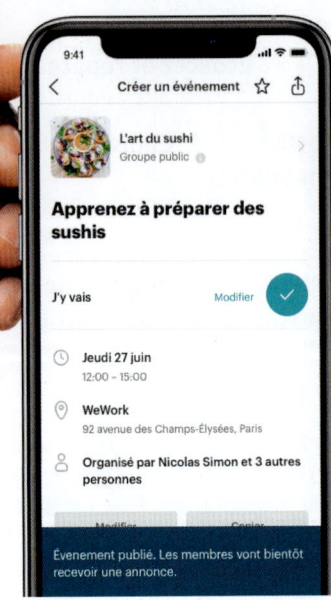

S'entraîner

Le pronom *on*

1 Transformez la présentation suivante avec *on*.
Ex. : On est trois amis…

Meetup

Soirées musicales
Nous sommes trois amis et nous avons la même passion : la musique. Nous proposons ce groupe parce que nous désirons partager cette passion. Nous aimons la pop anglaise et la soul et nous chantons dans un groupe. Le week-end, nous allons à des concerts et nous adorons organiser des soirées karaoké.

La question *Qu'est-ce que… ?*

2 a. Écrivez les questions correspondant aux réponses.
Ex. : Je propose une soirée jeux. → Qu'est-ce que tu proposes ? / Tu proposes quoi ?
1. J'aime écouter du jazz.
2. Le groupe organise des rencontres sportives.
3. Les participants proposent des jeux de société.

b. **Reformulez les questions.**
Ex. : Qu'est-ce que tu fais comme activité ? → Quelle activité tu fais ?
1. Quels livres vous préférez ?
2. Qu'est-ce que nous proposons comme événement ?
3. Quelle musique tu aimes ?

Dire ses goûts / Les loisirs (1)

3 Observez et indiquez les goûts d'Anita et de Christophe. Variez les formulations.
Ex. : Anita adore le football. Anita est fan / passionnée de football.

Parler de ses activités / Les loisirs (2)

4 Faites des phrases comme dans l'exemple. Utilisez *faire de / ne pas faire de, jouer de, jouer à*.
Ex. : tu + → Tu fais de la guitare. / Tu joues de la guitare.

a. je + ⚽
b. nous +
c. Mélissa + ♞
d. Luc + 🚲
e. Yaël et Marc +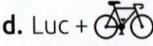
f. vous +

À retenir

Récap' lexique

Les loisirs

1 Complétez la carte mentale.

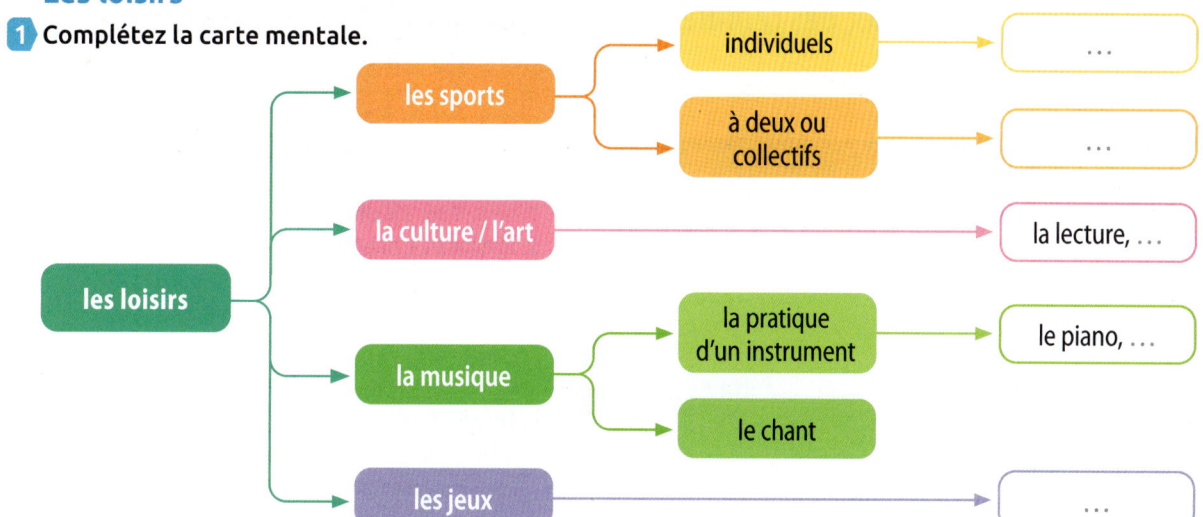

2 Complétez avec les noms d'activités et les verbes correspondants.

le chant	...	...	...	...
...	...	...	...	jouer

Récap' grammaire

Le pronom *on*

On crée un groupe. = **Nous** créons un groupe.
! Avec *on*, le verbe se conjugue à la 3ᵉ personne du singulier.

 Quand *on* = *nous*, l'adjectif s'accorde au pluriel : *On est passionnés*.

La question *Qu'est-ce que… ?*

Qu'est-ce que tu préfères ?
= Tu préfères **quoi** ?

Qu'est-ce que tu préfères **comme** sport ?
= **Quel** sport tu préfères ?

→ Je préfère le foot.

Le verbe *faire* au présent 🔊 108

C'est un verbe irrégulier.

je fais	nous faisons
tu fais	vous faites
il / elle / on fait	ils / elles font

Faire de, jouer de / à

faire de → **du** dessin / **de la** guitare / **de l'**escalade / **des** percussions   + *nom d'activité ou d'instrument*

jouer
- à → **au** football / **à la** balle   + *sport à deux ou collectif*
  au bridge / **aux** échecs   + *jeu*
- de → **du** saxophone / **de la** guitare / **de l'**accordéon / **des** percussions   + *instrument de musique*

! Je fais **du** dessin, **de la** guitare, **de l'**escalade, **des** percussions.
→ Je ne fais **pas de** dessin, **pas de** guitare, **pas d'**escalade, **pas de** percussions.

 Je joue **de la** guitare. → Je ne joue **pas de** guitare.
Je joue **au** football. → Je ne joue **pas au** football.

LEÇON 2 — Parler de sa famille

> Proposer des familles d'accueil pour des francophones

Doc. 1

Devenir famille d'accueil bénévole : une expérience interculturelle unique

Accueillir un lycéen étranger à la maison, c'est partager votre culture. C'est l'occasion pour vous et vos enfants de faire découvrir vos traditions et vos habitudes.

« Pedro crée des liens forts avec son frère, sa sœur et ses grands-parents d'accueil. Son arrivée a un impact positif sur notre famille et change notre relation avec nos enfants. Aujourd'hui, mon mari et moi, nous sommes parents de trois enfants : notre fils, notre fille et Pedro ! »
Christine et Pierre, mère et père d'accueil

« J'ai une très bonne relation avec Noé et Lisa, mon frère et ma sœur d'accueil. Maintenant, leurs amis sont aussi mes amis. Merci à Christine et Pierre, mes parents français, de m'accueillir comme leur fils : aujourd'hui, j'ai une deuxième famille ! »
Pedro, 16 ans, jeune accueilli argentin

Lire d'autres témoignages

1 Lisez la page du site de l'AFS, organisme de séjours interculturels (doc. 1). Identifiez son organisation : les éléments suivants sont dans quel ordre ?
– témoignages : partage d'expériences
– invitation à accueillir un jeune étranger dans sa famille
– définition d'une famille d'accueil

2 Relisez.
a. Pourquoi accueillir un lycéen étranger dans sa famille est « une expérience interculturelle unique » ? Relevez l'explication dans le texte.
b. Identifiez les personnes qui témoignent et leur relation.

3 Relisez les témoignages.
a. Identifiez les personnes de la famille d'accueil de Pedro : complétez l'arbre familial. Justifiez (citez le texte).

b. Vrai ou faux ? Justifiez (citez les témoignages).
1. L'intégration de Pedro dans la famille est difficile.
2. La présence de Pedro est bonne pour la famille.
3. Pierre et Christine ont un garçon et deux filles.
4. Pedro a des relations amicales en France.
5. Pedro est content de son expérience.

c. Regardez l'arbre familial (act. 3a) et trouvez les prénoms des personnes.
le fils de Jacques et Michèle – les enfants de Pierre et Christine – la fille de Paul et Isabelle – les grands-mères de Lisa et Noé – la femme de Paul – le mari de Christine – les grands-pères d'accueil de Pedro

zoom Langue

Dire le lien de parenté

> La famille (1)

Complétez.
la grand-mère et le … = les …
la mère et le … = les …
le … et la fille = les …
le frère et la …
le … et la femme = un couple marié

> Les adjectifs possessifs

Observez puis complétez le tableau.
la famille **de Pedro** → **sa** famille
le frère **de Pedro** → **son** frère
les parents **de Pedro** → **ses** parents
le fils **de Christine et Pierre** → **leur** fils
les amis **de Noé et Lisa** → **leurs** amis

À qui ?	Nom singulier		Nom pluriel
	Masculin	Féminin	Masculin / Féminin
(je) (tu) (il / elle)	… ton …	… ta …	… tes … parents
		père / mère	
(nous) (vous) (ils / elles)	notre … …		nos … … enfants
		fils / fille	

S'ENTRAÎNER 1, 2

4 💬 **En petits groupes** Montrez une photo avec des membres de votre famille ou d'une autre famille. Vos partenaires vous posent des questions pour deviner qui sont les personnes.

Doc. 2

Ils cherchent une famille d'accueil ! Pourquoi pas vous ?
Retrouvez sur cette page les profils de jeunes en attente d'une famille d'accueil.

— **Giacomo, 17 ans – Italie**
Giacomo est un jeune homme sociable, curieux. À l'école, il est sérieux et actif : il participe à des projets solidaires. Ses matières préférées sont l'histoire et la littérature. C'est aussi un garçon très sportif. Il est passionné de basket. Il est impatient de vivre une expérience dans une famille française.

— **Clara, 16 ans – Australie**
Clara est une jeune fille joyeuse et indépendante ! Elle est un peu timide à l'école, mais c'est une élève motivée. Elle aime étudier les langues et les sciences. Clara est aussi très créative : elle adore dessiner.
Elle est curieuse de découvrir la culture française et la vie dans une nouvelle famille.

5 Lisez ces profils de jeunes (doc. 2).
  a. Choisissez dans la liste les informations données.
  description physique – personnalité – goûts, centres d'intérêt – composition de la famille – sentiment avant le séjour en France
  b. Justifiez vos réponses (citez le texte).

6 🔊 109 Écoutez : Giacomo parle avec sa mère d'accueil.
  a. Identifiez le sujet de la conversation.
  b. Vrai ou faux ? Justifiez (citez les paroles).
  1. Giacomo montre deux photos.
  2. Giacomo a une famille recomposée.
  3. Il a un frère et une sœur.

7 🔊 109 Observez la photo ci-dessous et réécoutez.
  a. Les descriptions suivantes correspondent à quelles personnes ? Retrouvez-les sur la photo.
  la fille brune avec les cheveux longs – le petit dans les bras de son papa – le jeune homme brun avec une barbe – la [belle] dame blonde – la dame rousse – ils sont très souriants – l'homme avec les cheveux très courts
  Ex. : il est blond → 8. Pietro.
  b. Identifiez leur lien familial avec Giacomo.

  Pietro   Giulia   Lapo   Emilio   Graziella

  son cousin – sa cousine – son demi-frère – son oncle – sa tante

8 🔊 109 Réécoutez. Relevez les ressemblances physiques (points communs) entre Giacomo et les membres de sa famille.

zoom Langue

Présenter et décrire des personnes

> **La personnalité et le physique**

  a. Retrouvez les caractéristiques correspondant à la personnalité.
  Ex. : impatient.

  b. Complétez les expressions de description physique avec *être* ou *avoir*.

  les cheveux → ... brun(e) – blond(e) – roux / rousse = **avoir** les cheveux bruns – blonds – roux
  → ... les cheveux courts ≠ longs

  les yeux → ... les yeux 🔵 bleus – 🟤 marron – 🟢 verts

  autres → **avoir** une barbe

> **L'accord des adjectifs**

  Complétez.

Masculin	Féminin
curi**eux** – ...	... – joy**euse**
sport**if** – ...	... – créat**ive**

> ***C'est / Ce sont... – Il / Elle est... Ils / Elles sont...***

  Observez puis complétez la règle avec *c'est, ce sont* ou *il / elle est, ils / elles sont*.

  C'est la dame blonde.   **Elle est** belle.
  Ce sont tes grands-parents.   **Ils sont** souriants.

  Pour présenter une / des personne(s) :
  ... + article / adjectif possessif + nom (+ adjectif).
  Pour décrire une / des personne(s) : ... + adjectif.

> **La famille (2)**

  Complétez.
  le frère et la sœur de la mère = ... et ...
  le fils et la fille de l'oncle = ... et ...
  les enfants de la mère ou du père = ... et la demi-sœur
  la femme / la compagne du père = ...
  le mari / le compagnon de la mère = le beau-père

  ! J'ai **une / deux** sœur(s). → Je **n'**ai **pas de** sœur.

  (S'ENTRAÎNER 3, 4)

9 S'EXPRIMER ✏️

Vous écrivez un profil pour l'AFS.

Un(e) jeune de votre entourage recherche une famille d'accueil. Rédigez son profil :
– informations personnelles (prénom, âge, famille) ;
– personnalité, goûts et centres d'intérêt ;
– sentiment avant le séjour en France.

TÂCHE CIBLE : Proposer des familles d'accueil pour des francophones

1 Préparez-vous !

Vous allez proposer à votre école des familles d'accueil pour les francophones en voyage.
Votre école lance une initiative pour favoriser les rencontres culturelles et votre pratique du français : accueillir dans votre famille des francophones en voyage dans votre ville.
Échangez ! Qui dans la classe souhaite accueillir un(e) / des francophone(s) ? Pourquoi ? Formez des groupes autour de chaque volontaire.

2 Réalisez !

En petits groupes
a. Demandez au / à la volontaire des précisions sur :
– sa famille (composition, personnalité et centres d'intérêt des personnes) ;
– le profil de la / des personne(s) à accueillir (situation familiale, âge, personnalité, centres d'intérêt…) ;
– le type d'accueil proposé (avec ou sans repas, activités…).
b. Préparez un dossier : rédigez la présentation de la famille d'accueil et le profil de la / des personne(s) à accueillir ; précisez le type d'accueil proposé. Ajoutez au dossier des photos de la famille d'accueil.

3 Partagez !

Échangez les dossiers entre les groupes. Vérifiez si les informations sont claires et suffisantes. Demandez des précisions si nécessaire.

S'entraîner

La famille (1)

1 Complétez le témoignage avec les mots suivants.
grand-père – grand-mère – ~~père~~ – mère – frères – sœur – parents – grands-parents – enfants

> « Mon expérience dans cette famille est très positive ! Mon *père* et ma … d'accueil, Marc et Lucie, sont très sympathiques. Ils ont trois … de 12, 14 et 16 ans : une fille et deux garçons. Donc j'ai deux … et une …, ici en France. J'ai aussi une bonne relation avec mes … d'accueil : les … de Lucie. La …, Olga, est très attentionnée et j'aime bien parler avec le … : il connaît mon pays ! »
> Matilda, 16 ans, espagnole

Les adjectifs possessifs

2 Entourez l'adjectif possessif correct.
Ex. : Mon / Ma / (Mes) parents s'appellent Vincent et Julie.
a. Loïs et Jules adorent *leur / leurs / ses* sœurs.
b. *Vos / Votre / Ton* grand-mère habite avec vous ?
c. Tu me présentes *ton / ta / tes* famille ?
d. Nous parlons avec *nos / notre / votre* enfants.
e. *Son / Sa / Ses* frère d'accueil a aussi 17 ans.
f. Elles habitent avec *ses / leur / leurs* père.

La personnalité et le physique / L'accord des adjectifs

3 a. Associez les descriptions aux photos.
1. Luc est un homme sérieux et attentif. → *photo C*
2. Bertrand est brun aux yeux bleus, c'est un homme curieux.
3. Nathan est sportif, il aime être actif.
4. Olivier, c'est l'homme roux. Il est très joyeux !

a. b. c. d.

b. Transformez les phrases de l'activité 3a au féminin.
1. Kenza est une femme… 2. Anne… 3. Mathilde… 4. Marie, …

C'est / Ce sont… – Il / Elle est… Ils / Elles sont… / La famille (2)

4 Complétez le dialogue avec *c'est, ce sont* ou *il / elle est, ils / elles sont* et un lien familial.
– À gauche, sur la photo, c'est ton …, le frère de ta mère ?
– Oui, il s'appelle Victor. … très sérieux sur la photo mais … une personne sympathique.
– Et là, … tes sœurs ?
– Non, … mes …, les filles de Victor.
– … jeunes ! Et à côté, … leur mère ?
– Non, … leur …, la nouvelle femme de Victor.

À retenir

Récap' lexique

La famille

1) Complétez les étiquettes : indiquez les liens familiaux avec Elsa.

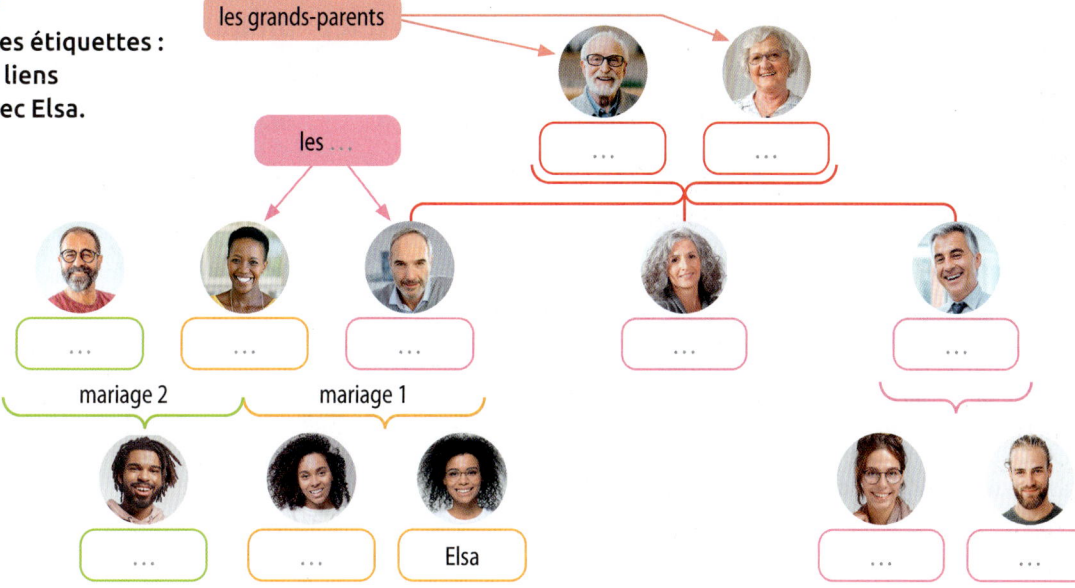

La personnalité et le physique

2) Dans la liste ci-dessous, choisissez quelles caractéristiques concernent :
— la relation aux autres personnes ;
— la relation aux études / au travail ;
— le physique.

sociable – timide – brun – curieux – souriant – blond – sportif – actif – sérieux – créatif – impatient – indépendant – roux – motivé – dynamique

Récap' grammaire

Les adjectifs possessifs

À qui ?	Nom singulier		Nom pluriel
	Masculin	Féminin	Masculin / Féminin
(je) (tu) (il / elle)	mon ton son } père	ma ta sa } mère	mes tes ses } parents
(nous) (vous) (ils / elles)	notre votre leur } fils / fille		nos vos leurs } enfants

! **mon / ton / son** + nom féminin singulier commençant par une voyelle : **mon / ton / son** *amie*.

L'accord des adjectifs

Singulier		Pluriel	
Masculin	Féminin	Masculin	Féminin
-eux sérieux	-euse sérieuse	-eux sérieux	-euses sérieuses
-if sportif	-ive sportive	-ifs sportifs	-ives sportives

! Il est curieux. → Ils sont curieux.

C'est / Ce sont… – Il / Elle est… Ils / Elles sont…

Pour présenter ou identifier une / des personne(s) : c'est, ce sont + déterminant (article, possessif…) + nom(s) (+ adjectif). *C'est la dame blonde. Ce sont tes grands-parents.*

Pour décrire ou caractériser une / des personne(s) : il / elle est, ils / elles sont + caractéristique(s). *Elle est blonde. Ils sont souriants.*

le mot du prof À l'oral, on dit souvent : *C'est mes parents. / C'est Noé et Lisa.*

LEÇON 3 — Annoncer / Réagir à une nouvelle

> Faire un podcast de messages téléphoniques

1 **En petits groupes** Échangez ! Pour communiquer à distance avec vos proches (famille, amis…), qu'est-ce que vous préférez ?
un mail – un appel téléphonique – un message vocal – un message écrit – un appel vidéo

2 🔊 110 Écoutez les messages et choisissez.
Les personnes laissent un message vocal pour…
annoncer une bonne nouvelle – proposer une réunion – demander un rendez-vous – informer d'un problème

3 🔊 110 Réécoutez.
a. Identifiez le destinataire de chaque message. Justifiez avec les paroles pour saluer / prendre congé.
la grand-mère – le père – des amis – un collègue
b. Quelle est la raison de chaque appel ? Associez chaque message à un document et justifiez (citez les paroles).

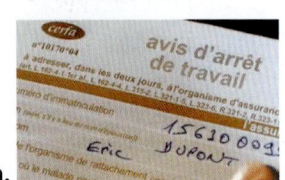
a.

b.
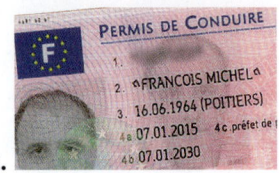
c.

d.

4 🔊 110 Réécoutez.
a. Quel est le sentiment de chaque personne sur l'événement annoncé : positif ou négatif ? Relevez les paroles correspondantes.
b. Quelle action chaque personne planifie ? Quand ? Choisissez et justifiez (citez les paroles).
faire la fête – faire une promenade – boire un verre – envoyer des documents

5 PRONONCIATION ▶ 12
Le rythme et l'accentuation

a. 🔊 111 Écoutez la phrase. Quelle est la mélodie correspondante ? Cochez.
On va fêter ça le week-end prochain.
☐ mélodie 1   ☐ mélodie 2

b. Quel schéma correspond à la mélodie entendue ?
☐ On va fêter ça / le week-end prochain.
☐ On va fêter / ça le week-end / prochain.

c. 🔊 112 Écoutez les phrases et chantez la mélodie correspondante.

d. 🔊 112 Réécoutez et soulignez les syllabes accentuées. Puis répétez les phrases.
1. On va faire un tour / avec la voiture / de Carolina.
2. Je vais transférer par mail / les documents / pour la réunion.

zoom Langue

Informer d'un événement récent / imminent
> Le passé récent et le futur proche

a. Observez puis identifiez les événements passés et les événements futurs.
Je **viens d'avoir** mon permis de conduire !
Je ne **vais** pas **venir** au travail demain.
Je **viens de voir** le médecin.
Demain matin, je **vais transférer** les documents.
Après-demain, on **va trinquer**.

b. Complétez la règle.
Pour parler d'un **événement passé** (récent) :
verbe … au présent + … + verbe à l'infinitif → **le passé récent**.
Pour parler d'un **événement futur** (imminent ou planifié) :
verbe … au présent + verbe à l'infinitif → **le futur proche**.

c. Transformez à la forme négative.
Je vais transférer les documents.

> Les indicateurs temporels

Retrouvez d'autres expressions pour situer un événement dans le futur.
la semaine prochaine – … – … – … – …

▸ S'ENTRAÎNER 1, 2

6 Debout ! 💬 Mimez une action. La classe devine : qu'est-ce que vous allez faire ou venez de faire ?

1.

2.

3.

7. a. Regardez les écrans de smartphone et identifiez qui écrit chaque message.

b. Lisez les messages. Ce sont des réactions à quelles nouvelles (act. 3b) ?

8. Relisez.

a. Vrai ou faux ? Justifiez (citez les messages).
1. Toutes les personnes réagissent aux nouvelles avec enthousiasme.
2. Toutes les personnes répondent positivement aux propositions.

b. Relevez les formules pour prendre congé.

zoom Langue

Exprimer une réaction

Complétez avec les expressions suivantes.
Je suis désolé(e). – C'est super ! – Je suis très heureux(se). – Bravo ! – Je suis content(e). – Félicitations ! – Génial ! – C'est dommage !

👍 → Quelle bonne nouvelle ! – C'est top ! – … – …

👏 → … – …   😊 → … – …   😢 → … – …

Le registre familier

Associez les expressions de même sens.

Registre standard	Registre familier
Je t'embrasse. / Bises !	Ça marche !
travailler	une super nouvelle
un(e) ami(e)	un boulot
un travail	Bisous !
une bonne nouvelle	bosser
disponible	un(e) pote
D'accord !	un appart
À plus tard !	la fac
un appartement	un copain, une copine
la faculté	OK !
	dispo
	À plus !

Prendre congé dans un message

Associez les formules aux émojis correspondants.
Je t'embrasse. – À plus ! – (Gros) bisous – Bises – À très vite !

😘 → … – … – …   👋 → … – …

Les pronoms toniques

a. Observez et trouvez à quels mots se réfèrent les mots en gras. Puis complétez.

Nous, on n'est pas dispos.
Moi, je travaille et Christophe, **lui**, il est en week-end.

On utilise les pronoms toniques pour insister sur le sujet.

…, je travaille	…, on travaille / nous travaillons
…, tu travailles	**vous**, vous travaillez
…, il travaille	**eux**, ils travaillent
elle, elle travaille	**elles**, elles travaillent

b. Observez puis complétez.

Je vais passer chez **toi**.
Pour **moi**, le week-end prochain, ça marche.
Les gens sont sympas, c'est bien de travailler avec **eux** !

On utilise aussi les pronoms toniques après les prépositions …, …, …, etc.

S'ENTRAÎNER 3, 4

9 S'EXPRIMER

Vous échangez des messages.

a. Écrivez un message pour annoncer une nouvelle (événement récent / imminent, planifié) à une personne de la classe.

b. Envoyez votre message. Le / La destinataire répond.

TÂCHE CIBLE : Faire un podcast de messages téléphoniques

1 Préparez-vous !

Votre classe va faire un podcast de messages téléphoniques comme celui d'Arte Radio.
a. 🔊 113 Observez la page du site d'Arte Radio et écoutez le podcast. Identifiez et expliquez le titre de l'épisode.
b. Lisez l'appel à contributions. Quelle est la proposition ?
c. En petits groupes Échangez ! Quels messages vocaux est-ce que vous laissez à vos amis, voisins, membres de votre famille, collègues, à votre amoureux(se) ?

2 Réalisez !

En petits groupes
a. À partir des idées échangées, imaginez des messages vocaux pour des destinataires différents.
b. Enregistrez les messages avec votre smartphone. N'oubliez pas de vous présenter.
Ex. : C'est maman !

3 Partagez !

a. Écoutez les messages enregistrés. Regroupez-les pour décider quels épisodes vous allez réaliser.
b. Choisissez un titre pour chaque épisode : il indique qui appelle.
c. Faites les montages. Diffusez les épisodes sur votre ETC ou sur le blog de l'école.

Appel à contributions

Après *C'est maman* et *C'est papa* – montages de quelques minutes composés à partir de messages vocaux – ARTE Radio recherche à nouveau des messages vocaux. Si vous avez des messages de votre amoureux.se, famille, vos parents, amis, collègues, voisins, envoyez-les à la réalisatrice par mail, SMS ou WhatsApp.

S'entraîner

Le passé récent et le futur proche / Les indicateurs temporels

1 Identifiez les phrases correspondant à une action passée ou future.
a. Mon copain vient de Londres.
b. Madeleine va voyager le week-end prochain.
c. Nous sommes dans le bus, nous allons à l'opéra.
d. Mes parents viennent d'acheter une voiture.
e. On va visiter Marseille la semaine prochaine.
f. Je viens d'arriver à Paris.

2 Qu'est-ce qu'ils viennent de faire ou vont faire ?

Ex. : Je viens de trouver un appartement.

b. Elles…

d. Je…

a. Augustin…

c. Nous…

e. Il…

Exprimer une réaction

3 Associez chaque nouvelle à une réaction.
a. Maylis et Éric vont acheter un appartement.
b. Je ne vais pas venir à la fête !
c. Je vais être papa !
d. Je viens de recevoir une réponse négative pour le travail.
e. Ma fille vient d'avoir un super résultat à son examen !
f. Tu es chez toi demain ? Je vais passer te voir.

1. Je suis super content pour eux !
2. Bravo à elle !
3. OK, ça marche ! Super !
4. Je suis désolé pour toi !
5. Quelle bonne nouvelle ! Félicitations !
6. Oh, c'est dommage !

Les pronoms toniques

4 Complétez avec des pronoms toniques.

Coucou Sébastien,
Je viens de parler avec Thomas de l'anniversaire des parents, on va faire une fête pour … . …, avec Thomas, on prépare le dîner. …, je vais aussi chercher un lieu pour la fête. Thomas, …, il va faire la liste des invités. Je viens de téléphoner à Marie pour échanger avec … sur l'organisation. Et …, qu'est-ce que tu vas faire ? À plus ! Bisous.

À retenir

Récap' lexique et communication

Les indicateurs temporels

1 Complétez avec les indicateurs temporels.
~~la semaine prochaine~~ – demain – le week-end prochain – le mois prochain – après-demain – lundi prochain

Décembre
D	L	M	M	J	V	S
						1
2	3	4	5	6	7	8
9	10	11	12	13	14	15
16	17	18	19	20	21	22
23	24	25	26	27	28	29
30	31					

Février
D	L	M	M	J	V	S
					1	2
3	4	5	6	7	8	9
10	11	12	13	14	15	16
17	18	19	20	21	22	23
24	25	26	27	28		

Janvier
lundi	mardi	mercredi	jeudi	vendredi	samedi	dimanche
31	1	2	3	4	5	6
aujourd'hui	…	…			…	
7	8	9	10	11	12	13
…		la semaine prochaine				

Exprimer une réaction

2 Observez les réactions des personnes. Qu'est-ce qu'elles disent ? Trouvez les différentes expressions possibles.

 a. C'est super !…
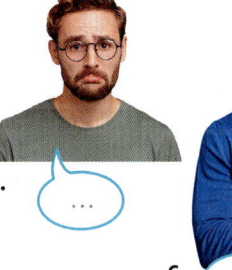 b. …
 c. …

Le registre familier

3 a. Listez les mots ou expressions du registre familier pour :
saluer / prendre congé – parler du travail – accepter une proposition.

b. À partir des exemples, trouvez la formulation familière des mots suivants.
Ex. : l'appart → l'appartement   *la fac → la faculté*   *dispo → disponible*
le football → …   la photographie → …   le / la professeur(e) → …   le cinéma → …

Récap' grammaire

Le futur proche

Pour parler d'un événement / d'une action imminent(e) ou planifié(e) :
verbe **aller** au présent + infinitif.
On va fêter ça.

❗ À la forme négative : *Je ne vais pas venir.*

 On utilise aussi le présent pour indiquer une action future (planifiée, certaine) : *Je commence la semaine prochaine.*

Le passé récent

Pour parler d'un événement ou d'une action très récent(e) :
verbe **venir** au présent + **de / d'** + infinitif.
Je viens de trouver un appart.

 En général, on n'utilise pas le passé récent à la forme négative.

Les pronoms toniques

Pronoms personnels sujets :	je	tu	il	elle	nous / on	vous	ils	elles
Pronoms toniques :	moi	toi	lui	elle	nous	vous	eux	elles

On utilise le pronom tonique :
– pour renforcer le sujet : ***Moi**, je travaille.*
– après une préposition (*chez, pour, avec…*) : *Je suis très heureuse pour **toi** !*

Pour indiquer le domicile : *chez* + pronom tonique ou nom de personne.
*Je suis **à la maison**.*
*= Je suis **chez moi**.*
~~à ma maison~~ → *chez moi*
~~à la maison de mamie~~ → *chez mamie*

Littératures

1. ▷ 13 Regardez l'extrait de l'émission *Entrée libre*, sans le son.
   a. Qui est l'invité de l'émission ?
   b. Vous identifiez quelles œuvres de l'invité ?
   c. Faites des hypothèses sur l'événement annoncé.

2. ▷ 13 Regardez à nouveau, avec le son. Vérifiez vos hypothèses.

Les Cahiers d'Esther, Histoires de mes 10 ans, tome 1 (2016), 4ᵉ de couverture.

3. ▷ 13 Lisez les extraits de la bande dessinée et regardez à nouveau l'extrait de l'émission.
   a. Qui est Esther ? Qu'est-ce que vous apprenez sur sa vie ?
   b. Quels sont les thèmes abordés dans *Les Cahiers d'Esther* ?
   c. Qu'est-ce que vous apprenez sur la famille d'Esther et sur ses relations avec chaque personne ?

4. **En petits groupes** À vous de créer une bande dessinée : choisissez une personne du groupe et créez les trois premières vignettes de ses *Cahiers*.

Fenêtre sur…

La famille

Les Cahiers d'Esther, tome 1 (2016), p. 3.

Sociétés

Répartition des familles en France en 2021
Évolution par rapport à 2011

Traditionnelles (couple avec enfants) : 66,3 % ↓ - 3 points

Recomposées (couple avec au moins un enfant né d'une union précédente) : 9 % stable

Monoparentales (parent vivant seul avec ses enfants) : 24,7 % ↑ + 3 points

Nombreuses (famille qui réside avec 3 enfants ou plus dont au moins 1 est mineur) : 21 % stable

En 2021, le **nombre moyen d'enfants par femme** est de **1,8**

Source : Insee, septembre 2022.

1 Observez l'infographie. Dans votre entourage, quel(s) type(s) de familles connaissez-vous ? Est-ce qu'il y a une catégorie majoritaire ?

2 En petits groupes Regardez les chiffres de la répartition des familles en France puis échangez sur la situation dans votre pays.
a. À votre avis, est-ce que la répartition des types de familles est similaire ? Quelle est l'évolution ?
b. On considère qu'une famille est nombreuse à partir de combien d'enfants ? Est-ce que vous connaissez le nombre moyen d'enfants par femme ?

3 Lisez l'article sur les couples en France.
a. Quels sont les différents types d'union en France ? Quels types d'union ont une existence légale ?
b. Est-ce qu'un type d'union alternatif au mariage existe aussi dans votre pays ?

4 a. **En petits groupes** Observez les données chiffrées. Quelles sont vos réactions ?
b. Échangez avec les autres groupes : quelle est la situation dans votre pays ?

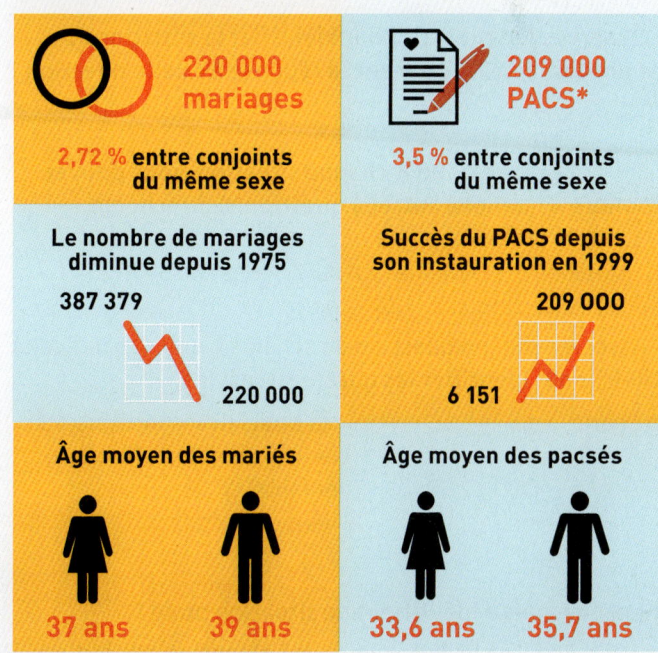

Les couples en France

En France, les couples sont en grande majorité mariés (72 %), 7 % sont pacsés et 21 % vivent en union libre. Mais cette répartition est en constante évolution. En 2021 :

- **220 000 mariages** — 2,72 % entre conjoints du même sexe
- **209 000 PACS*** — 3,5 % entre conjoints du même sexe

Le nombre de mariages diminue depuis 1975 : 387 379 → 220 000

Succès du PACS depuis son instauration en 1999 : 6 151 → 209 000

Âge moyen des mariés : 37 ans (femme), 39 ans (homme)
Âge moyen des pacsés : 33,6 ans (femme), 35,7 ans (homme)

* Deux types d'union officielle existent : le mariage et le PACS (pacte civil de solidarité, union civile entre deux personnes).

Source : Insee, septembre 2021.

Stratégies et outils pour... identifier une situation orale

S'appuyer sur des indices sonores

1 a. 🔊 114 Écoutez. Associez chaque situation à une photo.

a.

b.

c.

d.

b. Observez le schéma « Pour identifier la situation ». Les photos (act. 1a) donnent la réponse à quelle question ?

2 a. 🔊 114 Réécoutez. Pour chaque situation, vous pouvez répondre à quelle(s) autre(s) question(s) du schéma (act. 1b) ?
Ex.: (situation 1) : Qui parle ? / À qui ? → Une boulangère et une cliente. De quoi ? → Un achat.

b. Associez chaque question du schéma à un / des indice(s) utile(s) pour identifier les quatre situations.

Qui parle, à qui ? •   • les bruits (transports, objets…)
De quoi ? •   • les voix (hommes, femmes, enfants…)
Où ? •
Quand ? •   • les mots-clés

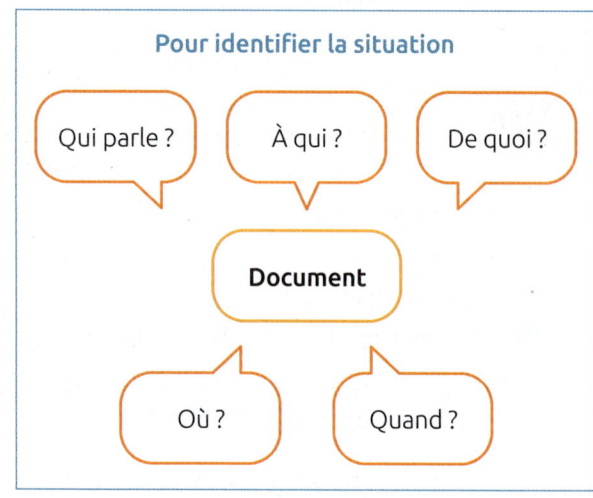

Pour identifier la situation

Qui parle ?   À qui ?   De quoi ?
            Document
        Où ?   Quand ?

3 Entraînez-vous à identifier une situation orale !

a. 🔊 115 Écoutez le dialogue, faites attention aux indices. Répondez aux questions du schéma.

b. 🔊 115 Réécoutez. Quel est le sentiment de chaque personne ? Choisissez.
☐ en colère   ☐ contente   ☐ désolée

c. Quel nouvel indice est utile pour identifier les sentiments des personnes ?

Entraînement DELF A1

Compréhension de l'oral

Exercice 2 Identifier une activité

🔊 116 Vous êtes en France. Vous entendez cette annonce à la radio.
Lisez les questions. Écoutez le document puis répondez.

1 Dans le musée de Tournus, on peut voir quoi ?

a. ☐

b. ☐

c. ☐

2 Le week-end prochain, le musée fête ses…
   a. ☐ deux ans.   b. ☐ dix ans.   c. ☐ douze ans.

3 Le week-end prochain, l'entrée du musée est gratuite pour qui ?

a. ☐

b. ☐

c. ☐

4 Pour réserver une visite du musée, qu'est-ce qu'il faut faire ?
   a. ☐ Téléphoner.   b. ☐ Écrire un mail.   c. ☐ Aller sur le site internet.

Compréhension des écrits

Exercice 2 Lire pour s'orienter dans l'espace

Vous êtes en France. Vous recevez ce message de votre ami français.
Lisez le document puis répondez aux questions.

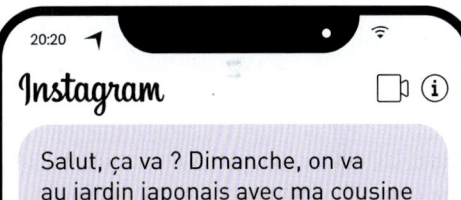

Salut, ça va ? Dimanche, on va au jardin japonais avec ma cousine Émilie. L'entrée est gratuite le dimanche. Tu viens avec nous ? C'est à quinze minutes à pied du centre-ville. Tu prends la rue en face de la mairie puis tu tournes à gauche, rue Victor-Hugo. Tu passes devant la boulangerie, tu continues tout droit. L'entrée du jardin est à 50 mètres de la boulangerie, à côté de la poste.
Julien

1 Vous allez faire la visite quel jour ?
   a. ☐ Vendredi.   b. ☐ Samedi.   c. ☐ Dimanche.

2 Julien vous propose de visiter quoi ?
   a. ☐ Un parc.   b. ☐ Le centre-ville.   c. ☐ La médiathèque.

3 L'entrée du jardin coûte…
   a. ☐ 0 euro.   b. ☐ 10 euros.   c. ☐ 15 euros.

4 Près du jardin japonais, il y a…
   a. ☐ un musée.   b. ☐ une boulangerie.   c. ☐ une bibliothèque.

5 Regardez les plans ci-dessous. Quel est le bon trajet pour arriver au jardin japonais ?

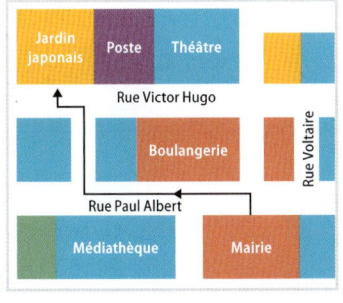
a. ☐

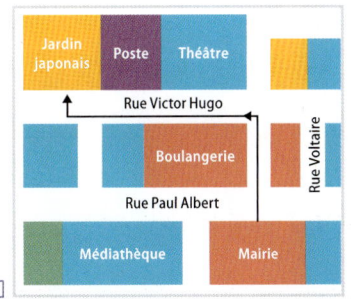
b. ☐

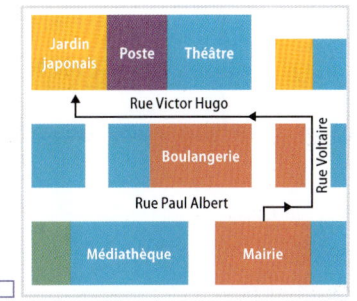
c. ☐

Entraînement DELF A1

Production écrite

Exercice 2 Rédiger un message simple

Lisez le sujet puis rédigez le message.

> Vous êtes en France. Vous organisez une journée avec des amis. Dans un mail, vous dites quelles activités vous allez faire. Vous donnez l'heure et le lieu du rendez-vous. (40 mots)

---

nouveau message

Salut .... ,

Samedi prochain, je ....
....

On va faire ....

Ensuite ....
....

Rendez-vous à .... ,
....

À bientôt,

....

Envoyer

Production orale

Exercice 2 Échange d'informations

Lisez les mots sur les cartes ci-dessous. Posez des questions à l'aide de ces mots.

| FAMILLE | RESTAURANT | MUSIQUE |
| LOGEMENT | VOITURE | LOISIRS |

DOSSIER 5
Gérer son quotidien

	Vous avez besoin de/d'…	Vous allez apprendre à…	Vous allez…
Leçon 1	organiser votre emploi du temps au travail	parler de l'organisation au travail	créer un agenda partagé pour des groupes de travail
Leçon 2	déterminer votre routine quotidienne	décrire vos habitudes	faire un recueil d'astuces pour améliorer le quotidien
Leçon 3	organiser la vie en collectivité	formuler des règles	établir un planning pour la vie domestique

	Fenêtres sur…	Stratégies et outils pour…
Sociétés	Comprendre un phénomène de société : la colocation intergénérationnelle	Mémoriser le lexique → grouper, classer, catégoriser
Littératures	Découvrir un écrivain et sa routine de vacances : Roland Barthes	

LEÇON 1 : Parler de l'organisation au travail

> Créer un agenda partagé pour des groupes de travail

1 En petits groupes Lisez la définition puis échangez !
Vous avez une expérience du télétravail ou des études à distance ? Si oui, c'est une expérience positive ou négative ?

visioconférence *(n. f.)* - Moyen de communication qui permet de voir et de dialoguer à distance avec son interlocuteur, à travers un écran.

2 🔊 117 Regardez l'écran et écoutez.
a. Quel est le contexte de la visioconférence ?
b. Les participants se connectent dans quel ordre ?
c. Qui a des difficultés pour participer à la réunion ? Justifiez.

3 🔊 117 Réécoutez.
a. Identifiez le sujet de la réunion.
b. Classez les événements dans l'ordre chronologique de la journée. Justifiez (citez les paroles).
Amad anime la réunion. – Il envoie les documents. – Il reçoit un mail.

4 🔊 117 Réécoutez.
a. Mettez les thèmes suivants dans l'ordre du jour. Puis complétez avec les horaires.
organisation des équipes – discussion du budget

Ordre du jour	
Ouverture de la réunion	14 h 30
Présentation du projet	
…	
Pause	… – …
…	
Agenda et fin de la réunion	…

b. Dites à quelle heure Françoise va téléphoner. Justifiez (citez les paroles).

zoom Langue

Les activités au travail

a. Associez pour retrouver les activités liées au travail.

présenter • • une réunion
animer • • une visioconférence
organiser • • un projet
annoncer • • un rendez-vous
commencer / terminer • • des équipes
recevoir / envoyer • • un mail
fixer • • un ordre du jour

b. Trouvez les mots correspondant à ces définitions.
un programme de réunion – une planification financière – un groupe de personnes qui travaillent ensemble – une interruption temporaire dans la journée

c. Listez les équipements pour la visioconférence (act. 2c).
Ex. : un écran.

Les verbes en *-cer* au présent

Observez les phrases. Quelle est la particularité des verbes en *-cer* à la 1re personne du pluriel ?
J'**annonce** l'ordre du jour.
Nous **commençons** la réunion.

Situer dans le temps

a. Observez. On parle de quel jour ?
ce matin – **cet** après-midi – **ce** soir

b. Complétez avec les mots suivants : *pendant, après, avant*.

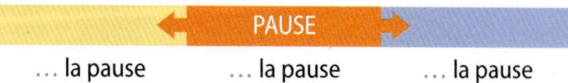

… la pause   … la pause   … la pause

Demander et indiquer l'heure et les horaires

a. Complétez la réponse.
Quelle heure est-il ? → … 14 h 35.

b. Observez puis associez pour formuler la règle.

On est ensemble **jusqu'à** 17 h 30. / On termine **à** 17 h 30.
On fait la pause **à quelle heure** ? → **Vers** 16 heures.
→ **De** 16 h à 16 h 15.

indiquer une heure précise • • **vers** + heure
indiquer une heure approximative • • **à** + heure
indiquer une heure limite • • **de** + heure à + heure
indiquer une période de temps • • **jusqu'à** + heure

S'ENTRAÎNER 1, 2

zoom Culture

Les horaires de bureau en France

En France, les horaires de bureau sont stables et réguliers : entre 8 h 30 et 17 h 30 avec une pause d'une heure environ le midi. Voici les résultats d'une étude sur les horaires de travail des cadres*.

En général, vers quelle heure arrivez-vous au travail ?

AVANT 8H	8H-8H30	8H30-9H	9H-9H30	+9H30
24 %	26 %	26 %	18 %	6 %

À quelle heure avez-vous l'habitude de partir du travail ?

-17H	17H-17H30	17H30-18H	18H-18H30	18H30-19H	+19H
4 %	12 %	16 %	26 %	22 %	20 %

* Catégorie socioprofessionnelle : un cadre a en général un poste à responsabilités dans une entreprise.

a. Lisez et comparez avec les horaires de bureau dans votre pays.

b. Dans votre pays, après 12 h, on indique les horaires avec les chiffres de 1 à 12 ou de 13 à 23 ?

5 En petits groupes Quels sont vos horaires de travail ? Quel est pour vous le rythme de travail idéal ?

6 118 Écoutez la fin de la visioconférence. Indiquez l'objectif de la discussion et le problème rencontré. Quelle est la solution proposée ?

7 118 Réécoutez.

a. Complétez le Doodle avec les disponibilités de chaque personne du 21 au 23.

	LUN. 21 févr.		MAR. 22 févr.		MER. 23 févr.	
	09:00 12:00	14:00 17:00	09:00 12:00	14:00 17:00	09:00 12:00	14:00 17:00
Amad	✓	✓	✓	✓		✓
Françoise						
Leïla		✓				
Bérénice						
Laurent	✓					

b. Relevez les questions sur les disponibilités.

8 a. Par deux Vrai ou faux ?
1. Les collègues veulent faire la prochaine réunion en visioconférence.
2. Françoise et Bérénice sont disponibles le 21 et le 22.
3. Leïla et Laurent peuvent venir le 22 dans l'après-midi.
4. Les clients de Laurent sont flexibles.
5. Une seule personne est disponible le 23.

b. 118 Réécoutez pour justifier (citez les paroles).

zoom Langue

Demander et indiquer des disponibilités

a. Complétez avec des expressions équivalentes (act. 7b et 8b).
Quelles sont vos disponibilités ? – … – …
→ Je peux. – … – …   → Je ne peux pas. – … – …

b. Quelle est la réaction possible ? Cochez.
Le 21, je ne peux pas. → ☐ Moi aussi. ☐ Moi non plus.
Moi, je peux. → ☐ Moi aussi. ☐ Moi non plus.

Les verbes *pouvoir* et *vouloir* au présent

a. Observez puis cochez pour formuler la règle.

Vous **voulez** travail**ler** en visio ?
Ils ne **peuvent** pas chang**er** de date.

Pour exprimer la possibilité / l'impossibilité, on utilise le verbe ☐ vouloir ☐ pouvoir.

Pour exprimer la volonté, on utilise le verbe ☐ vouloir ☐ pouvoir.

Après les verbes **pouvoir** et **vouloir**, le verbe est
☐ au présent ☐ à l'infinitif.

b. *Pouvoir* et *vouloir* sont des verbes à trois bases. Complétez la conjugaison avec les bonnes couleurs.

Pouvoir	Vouloir
je …	je …
tu peu**x**	tu …
il / elle / on …	il / elle / on veu**t**
nous pouv**ons**	nous …
vous …	vous voul**ez**
ils / elles …	ils / elles veul**ent**

S'ENTRAÎNER 3, 4

9 PRONONCIATION ▷ 14

Les sons [ø] et [œ]

a. 119 Écoutez et observez.
1. [ø] →   2. [œ] →

b. 120 [ø] ou [œ] ? Écoutez et identifiez le son entendu.
Ex. : 1. veux → [ø] →   2. veulent → [œ] →

c. 121 Écoutez et répétez.

10 S'EXPRIMER

Vous écrivez un mail pour proposer un rendez-vous à une personne de la classe.

a. Vérifiez vos disponibilités puis écrivez le mail.
– Indiquez la raison du rendez-vous (études, sortie…).
– Précisez vos disponibilités.
– Demandez les disponibilités de la personne.

b. La personne répond à votre mail.

TÂCHE CIBLE : Créer un agenda partagé pour des groupes de travail

1 Préparez-vous !

Vous allez créer un agenda partagé pour organiser des groupes de travail dans la classe.

a. Observez l'agenda partagé d'une équipe de travail. À quoi correspondent les créneaux en couleur ?

	lundi 3	mardi 4	mercredi 5	jeudi 6	vendredi 7
9H					
10H	Réunion de service	Groupe de travail I	Groupe de travail III		Réunion budget
11H		Groupe de travail II			
12H					
13H					
14H	Présentation projet européen			Groupe de travail I	Groupe de travail II
15H				Groupe de travail III	
16H					

b. Listez des thèmes pour des ateliers de révision et de pratique du français (conversation, chanson, conjugaison…).

c. Inscrivez vos ateliers sur l'agenda de l'ETC de la classe.

2 Réalisez !

En petits groupes

a. Mettez-vous d'accord sur deux propositions d'ateliers.

b. Échangez sur vos disponibilités pendant la semaine puis mettez-vous d'accord sur deux ou trois créneaux horaires pour chaque atelier.

3 Partagez !

a. Prenez connaissance de tous les ateliers proposés et réagissez : quels ateliers vous intéressent ? Est-ce que les horaires vous conviennent ?

b. Ajustez l'agenda si nécessaire (ateliers, horaires).

c. Inscrivez-vous aux ateliers.

S'entraîner

Les verbes en -cer au présent

1 Conjuguez les verbes au présent.
a. Nous (commencer) la visioconférence à quelle heure ?
b. Je (déplacer) le rendez-vous ?
c. Nous (placer) un rendez-vous dans l'agenda.
d. Ils (annoncer) l'ordre du jour.
e. Il est 14 h. On (commencer) ?
f. Nous (annoncer) la nouvelle à nos collègues.

Situer dans le temps / Demander et indiquer l'heure et les horaires

2 Complétez avec à, jusqu'à, vers, de, avant, après, pendant.

… cette journée, nous allons rencontrer les nouveaux collègues et finaliser le projet européen. Ce matin, on parle du projet … 10 h 30 et ensuite, on fait une pause café. … la pause, on travaille … 11 h … 12 h 30. … le déjeuner, on accueille les collègues de Marseille. Puis on mange avec eux … 13 h … 14 h 30. Cet après-midi : … le déjeuner, … 14 h 35-40, on organise des petits groupes de travail. Les groupes travaillent … 16 h 30. On termine la journée … 17 h précises, parce les collègues marseillais reprennent le train.

Demander et indiquer des disponibilités

3 Associez les questions et les réponses.
a. Je ne suis pas libre demain. Et toi ?
b. Vous êtes disponibles mardi à 9 h ?
c. Tu peux venir mercredi matin ?
d. Je peux travailler le samedi, et toi ?
e. Mardi à 17 h, c'est possible pour eux ?

1. Moi aussi.
2. Oui, ils peuvent venir.
3. Moi non plus.
4. Non, ce n'est pas possible pour moi.
5. Oui, on est libres.

Les verbes pouvoir et vouloir au présent

4 Complétez avec le verbe pouvoir ou vouloir au présent.

a. – Vous … venir à 10 h ? Vous êtes disponible ?
   – Ah non, je ne … pas, je suis en réunion.
b. – Vous acceptez de travailler le dimanche ?
   – Non, pas d'accord ! Nous ne … pas travailler le week-end !
c. – Travailler un soir de la semaine, c'est possible pour eux ?
   – Non. Ils ne … pas travailler le soir, ils ont des enfants.
d. – Vous … travailler dans quelle équipe ? Vous avez une préférence ?
   – Nous, on … être ensemble, on travaille bien à trois.

À retenir

Récap' lexique et communication

Les activités au travail

1 a. Trouvez le contraire.

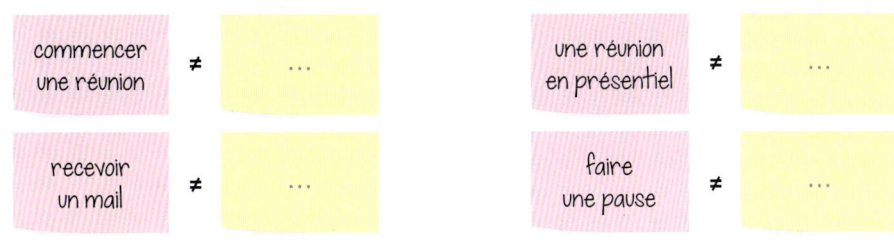

b. Complétez.

Demander et indiquer des disponibilités

2 Complétez avec les formulations possibles.

Récap' grammaire

Les prépositions pour indiquer les horaires

Une heure exacte → **à** 17 heures.
Une heure approximative → **vers** 17 heures.
Une période de temps → **de** 16 heures **à** 17 heures.
Une heure limite → **jusqu'à** 17 heures.

Les verbes en -cer au présent 🔊 122

Commencer, annoncer, placer, déplacer… ont une particularité à la 1re personne du pluriel.

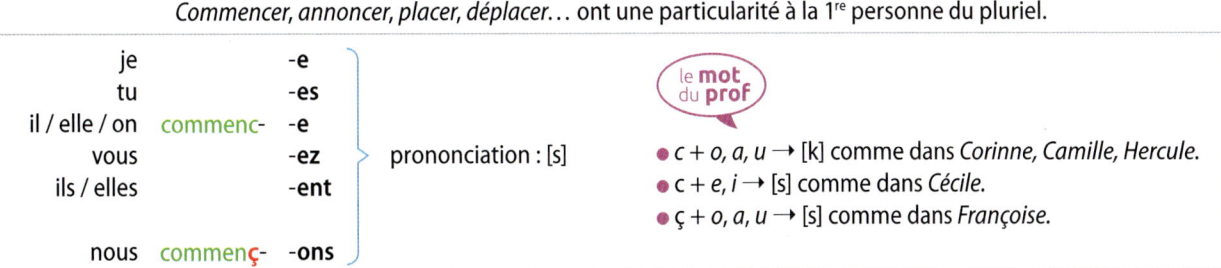

je		-e
tu		-es
il / elle / on	commenc-	-e
vous		-ez
ils / elles		-ent
nous	commenç-	-ons

prononciation : [s]

le mot du prof
- c + o, a, u → [k] comme dans *Corinne, Camille, Hercule*.
- c + e, i → [s] comme dans *Cécile*.
- ç + o, a, u → [s] comme dans *Françoise*.

Les verbes *pouvoir* et *vouloir* au présent 🔊 123

Ce sont des verbes à trois bases.

Pouvoir
- je peu**x**
- tu peu**x**
- il / elle / on peu**t**
- nous pouv**ons**
- vous pouv**ez**
- ils / elles peuv**ent**

Vouloir
- je veu**x**
- tu veu**x**
- il / elle / on veu**t**
- nous voul**ons**
- vous voul**ez**
- ils / elles veul**ent**

❗ Après les verbes *pouvoir* et *vouloir*, le verbe est à l'infinitif.
*Je veux **voir** mes collègues.*
*Ils ne peuvent pas **déplacer** le rendez-vous.*

Dossier 5 — Leçon 1

LEÇON 2 — Décrire ses habitudes

Faire un recueil d'astuces pour améliorer le quotidien

ELLE ZEN

Ces astuces pour commencer la journée de bonne humeur

Le matin, vous vous levez et vous répétez les mêmes gestes, la même routine. Quelles sont vos habitudes pour bien commencer la journée ? Témoignages.

Se réveiller tôt pour prendre son temps

Anaïs se lève avant tout le monde. Mais pas pour arriver au travail avant les collègues. « Les jours de semaine, je me réveille à 6 h. Dans la maison, tout le monde dort et moi, je prépare un café et mon déjeuner pour le midi… Puis j'aime bien lire le journal et consulter les réseaux sociaux. Je m'habille vers 8 h. Mais le week-end, je dors jusqu'à 9 h et je ne m'habille pas avant 11 h. »

Faire du sport avant la journée de travail

Pour Auguste, il y a une vie avant le boulot ! « Le matin, je pars de la maison à 7 h 30 et je vais à la salle de sport. Après une heure de sport, je me douche. Puis je prends un bon petit déjeuner dans un café, parce que le midi je n'ai pas le temps de déjeuner au travail. Avec ma femme, nous nous organisons : elle s'occupe des enfants le matin et moi, le soir, quand je rentre ! »

Se préparer pour se sentir bien

Pour Marie, la journée commence seulement après un rituel de beauté. « Le matin, je me prépare avec plaisir : je me lave les cheveux, je me maquille, je me parfume… Pour moi, ces gestes sont très importants pour bien commencer la journée ! »

D'après Elle

1. Lisez l'article (doc. 1).
a. Identifiez son thème et ses différentes parties.
b. Anaïs, Auguste et Marie répondent à quelle question ?

2. Relisez le titre et le début de chaque témoignage. Trouvez à qui correspond chaque astuce ci-dessous. Associez.
faire une activité physique – passer du temps dans la salle de bain – se lever avant la famille

3. En petits groupes Relisez les témoignages.
a. Relevez la routine matinale de chaque personne les jours de semaine. Associez chaque action à un dessin.

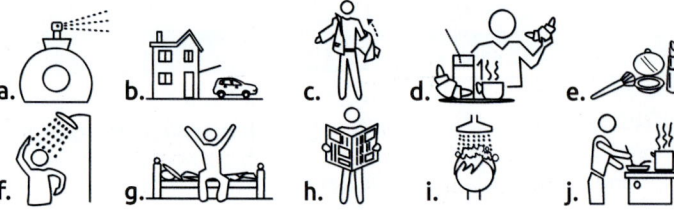

b. Trouvez quelles sont leurs habitudes à d'autres moments.

zoom Langue

Les actions de la vie quotidienne et les repas (1)

Associez les actions aux thèmes de la vie quotidienne.

hygiène / apparence — loisirs — famille — repas — rythme jour / nuit — déplacements

s'occuper des enfants – se laver (les cheveux) – se doucher – préparer le café / le déjeuner – s'habiller – se parfumer – lire – consulter les réseaux sociaux – se lever – se préparer – dormir – prendre le petit déjeuner – se maquiller – partir de la maison – rentrer – se réveiller – déjeuner

Les verbes pronominaux au présent

a. Observez. Quelle est la différence entre les deux actions ?
Je prépare un café.   Je **me** prépare.

b. Complétez la conjugaison.
je … prépare – tu **te** prépares – il / elle / on … prépare – nous … préparons – vous **vous** préparez – ils / elles **se** préparent

Exprimer la régularité

a. Observez. Quelle phrase exprime une action régulière ?
Le matin, je pars à 7 h 30.   **Ce** matin, je pars à 7 h 30.

b. Retrouvez d'autres exemples (act. 3).
les jours de la semaine – … – … – … .

> S'ENTRAÎNER 1, 2

4. Debout ! En petits groupes
a. En cercle, à tour de rôle, mimez votre routine du matin. Les autres devinent les actions.
b. Comparez vos routines : est-ce que vous faites les mêmes actions ? Dans le même ordre ?

Doc. 2

Le soir dans la famille Berger
Ça se passe comme ça !

- On goûte
- On se lave
- On fait les devoirs
- On dîne
- On lit une histoire
- On joue
- On se lave les dents
- On se couche et on dort

Maman, Elina, Benjamin, Papa

Dossier 5 — Leçon 2

5 a. Observez ce planning (doc. 2). Identifiez sa fonction.
b. 🔊 124 Écoutez. Qui parle ? Où ? À quel moment de la journée ?
c. Retrouvez quel membre de la famille Berger témoigne dans l'article (doc. 1).

6 🔊 125 Écoutez. Associez chaque dialogue à une / des action(s) du planning.

7 🔊 125 Réécoutez.
a. Regardez à nouveau le planning.
Est-ce que les horaires sont respectés ? Justifiez.
b. Vrai ou faux ? Justifiez (citez les paroles).
1. Les enfants sortent dans le jardin après le goûter.
2. La mère termine son travail tard le soir.
3. Les enfants dorment quand la mère arrive.

zoom Langue

Les actions de la vie quotidienne et les repas (2)

Associez les actions aux thèmes de la vie quotidienne.

 hygiène | loisirs | repas | rythme jour / nuit | école

s'endormir – dîner – se brosser / laver les dents – prendre son bain – goûter – se laver les mains – se coucher – faire les devoirs – regarder un dessin animé – lire une histoire

Les verbes *sortir*, *partir* et *dormir* au présent

Ce sont des verbes à deux bases. Complétez les conjugaisons avec les bonnes couleurs.

Partir	Sortir	Dormir
je …	je …	je …
tu pars	tu sors	tu …
il / elle / on …	il / elle / on sort	il / elle / on dort
nous partons	nous …	nous …
vous partez	vous …	vous dormez
ils / elles …	ils / elles sortent	ils / elles …

Dire l'heure (dans la conversation)

a. Observez puis cochez pour formuler la règle.

5 : 00 = **5** heures (du matin)   17 : 00 = **5** heures (de l'après-midi)
9 : 00 = **9** heures (du matin)   21 : 00 = **9** heures (du soir)
12 : 00 = **midi**   0 : 00 = **minuit**

Pour dire l'heure dans la conversation, on utilise les chiffres de ☐ 1 à 11 ☐ 1 à 12 ☐ 1 à 23.

b. Complétez les heures avec les éléments suivants.
demie – moins – cinq – quart – vingt-cinq – et – six – le quart

 Il est cinq heures … .    Il est six heures … .

 Il est cinq heures … .    Il est … heures … .

 Il est cinq heures … .    Il est … heures … .

S'ENTRAÎNER 3, 4

8 S'EXPRIMER

Vous comparez vos rythmes de vie.

En petits groupes Échangez ! Décrivez votre routine, en semaine et le week-end : horaires du lever, du coucher, des repas, du travail / des loisirs… Vos habitudes sont similaires / différentes ?

TÂCHE CIBLE — Faire un recueil d'astuces pour améliorer le quotidien

1 Préparez-vous !

Vous allez contribuer à un blog avec des astuces pour améliorer le quotidien.
a. **En petits groupes** Lisez l'appel à contribution puis échangez : vous rencontrez quelles difficultés dans votre quotidien ?
b. Partagez avec les autres groupes. Quelles sont les difficultés récurrentes ?

2 Réalisez !

En petits groupes
a. À partir des difficultés listées, partagez vos astuces ou bonnes habitudes personnelles pour améliorer le quotidien.
b. Sélectionnez les astuces les plus utiles pour la classe.
c. Écrivez des témoignages pour présenter les astuces.

3 Partagez !

a. Lisez les témoignages des groupes. Réagissez : les astuces proposées apportent des solutions à quelles difficultés ?
b. Sélectionnez les témoignages à retenir puis réalisez votre recueil d'astuces. Mettez votre recueil sur l'ETC de la classe.

Des habitudes à adopter pour améliorer votre quotidien !

Ajouter un Avis & Commentaire • par Viequotidienne

C'est difficile de vous lever le matin ? De vous endormir le soir ? Vous avez des difficultés pour respecter les horaires ? Vous êtes stressé(e) ? fatigué(e) ? débordé(e) ? Vous n'avez pas le temps de tout faire ?

Appel à contributions : quelles sont vos astuces pour améliorer votre quotidien ?

→ Contribuez ici

S'entraîner

Les actions de la vie quotidienne / Les verbes pronominaux au présent

1 Mettez les verbes à la bonne place et conjuguez-les au présent.
Ex. : prendre / préparer → Je **prépare** le café puis nous **prenons** le petit déjeuner en famille.
a. se lever / se laver / se réveiller → Je … à 6 h et je … à 6 h 15. Ensuite, je … .
b. se doucher / se maquiller → Le matin, Sabrina … puis elle … .
c. rentrer / partir → Le matin, j'aime bien … tôt, vers 7 h 30. Le soir, je … à la maison vers 17 h.
d. préparer / se préparer → Je … le petit déjeuner puis je … dans la salle de bain.
e. habiller / s'habiller → D'abord, nous … puis nous … les enfants.
f. se laver / laver → Les parents … puis ils … leur bébé.

Exprimer la régularité

2 Transformez le témoignage pour exprimer la régularité.
Aujourd'hui, j'ai beaucoup de travail. Ce matin, je me lève tôt. Je prépare le petit déjeuner et je pars de la maison à 7 h 30. Ce midi, je déjeune avec des clients et cet après-midi, j'ai des réunions. Ce soir, je ne peux pas m'occuper des enfants parce que je rentre tard… Alors ce week-end, je veux passer du temps avec eux !
→ *En général, …*

Les verbes *sortir*, *partir* et *dormir* au présent

3 Complétez avec les verbes *sortir*, *partir*, *dormir* ou *s'endormir* au présent.
Ex. : Tu **pars** au travail à quelle heure ?
a. – Il est sept heures, Émilien ne se lève pas ?
 – Non, il …, il n'entend pas son réveil !
b. – Tu … avec tes collègues ce soir ?
 – Oui, on va manger au restaurant.
c. Les enfants … de l'école à 16 h 30.
d. Le soir, je lis dans mon lit et je … vers 23 h 30.
e. – Vous ne déjeunez pas avec nous ?
 – Non, nous …, nous prenons le train à 12 h 30.
f. – La nuit, vous … bien ?
 – Oui, très bien.

Dire l'heure (dans la conversation)

4 Dites l'heure comme dans l'exemple.

Ex. : 9:40 → *Il est dix heures moins vingt.*

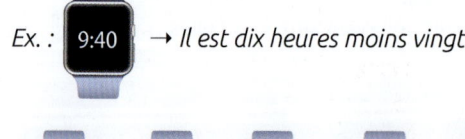

a. 20:45   b. 16:15   c. 11:50   d. 6:30   e. 19:20   f. 16:55

À retenir

Récap' lexique et communication

Les actions de la vie quotidienne

1 **a. Complétez avec les contraires.**

se lever ≠ …   se réveiller ≠ …   se démaquiller ≠ …   arriver ≠ …   se déshabiller ≠ …

b. Créez des fleurs lexicales avec les activités de la vie quotidienne.

Dire l'heure

2 **Associez.**

Il est huit heures…

- **et** quart •
- **et** demie •
- **moins le** quart •

- • + 30 minutes (= + 1/2 heure)
- • − 15 minutes (= − 1/4 d'heure)
- • + 15 minutes (= + 1/4 d'heure)

 On dit : *six heures et quart / et demie* (= 18 h 15 / 18 h 30) ;
six heures moins le quart / moins dix (17 h 45 / 50).
On ne dit pas : ~~dix-huit heures et quart / et demie~~ ; ~~dix-huit heures moins le quart / moins dix~~.

Récap' grammaire

Les verbes pronominaux au présent 🔊 126

Pour parler des activités quotidiennes, on utilise souvent des verbes réfléchis.
Le pronom (*me, te, se*…) = la même personne que le sujet (*je, tu, il*…).

Se préparer
- je **me** prépare
- tu **te** prépares
- il / elle / on **se** prépare
- nous **nous** préparons
- vous **vous** préparez
- ils / elles **se** préparent

S'habiller
- je **m'**habille
- tu **t'**habilles
- il / elle / on **s'**habille
- nous **nous** habillons
- vous **vous** habillez
- ils / elles **s'**habillent

! Se lever : je me l**è**ve, tu te l**è**ves, il / elle / on se l**è**ve, nous nous levons, vous vous levez, ils / elles se l**è**vent.

 On dit :
je me lave les mains, je me brosse les dents.

On ne dit pas :
~~je lave mes mains, je brosse mes dents.~~

Les expressions temporelles

Exprimer la régularité :

Le matin, je pars à 7 h 30.
L'après-midi, je travaille.
Le soir, je m'occupe des enfants.
Le week-end, je dors jusqu'à 9 h.
} **en général**

Exprimer un moment spécifique :

ce matin
cet après-midi
ce soir
ce week-end
} **aujourd'hui**

! *Ce week-end* = le week-end en cours ou le plus proche d'aujourd'hui.

Les verbes *sortir, partir* et *dormir* au présent 🔊 127

Ce sont des verbes à deux bases.

Partir
- je par**s**
- tu par**s**
- il / elle / on par**t**
- nous par**tons**
- vous par**tez**
- ils / elles par**tent**

Sortir
- je sor**s**
- tu sor**s**
- il / elle / on sor**t**
- nous sor**tons**
- vous sor**tez**
- ils / elles sor**tent**

Dormir
- je dor**s**
- tu dor**s**
- il / elle / on dor**t**
- nous dor**mons**
- vous dor**mez**
- ils / elles dor**ment**

LEÇON 3 — Formuler des règles

> Établir un planning pour la vie domestique

Doc. 1

Les étudiants et la colocation — l'Etudiant

Un type de logement populaire pour les jeunes
55 % des candidats à la colocation sont des étudiants.

Les bonnes raisons de vivre en colocation
- Faire des rencontres
- Réduire ses dépenses
- Avoir un logement plus grand

Enquête de LocService

1 a. Lisez les résultats de l'enquête (doc. 1) et expliquez le mot *colocation*.

b. Échangez ! Est-ce que vous avez une expérience de la colocation ? Est-elle fréquente dans votre pays ?

Doc. 2

Les règles de la colocation

☑ Payer sa part du loyer à la date fixée
☑ Enlever ses chaussures à l'entrée
☑ Dire bonjour et au revoir
☑ Avoir le sourire
☑ Communiquer quand il y a un problème
☑ Participer aux tâches ménagères
☑ Fêter les anniversaires
☑ Respecter la propriété : ne pas utiliser les affaires des autres
☑ Faire la cuisine ensemble
☑ Laisser la salle de bain propre après utilisation
☑ Respecter le sommeil des autres : silence après 23 h
☑ Organiser des soirées entre colocataires
☑ Ne pas laisser ses affaires dans les parties communes
☑ Respecter le planning pour inviter des amis, de la famille

Pour vivre heureux ensemble !

2 Lisez l'affiche (doc. 2).
  a. Identifiez sa fonction.
  b. Relevez les règles qui concernent :
  – le respect des autres ;
  – l'ordre et la propreté du logement ;
  – la convivialité.
  Ex. : le respect des autres → payer sa part du loyer.
  c. Identifiez les obligations et les interdictions.

3 🔊 128 Écoutez. Qui parle ? De quoi ?

4 🔊 128 Réécoutez.
  a. Sur quoi portent les questions de Léo ? Choisissez et justifiez (citez ses paroles).
  les règles de la colocation – le loyer – les invitations – la communication entre les personnes – l'organisation des repas – les tâches ménagères
  b. Relevez les réponses des colocataires.

5 🔊 128 Réécoutez. Retrouvez sur l'affiche (doc. 2) les autres règles présentées dans la conversation. Justifiez (citez les paroles).

zoom Langue

Exprimer l'obligation / l'interdiction

a. Observez puis classez les phrases dans le tableau.
1. **Participer** aux tâches ménagères.
2. **Ne pas laisser** ses affaires dans les parties communes.
3. **Il faut** respecter la propriété.
4. **Il ne faut pas** prendre la nourriture des autres.
5. **On ne doit pas** utiliser les produits des autres.
6. **Tu dois** respecter le planning.
7. **Tu ne peux pas** inviter qui tu veux quand tu veux.

	À l'écrit	Dans la conversation
Obligations	…	…, …
Interdictions	…	…, …

❗ Pour demander / donner une autorisation :
On **a le droit d'**inviter des gens = On **peut** inviter des gens.

b. Cochez pour formuler la règle.
Après le verbe **devoir** et **il faut** (verbe **falloir**), on utilise ☐ le présent ☐ l'infinitif.
il faut → il ☐ représente ☐ ne représente pas une personne.

S'ENTRAÎNER 1

zoom Langue

Le verbe *devoir* au présent

C'est un verbe à trois bases.
Complétez la conjugaison
avec les bonnes couleurs.

je …
tu dois
il / elle / on …
nous devons
vous …
ils / elles doivent

La vie collective

Classez les actions dans le tableau.
communiquer / se parler* – enlever ses chaussures – avoir le sourire – payer le loyer – se dire* bonjour / au revoir – participer aux tâches ménagères – respecter les autres

Actions en relation avec :	
le logement	…, …, …
les personnes	…, …, …, …

* Ces verbes pronominaux indiquent une action réciproque.

S'ENTRAÎNER 1, 2

6 En petits groupes Chez vous, il y a des règles à respecter ? Quelles sont les obligations, les interdictions, les règles de convivialité ?

7 129 Écoutez la suite de la conversation.
a. Les colocataires parlent de quoi ?
b. Qu'est-ce qu'ils expliquent ? Choisissez.
la répartition des tâches par personne – la liste des tâches – la fréquence des tâches

8 129 Réécoutez et regardez le planning.
a. Retrouvez sur le planning les tâches citées par les colocataires.
b. Relevez le moment et la fréquence de chaque tâche puis cochez dans le planning.
c. Indiquez à quel moment ou à quelle fréquence les colocataires doivent faire les tâches suivantes.

ranger ses affaires — faire la vaisselle — faire la lessive

PLANNING DES TÂCHES MÉNAGÈRES

		L	M	M	J	V	S	D
	Nettoyer les toilettes							
	Passer l'aspirateur							
	Nettoyer la salle de bain							
	Nettoyer la cuisine							
	Sortir les poubelles							
	Arroser les plantes							
	Faire les courses communes							

zoom Langue

Les tâches ménagères

a. **Trouvez les actions correspondant aux définitions suivantes.**
Ex. : sortir les ordures ménagères → sortir les poubelles.
mettre de l'ordre – acheter des choses pour la maison – s'occuper des végétaux – laver les jeans, t-shirts, etc. – laver les verres, plats, etc.

b. **Listez les actions qui correspondent à *faire le ménage*.**

Exprimer la fréquence, la régularité

a. **Complétez les phrases pour demander / exprimer la fréquence.**
Combien de …… semaine (jour / mois / an) ?
→ Une …… semaine (jour / mois / an).

b. **Observez puis trouvez des formulations équivalentes pour exprimer la régularité.**

le samedi	…	chaque samedi
…	tous les mardis	…
	toutes les semaines	
	tous les mois	chaque mois

S'ENTRAÎNER 3, 4

9 S'EXPRIMER

Vous déterminez les règles pour bien vivre ensemble en classe.
a. Pour vous, quelles règles sont importantes pour bien vivre ensemble en classe ? Individuellement, écrivez les règles sur des post-it.
b. En petits groupes Comparez vos post-it et faites une sélection.
c. Affichez vos post-it : classez-les dans les catégories suivantes.
obligations – interdictions – règles de convivialité
d. Sélectionnez vos règles pour bien vivre ensemble en classe.

Ne pas répondre au téléphone

Faire une sortie ensemble une fois par mois

Participer dans les groupes de travail

TÂCHE CIBLE : Établir un planning pour la vie domestique

1 Préparez-vous !

Vous habitez en colocation. Vous allez établir un planning pour bien vivre ensemble.

a. Formez des groupes de trois ou quatre colocataires.

b. **En petits groupes** Lisez le guide. À partir des questions posées, mettez-vous d'accord sur les règles de votre colocation.

2 Réalisez !

À partir des règles fixées, faites votre planning avec les rubriques suivantes.

les tâches ménagères – l'utilisation de la salle de bain – les horaires au calme

3 Partagez !

a. **Présentez votre planning à la classe**, puis expliquez les règles établies pour les autres rubriques (les visiteurs, les soirées).

b. **Réagissez aux plannings et aux règles des autres groupes** : est-ce qu'ils permettent de bien vivre ensemble en colocation ?

Guide pour la vie en colocation

Quand on partage un logement, des tensions sont possibles. Avec des règles claires et simples, on peut limiter les problèmes.
Voici notre guide pour fixer vos règles de vie commune !

1. LES TÂCHES MÉNAGÈRES
Quelles sont les tâches ? À quelle fréquence ? Qui fait quoi ? Quand ?

2. LA SALLE DE BAIN
Attention à la file d'attente le matin ! Quel planning pour l'occupation de la salle de bain ? Combien de temps par personne ?

3. LES VISITEURS
À quelle fréquence ils peuvent venir ? Quelles sont les conditions ?

4. LES SOIRÉES
Quand organiser des soirées ? À quelle fréquence ? Quelles sont les conditions ?

5. LES HORAIRES AU CALME
Pour respecter le sommeil ou la concentration des colocataires, quelles sont les heures « calmes » ?

S'entraîner

Exprimer l'obligation / l'interdiction - Le verbe *devoir* au présent

1 Transformez les règles. Proposez deux formulations.
Ex. : respecter le planning (vous) → Vous devez respecter le planning. / Il faut respecter le planning.

a. ne pas écouter de musique après 22 heures (tu)
b. manger ensemble régulièrement (nous)
c. ne pas prendre de douche après 23 heures (vous)
d. participer à la vie domestique (les colocataires)
e. ne pas porter de chaussures dans l'appartement (je)
f. parler avec les autres quand il y a un problème (on)

La vie collective

2 Remettez les verbes soulignés à la bonne place.
Ex. : se dire bonjour / au revoir.

Règles de la colocation

Il faut :
– <u>participer</u> bonjour / au revoir
– <u>respecter</u> le loyer le 1er de chaque mois
– <u>enlever</u> les autres
– <u>communiquer</u> aux tâches ménagères
– <u>payer</u> quand il y a un problème
– <u>avoir</u> ses chaussures
– <u>se dire</u> le sourire

Les tâches ménagères

3 Trouvez la solution pour chaque situation.

Ex. : → *Il faut ranger.*

a.   b.   c.

d.   e.   f.

Exprimer la fréquence, la régularité

4 Observez le planning. Indiquez la répartition des tâches ménagères (variez les formulations).
Ex. : On fait la vaisselle tous les jours : Tom, le lundi et le vendredi ; Marco, chaque mercredi…

	L	M	M	J	V	S	D
Faire la vaisselle	Tom	Lisa	Marco	Enora	Tom	Lisa	Enora
Nettoyer la salle de bain			Lisa			Marco	
Faire les courses					Enora		
Passer l'aspirateur	Marco			Tom			

À retenir

Récap' lexique

La vie collective

1 Complétez avec les actions ou attitudes à adopter pour bien vivre ensemble.

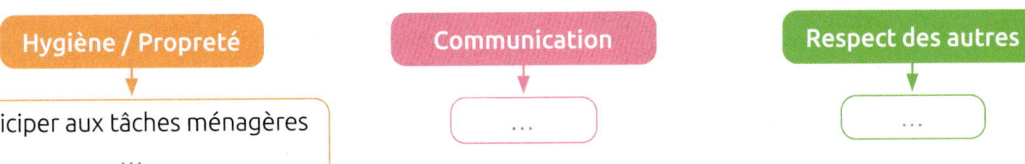

- Hygiène / Propreté : participer aux tâches ménagères …
- Communication : …
- Respect des autres : …

Les tâches ménagères

2 a. Associez pour trouver un maximum de tâches ménagères. *Ex. : faire la vaisselle.*

faire, ranger, arroser, nettoyer, sortir, passer, laver

une pièce, les courses, ses affaires, les plantes, l'aspirateur, la lessive, les toilettes, la salle de bain, la cuisine, les poubelles, le ménage, la vaisselle

b. Échangez ! Quelles tâches ménagères vous faites / ne faites pas ? vous aimez / n'aimez pas ?

Récap' grammaire

L'infinitif négatif

| participer → **ne pas** participer | sortir → **ne pas** sortir |

Le verbe *devoir* au présent et *il faut* 🔊 130

Devoir	*Il faut* (verbe *falloir*)
C'est un verbe à trois bases.	C'est une formulation impersonnelle.
je do**is** tu do**is** il / elle / on do**it** nous dev**ons** vous dev**ez** ils / elles do**ivent** } + *infinitif*	il faut + *infinitif*

le mot du prof
- **Tu dois** sortir la poubelle. (→ On précise qui fait l'action.)
- **Il faut** sortir la poubelle. (→ On ne précise pas qui fait l'action.)

Expressions temporelles : la fréquence et la régularité

Pour exprimer la régularité :

le samedi **le** week-end	**tou**s **les** samedi**s** **tou**s **les** week-end**s**	**chaque** samedi **chaque** week-end
	tout**es les** semaine**s** **tou**s **les** mois	**chaque** semaine **chaque** mois

le mot du prof
Tous les jours / matins / soirs = **chaque** jour / matin / soir.
! **Toute la** journée / matinée / soirée = la journée / matinée / soirée entière.

Pour exprimer la fréquence :
Combien de fois par jour / semaine / mois / an ? → Une / Deux **fois par** jour / semaine / mois / an.

Sociétés

COLOCATION INTERGÉNÉRATIONNELLE

En France, environ 3 millions d'étudiants cherchent à se loger et 12 millions de seniors souffrent de solitude. En réponse à cette situation, la colocation intergénérationnelle se développe.

Qu'est-ce que la colocation intergénérationnelle ?

C'est la possibilité pour un jeune – généralement étudiant – de partager le logement d'un senior. C'est un système d'entraide et de solidarité : l'étudiant dispose d'un logement gratuit ou à prix très modéré ; la personne âgée n'est pas seule et peut bénéficier de petits services pratiques : aide pour les courses, la cuisine…

Comment cela fonctionne ?

Des associations mettent en relation des jeunes à la recherche d'un logement et des personnes âgées qui proposent une chambre. Deux formules sont possibles :
– logement gratuit contre présence : le jeune est présent à des horaires définis, il apporte une compagnie et parfois une aide ;
– logement contre participation financière : la présence et l'aide du jeune sont occasionnelles. Il paie pour sa chambre et l'utilisation des parties communes.

D'après : https://seniors-infos.fr/

Fenêtre sur…

1 **En petits groupes** Prenez connaissance des documents.
a. De quel type de colocation est-ce qu'on parle ?
b. Ce type de colocation apporte une solution à quels problèmes de société ?
c. Dans ce type de colocation, quels accords sont possibles entre les deux personnes ?

2 ▷ 15 Regardez l'extrait d'un reportage.
a. Qu'est-ce qu'il présente ?
b. La colocation de Jacqueline et Manon correspond à quelle formule ?

3 ▷ 15 Regardez à nouveau.
a. Quels sont les goûts communs des deux femmes et les activités pratiquées ensemble ?
b. Quels sont les aspects positifs de la colocation pour l'une et pour l'autre ?

4 **En petits groupes** Échangez !
– Est-ce que la colocation intergénérationnelle se développe aussi dans votre pays ?
– Dans votre entourage, est-ce que des personnes ont l'expérience de ce type de colocation ?
– Et vous-même, est-ce que vous imaginez l'expérimenter ?

Littératures

Roland Barthes (1915-1980) est un philosophe et critique littéraire français. Il passe son enfance chez ses grands-parents à Bayonne, avec sa mère. Il s'installe avec elle à Paris à neuf ans. Il s'intéresse très tôt au théâtre, à la littérature, à la musique.
Son activité professionnelle se partage entre l'écriture et l'enseignement. Barthes joue aussi du piano en amateur et pratique à partir de 1971 le dessin et l'aquarelle.
Ses principaux livres sont *Le Degré zéro de l'écriture*, *Fragments d'un discours amoureux* et *Roland Barthes par Roland Barthes*, son autobiographie, publiée en 1975.

Emploi du temps

Pendant les vacances, je me lève à sept heures, j'ouvre la maison, je me fais du thé, je hache du pain pour les oiseaux qui attendent dans le jardin, je me lave, j'époussette ma table de travail, j'en vide les cendriers, je coupe une rose, j'écoute les informations de sept heures et demie. À huit heures, ma mère descend à son tour ; je déjeune avec elle de deux œufs à la coque, d'un rond de pain grillé et de café noir sans sucre ; à huit heures et quart, je vais chercher le *Sud-Ouest* au village […] et puis je commence à travailler. À neuf heures et demie, le facteur passe […] ; à dix heures et demie pile, je me fais du café noir, je fume mon premier cigare de la journée. À une heure, nous déjeunons ; je fais la sieste de une heure et demie à deux heures et demie. Vient alors le moment où je flotte : guère envie de travailler* ; parfois je fais un peu de peinture, ou je vais chercher de l'aspirine chez la pharmacienne […] ; viennent ainsi quatre heures et de nouveau je travaille ; à cinq heures et quart, c'est le thé ; vers sept heures, j'arrête mon travail ; j'arrose le jardin (s'il a fait beau) et je fais du piano. Après le dîner, télévision : si elle est ce soir-là trop bête, je retourne à ma table, j'écoute de la musique en faisant des fiches. Je me couche à dix heures et lis à la suite un peu de deux livres.

Roland BARTHES, *Roland Barthes par Roland Barthes*, éd. Seuil, 1975.

* À ce moment-là, je ne sais pas quoi faire, je ne veux pas travailler.

1 Connaissez-vous Roland Barthes ? Lisez sa biographie. Identifiez sa profession et ses centres d'intérêt.

2 Regardez la couverture du livre puis lisez l'extrait.
   a. Expliquez le titre du livre.
   b. Identifiez le thème de l'extrait.

3 Relisez.
   a. Où est-ce que Roland Barthes passe ses vacances ? Avec qui ? Quelles sont ses activités de loisirs ?
   b. Qu'est-ce que vous pensez de ses habitudes de vacances ?

4 Écrivez un texte autobiographique à la manière de Roland Barthes (« Moi par moi-même ») : racontez une journée habituelle en vacances.

Stratégies et outils pour... mémoriser le lexique

Grouper, classer, catégoriser

1 Observez et trouvez la fonction de chaque outil. Choisissez dans la liste.

associer des mots contraires   associer des mots synonymes   associer des mots de la même famille
associer un mot à sa définition   associer un mot à un visuel   associer un mot à une catégorie
associer des mots pour retrouver des expressions

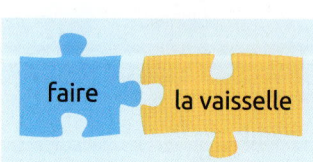

a. un puzzle

b. une grille avec des illustrations

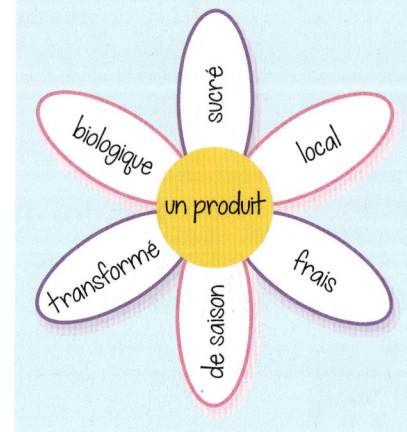

d. une fleur lexicale

c. une carte mentale

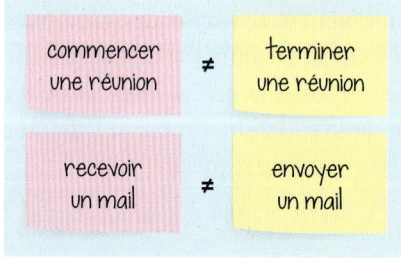

e. des cartes

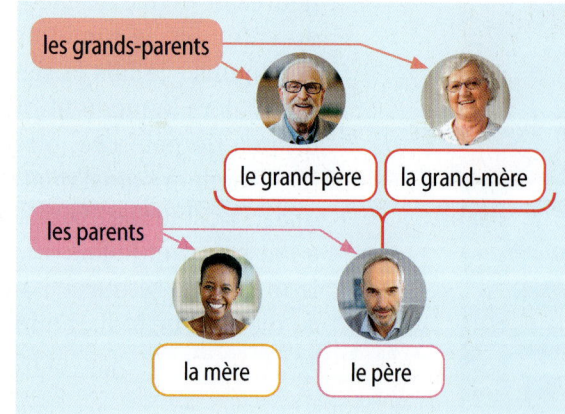

f. un schéma

2 a. Lisez ces deux listes de mots. Trouvez un / des classement(s) ou regroupement(s) possible(s) pour mémoriser ces mots.

Liste 1 : un mois – minuit – le matin – l'après-midi – janvier – jeudi – un jour – samedi – le week-end – midi – mars – un horaire – un moment – lundi – le soir – une semaine

Liste 2 : étudier – apprendre – les études – travailler – une réunion – la profession – une visioconférence – le boulot – bosser – le travail – l'apprentissage – une équipe – un(e) étudiant(e) – un(e) collègue – une université – un cours – un(e) journaliste – un(e) avocat(e)

b. En petits groupes Comparez vos propositions. Est-ce que vos classements sont similaires ?

3 a. En petits groupes Pour chaque liste de mots (act. 2a), choisissez un classement. Utilisez un outil (act. 1) pour représenter votre classement.

b. Montrez votre classement à la classe. Comparez les représentations.

Quels outils vous préférez utiliser pour mémoriser le lexique ?

DOSSIER 6
Changer de cadre

	Vous avez besoin de/d'…	Vous allez apprendre à…	Vous allez…
Leçon 1	préparer un voyage	(vous) informer avant un voyage	proposer une destination de voyage
Leçon 2	choisir des activités pendant un séjour	donner des informations touristiques	faire une brochure touristique
Leçon 3	partager une expérience	raconter une expérience	faire un podcast de témoignages

Fenêtres sur…	Stratégies et outils pour…
Territoires Découvrir les régions et le découpage administratif de la France **Patrimoines** Identifier des lieux et des événements emblématiques du patrimoine français	**Comprendre le fonctionnement de la langue** → observer, catégoriser et relier au connu

LEÇON 1 — (S') Informer avant un voyage

Proposer une destination de voyage

1 En petits groupes Partagez vos connaissances.
a. Vous connaissez la Suisse ? Sa capitale ?
b. Quelles sont les caractéristiques du paysage : des montagnes ? des rivières ? des lacs ? la mer ? des forêts ? des plages ?

Doc. 1

La Suisse offre aux voyageurs des paysages variés de montagnes et de lacs. Ce territoire à l'est de la France est agréable à visiter toute l'année. Le climat est différent selon l'altitude et l'orientation des vallées. Les saisons sont contrastées.
Les hivers sont très froids dans les régions montagneuses du sud-ouest du pays : il neige, pour le bonheur des skieurs. Dans l'est du pays, il fait froid et sec. Dans les régions de basse altitude, entre les montagnes du Jura et des Alpes, la neige peut être assez rare en hiver.
En été, la Suisse devient le paradis des randonneurs. Les températures sont agréables : il fait jusqu'à 25 °C en juillet et en août. En général, il fait beau, il y a du soleil.
En mai et en juin, il pleut fréquemment dans le sud du pays et il y a des orages.
Dans le nord des Alpes, le foehn, un vent sec et chaud, souffle généralement au printemps et en automne.
On peut visiter la Suisse à toutes les saisons : pour les amateurs de ski, entre novembre et mars ; pour les fans de randonnées, de juin à septembre. Au printemps et en automne, il fait doux, c'est une période idéale pour se promener près des lacs et pique-niquer sur les plages. Genève et Lausanne, situées au bord du lac Léman, sont très agréables à cette saison.

2 Observez la page du site Partir.com (doc. 1).
a. Quel est son objectif ?
b. L'infographie donne quelles informations ?

3 Lisez la page.
a. Identifiez la localisation du pays.
b. Relevez les deux villes citées et leur localisation puis les noms de deux chaînes de montagnes.
c. Vrai ou faux ? Justifiez (citez le texte).
1. Il y a quatre saisons en Suisse.
2. Le climat est identique dans toutes les régions du pays.
3. Une seule période de l'année est favorable pour visiter la Suisse.
4. La Suisse est une bonne destination pour les sports dans la nature.

4 Relisez.
a. Pour chaque saison, repérez les informations sur le climat et associez-les aux pictos.

Ex. : en hiver → « Les hivers sont très froids. » → 1
b. Pour chaque information sur le climat, trouvez quelle partie du pays est concernée.

zoom Langue

Situer un lieu géographiquement

a. Observez. Complétez les points cardinaux puis cochez pour formuler la règle.

> ce territoire **à l'est de** la France
> **dans l'est / le sud du** pays

 … est

Pour situer un lieu par rapport à un autre :
☐ **au / à l'**   ☐ **dans le / l'** + point cardinal + **de**.
Pour situer à l'intérieur d'un pays :
☐ **au / à l'**   ☐ **dans le / l'** + point cardinal + **de**.

b. Observez puis complétez avec *au bord de / d'*, *dans*, *entre… et…*

> Genève et Lausanne, situées **au bord du** lac Léman
> **Dans** les régions de basse altitude, **entre** les montagnes du Jura **et** des Alpes

Un lieu situé :
– … la France … l'Italie ;
– … les montagnes / … une région montagneuse / … le sud du pays ;
– … un lac / … une rivière / … la mer.

S'ENTRAÎNER 1

zoom Langue

Parler de la météo / du climat et des saisons

a. Complétez les expressions pour parler de la météo.
Utilisez *il y a / Il fait / il* + autre verbe.
Il fait quel temps ?
le vent → **Il y a** du vent, le vent souffle.
les températures → **Il fait** chaud, …, …, …
le soleil → …, …   les orages → …   la pluie → …   la neige → …

b. Associez chaque saison à la période correspondante en France.

le printemps   l'été   l'automne   l'hiver

de septembre à décembre – de décembre à mars – de mars à juin – de juin à septembre

c. Complétez avec *en* ou *au*.
Pour indiquer la saison : … hiver, … été, … automne, … printemps.

S'ENTRAÎNER 2

5 En petits groupes

a. Il y a combien de saisons dans votre pays ? Quelle est votre saison préférée ? Pourquoi ?

b. Quel temps vous aimez / n'aimez pas ?
Ex. : J'aime bien le vent. J'aime / Je n'aime pas quand il fait chaud.

Doc. 2

Check-list
POUR UNE VALISE D'ÉTÉ À LA MONTAGNE

Vous partez à la montagne cet été et vous ne savez pas quoi emporter ? Voici une liste pour ne pas oublier les essentiels.

Vêtements
- Des vêtements légers : des tee-shirts, des shorts
- Des vêtements chauds : un pantalon, un pull, une veste polaire ou une doudoune
- Pour les baignades : un maillot de bain
- Des chaussettes de randonnée

En cas de pluie : un coupe-vent imperméable

Accessoires
- Pour les balades : un chapeau ou une casquette, des lunettes de soleil, un petit sac à dos, une gourde
- Pour les baignades : une serviette
- Une trousse à pharmacie : des médicaments de base, une crème solaire haute protection

Chaussures
- Des chaussures de marche
- Des tongs ou des sandales
- Des baskets

6 a. Observez la check-list (doc. 2). Quel est son objectif ? Quelles sont les catégories de choses à emporter ?

b. En petits groupes Lisez la check-list et trouvez quels éléments de la liste sont sur la photo.

7 131 Écoutez le dialogue et identifiez la situation : qu'est-ce que les deux femmes font ?

8 131 Réécoutez et retrouvez sur la check-list :
– les choses nécessaires selon Marion ;
– les vêtements ou accessoires que Clara doit acheter.
Justifiez vos réponses (citez les paroles).

zoom Langue

Exprimer une nécessité

Observez et dites quelles phrases expriment une nécessité personnelle. Puis complétez la règle.

Il faut des chaussures de marche.
J'ai besoin d'un coupe-vent.
Il faut prendre un chapeau.
J'ai besoin d'acheter des chaussures.

Il faut
Avoir besoin de } + … à l'infinitif ou …

! Je *n'ai pas* besoin d'acheter des chaussures.

Les vêtements et les accessoires

a. Retrouvez les vêtements et accessoires à emporter en fonction de la météo.
Il fait beau et chaud. – Il fait froid. – Il pleut.

b. Listez les accessoires spécifiques pour la randonnée.

c. Dites quels éléments ci-dessous sont adaptés pour des vacances : à la mer en été – à la montagne en hiver.

  des gants   une jupe

une robe
une écharpe   une chemise

S'ENTRAÎNER 3, 4

9 PRONONCIATION ▷ 16

Les sons [s] et [z]

a. 132 Écoutez et associez chaque son à un animal.

a.   b.

b. 133 Écoutez et indiquez quel son vous entendez dans les mots : [s] ou [z] ?
Ex. : besoin → [z].

c. 134 Écoutez et répétez.

10 S'EXPRIMER

Vous faites une check-list pour un départ en vacances.

a. En petits groupes Choisissez une période de l'année et une destination. Puis mettez-vous d'accord sur les choses à emporter.

b. Écrivez la check-list avec les catégories suivantes : vêtements, chaussures, accessoires, autres.

c. Présentez votre check-list. Les autres réagissent.

Dossier 6 • Leçon 1

TÂCHE CIBLE — Proposer une destination de voyage

1 Préparez-vous !
Vous allez proposer une destination de voyage pour un profil de vacanciers.
a. Observez la page du site de la SNCF. Identifiez l'objectif du quiz.
b. Lisez les résultats du quiz. Vous vous identifiez à quel profil ?
c. Formez des groupes par profil.

2 Réalisez !
En petits groupes
a. Choisissez le profil de vacanciers d'un autre groupe.
b. Cherchez une destination de voyage adaptée à ce profil.
– Prenez en compte les caractéristiques du lieu (localisation, climat, paysages, activités possibles).
– Mettez-vous d'accord sur la période idéale pour ce voyage et les choses à emporter.
c. Rédigez le descriptif : donnez les informations intéressantes pour ce profil. Ajoutez des photos.

> **La destination idéale pour votre profil est : la Côte d'Azur.**
> Située dans le sud de la France, au bord de la Méditerranée, cette région est célèbre pour le soleil, les plages…

3 Partagez !
Présentez votre proposition au groupe correspondant. Les personnes réagissent : est-ce que la proposition est adaptée à leur profil ?

sncfconnect

Quel type de vacancier êtes-vous ?
Faites le quiz pour découvrir où partir en vacances.

Résultats :

Le touriste 100 % urbain (majorité de ○)
Votre activité préférée : marcher dans les villes, découvrir leurs musées et leur histoire ! L'important pour vous, c'est la découverte !
>> La destination idéale pour votre profil est…

Le touriste 100 % nature (majorité de □)
Pour vous, les vacances, c'est la déconnexion totale, loin de la ville ! Vous recherchez la nature, la montagne !
>> La destination idéale pour votre profil est…

Le touriste 100 % détente (majorité de ✻)
Pendant les vacances, le soleil et la détente sont votre priorité ! Pas d'horaires, pas de programme ! Vous aimez aussi sortir avec des amis, faire la fête.
>> La destination idéale pour votre profil est…

Le touriste 100 % action (majorité de ◆)
Le sport et l'activité physique rythment vos vacances. Vous voulez de l'action !
>> La destination idéale pour votre profil est…

S'entraîner

Situer un lieu géographiquement

1 Situez les lieux suivants. Vous pouvez vous aider de la carte p. 174.
Ex. : Lille est dans le nord de la France.
La Belgique est au nord de la France, entre la France et les Pays-Bas.
~~Lille~~ – Chamonix – Brest – Marseille – Lausanne
~~la Belgique~~ – l'Allemagne – l'Espagne

Parler de la météo / du climat et des saisons

2 Décrivez le climat de Montréal à chaque saison.
Ex. : À Montréal, en hiver, il fait froid : entre – 13 et 3 degrés.
Il…

❄️❄️❄️	🌧️💨	☀️⛈️	🌧️☁️
min* : – 13 °C	min* : 0 °C	min* : 11 °C	min* : – 5 °C
max* : 3 °C	max* : 25 °C	max* : 27 °C	max* : 14 °C

* températures moyennes

Exprimer une nécessité

3 Complétez avec *faut* ou *avoir besoin de*. Faites les modifications nécessaires.
*Ex. : Il fait froid, il **faut** une écharpe et des gants.*
a. Je n'ai pas d'imperméable, je … acheter un coupe-vent.
b. Jacques n'a pas d'accessoires, il … un sac à dos.
c. En été, au bord de la mer, il … des lunettes de soleil.
d. Il ne … un maillot de bain, il n'aime pas se baigner.
e. En hiver, il … des vêtements chauds.

Les vêtements et les accessoires

4 Barrez le vêtement ou l'accessoire qui ne correspond pas à la situation.
Ex. : Pour la plage en été : un maillot de bain – une serviette – ~~des gants~~.
a. Pour la randonnée : des chaussures de marche – des tongs – une gourde.
b. Pour aller à une fête : une chemise – une jupe – des chaussures de marche.
c. Pour aller en forêt en automne : une serviette – une veste polaire – un coupe-vent.
d. Pour faire du sport : une robe – un short – des baskets.
e. Pour le ski : des lunettes de soleil – des sandales – une écharpe.

À retenir

Récap' lexique et communication

Parler de la météo / du climat

1 Complétez la carte mentale avec les symboles suivants et les formulations correspondantes.

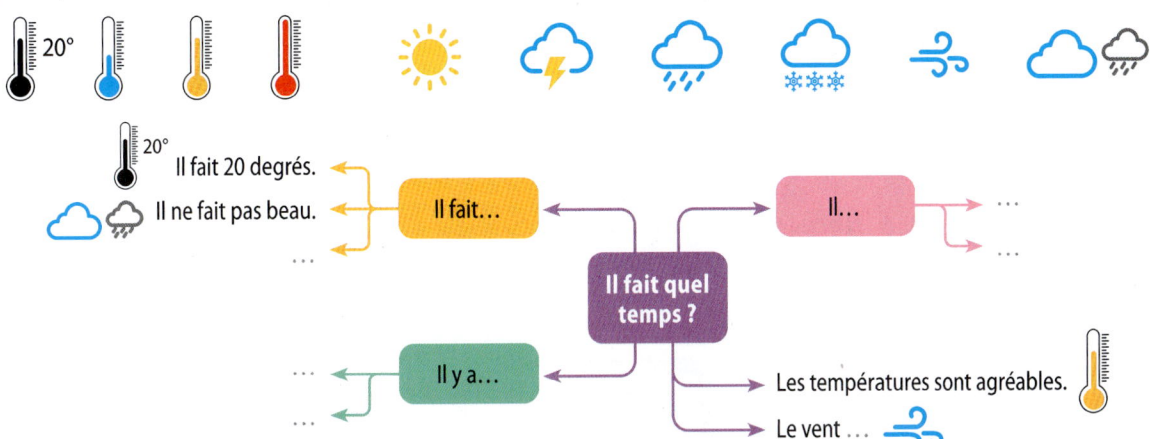

Les vêtements et les accessoires

2 a. Trouvez le maximum de vêtements pour les catégories suivantes.

	Vêtements pour hommes	Vêtements pour femmes	Vêtements mixtes
Hauts	…	…	…
Bas	…	…	…

b. Trouvez le maximum d'accessoires pour…

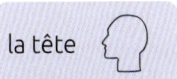 la tête    les mains    les pieds

Récap' grammaire

Les prépositions pour…

situer géographiquement		indiquer la saison

Pour situer un lieu par rapport à un autre :

au nord
au sud   **de la** Suisse / **du** Brésil / **des** Pays-Bas
à l'est
à l'ouest

Pour situer à l'intérieur d'un pays / d'une région :

dans le nord **des** Alpes
dans l'est **du** pays

en { hiver / été / automne }
au printemps

Il faut / Avoir besoin de

Pour exprimer une nécessité (en général) :

il faut { + verbe à l'infinitif / + nom }

Il faut *prendre* un chapeau.
Il faut *des chaussures de marche*.

Pour exprimer une nécessité personnelle :

avoir besoin de { + verbe à l'infinitif / + nom }

J'ai besoin d'*acheter* des chaussures.
J'ai besoin d'*un coupe-vent*.

 le mot du prof
- Avoir besoin **de** + article indéfini : J'ai besoin **d'**une gourde. J'ai besoin **d'**un coupe-vent.
- ! J'ai besoin de ~~des~~ chaussures.
- On dit : Je n'ai pas besoin. On ne dit pas : ~~Je n'ai besoin pas~~.

Dossier 6 — Leçon 1

LEÇON 2 — Donner des informations touristiques

Faire une brochure touristique

Doc. 1

PÉRIGORD DORDOGNE TOURISME FRANCE

LA VALLÉE DE LA DORDOGNE :
4 bonnes raisons d'y aller

1 LES CAUSSES DU QUERCY, PARC NATUREL RÉGIONAL

On y découvre un patrimoine géologique exceptionnel. À voir en particulier : le village de Rocamadour, situé au bord d'une falaise, et le célèbre gouffre de Padirac, site naturel souterrain. Il offre une visite magique à 103 mètres sous terre.

2 LES PLUS BEAUX VILLAGES DE FRANCE

Les villages classés « Plus Beaux Villages de France » sont nombreux. On y tourne régulièrement des films pour le cinéma. Curemonte et Loubressac offrent un superbe panorama sur la vallée.

3 LES SITES PRÉHISTORIQUES

La vallée de la Dordogne est connue pour ses sites préhistoriques. On choisit d'abord de visiter l'incontournable grotte de Lascaux ! À découvrir aussi : la grotte des Merveilles et ses peintures rupestres de 20 000 ans.

4 LES 1 001 CHÂTEAUX

En Dordogne, les visiteurs découvrent des châteaux de toutes les époques. Ils choisissent le château médiéval de Beynac pour l'histoire de Richard Cœur de Lion ou le château des Milandes pour découvrir la vie de la chanteuse et actrice Joséphine Baker.

1 Observez la brochure (doc. 1). Identifiez sa nature et son objectif.

2 Lisez.
a. Qu'est-ce que les quatre textes présentent ?
b. Vrai ou faux ? Justifiez (citez le texte).
Dans la vallée de la Dordogne…
1. la géologie des lieux est intéressante.
2. il y a beaucoup de villages exceptionnels.
3. les touristes découvrent l'histoire des premiers hommes.
4. il y a seulement des châteaux de l'époque médiévale.

3 Relisez. Identifiez les lieux à découvrir pour les amateurs…
– de beaux paysages et de sites naturels ;
– d'histoire ;
– de cinéma.
Justifiez (citez le texte).

zoom Langue

Parler d'un lieu d'intérêt

> **Les lieux touristiques et leurs caractéristiques**

a. Trouvez l'adjectif correspondant à chaque définition.
– en lien avec l'histoire des hommes → un site …
– de l'époque des premiers hommes → …
– de l'époque du Moyen Âge → …

b. Associez les appréciations de même sens.
incontournable • • très connu
superbe • • merveilleux
exceptionnel • • extraordinaire
magique • • à voir en priorité
célèbre • • très beau

> **Le pronom *y***

a. Observez. Qu'est-ce que le pronom *y* remplace dans chaque phrase ? Associez.

Quatre bonnes raisons d'**y** aller.
On **y** découvre un patrimoine géologique.

– dans le parc naturel des Causses
– dans la vallée de la Dordogne

b. Cochez pour formuler la règle.
Y = complément du verbe qui répond à la question :
☐ Qui ? ☐ Quoi ? ☐ Où ?
Y se place ☐ avant ☐ après le verbe.

> **Le pronom *on***

Observez et cochez.

On y découvre un patrimoine géologique.

On remplace ☐ nous ☐ les gens.

> **Les verbes *choisir, découvrir* et *offrir* au présent**

a. *Choisir* est un verbe à deux bases. Complétez la conjugaison avec les bonnes couleurs.
je chois**is** – tu chois**is** – il / elle / on … –
nous chois**issons** – vous chois**issez** – ils / elles …

b. Complétez la conjugaison puis la règle.
je découv**re** – tu découv**res** – il / elle / on … –
nous découv**rons** – vous découv**rez** – ils / elles …
Découvrir et *offrir* se conjuguent comme les verbes en … .

S'ENTRAÎNER 1, 2, 3

102 | cent deux

4 🗨 **En petits groupes** Proposez des devinettes sur des lieux incontournables de votre ville, région ou pays. Les autres groupes devinent.
Ex. : C'est un château célèbre. On y va pour la galerie des Glaces.
→ *Le château de Versailles.*

5 Observez l'affiche (doc. 2) et trouvez…
– le nom, les dates et les lieux du festival ;
– comment avoir des informations sur le festival ;
– le slogan pour attirer les touristes.

6 Lisez le flyer (doc. 3).

a. Identifiez qui propose ce flyer, le public visé et le lien avec l'affiche.

b. Vrai ou faux ? Justifiez (citez le texte).
Le château de Saint-Aulaye…
1. invite les enfants et leurs parents à faire des activités variées.
2. ne propose pas de visite.
3. invite à découvrir l'époque médiévale.

7 🔊 135 **Écoutez le dialogue.**

a. Identifiez la situation.
1. La scène se passe : dans un château ? dans un théâtre ? dans un office de tourisme ?
2. Qui sont les personnes ? Qu'est-ce qu'elles font ?

b. Quels châteaux sont cités dans la conversation ? Choisissez.
le château de Morin – le château de Beynac – le château de Saint-Aulaye – le château de Bonaguil

8 🔊 135 **Réécoutez.**

a. Listez les types d'animations proposées par les châteaux.

b. Relevez…
– les types d'animations recherchées par les deux touristes ;
– les suggestions de l'employé correspondant à leur demande.

c. Répondez et justifiez (citez les paroles).
1. Dans quel château les deux touristes vont aller en premier ? Pourquoi ?
2. La réservation est nécessaire pour quelles animations ?

zoom Langue

Suggérer une visite, une activité

▸ Les animations et les événements culturels

Trouvez dans la liste ci-dessous :
– des spectacles ;
– une activité pour découvrir un lieu avec des explications ;
– une activité pour découvrir des spécialités alimentaires ;
– un événement avec un programme d'animations et de spectacles.

une visite guidée   une dégustation   un festival
une pièce de théâtre   un concert

▸ L'impératif

a. Observez et dites à quelle personne correspond chaque suggestion : *tu, nous* ou *vous* ?

Vien**s** participer aux animations.
Voyag**e** à travers le temps et découvr**e** la vie au Moyen Âge !
All**ons** au château de Saint-Aulaye !
Ven**ez** vivre 1 001 aventures !

b. Vrai ou faux ? Répondez et justifiez.
– À l'impératif, il y a un pronom sujet.
– Verbes en *-er* (+ *découvrir, offrir*) : formes verbales identiques au présent et à l'impératif.
– Autres verbes : formes verbales identiques au présent et à l'impératif.

c. Retrouvez une autre manière de formuler la suggestion suivante (act. 8b).
Allez à un concert de violon !

S'ENTRAÎNER 4

9 S'EXPRIMER ✏️

Vous proposez un programme d'activités et de sorties culturelles.

En petits groupes

a. En fonction de vos préférences, choisissez des événements culturels dans votre ville ou région la semaine prochaine.
b. Écrivez un article « À faire, à voir la semaine prochaine » avec vos suggestions.

TÂCHE CIBLE — Faire une brochure touristique

1 Préparez-vous !

Vous allez faire une brochure sur votre région à destination de touristes francophones.

En petits groupes

a. Observez ces couvertures de brochures touristiques. Quelle destination vous attire ?
b. Échangez ! Quelle région de votre pays est-ce que vous aimez particulièrement ? Pourquoi ?
c. Mettez-vous d'accord sur une région à faire découvrir à des touristes francophones. Réfléchissez aux bonnes raisons de visiter cette région.

2 Réalisez !

En petits groupes

a. Écrivez une page de brochure touristique pour la destination choisie. Faites des suggestions : quels lieux visiter, pourquoi, quelles activités faire.
b. Mettez-vous d'accord sur le titre de la brochure et la présentation de sa couverture. Ajoutez des visuels.

3 Partagez !

a. Présentez votre page de brochure à la classe.
b. Les autres réagissent : quelle destination va attirer les touristes francophones ? Pensez aux critères suivants : l'intérêt de la destination, la variété des suggestions, la présentation de la brochure.

S'entraîner

Le pronom y

1 Réécrivez le texte : utilisez le pronom *y* pour supprimer les répétitions.

Ex. : Colmar est une ville d'Alsace. Les visiteurs y admirent…

Colmar est une ville d'Alsace. **À Colmar**, les visiteurs admirent un patrimoine varié et ils découvrent **à Colmar** des maisons typiques de la région. La rivière Lauch traverse la ville. On peut faire une promenade en bateau **sur cette rivière**. Il faut visiter le musée Unterlinden. **Dans ce musée**, on voit une œuvre célèbre : le retable d'Issenheim. **Dans ce musée**, on trouve aussi un jardin, un café, une boutique… Pour venir à Colmar à la fin de l'année, il faut réserver à l'avance : les touristes sont très nombreux **à Colmar** à cette période.

Le pronom on

2 Dites à quoi correspond le pronom *on* : *nous* ou *les gens* ?

– Cet été, **on (1)** part en Dordogne avec ma famille.
– Super, nous aussi **on (2)** aime bien cette région !
Les touristes y viennent pour sa gastronomie : **on (3)** y mange très bien !
– Oui, mais avec nos enfants, **on (4)** y va d'abord pour visiter des sites historiques.
– Ah oui, pour les amateurs d'histoire, c'est super ! **On (5)** peut voir des châteaux et **on (6)** peut visiter des grottes !

Les verbes *choisir, découvrir* et *offrir*

3 Complétez les phrases avec les verbes *choisir*, *découvrir* ou *offrir* au présent.

a. Vous … de visiter quel château ?
b. Nous … un week-end en Dordogne à Paul pour son anniversaire.
c. Dans cette grotte, on … des peintures préhistoriques.
d. Ces villages … une vue superbe sur la vallée.
e. Les touristes … cette région pour son patrimoine varié.
f. Tu … quelle destination pour les vacances ?
g. Pendant le festival, les enfants … la vie au Moyen Âge.

L'impératif

4 Transformez les suggestions à l'impératif, comme dans l'exemple.

Ex. : Vous pouvez visiter la grotte de Lascaux.
→ *Visitez la grotte de Lascaux.*

a. Vous pouvez faire la visite guidée du château.
b. Tu peux participer aux animations.
c. Nous pouvons aller à Rocamadour.
d. Tu peux venir au festival avec ta famille.
e. Vous pouvez découvrir la vie des hommes préhistoriques.
f. Tu peux aller au concert ce soir.
g. Tu peux découvrir le château avec une visite guidée.

À retenir

Récap' lexique

Les lieux touristiques et leurs caractéristiques

1 a. Complétez les fleurs lexicales avec le maximum de mots.

b. Complétez la carte mentale avec des adjectifs pour parler d'un lieu.

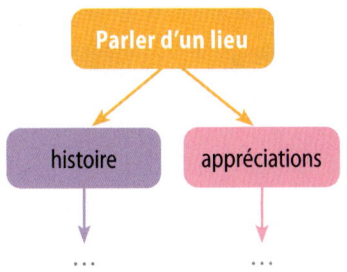

Les animations et les événements culturels

2 Associez, puis complétez la liste avec d'autres possibilités.
Ex. : un spectacle de théâtre, un spectacle de cirque.

| un spectacle | un concert | une pièce | une visite guidée | une dégustation | une exposition |

| de théâtre | de peinture | de danse | de produits de la région | d'un lieu historique | de violon |

Récap' grammaire

Le pronom *y*

Le pronom **y** remplace un complément de lieu, pour éviter la répétition.
Il se place avant le verbe.
*Vous passez vos vacances **en Dordogne** ? Oui, on **y** reste un mois.*
*Le climat est agréable **dans cette région**, il **y** fait beau toute l'année.*
*Tu vas **au spectacle** ce soir ? Non, je n'**y** vais pas.*

 **le mot du prof** — Avec un verbe + infinitif, on dit :
Ils veulent y aller.
On ne dit pas : ~~Ils y veulent aller.~~

Le pronom *on*

| on = nous | → Qu'est-ce qu'**on** fait pour nos vacances ? On va en Dordogne ? |
| on = les gens | → En Dordogne, **on** peut découvrir un patrimoine géologique. |

Les verbes *choisir, découvrir* et *offrir* au présent 🔊 136

Choisir → C'est un verbe à deux bases.

je	chois**is**
tu	chois**is**
il / elle / on	chois**it**
nous	chois**issons**
vous	chois**issez**
ils / elles	chois**issent**

Verbe similaire : *finir*

Découvrir et *offrir* → Ces verbes se conjuguent comme les verbes en *-er*.

je		**-e**
tu		**-es**
il / elle / on	découvr-	**-e**
nous	offr-	**-ons**
vous		**-ez**
ils / elles		**-ent**

Verbe similaire : *ouvrir*

L'impératif

| Verbes en *-er* (+ *offrir, découvrir*…) | **Présent :** tu visites – nous visitons – vous visitez | → **Impératif :** visit**e** – visit**ons** – visit**ez** ❗ all**er** : v**a** – allons – allez |
| Autres verbes | **Présent :** tu fais – nous faisons – vous faites | → **Impératif :** fais – faisons – faites |

❗ À l'impératif, il y a seulement trois personnes.

LEÇON 3 — Raconter une expérience

Faire un podcast de témoignages

Doc. 1

Cap adrénaline

AÉRIEN — PILOTAGE — AQUATIQUE — **NATURE** — URBAIN — NEIGE

Toutes les activités

Des activités pour toutes les envies

Cap Adrénaline propose plus de 2 400 activités dans toute la France. Vous cherchez un cadeau original ? Vous voulez passer un moment spécial en famille ou entre amis ? Vous avez envie de vivre une expérience unique ? Vous n'avez pas peur des sensations fortes et des montées d'adrénaline ?
En ville ou dans la nature : sur terre, en mer ou dans les airs, vous avez le choix avec Cap Adrénaline !

Accrobranche	Balade à cheval	Canoë – Kayak
Course d'orientation	Parapente	Pêche sportive
Plongée	Saut à l'élastique	Spéléologie

1. Lisez la page du site (doc. 1). Qu'est-ce que Cap Adrénaline propose ? Expliquez le nom du site.

2. Relisez.
a. Choisissez.
Les clients de Cap Adrénaline recherchent une activité…
à pratiquer régulièrement – à offrir – à faire en groupe.

b. Identifiez trois catégories pour les activités de plein air. Puis associez chaque activité photographiée à une catégorie.

3. 🔊 137 Écoutez le dialogue. Qu'est-ce que les personnes cherchent ? Est-ce que le choix est facile ? Pourquoi ?

4. 🔊 137 Réécoutez.
a. Repérez sur la page du site (doc. 1) les activités citées par les deux personnes. Elles choisissent quelle activité ?

b. Choisissez.
Les personnes décident en fonction de…
leurs besoins – leurs envies – leurs goûts – leurs peurs – leurs disponibilités.

c. Identifiez pourquoi elles choisissent ou non les activités. Justifiez (citez les paroles).

zoom Langue

Exprimer un ressenti

Observez et associez chaque phrase à un émoji. Puis complétez pour formuler la règle.

J'ai envie de sensations fortes.
Je n'ai pas envie de plonger.
J'ai peur de sauter dans le vide.
J'ai peur des chevaux.

a.  b.  c.

Avoir envie de } + … à l'infinitif ou …
Avoir peur de

Les activités de plein air

a. Retrouvez les activités correspondant aux actions suivantes.
explorer le fond des mers – prendre des poissons – se déplacer d'arbre en arbre – monter sur le dos d'un animal – explorer des grottes – voler dans les airs – réaliser un parcours avec une carte et une boussole – naviguer sur un petit bateau – sauter dans le vide

b. Partagez vos connaissances ! Vous connaissez quelles autres activités de plein air (sur terre, en mer ou dans les airs) ?

S'ENTRAÎNER 1, 2

5. Debout ! 💬 Vous voulez faire une activité de plein air avec d'autres personnes. Circulez dans la classe et échangez. Regroupez-vous en fonction de vos goûts et vos envies.

Doc. 2

3 commentaires clients

⭐⭐⭐⭐⭐ *« Au top ! »*, par Nelly
Le week-end dernier, j'ai réalisé mon rêve ! Pour la première fois, je suis allée à 10 mètres de profondeur. J'ai vu des poissons incroyables et j'ai pris de belles photos. J'ai trouvé ça super !

⭐⭐⭐⭐⭐ *« Une équipe très professionnelle »*, par Sylvie et Vincent
Nous avons choisi cette activité pour l'anniversaire de notre fille Lisa. Elle adore la mer ! Elle a fait son baptême hier. Les moniteurs ont été très professionnels : d'abord, ils ont expliqué le fonctionnement du matériel, puis ils sont allés à 2 km de la côte. Lisa est descendue deux fois sous l'eau avec eux. Elle n'a pas eu peur, elle est revenue contente de cette expérience.

⭐⭐⭐⭐⭐ *« Super expérience »*, par Boris
J'ai plongé avec ma fille la semaine dernière. À notre arrivée, nous sommes montés sur le bateau et nous sommes partis en mer. Nous avons eu de la chance : nous avons pu nager avec des dauphins et notre moniteur a filmé ! Nous avons été très satisfaits, nous avons vécu un moment magique !

zoom Langue

Raconter un événement passé

> Le passé composé

Observez puis complétez la règle.

J'**ai** réalisé mon rêve.	Je **suis** allée à dix mètres.
Elle n'**a** pas eu peur.	Elle **est** descendue.
Nous **avons** choisi cette activité.	Nous **sommes** partis en mer.

Formation du passé composé : **auxiliaire** … ou … + participe passé.
Avec l'**auxiliaire** …, le participe passé ne s'accorde pas avec le sujet.
Avec l'**auxiliaire** …, le participe passé s'accorde avec le sujet
(+ … pour le féminin, + … pour le pluriel).

– Verbes en **-er** → le participe passé se termine par …
– Majorité des verbes en **-ir** → le participe passé se termine par …
  ❗ *(re)venir → (re)venu(e)(s)*
– Majorité des verbes en **-dre** → le participe passé se termine par …
  ❗ *prendre → pris*
– Autres verbes → *voir → vu ; avoir → … ; pouvoir → … ; vivre → … ; faire → … ; être → …*

> Les indicateurs temporels

Complétez avec les expressions pour situer dans le passé.

Aujourd'hui, c'est le vendredi 11 avril.
→ jeudi 10 avril = …
→ mercredi 9 avril = **avant-hier**
→ semaine du 1er au 6 avril = la …
→ mars = le …

Faire une appréciation

a. Quels mots indiquent une appréciation positive ? négative (act. 7c et 8b) ?

b. Observez puis complétez la règle avec *nom* ou *adjectif*.

J'ai détesté **ça**. (= J'ai détesté **cette expérience**.)
J'ai trouvé **ça** super / génial. (= J'ai trouvé **cette expérience** géniale.)

Dans ces phrases, **ça** remplace un ….
Pour exprimer une appréciation : **trouver** + **ça** + ….

S'ENTRAÎNER 3, 4

---

6 Regardez ces commentaires de clients (**doc. 2**). Ils parlent de quelle activité ? Est-ce qu'ils sont satisfaits de leur expérience ?

7 Lisez.
  a. Pour chaque personne, identifiez le moment de l'expérience.
  b. Relevez les précisions sur le déroulement de l'expérience.
  c. Repérez dans chaque commentaire les ressentis et appréciations.

8 🔊 138 Écoutez les réactions d'autres clients après leur première expérience.
  a. Retrouvez sur le site de Cap Adrénaline (**doc. 1**) quelle activité ils viennent de faire.
  b. Qui a une réaction positive, négative, mitigée ? Justifiez (citez les paroles).

9 PRONONCIATION 17

Les sons [e] et [ə]

a. 🔊 139 Écoutez : vous entendez [ə] comme dans *je* ou [e] comme dans *j'ai* ?

b. 🔊 140 Écoutez : [ə] ou [e] ? Puis comptez les syllabes : c'est le présent ou le passé composé ?
*Ex. : je filme → [ə] → 2 syllabes, présent ;
j'ai filmé → [e] → 3 syllabes, passé composé.*

c. 🔊 141 Écoutez et répétez avec la bonne mimique.

j'ai → 👄   je → 👄

10 S'EXPRIMER ✏️

Vous rédigez un commentaire pour raconter une expérience vécue avec Cap Adrénaline.

Indiquez à quelle activité de Cap Adrénaline vous avez participé et à quel moment. Donnez les précisions suivantes : le déroulement de l'expérience, votre ressenti, votre appréciation.

TÂCHE CIBLE : Faire un podcast de témoignages

1 Préparez-vous !

Vous allez contribuer au podcast *Les Histoires de Sportif.ves*.

a. 🔊 142 Découvrez cette page du site *Conseil sport*, puis écoutez le témoignage de Catherine sur le podcast *Les Histoires de Sportif.ves*.

b. **En petits groupes** Échangez ! Vous avez vécu une aventure sportive ou en lien avec une activité physique ? Comme Catherine, racontez votre expérience.

2 Réalisez !

En petits groupes

a. Quelles expériences vous semblent intéressantes à partager sur le podcast ? Choisissez une ou plusieurs histoire(s).

b. Préparez votre / vos épisode(s) : mettez-vous d'accord sur le contenu du / des témoignage(s) (moment, déroulement, appréciations) et sur une petite introduction.

c. Entraînez-vous puis enregistrez votre / vos épisode(s).

3 Partagez !

Écoutez les épisodes de tous les groupes. Réagissez : donnez votre impression sur les expériences racontées. Dites si vous avez envie de vivre une de ces expériences.

S'entraîner

Exprimer un ressenti

1 Complétez avec *avoir envie de* ou *avoir peur de*. Faites les modifications nécessaires.

Ex. : Je déteste les activités en mer : j'ai peur de l'eau !

a. Marc … participer à la course : il adore courir !
b. Je ne veux pas participer, je … sauter à l'élastique !
c. Maya … faire de l'accrobranche. Elle va s'inscrire sur Cap Adrénaline.
d. Les sensations fortes, ce n'est pas pour mes enfants ! Ils … ce type d'activité.
e. Après cette course, nous … un verre d'eau !
f. Tu … faire quelle activité ? Tu veux faire une balade à cheval ?

Les activités de plein air

2 Retrouvez pour quelle(s) activité(s) on utilise les équipements suivants.

 a. des palmes
 b. une selle
 c. une boussole
 d. une rame
 e. une lampe frontale
 f. un harnais

Le passé composé / Les indicateurs temporels

3 Conjuguez les verbes au passé composé.

⭐⭐⭐⭐⭐ *« J'ai osé ! » par Paula*

Mon ami et moi, nous (choisir) cette activité sur le site Cap Adrénaline. Mon ami (sauter) le premier. Moi, je (attendre) mon tour. Ensuite, je (monter) sur le pont. Là, je (voir) le vide devant moi et je (détester) cette sensation ! Je (avoir) peur de sauter ! Mais la monitrice (être) super : elle (venir) et elle (prendre) le temps de parler avec moi. Elle (filmer) mon saut ! Finalement, mon ami et moi, nous (trouver) ça super.

4 Transformez au passé composé. Modifiez les indicateurs temporels, comme dans l'exemple.

Ex. : Ce week-end, je fais de l'accrobranche.
→ *Le week-end dernier, j'ai fait de l'accrobranche.*

a. Nous ne pouvons pas aller en mer cette semaine.
b. Tu es contente de ton expérience aujourd'hui ?
c. Vous finissez de ranger votre équipement ?
d. Ce matin, elles descendent dans la grotte : elles ont de la chance !
e. Ce week-end, Sophie part à la montagne : elle fait du parapente.
f. Ils vivent une expérience spéciale.

À retenir

Récap' lexique et communication

Les activités de plein air

1 **a.** Complétez avec les activités de plein air correspondant aux environnements suivants.

 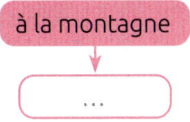 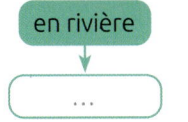 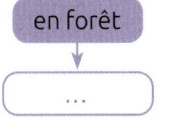 

en mer	à la montagne	en rivière	en forêt	dans des grottes
la plongée, …	…	…	…	…

b. Complétez avec le verbe ou le nom correspondant.

le vol	la pêche	…	le saut	la plongée
voler	…	courir	…	…

Faire une appréciation, exprimer un ressenti

2 Associez pour formuler un ressenti ou une appréciation positive ou négative.
Puis choisissez l'émoji correspondant :  ou .

J'ai trouvé ça   J'ai vécu un moment   génial   super   envie   difficile

J'ai été   J'ai eu   satisfait   peur   déçu   magique

Récap' grammaire

Avoir envie de / Avoir peur de

Avoir envie de { + verbe à l'infinitif / + nom }

J'ai envie de *faire* de la plongée.
Je n'ai pas envie *de sensations fortes*.

Avoir peur de { + verbe à l'infinitif / + nom }

J'ai peur de *sauter* dans le vide.
J'ai peur *des chevaux*.

- On peut aussi exprimer l'envie avec *je voudrais* : Je voudrais faire de la plongée.
- *Avoir envie de* + article indéfini : J'ai envie *d'une* expérience unique.
  ❗ J'ai envie *de des* sensations fortes.

Le passé composé

On utilise le passé composé pour parler de faits passés.
Formation : auxiliaire *avoir* ou *être* au présent + participe passé.

Avoir + participe passé	*Être* + participe passé
– Pour la majorité des verbes.	– Pour 14 verbes et leurs composés : naître ≠ mourir ; monter ≠ descendre ; arriver ≠ partir ; aller ≠ venir ; entrer ≠ sortir ; passer ; rester ; tomber ; retourner.
– Le participe passé ne s'accorde pas avec le sujet. Elle **a** réalisé son rêve. Nous **avons** choisi cette activité.	– Le participe passé s'accorde avec le sujet. Elle **est** allé*e* à dix mètres de profondeur. Nous **sommes** parti*s* en mer.

❗ À la forme négative : Nous *ne* sommes *pas* partis. Nous *n'*avons *pas* choisi cette activité.

Le participe passé

Verbes en -*er*	▸ -*é* : allé, réalisé, expliqué, trouvé…	
Majorité des verbes en -*ir*	▸ -*i* : choisi, parti, sorti…	❗ venir → venu
Majorité des verbes en -*dre*	▸ -*u* : descendu, attendu, répondu…	❗ prendre → pris
Autres verbes	▸ voir → vu ; avoir → eu ; pouvoir → pu ; vivre → vécu ; faire → fait ; être → été…	

Territoires

Les Français valorisent la beauté de leurs régions
Quelles sont pour vous les deux plus belles régions de France ? (Top 6)

- Bretagne : 35
- Provence-Alpes-Côte d'Azur : 32
- Occitanie : 23
- Nouvelle Aquitaine : 22
- Corse : 21
- Auvergne-Rhône-Alpes : 19

D'après *Régions – La grande enquête* – TF1

1 Observez l'infographie d'une enquête sur les régions puis la carte de France.

a. Vous connaissez les régions de ce top 6 ? Repérez-les sur la carte.

b. Vous pouvez citer des caractéristiques de ces régions ?

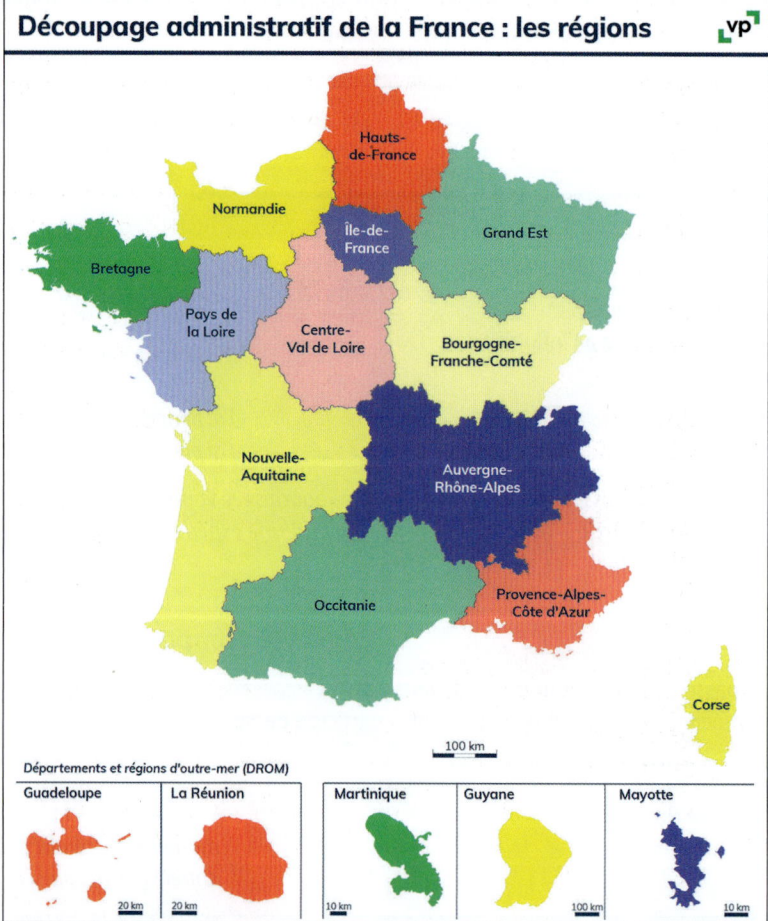

2 En petits groupes
Observez à nouveau la carte de France.

a. Repérez le nombre de régions en France métropolitaine et en outre-mer.

b. Partagez vos connaissances ! Vous pouvez citer des villes de ces régions ?

3 ▷ 18 Regardez la vidéo *C'est quoi les outre-mer ?*

a. Relevez la définition et la localisation des outre-mer.

b. Retrouvez la signification de DROM, de COM et les noms des territoires correspondants.

Fenêtre sur...

Patrimoines

Fenêtres sur…

1 Voici des sites célèbres du patrimoine français.

a. Par deux Vous pouvez les identifier ? Associez les photos et les légendes.
le mont Saint-Michel, en Normandie – la cathédrale de Chartres, en Centre-Val de Loire – le volcan Piton de la Fournaise, à La Réunion – les arènes de Nîmes, en Occitanie – le mont Blanc, en Auvergne-Rhône-Alpes – le château de Versailles, en Île-de-France

b. En petits groupes Classez les lieux dans les catégories suivantes : site historique, site naturel. Puis partagez vos connaissances ! Complétez vos listes avec d'autres sites du patrimoine français.

2 Observez cette autre infographie de l'enquête sur les régions.

a. Vous connaissez ces événements incontournables ?

b. Identifiez la nature de chaque événement.
sportif – commercial – culturel

c. Dites dans quelle région chaque événement a lieu. Vous pouvez vous aider de la carte de France p. 174.

Les 5 événements régionaux les plus emblématiques aux yeux des Français

Le marché de Noël de Strasbourg
52%

Le Festival de Cannes
38%

La Braderie de Lille
32%

Les 24 heures du Mans
31%

La fête des Lumières de Lyon
28%

D'après *Régions – La grande enquête* – TF1

Le Salon international de l'agriculture (à Paris) — 25
Le Vendée Globe (course de bateaux à voile autour du monde) — 23
Le carnaval de Nice — 21
Le Festival d'Avignon (théâtre) — 19
Les Fêtes de Bayonne (fêtes traditionnelles) — 18

3 Voici la suite du classement des événements régionaux emblématiques.
Vous connaissez quel(s) événement(s) ?
Quel(s) événement(s) vous intéresse(nt) ?

4 Quels sont les événements emblématiques dans votre pays ? Ce sont des événements sportifs, commerciaux, culturels ?

Stratégies et outils pour... comprendre le fonctionnement de la langue

Observer, catégoriser et relier au connu

1 a. Observez la conjugaison des verbes *répondre* et *recevoir* puis lisez les commentaires d'étudiants. Trouvez à quel(s) verbe(s) correspond chaque commentaire.

Conjugaisons au présent	
Répondre	**Recevoir**
je réponds	je reçois
tu réponds	tu reçois
il / elle / on répond	il / elle / on reçoit
nous répondons	nous recevons
vous répondez	vous recevez
ils / elles répondent	ils / elles reçoivent

1. La base est identique pour toutes les personnes : c'est pareil.
2. Il y a trois bases différentes.
3. La base est la même que dans l'infinitif.
4. La première et la deuxième personnes du singulier (*je* et *tu*) sont identiques.
5. Au pluriel (*nous, vous, ils / elles*), les terminaisons sont les mêmes que pour les verbes en *-er*.

b. Dites à quel verbe correspond chaque déduction.

1. C'est comme le verbe *devoir*.
2. Ça ressemble au verbe *descendre*.

2 a. Observez la conjugaison du verbe *réfléchir* au présent. Décidez quelles techniques peuvent faciliter votre observation : disposer le verbe d'une manière différente, utiliser des couleurs, souligner, entourer...

nous réfléchissons – vous réfléchissez – je réfléchis – il / elle / on réfléchit – ils / elles réfléchissent – tu réfléchis

b. Cochez.

Le verbe *réfléchir* a la même conjugaison que le verbe ☐ *partir* ☐ *choisir* ☐ *découvrir*.

3 Entraînez-vous à observer pour comprendre le fonctionnement de la langue !

a. Lisez les phrases suivantes et observez les verbes : repérez les similitudes et les éléments connus. Vous pouvez utiliser des couleurs ou une autre technique pour faciliter votre observation.

Les adolescents **grandissent** vite.   Les enfants mangent bien, ils **grossissent**.   Mes cheveux **blondissent** au soleil.

b. À partir de vos observations, faites des hypothèses sur la signification de ces verbes et leur conjugaison. Puis cochez les affirmations correctes.

☐ *Grandir* signifie « devenir grand ».
☐ *Grossir* signifie « être gros ».
☐ *Blondir* se conjugue comme *finir*.
☐ *Grandir* se conjugue comme *partir*.

c. Trouvez les verbes pour dire...
– devenir brun ;
– devenir bleu.

Quelles techniques vous aident à mieux observer la langue (couleurs, grilles, soulignements, etc.) ?

Entraînement DELF A1

Compréhension de l'oral

Exercice 4 Identifier des situations

🔊 143 **Vous allez entendre quatre petits dialogues correspondant à quatre situations différentes. Notez, sous chaque image, le numéro du dialogue qui correspond. Regardez les images. Attention, il y a six images (a, b, c, d, e et f) mais seulement quatre dialogues.**

a.
Dialogue …

b.
Dialogue …

c.
Dialogue …

d.
Dialogue …

e.
Dialogue …

f.
Dialogue …

Compréhension des écrits

Exercice 3 Lire pour s'orienter dans le temps

Vous étudiez en France, à Toulouse. Vous regardez le tableau d'affichage de votre université. Lisez les annonces puis répondez aux questions.

1 Vous pouvez marcher…
   a. ☐ le jeudi.
   b. ☐ le samedi.
   c. ☐ le dimanche.

2 Jeudi, vous pouvez acheter des vêtements *vintage* à partir de…
   a. ☐ 8 h 30.
   b. ☐ 17 h.
   c. ☐ 21 h.

3 Le 2 septembre, vous pouvez…
   a. ☐ faire du sport.
   b. ☐ aller au marché.
   c. ☐ écouter de la musique.

4 Pour la colocation, vous contactez Éloïse le soir après…
   a. ☐ 20 h.
   b. ☐ 21 h.
   c. ☐ minuit.

5 Pour jouer au volley-ball, il faut s'inscrire avant…
   a. ☐ le 15 septembre.
   b. ☐ le 25 septembre.
   c. ☐ le 3 octobre.

Entraînement DELF A1

Production écrite

Exercice 2 Rédiger un message simple
Lisez le sujet puis rédigez le message.

> Vous invitez Léa, votre amie française, chez vous cet été. Vous lui écrivez un mail. Vous lui proposez un programme de visites et d'activités à faire ensemble. (40 mots)

nouveau message

Production orale

Exercice 3 Dialogue simulé
Lisez le sujet puis complétez le questionnaire ci-dessous pour préparer le dialogue.

Au magasin de vêtements

Vous êtes en France. Vous allez dans un magasin de vêtements pour choisir un cadeau pour votre sœur.
Vous posez des questions sur les produits, vous choisissez et vous payez.

1 Que dites-vous pour saluer le vendeur et expliquer pourquoi vous êtes dans le magasin ?

2 Préparez les questions que vous allez poser au vendeur.
   a. Sur la taille : ....?
   b. Sur le prix : ....?
   c. Autre(s) : ....?

3 Dites au vendeur le / les vêtement(s) que vous choisissez. → Je prends / Je vais prendre ....

4 Demandez de payer. ....

5 Le prix des articles choisis est de 33,50 €. Entourez les billets et les pièces que vous utilisez pour payer.

DOSSIER 7
Prendre soin de soi

	Vous avez besoin de/d'…	Vous allez apprendre à…	Vous allez…
Leçon 1	vous nourrir	décrire des habitudes alimentaires	créer une expo-photos sur l'alimentation
Leçon 2	aménager votre logement	parler de l'aménagement d'un logement	élaborer un projet de décoration
Leçon 3	vous soigner	parler de la santé	réaliser une brochure de prévention-santé

Fenêtres sur…	Stratégies et outils pour…
Sociétés Découvrir une tendance alimentaire actuelle : le flexitarisme	**Faire face à des difficultés de communication** → susciter la coopération, demander de l'aide
Littératures Apprécier un poème de Robert Desnos et faire un pastiche	

LEÇON 1 — Décrire des habitudes alimentaires

> Créer une expo-photos sur l'alimentation

Doc. 1

Pour un mode de vie plus équilibré, commencez par

Augmenter ↗

Les fruits et les légumes

Les légumes secs : lentilles, haricots, pois chiches, etc.

Les fruits à coque : noix, noisettes, amandes non salées, etc.

Le fait maison

L'activité physique

Aller vers ↗

Le pain complet ou aux céréales, les pâtes, la semoule et le riz complets

Les poissons gras et maigres en alternance

L'huile de colza, de noix, d'olive

Une consommation de produits laitiers suffisante mais limitée

Les aliments de saison et les aliments produits localement

BIO Les aliments bio

Réduire ↘

L'alcool

Les produits et les boissons sucrés

Les produits salés

La charcuterie

La viande : porc, bœuf, veau, mouton, agneau, abats

Les produits avec un Nutri-Score D et E

Le temps passé assis

Chaque petit pas compte et finit par faire une grande différence

MANGERBOUGER.FR

---

1 Observez cette affiche de Santé publique France pour la campagne *Manger-Bouger* (**doc. 1**).
a. À votre avis, quels sont ses objectifs ?
b. Échangez ! Dans votre pays, est-ce que ce type de campagne existe ? Est-ce que ce type d'initiative a une influence sur vous ?

2 Regardez les trois colonnes sur l'affiche et associez chaque colonne à une recommandation.
– consommation / comportements à développer
– consommation / comportements à limiter
– consommation à privilégier

3 Trouvez sur l'affiche :
– les recommandations non alimentaires ;
– les catégories d'aliments ;
– les recommandations pour les achats alimentaires ;
– la recommandation pour la préparation des repas.

zoom Langue

Les aliments

En petits groupes Partagez vos connaissances !

a. Regardez les courses ci-dessous. Quels produits est-ce que vous pouvez nommer ? Faites une recherche si nécessaire.
Ex. : tomates, chocolat.

b. Retrouvez la catégorie alimentaire correspondant à chaque produit. Aidez-vous de l'affiche (**doc. 1**).

S'ENTRAÎNER 1a

zoom Culture

Regardez cette photo et relisez l'information sur les produits laitiers (**doc. 1**). À votre avis, la consommation de ces produits en France est : modérée ? insuffisante ? excessive ?

4 💬 **Par deux** Quels sont vos goûts alimentaires ? Quels aliments vous aimez / n'aimez pas ?

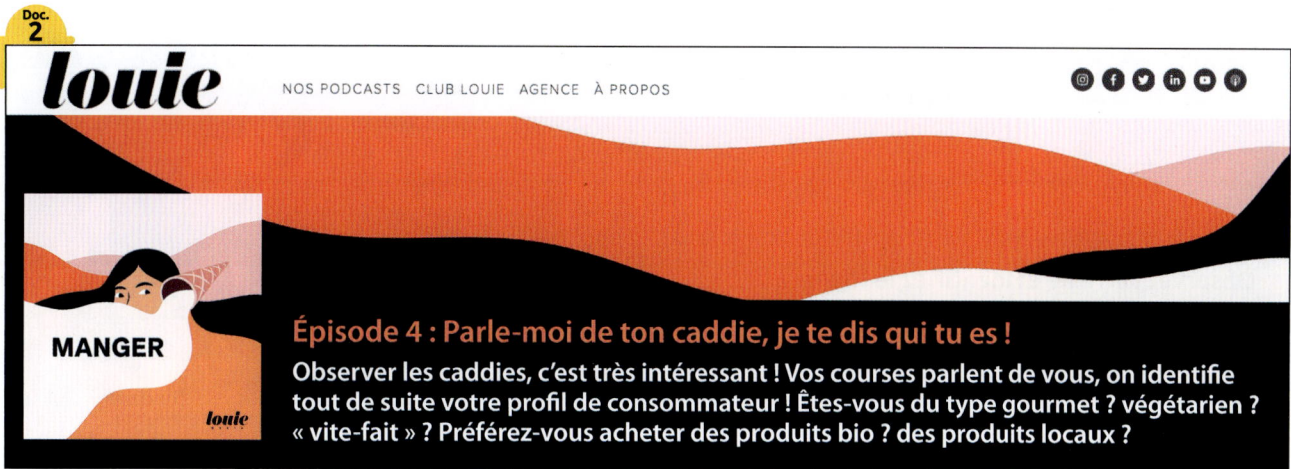

Épisode 4 : Parle-moi de ton caddie, je te dis qui tu es !

Observer les caddies, c'est très intéressant ! Vos courses parlent de vous, on identifie tout de suite votre profil de consommateur ! Êtes-vous du type gourmet ? végétarien ? « vite-fait » ? Préférez-vous acheter des produits bio ? des produits locaux ?

5 a. Observez le site du podcast *Manger* (doc. 2). Lisez la présentation de l'épisode 4 et expliquez son titre.
b. 🔊 144 Écoutez le podcast. Identifiez la situation. Qui parle ? Où sont les personnes ?

6 🔊 144 Réécoutez.
a. Relevez les habitudes alimentaires puis identifiez le profil de chaque personne.
b. Listez les produits du caddie de chaque personne.

zoom Langue

Exprimer une quantité

> Les articles partitifs pour exprimer la quantité indéterminée

Observez et complétez.

du pain – de la viande – de l'huile d'olive – des légumes
… riz – … fromage – … salade – … agneau – … pâtes – … petits pois

Quand on ne peut pas compter, on utilise l'article partitif.

une salade 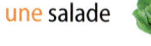 → … salade

… poulet → du poulet

> *Pas de* pour la quantité zéro

Observez et complétez.

Je ne mange **pas de** produits laitiers.
Je ne mange pas … aliments transformés.

! J'aime / Je n'aime pas **la** viande, **le** poulet, **les** aliments transformés.

> La quantité imprécise

a. Observez et complétez.

une petite quantité : **peu de** plats préparés
≠ une grande quantité : … plats préparés

b. Associez.

- une quantité insuffisante •
- une quantité suffisante •
- une quantité excessive •

- • **assez de** sel
- • **pas assez de** sel
- • **trop de** sel

S'ENTRAÎNER 1b, 2, 3

zoom Langue

Les caractéristiques des aliments

Retrouvez quels aliments peuvent avoir les caractéristiques suivantes.

gras – salé – sucré – complet – surgelé – frais

! *salé* ≠ *sans sel* – *sucré* ≠ *sans sucre*

Exprimer la fréquence

Complétez avec les autres expressions de fréquence.

(–) … < … < … < toujours (+)

! Les adverbes de fréquence se placent après le verbe au présent : *Je **ne** cuisine **jamais**.* ≠ *Je cuisine **toujours**.*

S'ENTRAÎNER 4, 5

7 PRONONCIATION

L'élision du *e* dans *de*

a. 🔊 145 Écoutez. Entendez-vous [ə] après [d] ? Cochez « oui » ou « non ».
Ex. : de la salade.

	Ex.	1	2	3	4	5	6	7	8	9
oui	x									
non										

b. 🔊 146 Écoutez et répétez.

8 S'EXPRIMER

Vous faites une liste de courses.

a. Par deux Chacun(e) votre tour, indiquez vos habitudes alimentaires.
– En fonction des habitudes exprimées, listez pour votre partenaire les produits à mettre dans son caddie.
– Réagissez aux choix de votre partenaire : est-ce que la liste vous convient ?

b. Présentez à la classe une de vos deux listes de courses. La classe dit si les choix correspondent aux recommandations de la campagne *Manger-Bouger*.

TÂCHE CIBLE : Créer une expo-photos sur l'alimentation

1 Préparez-vous !

Vous allez créer une expo-photos à partir de vos habitudes alimentaires.

a. Observez l'affiche et identifiez le thème de l'exposition.

b. Voici deux photos de l'exposition. Associez-les aux légendes suivantes.

– Oh là là, le supermarché ! La tentation dans chaque rayon… Comment résister et ne pas trop acheter ?

– Je mange des pâtes, beaucoup de pâtes, trooop de pâtes ! Des spaghettis, des raviolis, des cannellonis, du lundi au samedi !

2 Réalisez !

Votre expo-photos a pour titre : *Quand les étudiants passent à table – Nos regards sur l'alimentation*.
Il y a deux thèmes : « Manger » et « Acheter ».

En petits groupes

a. Échangez ! Quelle est votre manière de manger ou d'acheter ?

b. Cherchez des idées de photos pour caractériser les habitudes exprimées.

c. Réalisez vos photos et écrivez les légendes.

3 Partagez !

a. Affichez les photos (sans les légendes) et échangez : est-ce que vous pouvez identifier des habitudes alimentaires, des profils de consommateurs ?

b. Affichez toutes les légendes et trouvez pour chacune la photo correspondante.

c. Partagez vos photos sur l'ETC et installez l'exposition dans votre école.

S'entraîner

Les aliments / Exprimer une quantité

1 a. Listez le maximum d'aliments pour : un petit déjeuner en famille ; un pique-nique.

b. À partir de vos listes (1a), dites quels aliments vous consommez / ne consommez pas.
Ex. : Je bois du lait, je ne mange pas de fromage.

2 Complétez avec *du, de la, de l', de, d', des, un, une, la, les*.

> « Je mange de tout, il n'y a pas … aliment interdit dans mon régime. Je privilégie … fruits et … légumes. Je consomme … viande et … poisson en petite quantité, une ou deux fois par semaine, et je préfère … viande blanche. Je mange souvent … céréales et … légumes secs. Je préfère … produits de saison : en hiver, je prends … pomme par exemple, mais pas … fraises ! La qualité des aliments est essentielle pour moi. Je ne prends pas … viande au supermarché, je préfère acheter … bon steak chez le boucher. À table, je bois … eau, je limite … sodas. »

3 Transformez les phrases comme dans l'exemple.
Ex. : Nous mangeons de la viande. (en grande quantité)
→ *Nous mangeons beaucoup de viande.*

a. Vous consommez des aliments gras. (en quantité excessive)
b. Tu as acheté de la salade ? (en quantité suffisante)
c. Il n'y a pas de légumes dans ton caddie. (en quantité insuffisante)
d. J'ai mis du sucre dans mon yaourt. (en petite quantité)

Les caractéristiques des aliments

4 Complétez avec *salé, sucré, surgelé, gras, sans sel, complet*.

a. Un plat …, c'est rapide à préparer.
b. Vous préférez manger du pain … ou du pain blanc ?
c. Les poissons … sont excellents pour la santé.
d. Je n'achète jamais de soda : c'est trop … !
e. Vous préférez le beurre … ou le beurre … ?

Exprimer la fréquence

5 Quelles peuvent être les habitudes alimentaires des personnes suivantes ? Utilisez *parfois, souvent, toujours, jamais*.

un végan – un « bio-local » – un bébé d'un an
Ex. : Un végan mange souvent des légumes.

À retenir

Récap' lexique

Les aliments et leurs caractéristiques

1 a. Complétez la carte mentale avec le maximum de noms d'aliments.

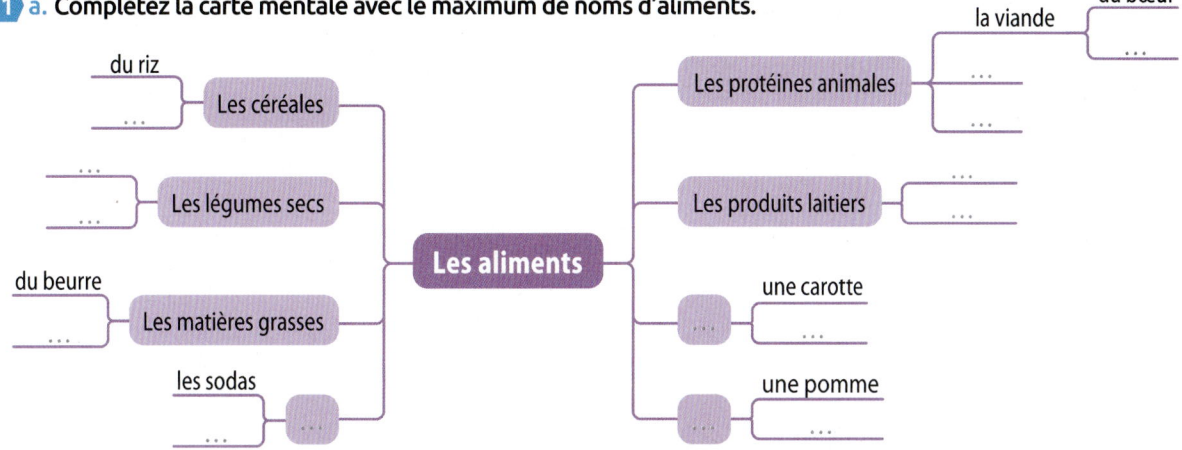

b. En petits groupes Dans chaque catégorie, trouvez l'aliment que le groupe consomme le plus. Avec les autres groupes, faites le top 5 des aliments consommés par la classe.

2 Pour chaque produit, créez des fleurs lexicales avec les caractéristiques de la liste, comme dans l'exemple ci-contre.

un fromage – un légume – un fruit – un plat

biologique – transformé – sec – salé – sans sel – sucré – sans sucre – préparé – de saison – frais – gras – local – complet – fait maison – à coque

Récap' grammaire

Exprimer une quantité

Les articles partitifs pour exprimer la quantité indéterminée (quand on ne peut pas compter) :

du, **de la**, **de l'** ou **des**.
Je consomme du pain, de la salade, de l'huile, des pâtes.

! *un bœuf*    *du bœuf*

le mot du prof En général, en français, il y a un déterminant avant le nom (un article par exemple).

On dit : *Je mange du pain, j'aime les pommes.*
On ne dit pas : *Je mange ø pain, j'aime ø pommes.*

Pas de pour la quantité zéro :
pas / jamais + de / d'.
Je ne mange pas / jamais de pain, de salade, d'huile, d'amandes, de pâtes.

La quantité imprécise :
peu, assez, beaucoup, trop + de / d'.
Je consomme peu, assez, beaucoup, trop de pain, de salade, d'huile, d'amandes, de pâtes.

! *J'aime beaucoup les pâtes, les amandes.*
Je n'aime pas les pâtes, les amandes.
MAIS :
Je mange beaucoup de pâtes / beaucoup d'amandes.
Je ne mange pas de pâtes / pas d'amandes.
Après la quantité (même au pluriel), on utilise toujours **de / d'**.

Exprimer la fréquence

(ne) **jamais** < **parfois** < **souvent** < **toujours**
*Je cuisine **souvent**.*
*Je ne cuisine **jamais**.*

! Les adverbes de fréquence se placent après le verbe au présent.

LEÇON 2 — Parler de l'aménagement d'un logement

> Élaborer un projet de décoration

Doc. 1

Créateurs d'intérieur — Paris

Relooking d'intérieur et coaching déco

Transformez votre intérieur sans travaux et trouvez une nouvelle disposition pour vos meubles et vos objets.
Réfléchissez à vos attentes avant de rencontrer le décorateur / la décoratrice.
Pourquoi voulez-vous redécorer votre logement ? Comment imaginez-vous votre nouvel intérieur ? Quel style aimez-vous ? Voulez-vous garder vos meubles ? Que voulez-vous changer ?

Une question ou une demande de projet ?
- Armand
- Bougard
- abougard@gmail.com
- 75008 Paris
- Je voudrais changer la décoration de mon studio et réorganiser l'espace.
- Studio de 30 m²

[Envoyer]

1 Lisez la page du site de Créateurs d'intérieur (doc. 1).
Vrai ou faux ?
Cette page propose…
a. un service de conseil en décoration d'intérieur.
b. de préparer sa rencontre avec un(e) spécialiste de la décoration.
c. d'envoyer une photo de son logement.
d. de prendre contact pour expliquer son projet.

2 🔊 147 Relisez et écoutez.
a. Qui parle ? Où sont les personnes ?
b. Elles parlent de quoi ? Quel est l'objectif du rendez-vous ?

3 🔊 147 Réécoutez.
a. Relevez les questions de la décoratrice pour comprendre les attentes du client. Puis dites quelles questions concernent…
les raisons de sa demande – ses souhaits pour les meubles et certains espaces – ses préférences pour la décoration – ses habitudes
b. Complétez les notes de la décoratrice.

Problèmes :	Demandes du client :
déco …, démodée	ambiance …
pièce …	… gaies
studio pas …, pas assez de …	réorganiser …, un coin-…

4 Actuellement, il y a quels meubles dans le studio ? Choisissez.
Ex. : un canapé-lit.

une bibliothèque — un placard
des chaises — une table — un fauteuil
une armoire — des étagères — un bureau

5 🔊 147 Écoutez à nouveau et relevez les propositions de la décoratrice.

zoom Langue

Poser des questions

a. Observez puis associez pour formuler la règle.
Sur le site Internet : Voulez-**vous** garder vos meubles ?
Dans le dialogue : Est-ce que **vous** voulez garder vos meubles ?

Dans une question, le sujet se place…
- avant le verbe • • à l'écrit / en situation formelle
- après le verbe • • à l'oral / en situation informelle

b. Retrouvez les questions équivalentes (act. 3a). Puis associez pour formuler la règle.
Pourquoi voulez-vous redécorer votre studio ? → …
Comment imaginez-vous votre intérieur ? → …
Quand êtes-vous chez vous ? → …
Où travaillez-vous ? → …
Que voulez-vous changer ? → Vous voulez changer quoi ? → …

Le mot interrogatif se place…
- au début de la phrase • • dans une question orale / informelle avec est-ce que
- au début ou à la fin de la phrase • • dans une question orale / informelle sans est-ce que
- • dans une question écrite / formelle

> S'ENTRAÎNER 1, 2

Doc. 2 labels:
- Un beau miroir
- une lampe blanche
- Un plaid jaune en matière douce
- Un grand tableau
- Une longue planche et une chaise de bureau
- Des plantes vertes
- Un gros coussin bleu
- Un tapis gris à longs poils
- Deux nouvelles chaises bleues

Doc. 3

De : Emmanuelle Dasti <edasti@createursdinterieur.com>
À : abougard@gmail.com
Objet : Coaching déco de votre studio

Bonjour,
Voici mes propositions (croquis en pièce jointe).
Pour résumer :
– les murs sont blancs, pour une pièce claire ;
– on remplace les couleurs sombres par des couleurs vives et les rideaux marron par des rideaux clairs ;
– on crée un coin-salon, avec une table basse et un tapis devant le canapé ;
– une bibliothèque sépare le coin-bureau du coin-cuisine ;
– pour une cuisine fonctionnelle, on ajoute deux nouveaux placards ;
– on garde la vieille armoire, repeinte en bleu.
Cordialement,
E. Dasti

📎 Projet_Bougard_croquis1

Dossier 7 – Leçon 2

6 💬 **Par deux** Découvrez le projet de la décoratrice (doc. 2).
a. Partagez vos impressions sur le croquis.
b. Quelles sont vos couleurs préférées dans un intérieur ?

violet – bleu – vert – jaune – orange – rouge
rose – marron – noir – gris – blanc

7 a. Lisez le mail (doc. 3) et relevez les solutions proposées...
– pour la réorganisation de l'espace / l'aspect fonctionnel ;
– pour la décoration.

b. Repérez les trois espaces sur le croquis (doc. 2). Identifiez les meubles et les éléments de décoration indiqués pour chaque espace.

zoom Langue

Les pièces, les meubles, les objets et leurs caractéristiques

Classez les caractéristiques dans les catégories.
des couleurs vives – une pièce claire – une vieille armoire – une lampe blanche – deux nouvelles chaises – un gros coussin bleu – une matière douce – un grand tableau – une longue planche – un beau miroir – des rideaux marron – une table basse – une cuisine fonctionnelle – une ambiance actuelle

Taille : …, …, basse – **Volume** : …
Style / Apparence : triste ; démodée ≠ … ; …
Organisation : fonctionnelle – **Âge** : …, nouvelles
Matière : … – **Couleur** : gaies = … ; sombre ≠ … ; …, …, …

S'ENTRAÎNER 3

8 PRONONCIATION ▶ 19
L'intonation de la question

a. 🔊 148 Écoutez. Levez la main quand la question correspond à l'intonation suivante : ⌒.
b. 🔊 148 Réécoutez et faites le geste de l'intonation montante ou descendante. Puis répétez les questions.

zoom Langue

L'accord et la place des adjectifs

a. Complétez la règle.

Masculin	Féminin
-el : actuel, fonctionnel	-elle : actuelle, …
-if : vif	-ive : …
long	…
gros / bas	…, …
beau / bel, nouveau / …	…, …
doux	…
vieux	…
blanc	…

❗ – *Gros, bas, gris, doux, vieux* sont identiques au masculin singulier et pluriel.
– *Marron* est invariable.

b. Cochez pour formuler la règle de la place des adjectifs, puis complétez les exemples.
Rappel : en général, les adjectifs se placent
☐ avant le nom. ☐ après le nom.
Quelques adjectifs se placent avant le nom.
Ex. : *grand(e), petit(e), beau / belle*, …, …, …, …

S'ENTRAÎNER 4

9 S'EXPRIMER 💬✏️

Vous faites une demande de coaching déco.

a. **Par deux** Décrivez votre intérieur (pièce principale, studio ou chambre), dites ses qualités et ses défauts. Votre partenaire vous pose des questions et vous aide à définir vos attentes.
b. Écrivez un mail à Créateurs d'intérieur pour une demande de coaching déco. Indiquez les défauts de votre intérieur et exprimez vos attentes.

TÂCHE CIBLE — Élaborer un projet de décoration

1 Préparez-vous !
Vous allez réaliser un coaching déco pour un studio.
En petits groupes
Lisez la demande de Lætitia. À partir de l'état des lieux et de ses attentes, déterminez les objectifs de votre coaching déco.

2 Réalisez !
En petits groupes
a. Proposez des idées pour réorganiser l'espace et décorer le studio. Mettez-vous d'accord sur un projet.
b. Faites un croquis du studio réorganisé avec les éléments de décoration. Annotez-le.

3 Partagez !
a. Présentez votre projet à la classe. Répondez aux questions des autres groupes.
b. Votez pour votre projet préféré, en fonction de :
– l'adéquation à la demande de Lætitia (réorganisation de l'espace, décoration) ;
– vos goûts personnels.

État des lieux

Coaching d'intérieur, revoir l'agencement d'un studio
761 vues 👍 5 👎 0 → PARTAGER =+ ENREGISTRER ...

Comment réaménager et redécorer un studio de 20 m² ? Lætitia, une étudiante de 20 ans, voudrait un coin-cuisine isolé et un coin-nuit spécifique : « *Je ne veux pas avoir l'impression de dormir dans ma cuisine.* » Son souhait pour la décoration : une ambiance féminine et chic.

S'entraîner

Poser des questions

1 Transformez les questions suivantes en questions informelles / orales. Proposez deux formulations pour chaque question.
a. Pourquoi veux-tu redécorer ton appartement ?
b. Que choisissez-vous pour la décoration ?
c. Où peut-on placer le lit ?
d. Passez-vous beaucoup de temps chez vous ?

2 Lisez les réponses d'une cliente pour un coaching déco. Trouvez les questions formelles correspondantes.
Ex. : J'habite dans une maison. → Où habitez-vous ?
a. Je souhaite redécorer le salon et la cuisine.
b. Oui, je veux réorganiser l'espace.
c. Je suis disponible le samedi.
d. Je veux changer la couleur des murs.
e. J'ai envie de changer mon canapé parce qu'il est démodé.

Les pièces, les meubles, les objets et leurs caractéristiques

3 Décrivez la pièce ci-contre : il y a quels meubles et quels objets ?
Ex. : Il y a un beau canapé gris…

L'accord et la place des adjectifs

4 Complétez le texte avec les adjectifs suivants. Choisissez la bonne place et faites les accords nécessaires.
long – sombre – fonctionnel – grand – nouveau – vieux – actuel – vif – clair – blanc

Projet relooking : cuisine d'Anna

C'est une … pièce … parce qu'il y a seulement une petite fenêtre : il faut des murs d'une … couleur … . Il n'y a pas beaucoup de rangements : il faut ajouter deux … placards … pour une … cuisine … . Ils peuvent être de … couleur … pour une ambiance gaie. Pour les meubles, on garde la … table … … et on remplace les … chaises … par quatre … chaises … de … style … .

À retenir

Récap' lexique

Les pièces, les meubles, les objets et leurs caractéristiques

1 Observez le plan. Où placez-vous les meubles et les objets suivants ?

un canapé – un lit – un fauteuil – une chaise – une table – une table basse – une bibliothèque – un placard – une armoire – des étagères – un bureau – une chaise de bureau – des rideaux – une plante – un miroir – un tableau – un tapis – un coussin – une lampe – un plaid

2 Observez ce salon.

a. **Dites quelles couleurs il y a et quelles couleurs il n'y a pas.**
Ex. : Il y a du jaune.

b. **Utilisez les caractéristiques ci-dessous pour décrire le salon (décoration, meubles et objets, couleurs…).**
Ex. : La décoration est actuelle.

gros – vieux – bas – actuel – fonctionnel – sombre – clair – vif – doux – beau – long – gai – grand – démodé

Récap' grammaire

Poser des questions

À l'écrit / en situation formelle	À l'oral / en situation informelle	
Voulez-vous changer la déco ? **Que** voulez-vous changer ?	**Est-ce que** vous voulez changer la déco ? **Qu'est-ce que** vous voulez changer ?	Vous voulez changer la déco ? Vous voulez changer **quoi** ? *(familier)*
Pourquoi ⎫ **Où** ⎬ voulez-vous changer la déco ? **Quand** ⎪ **Comment** ⎭	**Pourquoi** ⎫ **Où** ⎬ est-ce que vous voulez changer la déco ? **Quand** ⎪ **Comment** ⎭	**Pourquoi** vous voulez changer la déco ?* **Où** vous voulez changer la déco ? *(fam.)* / Vous voulez changer la déco **où** ? Vous voulez changer la déco **quand** ?* **Comment** vous voulez changer la déco ? *(fam.)* / Vous voulez changer la déco **comment** ?

le mot du prof * À l'oral / en situation informelle, dans la question sans *est-ce que*, *pourquoi* se place toujours au début de la phrase et *quand* se place toujours à la fin.

L'accord et la place des adjectifs

Masculin → féminin	Singulier	Pluriel
-if → -ive	vif, vive	vifs, vives
-el → -elle	actuel(le)	actuel(le)s
-eau / -el → -elle	beau, bel(le)	beaux, belles
-s → -se	gris(e)	gris, grises
-s → -sse	gros(se)	gros, grosses
-c → -che	blanc, blanche	blancs, blanches
-et → -ette	violet, violette	violets, violettes
	❗ vieux, vieil(le) – long, longue	vieux, vieilles – longs, longues
	❗ marron, orange	

En général, les adjectifs *beau*, *bon*, *grand*, *gros*, *long*, *nouveau*, *petit* et *vieux* se placent avant le nom.

LEÇON 3 — Parler de la santé

> Réaliser une brochure de prévention-santé

1 a. Observez la page du site (doc. 1).
– Doctolib, qu'est-ce que c'est ? Faites des hypothèses.
– Cette page donne quelle information ?

b. Échangez ! Comment choisissez-vous un médecin ? Comment prenez-vous rendez-vous ?

2 🔊 149 Écoutez le dialogue et regardez à nouveau la page Doctolib (doc. 1). Qui parle ? Quel est le motif de la consultation ?

3 🔊 149 Réécoutez.
a. Choisissez.
Les questions de la médecin portent sur…
le sommeil – les médicaments – les douleurs – le régime alimentaire – la température – le travail – l'appétit

b. Relevez les symptômes et les sensations exprimés par le patient.

* Troubles Musculo-Squelettiques

D'après l'INRS

zoom Culture

Le patient présente sa carte Vitale. À l'aide du visuel ci-dessous, expliquez l'utilité de cette carte.

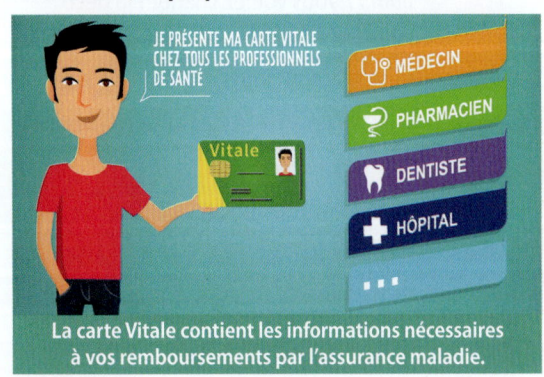

zoom Langue

Exprimer des douleurs et des sensations

> *Avoir mal à* + les parties du corps

Ajoutez sur la brochure (doc. 2) les douleurs du patient (act. 3b) puis les douleurs correspondant aux parties du corps suivantes.
le pied – la main – le bras – les doigts – les yeux

> Les sensations

Associez.
avoir de la fièvre •   • ne pas être en forme
avoir sommeil •   • avoir de la température
avoir faim •   • être fatigué
se sentir mal •   • avoir de l'appétit

! *avoir sommeil – avoir faim / soif – avoir froid / chaud
avoir **de la** fièvre / **de la** température / **de l'**appétit*

S'ENTRAÎNER 1, 2

4 a. 🔊 150 Réécoutez la fin du dialogue et répondez.
– Quelle est la cause possible des douleurs du patient ?
– Qu'est-ce que la médecin donne au patient ?

b. Observez la brochure (doc. 2) et dites pourquoi la médecin la donne au patient.

5 Debout ! 💬 En petits groupes Mimez une douleur ou une sensation, les autres devinent.

6
a. Observez la suite de la brochure (doc. 3) et identifiez l'objectif de cette page.
b. À votre avis, le travail devant l'écran est à l'origine de quels symptômes et douleurs ?

7 Lisez la page (doc. 3).
a. Trouvez dans quelle partie on parle de...
– l'installation du bureau ;
– l'activité physique ;
– la position du corps.
b. Dans chaque partie, on veut protéger quelles parties du corps ? Justifiez (citez le texte).

8 Relisez.
a. Pour chaque partie du corps, relevez les recommandations.
b. Trouvez pour quelles raisons :
– il ne faut pas travailler sur le canapé ;
– il faut bouger régulièrement.

Doc. 3

STOP AUX TMS

LES BONNES POSTURES DEVANT L'ORDINATEUR

ADOPTEZ LA BONNE POSTURE
> Vous travaillez chez vous ? Ne vous installez pas sur votre canapé : travailler en position allongée est mauvais pour le dos.
> Pour avoir le dos bien droit, installez-vous sur un siège adapté. Réglez sa hauteur : quand vous êtes debout, il doit être au niveau de vos genoux. Asseyez-vous au fond de votre siège. Ayez toujours vos deux pieds posés sur le sol.

FAITES DES PAUSES RÉGULIÈRES
> Rester assis trop longtemps n'est pas bon pour la santé. Pour détendre les muscles, levez-vous, étirez-vous et bougez toutes les heures.
> Pour éviter la fatigue des yeux, alternez le travail sur écran avec d'autres activités.

SOYEZ ATTENTIF À VOTRE ESPACE DE TRAVAIL
> Installez votre écran en face de vous. Le haut de l'écran doit être à la hauteur des yeux pour ne pas incliner la tête et le cou.
> Pour protéger vos poignets, gardez vos avant-bras à la hauteur du bureau et les mains dans le prolongement des avant-bras.

D'après l'INRS

zoom Langue

L'impératif pour faire des recommandations

1. a. Associez chaque impératif à l'infinitif correspondant.

installez-vous •
installez votre écran • • installer
ne vous installez pas • • s'installer

b. Observez puis cochez pour formuler la règle.

Présent :	Impératif :
vous (ne) **vous** installez (pas)	installez-**vous** / ne **vous** installez pas
tu (ne) **t'** installes (pas)	installe-**toi** / ne **t'** installe pas

À l'impératif, le pronom réfléchi des verbes pronominaux se place :
– à la forme affirmative : ☐ après le verbe ☐ avant le verbe ;
– à la forme négative : ☐ après le verbe ☐ avant le verbe.

Le pronom réfléchi est différent à la forme affirmative et négative
☐ à la 2ᵉ personne du singulier
☐ à la 2ᵉ personne du pluriel.

c. Retrouvez deux autres verbes pronominaux à l'impératif et donnez leur infinitif (act. 8a).
Ex. : Asseyez-vous (s'asseoir).

2. Les verbes *être* et *avoir* sont irréguliers. Complétez.
Être : sois, soyons, …   Avoir : aie, ayons, …

(S'ENTRAÎNER 3, 4)

9 PRONONCIATION ▷ 20
La distinction [ɑ̃] / [ɛ̃]

a. 🔊 151 **Mots identiques ou différents ?** Écoutez et répondez.
Ex. : mots identiques.

b. 🔊 152 **Debout !** Écoutez et prononcez comme dans les exemples. Faites le geste correspondant.
Ex. : [ɑ̃ ɑ̃ ɑ̃ ɑ̃ ɑ̃]   [ɛ̃ ɛ̃ ɛ̃ ɛ̃ ɛ̃]

c. 🔊 153 Écoutez et répétez.

10 S'EXPRIMER

Vous consultez un(e) kinésithérapeute parce que vous souffrez de TMS (troubles musculo-squelettiques).

a. **En petits groupes** Préparez-vous à l'oral.
– Groupe A (les patients) : cherchez pour chacun(e) les symptômes et les causes possibles. Entraînez-vous à les exprimer.
– Groupe B (les kinés) : trouvez des questions à poser aux patients pour connaître leurs problèmes. Imaginez des recommandations.

b. **Par deux** Jouez la scène. Un(e) patient(e) du groupe A consulte un(e) kiné du groupe B.

c. **Réagissez.** La classe dit si les recommandations sont adaptées au problème du / de la patient(e).

TÂCHE CIBLE : Réaliser une brochure de prévention-santé

1 Préparez-vous !

Vous allez créer une brochure de prévention de l'insomnie à partir du visuel ci-contre.

En petits groupes

a. Échangez : avez-vous des problèmes d'insomnie ? Avez-vous des astuces ou des idées pour favoriser le sommeil ?

b. Observez le visuel. Lisez et associez le paragraphe suivant à un dessin du bandeau vertical et à un moment : la journée, la soirée ou la nuit.

> **Ayez une activité physique régulière**
> Bougez, c'est bon pour le sommeil. L'heure idéale pour pratiquer une activité physique, c'est dans l'après-midi. Pour vous endormir facilement, ne vous exercez pas avant le coucher.

2 Réalisez !

En petits groupes

Imaginez des astuces correspondant aux autres dessins : rédigez les sept paragraphes avec des recommandations et des justifications.

3 Partagez !

Lisez les propositions de chaque groupe. Mettez-vous d'accord sur les paragraphes à sélectionner pour réaliser la brochure définitive.

Insomnie
Une bonne nuit de sommeil se prépare toute la journée

S'entraîner

Exprimer des douleurs et des sensations

1 Dites où ils / elles ont mal.

Ex. : → Elle a mal au dos.

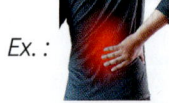 a.
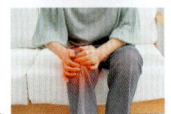 b.
 c.
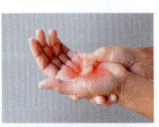
 d.
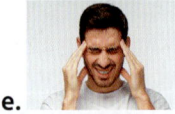 e.
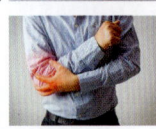 f.

2 Complétez les phrases à l'aide des mots suivants.
faim – chaud – appétit – soif – fièvre – sommeil – froid
a. Je n'ai pas bien dormi et ce matin, je … .
b. Thomas a 38,5 °; il … .
c. Tu … ? Tu veux manger maintenant ?
d. On peut ouvrir la fenêtre ? Je … .
e. Ce n'est pas normal, il fait chaud et moi, je … !
f. Vous … ? Vous voulez de l'eau ?
g. À l'hôpital, il a mangé très peu. Maintenant il est en forme, il … .

L'impératif pour faire des recommandations

3 Conjuguez à l'impératif à la 2ᵉ personne du pluriel (affirmatif et négatif).
dormir – se lever – travailler – se détendre – bouger – s'endormir
Ex. : dormir → dormez / ne dormez pas.

4 a. À partir du témoignage d'Élodie, formulez des recommandations à l'impératif pour la brochure « Être en forme au quotidien ».
Ex. : En télétravail, ne restez pas assis(e) trop longtemps.

> **Les astuces d'Élodie pour être en forme au quotidien**
> En télétravail, je ne reste pas assise trop longtemps et je m'étire souvent. Je ne m'allonge jamais sur le canapé pour travailler.
> Je fais de l'exercice régulièrement : je me promène 30 minutes par jour. Pour les petits trajets, je ne me déplace pas en voiture : je marche. Je ne prends pas l'ascenseur, je monte les escaliers.
> Et je suis attentive à mon alimentation et à mon sommeil !

b. Élodie donne les mêmes recommandations à un(e) ami(e). Transformez comme dans l'exemple.
Ex. : En télétravail, ne reste pas assis(e) trop longtemps.

À retenir

Récap' lexique et communication

Les parties du corps

1 a. **En petits groupes** Regardez l'abécédaire du corps humain. Quelles parties du corps pouvez-vous nommer ?
Ex. : G comme… le genou !
A comme… l'avant-bras !

b. **En grand groupe** Écrivez un abécédaire du corps humain avec les mots trouvés.

2 **En petits groupes** Regardez les positions sur l'abécédaire : debout, assis(e), allongé(e). Choisissez quelques lettres et créez des devinettes. La classe devine la / les lettre(s) correspondante(s).
Ex. : Pour former cette lettre, une personne est debout. → Le I.

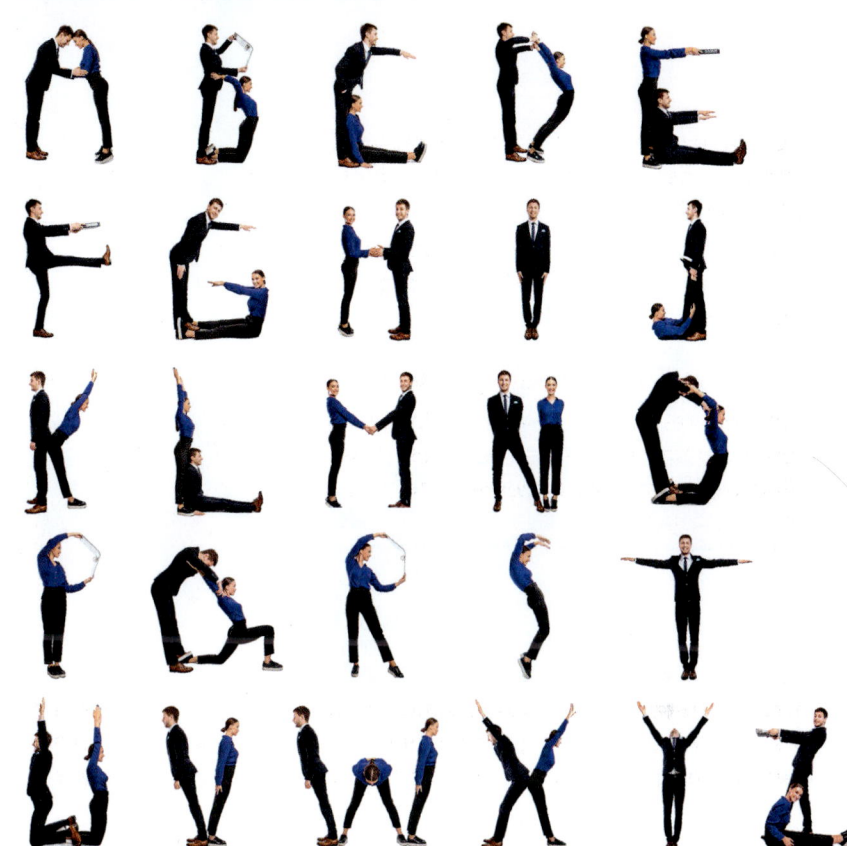

Exprimer des douleurs et des sensations

3 Quelles douleurs ou sensations peut-on ressentir dans les situations suivantes ?

 être malade    faire du vélo    travailler en cuisine

Ex. : être malade → avoir de la fièvre.

Récap' grammaire

L'impératif pour faire des recommandations

Rappel
– L'impératif se forme comme le présent, sans le sujet.
  Ex. : Tu prends ta température. → Prends ta température !
– Pour les verbes en *-er*, il n'y pas de *s* à la 2ᵉ personne du singulier.
  Ex. : Tu lèves le bras. → Lève le bras !

Verbes non pronominaux		Verbes pronominaux		Verbes irréguliers	
lever		**se lever**		**être**	**avoir**
Lève le bras.	Ne lève pas le bras.	lève-toi	Ne te lève pas.	sois	aie
Levons le bras.	Ne levons pas le bras.	levons-nous	Ne nous levons pas.	soyons	ayons
Levez le bras.	Ne levez pas le bras.	levez-vous	Ne vous levez pas.	soyez	ayez

 *Faites-vous des pauses ? → C'est une question, le verbe faire est au présent.*
Faites des pauses ! → C'est une recommandation, le verbe faire est à l'impératif.
Le verbe faire n'est pas pronominal.

Sociétés

D'après kantar.com

1 a. Regardez les deux affiches et la capture d'écran. Faites des hypothèses sur l'alimentation d'un flexitarien.
b. ▷ 21 Regardez la vidéo. Vérifiez vos hypothèses.

2 ▷ 21 Regardez à nouveau la vidéo et observez l'infographie ci-contre.
a. Quelle est l'évolution du flexitarisme ?
b. Trouvez les raisons de cette évolution.

3 En petits groupes **Échangez !**
– Est-ce que le flexitarisme est important dans votre pays ?
– Dans votre famille ou parmi vos amis, est-ce que les personnes diminuent leur consommation de viande ? Connaissez-vous leurs raisons ?
– Êtes-vous flexitarien(ne) ? Pourquoi ?

Fenêtre sur…

Littérature**s**

René Magritte, *La Promesse*, 1966.

L'Oiseau du Colorado

L'oiseau du Colorado
Mange du miel et des gâteaux
Du chocolat et des mandarines
Des dragées des nougatines
Des framboises des roudoudous
De la glace et du caramel mou.

L'oiseau du Colorado
Boit du champagne et du sirop
Suc de fraise et lait d'autruche
Jus d'ananas glacé en cruche
Sang de pêche et navet
Whisky menthe et café.

L'oiseau du Colorado
Dans un grand lit fait un petit dodo
Puis il s'envole dans les nuages
Pour regarder les images
Et jouer un bon moment
Avec la pluie et le beau temps.

Robert DESNOS
Destinée arbitraire, éd. Gallimard.

René Magritte, né le 21 novembre 1898 à Lessines, en Belgique, est un peintre surréaliste. Il est mort à Schaerbeek en 1967.

Robert Desnos est un poète surréaliste, né le 4 juillet 1900 à Paris et mort le 8 juin 1945 en déportation. Le poème « L'Oiseau du Colorado » a été publié clandestinement en 1944.

1 a. 🔊 154 **Fermez les yeux et écoutez le poème de Robert Desnos. Quelles images visualisez-vous ?**
b. **En petits groupes** Partagez vos impressions.

2 Lisez le poème.
a. **Identifiez ses trois strophes et dites à quelles actions chacune correspond.**
dormir – se nourrir – rêver – boire
b. **Regardez le tableau de René Magritte. Associez-le à une strophe du poème.**

3 En petits groupes
Relisez le poème. Le mot « Colorado » évoque les couleurs. Retrouvez les couleurs correspondant à l'alimentation de l'oiseau.
Ex. : L'oiseau mange du miel → couleur n° 5.

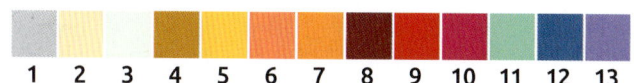

4 En petits groupes
Écrivez un poème surréaliste en trois parties comme le poème de Robert Desnos.
Ex. : La Girafe du Colorado.

René Magritte, *Le Bain de cristal*, 1946.

Stratégies et outils pour... faire face à des difficultés de communication

Susciter la coopération, demander de l'aide

1. 🔊 155 **Écoutez ces dialogues entre une médecin francophone et un patient non francophone.**

a. Repérez quelle(s) stratégie(s) le patient utilise dans chaque dialogue.
Ex. : dialogue 1 → *demander de parler lentement.*

- exprimer son incompréhension
- demander de répéter
- demander un mot en français
- demander de parler lentement
- demander d'expliquer (le sens d'un mot)

b. Associez les paroles suivantes aux stratégies correspondantes (act. 1a).
Ex. : *Comment ?* → demander de répéter.

- Comment ?
- Comment dit-on *my head* en français ?
- Pardon ?
- Vous pouvez répéter ?
- Vous pouvez expliquer ?
- Je ne comprends pas.
- Vous pouvez parler moins vite, s'il vous plaît ?
- Qu'est-ce que c'est ?

2. Lisez ces autres formulations. Trouvez à quelles stratégies (act. 1a) elles correspondent.

- Répétez, s'il vous plaît !
- Quel est le mot pour dire … ?
- Ne parlez pas trop vite, s'il vous plaît.
- Excusez-moi, je n'ai pas (bien) compris.
- …, qu'est-ce que ça signifie ?
- Comment ça s'appelle, … ?
- …, qu'est-ce que ça veut dire ?

3. 🔊 156 **Entraînez-vous à faire face à des difficultés de communication ! Écoutez et réagissez.**

4. Quelles autres stratégies utilisez-vous pour faire face aux difficultés de communication en français ? Cochez.

 ☐ Faire des gestes, mimer des mots inconnus.

 ☐ Noter les choses importantes à dire avant un rendez-vous.

 ☐ Chercher la traduction d'un mot.

 ☐ Désigner du doigt quand on ne connaît pas un mot.

Quelles stratégies et formulations préférez-vous utiliser quand vous avez des difficultés pour communiquer en français ?

DOSSIER 8
Prendre part à des événements

	Vous avez besoin de/d'...	Vous allez apprendre à...	Vous allez...
Leçon 1	cuisiner, recevoir	comprendre et expliquer une recette de cuisine	partager des recettes
Leçon 2	rappeler de bons moments	évoquer des événements personnels	faire une rétrospective
Leçon 3	faire la fête	célébrer un événement	organiser une fête de fin de niveau

Fenêtres sur...	Stratégies et outils pour...
Patrimoines Identifier quelques fêtes du calendrier français, les rituels et spécialités associés **Sociétés** Commenter les résultats d'une enquête sur les Français et la cuisine Découvrir les recettes préférées des Français	**Produire un écrit** → analyser une consigne : identifier le contexte et le plan de l'écrit à produire

LEÇON 1 — Comprendre et expliquer une recette de cuisine

> Partager des recettes

Doc. 1

Les recettes du 2 au 6 mai

On mange quoi ce soir ? Avec notre menu de la semaine, retrouvez chaque jour des recettes variées. Les quantités sont indiquées pour 4 à 6 personnes, à adapter selon vos envies pour un repas en famille ou un dîner entre amis !

🛒 VOIR MA LISTE DE COURSES

1 En petits groupes

a. Observez la page du site cuisineaz (doc. 1). Qu'est-ce qu'on annonce sur cette page ?

b. Échangez ! Est-ce que vous cuisinez ? À quelle fréquence, à quelles occasions ? Est-ce que vous partagez des recettes ?

Doc. 2

Ma liste de courses du 2 au 6 mai

Vendredi 6 mai

ENTRÉE : salade de pamplemousse à l'avocat
- 3 pamplemousses
- 2 avocats
- 1 boîte de miettes de crabe
- 1 pot de yaourt nature
- 1 cuillère à café de moutarde
- Le jus d'un citron
- Sel, poivre

PLAT : tajine de poulet au citron et aux olives
- 1 kilo de poulet en morceaux
- 3 oignons
- 4 gousses d'ail
- 1 cuillère à café de curcuma
- 1 pincée de cannelle
- 1 cuillère à café de gingembre
- 1 bouquet de coriandre
- 150 grammes de beurre
- 1 cuillère à soupe d'huile d'olive
- 250 grammes d'olives rouges
- 1 citron confit
- Sel, poivre

DESSERT : fraises à la crème fouettée
- 500 grammes de fraises
- 2 sachets de sucre vanillé
- 1 pot de crème fraîche (20 centilitres)
- 50 grammes de sucre glace

2 Observez cette autre page du site (doc. 2). Qu'est-ce qu'elle présente ?

3 Lisez cette page.

a. Repérez les noms des plats. Vrai ou faux ? Justifiez.
1. L'entrée est chaude.
2. Le plat principal est végétarien.
3. L'entrée et le dessert sont à base de fruits frais.

b. Classez les ingrédients de la liste des courses dans les catégories suivantes.
les épices et les condiments – les protéines animales – les fruits – les légumes – les produits laitiers – les matières grasses – les herbes aromatiques – les produits sucrés
Ex. : les épices et les condiments → sel, poivre, moutarde, curcuma, cannelle, gingembre.

4 Relisez.

a. Trouvez pour quels ingrédients on indique les quantités à l'unité et au poids.
Ex. : quantités à l'unité → 3 pamplemousses…

b. Identifiez pour quels ingrédients on indique d'autres quantités. Puis associez aux dessins suivants.

1.  2.  3. 4. 5. 6.

---

zoom **Langue**

Les prépositions *à* ou *de* pour nommer un plat

Trouvez l'ingrédient principal de chaque plat du menu (act. 3a). Puis associez pour formuler la règle.

de introduit • • l'ingrédient secondaire d'un plat.
à introduit • • l'ingrédient de base d'un plat.

Exprimer une quantité précise

a. Complétez avec des exemples (act. 4).
Pour préciser la quantité, on peut utiliser un nombre ou une expression de quantité :
– une unité de mesure : *20 centilitres de crème*, …, …
– un contenant : *une boîte de miettes de crabe*, …, …
– un ustensile : …, …
– une partie d'un produit : *un morceau de poulet, 4 … ail*
– autres : *un bouquet de coriandre, une … cannelle*

b. Complétez la règle.
Expression de quantité + … + produit

▶ S'ENTRAÎNER 1, 2

zoom Culture

La composition des repas en France

a. Complétez avec la partie du repas correspondante.
- Le / L'... est sucré (fruits, pâtisserie) et souvent précédé de fromage.
- En ..., on mange souvent une salade, de la charcuterie ou une soupe.
- Une protéine animale ou végétale avec des légumes et/ou des céréales constituent le / l' ...

b. Indiquez l'ordre de ces trois parties.

5 💬 Dans votre pays, quelle est la composition d'un repas ordinaire ? Pour chaque partie du repas, donnez des exemples de plats.

6 🔊 157 Écoutez le dialogue. Identifiez la situation.

7 a. 🔊 157 Réécoutez. Dites dans quel ordre les ingrédients de la liste de courses (doc. 2) sont cités.

b. Lisez les instructions de la recette. Trouvez à quelles étapes les photos correspondent. Précisez quelle instruction est représentée sur chaque photo.

≡ cuisineaz

Recette : tajine de poulet au citron et aux olives

PRÉPARATION :

1. Éplucher et couper les oignons.
2. Faire chauffer l'huile et le beurre dans le plat à tajine et y mettre les oignons et l'ail.
3. Couper la coriandre et la mettre dans le plat. Puis ajouter les épices.
4. Mettre les morceaux de poulet et les mélanger aux oignons et aux épices. Verser un peu d'eau dans le plat.
5. Couvrir le plat et faire cuire 45 minutes à feu doux.
6. Couper le citron confit et l'ajouter en fin de cuisson avec les olives.

 a.
 b.
 c.
 d.

8 🔊 157 Réécoutez.

a. Relevez les demandes de précision et les informations données pour les ingrédients suivants.
`les oignons` `les morceaux de poulet` `le citron confit`

b. Quelle instruction de la recette Nora ne respecte pas ? Justifiez (citez les paroles).

zoom Langue

Donner des instructions

> **Les actions et les ustensiles pour cuisiner**

Associez les actions aux ustensiles correspondants.
Ex. : mélanger → avec une cuillère, dans un plat / une casserole.

`mélanger` `éplucher` `couper` `faire chauffer` `ajouter` `verser` `couvrir` `faire cuire` `servir` `mettre`

`un couteau` `un plat` `une casserole` `une cuillère` `un couvercle` `une assiette`

> **Le verbe *mettre* au présent**

C'est un verbe à deux bases. Complétez la conjugaison avec les bonnes couleurs.

je **mets**   nous **mett**ons
tu ...   vous **mett**ez
il / elle / on ...   ils / elles ...

> **Les pronoms COD *le, la, l', les***

a. Observez. Qu'est-ce que *le, la, l', les* remplacent dans chaque phrase ? Soulignez les mots.

Couper la coriandre et **la** mettre dans le plat. Je **l'**ajoute dans les assiettes.
Tu coupes les oignons. Je **les** coupe comment ?
Et le citron confit ? On **le** met en fin de cuisson ?

b. Observez puis complétez pour formuler la règle.

Je **l'**ajoute. = J'ajoute **la coriandre**.

La coriandre est le **COD (complément d'objet direct)** du verbe. (J'ajoute **quoi** ? → La coriandre.)

Pour ne pas répéter un mot COD, on utilise les pronoms ..., ..., ... et ....
En général, le pronom est placé ☐ avant ☐ après le verbe.

(S'ENTRAÎNER 3, 4)

9 PRONONCIATION ▷ 22

Les sons [k] et [g]

a. 🔊 158 Écoutez puis répétez.
Qui coupe ? – Guy goûte.

b. 🔊 159 Écoutez et indiquez quand vous entendez [k] comme dans *coupe* ou [g] comme dans *goûte*.

c. 🔊 160 Écoutez et répétez.

10 S'EXPRIMER ✏️💬

Vous élaborez un menu pour un repas avec la classe.

a. En grand groupe Qu'est-ce que les personnes de la classe mangent / ne mangent pas ? Listez les produits préférés et les produits à éviter.

b. En petits groupes Élaborez un menu (entrée, plat, dessert) pour toute la classe. Écrivez les noms des plats et faites la liste des ingrédients nécessaires (précisez les quantités).

c. Proposez votre menu. La classe choisit le menu pour le repas.

cent trente-trois | **133**

TÂCHE CIBLE — Partager des recettes

1 Préparez-vous !

Votre classe va partager des recettes pour des produits de saison.
a. 🔊 161 Observez la page du site 750g et écoutez l'extrait du podcast. Identifiez le légume préparé et les recettes proposées.
b. Dans votre région, quels sont les fruits et les légumes de saison actuellement ? Faites une liste.

2 Réalisez !

En petits groupes
a. Échangez : choisissez un fruit ou un légume de saison puis expliquez comment vous le cuisinez.
b. À partir des propositions, choisissez deux manières de cuisiner ce produit et écrivez les recettes : indiquez les ingrédients et donnez les instructions.

3 Partagez !

a. Chaque groupe présente ses recettes. Les autres réagissent : ils demandent des précisions et donnent d'autres idées.
b. 💻 Partagez vos recettes sur l'ETC de la classe.

S'entraîner

Les prépositions *à* ou *de* pour nommer un plat

1 Trouvez le nom des plats comme dans l'exemple.
Ex. : steak – poivre – bœuf → steak de bœuf au poivre.
a. soupe – carottes – curry
b. spaghettis – saumon – crème
c. salade – tomates – ail
d. gâteau – chocolat – orange
e. jus – orange – épices

Exprimer une quantité précise

2 Associez un élément de chaque liste (plusieurs possibilités).

un litre – un pot – un kilo – une cuillère – une pincée
d' – de
eau – tomates – sucre – curry – huile – sel – moutarde

Les actions et les ustensiles pour cuisiner / Le verbe *mettre* au présent

3 a. Complétez avec une action de la liste suivante et un ustensile.
mélanger – éplucher – faire cuire – ajouter – verser – couvrir

1. Vous … le lait dans … .

2. On … les oignons dans … .

3. Ils … … de sucre dans le yaourt.

4. Nous … le sucre avec … .

5. Je … la pomme avec … .

6. Tu … la casserole avec … .

b. Transformez les phrases 1 à 3 avec le verbe *mettre*.

Les pronoms COD *le, la, l', les*

4 Réécrivez la recette en supprimant les répétitions.

Pour faire des crêpes, il faut : 250 g de farine, 4 œufs, 1/2 litre de lait, 50 g de beurre, 2 cuillères à soupe de sucre.

1. Mettre la farine dans un saladier et mélanger la farine avec le sucre.
2. Ajouter les œufs et mélanger les œufs à la farine.
3. Prendre le lait bien frais et ajouter le lait dans la préparation.
4. Faire chauffer le beurre et mettre le beurre dans la préparation.
5. Verser un peu de pâte et répartir la pâte dans la poêle chaude.
6. Faire cuire la crêpe des deux côtés et servir la crêpe.

À retenir

Récap' lexique

Les expressions de quantité

1 Complétez avec des ingrédients possibles.

Ex. : un kilo de sucre / d'oignons.

500 grammes de / d'…   un litre de / d'…   une boîte de / d'…   un pot de / d'…   un sachet de / d'…
une cuillère de / d'…   une gousse de / d'…   un bouquet de / d'…   une pincée de / d'…   un morceau de / d'…

Les actions et les ustensiles pour cuisiner

2 a. Nommez les actions suivantes puis reliez-les au moment correspondant.

b. Complétez les légendes du dessin.

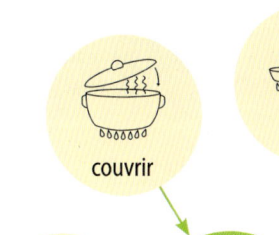
couvrir

…, …

…

…, mettre

Pendant la préparation du repas

Pendant le repas

…

…

…

…

les ustensiles
la vaisselle
la fourchette
les couverts

Récap' grammaire

La quantité précise + de

du poulet	→ un morceau **de** poulet
de la coriandre	→ un bouquet **de** coriandre
de l'huile	→ une cuillère **d'**huile
des oignons	→ un kilo **d'**oignons

 **le mot du prof**

On dit : *500 grammes de fraises, un kilo d'oignons, un litre d'eau.*
On ne dit pas : ~~500 grammes des fraises, un kilo des oignons, un litre de l'eau.~~

Le verbe *mettre* au présent 🔊 162

C'est un verbe à deux bases.

je	met**s**
tu	met**s**
il / elle / on	met
nous	mett**ons**
vous	mett**ez**
ils / elles	mett**ent**

Les pronoms COD *le, la, l', les*

On utilise **le, la, l', les** pour remplacer un mot COD.
Tu prends l'oignon, tu l'épluches et tu le coupes très fin.
Tu laves la coriandre, tu la coupes et tu l'ajoutes dans le plat.
Tu prends les morceaux de poulet et tu les mets dans le plat.

 **le mot du prof**

Les pronoms **le, la, l', les** répondent à la question : *Quoi ?* Ils peuvent aussi remplacer un COD qui correspond à une ou des personne(s) (*Qui ?*).
J'appelle mes amis et j'invite mes amis.
→ *J'appelle mes amis et je les invite.*

cent trente-cinq **135**

LEÇON 2 — Évoquer des événements personnels

> Faire une rétrospective

Doc. 1

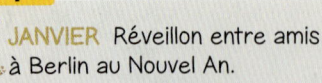

JANVIER Réveillon entre amis à Berlin au Nouvel An.

FIN FÉVRIER Mariage de Laëtitia et Hervé.

MI-AVRIL Voyage en Autriche à Pâques.

LES TEMPS FORTS DE L'ANNÉE

DÉBUT JUILLET Remise des diplômes pour Miléna, juste avant les grandes vacances !

SEPTEMBRE Déménagement et installation de Miléna dans son appartement à la rentrée.

DÉCEMBRE Naissance de la petite Rose quelques jours avant Noël ! Nous sommes grands-parents !

1 Observez l'album photos (doc. 1). Quel est le thème de cette page ?

2 Lisez les légendes des photos.
  a. Identifiez les événements marquants de l'année. Puis dites quels événements correspondent à des grands moments de la vie.
  b. Trouvez quand a eu lieu chaque événement.

3 Observez les cartes de vœux et associez chaque carte à un événement de l'album.

zoom Langue

Les grands événements de la vie (1)

Retrouvez le nom des événements correspondant aux définitions suivantes.

le début de la vie → la … – l'union officielle d'un couple → le… – le changement de logement → le… – l'arrivée dans un nouveau lieu de vie → l' … – la cérémonie de fin des études → la…

Situer dans l'année

Observez puis complétez.

fin février – à Pâques – début juillet – à la rentrée – mi-avril – au Nouvel An

à / … / … + fête traditionnelle ou moment de l'année
mi- / … / … + mois

Féliciter, exprimer des vœux

a. Associez les formules aux occasions correspondantes.

Bonne chance ! • • à la naissance d'un bébé
Tous nos vœux de bonheur ! • • après un diplôme
Félicitations ! • • à l'annonce d'un mariage
Bienvenue à… ! • • avant un examen

b. Complétez les vœux formulés à l'occasion des fêtes traditionnelles.

Joyeux Noël ! – Bonnes fêtes de fin d'année ! – … – …

S'ENTRAÎNER 1

zoom Culture

Les moments-clés de l'année en France

a. Retrouvez l'ordre chronologique des moments-clés et les mois correspondants.
Noël – la rentrée – les grandes vacances – le Nouvel An – Pâques

b. Indiquez à quel moment (act. a.) commence / se termine : l'année civile – l'année scolaire.

4. Quels sont les moments-clés de l'année dans votre pays ? Quelles sont les principales fêtes ?

Chère famille, chers amis,

L'année qui vient de se terminer a été riche en événements ! Voici une petite rétrospective.

Notre fille aînée Laëtitia et son amoureux se sont mariés en février. Un excellent moment de retrouvailles avec la famille et les amis : il y avait 100 personnes à la fête ! Et puis en décembre, la famille s'est agrandie : leur fille Rose est née quatre jours avant Noël.

Notre deuxième fille, Miléna, a obtenu son diplôme de psychologue et nous avons assisté à la cérémonie. C'était très émouvant ! En septembre, elle a quitté la maison et s'est installée dans un appartement à Paris. C'était bizarre de se retrouver à deux...

Pour Jean-Luc et moi, l'année a commencé avec un voyage : on a fêté le Nouvel An en Allemagne avec des amis. Il y avait des feux d'artifice magnifiques ! Puis à Pâques, nous sommes allés en Autriche pour fêter nos trente ans de mariage.

En octobre, Jean-Luc a changé de travail, il est devenu responsable d'équipe. Et moi, je me suis inscrite à des cours de dessin. C'était mon rêve !

Enfin, à Noël, nous nous sommes retrouvés en famille, avec la petite Rose ! Quel beau cadeau !

Nous vous souhaitons une très bonne année,
Bises,
Odile

PS : un événement triste, notre chien Pompon est mort en mars. Il a vécu 16 ans avec nous.

5. Lisez la lettre (doc. 2).
  a. Qui écrit ? À qui ? Quand ? Quel est son objectif ?
  b. Trouvez qui a fait l'album photos (doc. 1).

6. a. Relisez. Repérez les passages correspondant aux événements cités dans l'album photos.
  b. Relevez les ressentis et les précisions exprimés sur les événements de l'année.

7. Relisez. Vrai ou faux ? Justifiez (citez le texte).
  a. Tous les événements de l'année ont été positifs.
  b. Un événement est lié à la vie professionnelle.
  c. Odile a commencé une nouvelle activité.

zoom Langue

Raconter des événements passés

> **Les grands événements de la vie (2)**

Retrouvez les verbes correspondant à ces événements.
l'obtention d'un diplôme – la naissance ≠ la mort – un déménagement – une installation – un mariage – un changement de fonction professionnelle
l'obtention → obtenir – *la naissance* → naître ≠ *la mort* → ...

> **Le passé composé**

a. Observez puis complétez la règle du passé composé.

| Elle a quitté la maison. | Rose est née. |
| Nous avons assisté à… | Nous sommes allés en Autriche. |

– Auxiliaire ... ou ... + participe passé.
– Avec ..., le participe passé ne s'accorde pas avec le sujet.
– Avec ..., le participe passé s'accorde avec le sujet.

b. Observez et trouvez les infinitifs des verbes. Puis complétez la suite de la règle du passé composé.
Ils **se** sont mariés. – La famille **s'**est agrandie. – Je **me** suis inscrite. – Nous **nous** sommes retrouvés.

On utilise l'auxiliaire *être* pour 14 verbes et tous les verbes ....

c. Retrouvez les participes passés de ces verbes.
naître – mourir – s'inscrire – devenir – obtenir – vivre

> **L'imparfait** (*c'était, il y avait*)

Observez puis cochez pour formuler la règle.
C'était très émouvant. **Il y avait** 100 personnes.

On utilise *c'était* et *il y avait* pour exprimer ☐ un événement passé ☐ un ressenti/une appréciation sur un événement passé ☐ une précision sur un événement passé.

(S'ENTRAÎNER 2, 3, 4)

8. PRONONCIATION ▶ 23
La distinction [ɛ̃] / [ɑ̃] / [ɔ̃]

a. 🔊 163 Écoutez et associez à la mimique correspondante.
1. fin juin **2.** Pompon **3.** trente ans
a. b. c.

b. 🔊 164 Écoutez. Vous entendez [ɛ̃] comme dans *fin*, [ɔ̃] comme dans *Pompon* ou [ɑ̃] comme dans *trente* ?

c. 🔊 165 Écoutez et répétez avec les bonnes mimiques.

9. S'EXPRIMER ✏️

Vous racontez votre année dans une lettre amicale.
a. Rappelez-vous les temps forts de votre année.
b. Écrivez une lettre à un(e) ami(e) francophone pour raconter les événements importants. Indiquez les moments, donnez des précisions ou appréciations.

TÂCHE CIBLE — Faire une rétrospective

NOTRE ANNÉE EN DESSINS

ON S'EST RENCONTRÉS EN SEPTEMBRE. LES PREMIERS JOURS DE CLASSE, C'ÉTAIT DIFFICILE DE COMMUNIQUER ! MAIS ON A APPRIS BEAUCOUP DE CHOSES.

EN JANVIER, JUAN A CHANGÉ DE TRAVAIL, IL A QUITTÉ LA CLASSE. C'ÉTAIT TRISTE !

MI-MAI, ON A FAIT UNE FÊTE POUR L'ANNIVERSAIRE DE MANUELA. ELLE A EU 30 ANS. C'ÉTAIT UNE SUPER SOIRÉE !

MARGARITA S'EST MARIÉE EN JUIN. ELLE N'EST PAS VENUE EN CLASSE PENDANT UNE SEMAINE.

1 Préparez-vous !
Vous allez faire une rétrospective en dessins de la période partagée avec la classe.
a. Observez la rétrospective ci-contre et identifiez le contexte. Quels sont les événements personnels ? les événements vécus avec le groupe ?
b. **En petits groupes** Faites un remue-méninges.
– Quels événements ont marqué cette période, pour chaque personne de votre groupe ?
– Quels ont été les bons moments vécus en classe ?

2 Réalisez !
a. Sélectionnez quels événements ou moments vous voulez illustrer.
b. Faites un dessin pour chaque événement ou moment et écrivez la légende. Indiquez vos ressentis.

3 Partagez !
Mettez en commun toutes les vignettes et composez votre rétrospective de la classe. Choisissez votre format : une affiche papier ou un document numérique à partager sur votre ETC.

S'entraîner

Situer dans l'année / Exprimer des vœux

1 Dites à quel moment de l'année on peut formuler les vœux suivants.
Ex. : Joyeuses Pâques ! → À Pâques.

a. Bonne année !
b. Bon retour à l'école !
c. Joyeux Noël !
d. Bonnes vacances !
e. Bonnes fêtes de fin d'année !

Les grands événements de la vie

2 Associez les messages et les événements.
~~la mort~~ – l'obtention d'un diplôme – la naissance – le mariage – le déménagement – le changement de travail – l'installation
Ex. : Je suis triste, mon chat est parti hier. → la mort

a. Le bébé est arrivé !
b. Je prends un nouveau poste.
c. Nous quittons notre appartement !
d. Bravo, tu as réussi tes examens avec succès !
e. Félicitations pour votre union !
f. On range les affaires et on décore l'appartement.

Le passé composé

3 Conjuguez les verbes au passé composé.
a. À la rentrée, Alicia (s'installer) en colocation avec des amies. Elles (trouver) un grand appartement près de l'université.
b. Notre chatte, Minette, (mourir), elle (vivre) 12 ans.
c. Nos filles (s'inscrire) à l'université à 18 ans et elles (obtenir) leur diplôme à 23 ans.
d. La famille (se réunir) à Noël : on (se retrouver) chez Tom.
e. – Alexia et Ismaïl, vous (se marier) quand ?
– Au printemps. Et nous (déménager) en août.
f. Je (quitter) l'université, je (devenir) avocat !

L'imparfait (*c'était, il y avait*)

4 Transformez le texte au passé. Utilisez le passé composé ou l'imparfait.

Année spéciale pour nous : nous devenons parents !
Janvier : nos deux garçons Hugo et Maxime naissent le Jour de l'an, c'est un moment magique !
Mai : Tom trouve un nouveau travail à Marseille. On quitte notre appartement de Paris et on s'installe dans une maison avec un jardin. C'est bien pour nous quatre de changer de vie !
Décembre : nous nous retrouvons en famille pour les fêtes de fin d'année. Il y a aussi nos amis marseillais. C'est super de faire notre première fête dans notre nouvelle maison !

À retenir

Récap' lexique

Les grands événements de la vie

1 Complétez la frise avec les noms et les verbes correspondant aux événements.

naître … …, … … … …

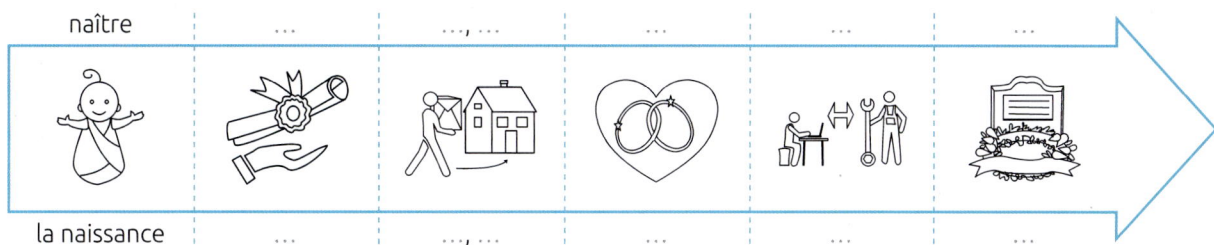

la naissance … …, … … … …

Les moments-clés de l'année

2 Retrouvez à quels moments ou quelles fêtes correspondent les dates ou périodes entourées.

Récap' grammaire

Le passé composé

Rappel : on utilise le passé composé pour parler de faits passés.

Avoir + participe passé	→ Pour la majorité des verbes. Elle **a** quitté la maison. Nous **avons** assisté à la remise des diplômes.
Être + participe passé	→ Pour 14 verbes et leurs composés : *naître ≠ mourir, monter ≠ descendre, arriver ≠ partir, aller ≠ venir, entrer ≠ sortir, passer, rester, tomber, retourner.* Rose **est** né**e**. Nous **sommes** allé**s** en Autriche. → Pour les verbes pronominaux. La famille **s'est** agrandie. Nous **nous sommes** retrouvé**s**. Ils **se sont** marié**s**. **le mot du prof** On s'est retrouvé(e)s. / On est allé(e)s. → *on = nous* → On accorde le participe au pluriel.
Quelques participes passés irréguliers	naître → né(e) inscrire → inscrit(e) vivre → vécu mourir → mort(e) devenir → devenu(e) obtenir → obtenu

Structures pour situer dans l'année

à / à la / au + fête ou moment de l'année
à Noël – à la rentrée – au Nouvel An

début / mi- / fin + mois
début janvier – mi-juillet – fin décembre

L'imparfait (*c'était, il y avait*)

On utilise l'imparfait pour donner des précisions ou une appréciation sur un événement passé.

Il y avait des feux d'artifice magnifiques.
C'était très émouvant.

LEÇON 3 — Célébrer un événement

> Organiser une fête de fin de niveau

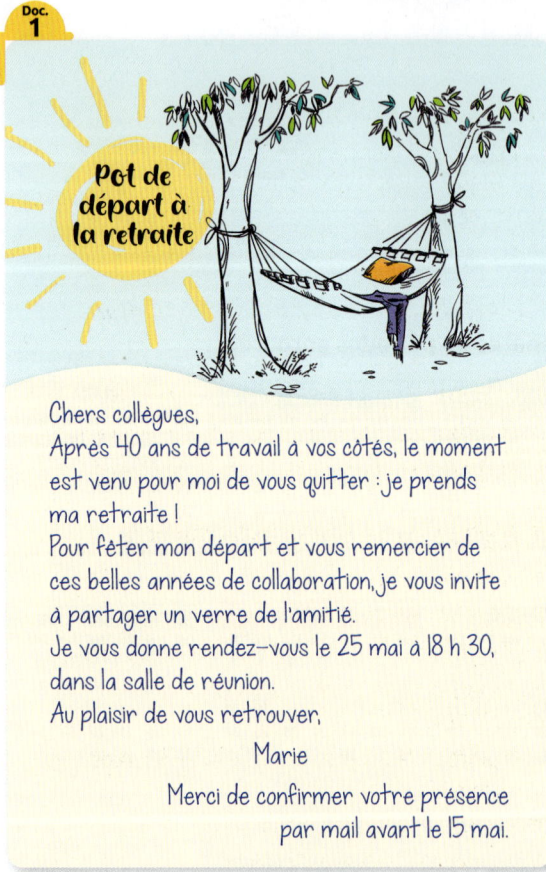

Pot de départ à la retraite

Chers collègues,
Après 40 ans de travail à vos côtés, le moment est venu pour moi de vous quitter : je prends ma retraite !
Pour fêter mon départ et vous remercier de ces belles années de collaboration, je vous invite à partager un verre de l'amitié.
Je vous donne rendez-vous le 25 mai à 18 h 30, dans la salle de réunion.
Au plaisir de vous retrouver,
Marie
Merci de confirmer votre présence par mail avant le 15 mai.

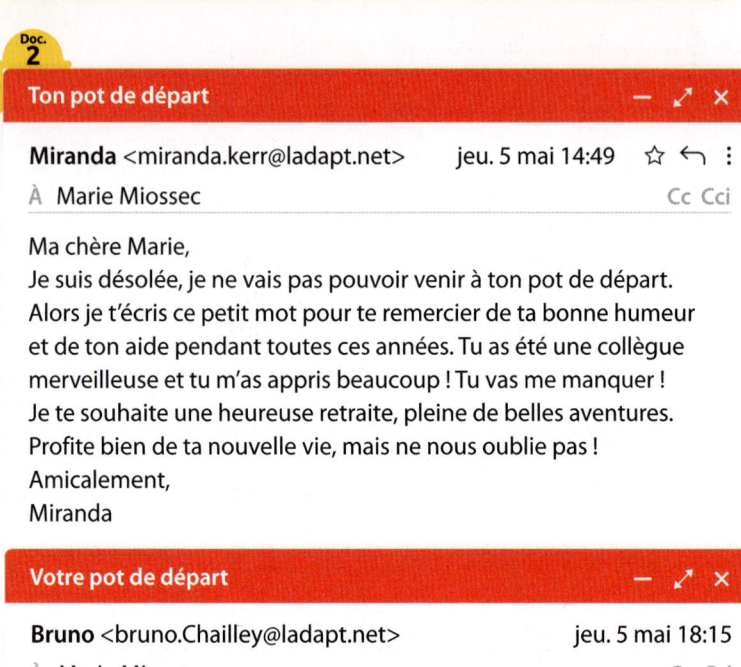

Ton pot de départ

Miranda <miranda.kerr@ladapt.net>   jeu. 5 mai 14:49
À   Marie Miossec   Cc Cci

Ma chère Marie,
Je suis désolée, je ne vais pas pouvoir venir à ton pot de départ. Alors je t'écris ce petit mot pour te remercier de ta bonne humeur et de ton aide pendant toutes ces années. Tu as été une collègue merveilleuse et tu m'as appris beaucoup ! Tu vas me manquer !
Je te souhaite une heureuse retraite, pleine de belles aventures. Profite bien de ta nouvelle vie, mais ne nous oublie pas !
Amicalement,
Miranda

Votre pot de départ

Bruno <bruno.Chailley@ladapt.net>   jeu. 5 mai 18:15
À   Marie Miossec   Cc Cci

Chère Marie,
Je vous confirme ma présence le 25.
Le jour est venu pour vous de quitter notre entreprise… Ce mail est l'occasion de vous remercier. Toute l'équipe et moi-même avons apprécié votre travail et votre motivation pendant les 40 années de votre carrière. Vous allez nous manquer !
Bien à vous,
Bruno

1 a. Lisez les trois messages (doc. 1 et doc. 2). Identifiez la situation : qui écrit ? À qui ? Pourquoi ?
b. Repérez le type de relation entre les personnes : formelle ou informelle ? Justifiez votre réponse.

2 Relisez.
a. Identifiez l'organisation de chaque message : choisissez dans la liste ce que chaque personne fait et dans quel ordre.
demander une réponse – inviter – indiquer sa présence ou son absence – indiquer le motif de l'invitation – exprimer un souhait – remercier / exprimer sa gratitude
b. Relevez les précisions sur l'invitation (événement, date, lieu) et la demande de réponse.
c. Indiquez qui va participer. Justifiez (citez le texte).

3 Relisez les mails de réponse (doc. 2).
a. Choisissez puis justifiez (citez les textes).
La relation entre Marie et ses collègues a été…
mauvaise – mitigée – bonne – excellente
b. Relevez les souhaits formulés pour Marie.

zoom Langue

Inviter et répondre à une invitation
Associez.

inviter •
demander une réponse •
indiquer sa présence ou son absence •
saluer •
prendre congé •

• Amicalement,
• Je te / vous donne rendez-vous le…
• Je te / vous confirme ma présence.
• Je te / vous invite (à + *verbe*) / (pour + *nom*)
• Merci de confirmer votre présence (avant le…).
• Je suis désolé(e), je ne vais pas pouvoir venir.
• Bien à vous,
• (Ma / Mon / Mes) cher(s) / chère(s)…

Le départ à la retraite
Retrouvez les expressions équivalentes.
partir de l'entreprise – un verre de l'amitié – terminer sa carrière – célébrer la fin de la carrière

> S'ENTRAÎNER 1

zoom Langue

Les pronoms personnels compléments *me, te, nous, vous*

Observez puis cochez pour formuler la règle.

> Tu **m'**as appris beaucoup. Tu vas **me** manquer !
> Je **t'**écris pour **te** remercier.
> Ne **nous** oublie pas !
> Je **vous** invite….

Me, te, nous, vous sont des pronoms personnels compléments. Ils se placent en général ☐ avant ☐ après le verbe.
Avec un verbe + infinitif, ils se placent ☐ avant ☐ après l'infinitif.

S'ENTRAÎNER 2

4 ✏️ **En petits groupes** C'est la fin du niveau A1 : des personnes vont quitter la classe. Écrivez des « petits mots » à l'occasion de leur départ.

> Cher Paulo,
> J'ai adoré étudier avec toi. Je te remercie pour ton aide. Tu vas me manquer !
> Matilda

Doc. 3

5 Observez la page du site leetchi (doc. 3).
a. Quel est son objectif ? Qu'est-ce qu'une « cagnotte » ?
b. Échangez ! Vous avez déjà créé ou participé à une cagnotte en ligne ? Pour quel événement ?

6 🔊 166 Écoutez. Identifiez la situation : qui parle ? De quoi ?

7 🔊 166 Réécoutez.
a. Listez les idées de surprises ou attentions et relevez les précisions pour chacune.
b. Trouvez quelles surprises sont en préparation. Justifiez (citez les paroles).

8 🔊 166 Réécoutez. Vrai ou faux ? Justifiez (citez les paroles).
a. Les collègues envisagent de faire un cadeau commun pour Marie.
b. Ils vont collecter de l'argent sur un site Internet.
c. Ils vont offrir à Marie un voyage et des spectacles.

zoom Langue

Se mettre d'accord sur un cadeau

❯ Les cadeaux et les attentions

Retrouvez les expressions équivalentes.
un montage de photos – des saynètes humoristiques –
un recueil de témoignages, d'impressions, de remerciements –
un texte mis en musique – une collecte d'argent – un speech

❯ Les pronoms COI *lui, leur*

a. Observez puis associez : qu'est-ce que *lui* et *leur* remplacent dans chaque phrase ?

Qu'est-ce qu'on **lui** offre ? • • à Marie
Je **lui** ai communiqué des informations. • • aux collègues
Vous pouvez **leur** donner des idées. • • à Bruno

b. Observez puis cochez pour formuler la règle.

> On **lui** prépare une surprise.
> = On prépare une surprise **à Marie**.

À Marie est le **COI (complément d'objet indirect)** du verbe.
Les pronoms **lui** et **leur** répondent à la question :
☐ Qui ? ☐ À qui ? ☐ Quoi ? ☐ À quoi ?
Lui et **leur** remplacent des noms ☐ masculins ☐ féminins ☐ masculins ou féminins.
Lui remplace un nom ☐ singulier ☐ pluriel.
Leur remplace un nom ☐ singulier ☐ pluriel.
On utilise **lui** et **leur** avec des verbes comme *parler, écrire, répondre, offrir, donner quelque chose (à quelqu'un).*

❯ Le présent continu

Observez puis cochez pour formuler la règle.

> On **est en train** de faire un diaporama, j'ai commencé à sélectionner des photos.

Le présent continu exprime une action ☐ passée ☐ en cours de réalisation ☐ future.
Construction : sujet + **être en train de** + verbe ☐ au présent ☐ à l'infinitif.

S'ENTRAÎNER 3, 4

9 S'EXPRIMER ✏️

Vous écrivez une invitation à une personne de la classe.
a. Choisissez une occasion pour votre invitation : fête d'anniversaire, pot de départ… Tirez au sort une personne de la classe à inviter.
b. Écrivez votre invitation. Précisez la date, l'horaire, le lieu. Ajoutez des précisions (quelque chose à apporter…).
c. La personne répond à votre invitation.

Dossier 8 — Leçon 3

cent quarante et un 141

TÂCHE CIBLE : Organiser une fête de fin de niveau

1 Préparez-vous !

Vous allez organiser une fête pour célébrer la fin du niveau A1.
a. Choisissez la date et le lieu de votre fête.
b. Observez le nuage de mots. Choisissez quel(s) type(s) d'animation vous avez envie de proposer. Formez des groupes en fonction de votre choix.

2 Réalisez !

En petits groupes
a. Préparez votre animation. Pensez à ce que vous avez appris dans ce niveau, à des moments vécus ensemble…
b. Chacun(e) votre tour, tirez au sort le nom d'une personne d'un autre groupe. Rappelez-vous ses goûts et sa personnalité. Mettez-vous d'accord sur une idée de cadeau à lui offrir (petit objet ou attention).
c. Préparez un mot pour accompagner chaque cadeau.

3 Partagez !

Faites la fête ! Proposez vos animations et offrez vos cadeaux. Vous pouvez aussi préparer un dîner à partir du menu imaginé dans la leçon 1 de ce dossier.

S'entraîner

Inviter et répondre à une invitation / Le départ à la retraite

1 Avec les éléments suivants, reconstituez l'invitation de Jean-Paul et la réponse de Bénédicte.
– Merci de confirmer votre présence avant le 31 mai.
– Je te confirme ma présence le 12 juin.
– Bénédicte
– Chers collègues et amis,
– Après 42 ans de carrière, je quitte l'entreprise !
– Amicalement,
– Jean-Paul
– Cher Jean-Paul,
– Je vous invite à venir fêter ma retraite et vous donne rendez-vous le 12 juin dans la salle de conférence.
– Tu as été pour moi un super collègue, alors je veux être là pour ton pot de départ !
– Bien à vous,

Les pronoms personnels compléments *me, te, nous, vous*

2 Complétez avec un pronom (*me/m'*, *te/t'*, *nous* ou *vous*).
*Ex. : Chers amis, je donne rendez-vous à 18 h. → Chers amis, je **vous** donne rendez-vous à 18 h.*
a. Mes chers collègues, je quitte mais je ne vais pas oublier !
b. Cher Hugues, je remercie pour ton travail !
c. Mia, nous disons merci ! Tu as apporté une aide précieuse !
d. Cher Paul, je souhaite une belle retraite. Tu vas manquer !
e. Chers collègues, vous avez fait de belles surprises ! Je remercie !
f. Chère Anita, merci de inviter à ton pot de départ, mais nous ne pouvons pas venir.

Les pronoms COI *lui, leur*

3 Transformez avec *lui* ou *leur* pour éviter les répétitions.
*Ex. : Pour les 50 ans de Julia, nous offrons à Julia un week-end à Paris. → Pour les 50 ans de Julia, nous **lui** offrons un week-end à Paris.*
a. Nous organisons une fête pour Thomas. Nous faisons une surprise à Thomas.
b. On écrit à nos amis, on veut souhaiter bon voyage à nos amis.
c. Pour le pot avec tes collègues, où est-ce que tu as donné rendez-vous à tes collègues ?
d. J'ai invité Gilles à mon pot de départ : j'ai envoyé une invitation à Gilles.
e. Je réponds à Lou pour confirmer ma présence à Lou.

Le présent continu

4 Observez les photos et indiquez l'action en cours.
Ex. : Je suis en train d'écrire un SMS.

a. Alex et Léa vont quitter l'entreprise, elles …

b. Nous allons faire un album, nous …

c. On vient de faire la fête, on …

d. Tu … : tu vas partir en voyage ?

À retenir

Récap' lexique et communication

Inviter et répondre à une invitation

1 Complétez la carte mentale avec les formules possibles.

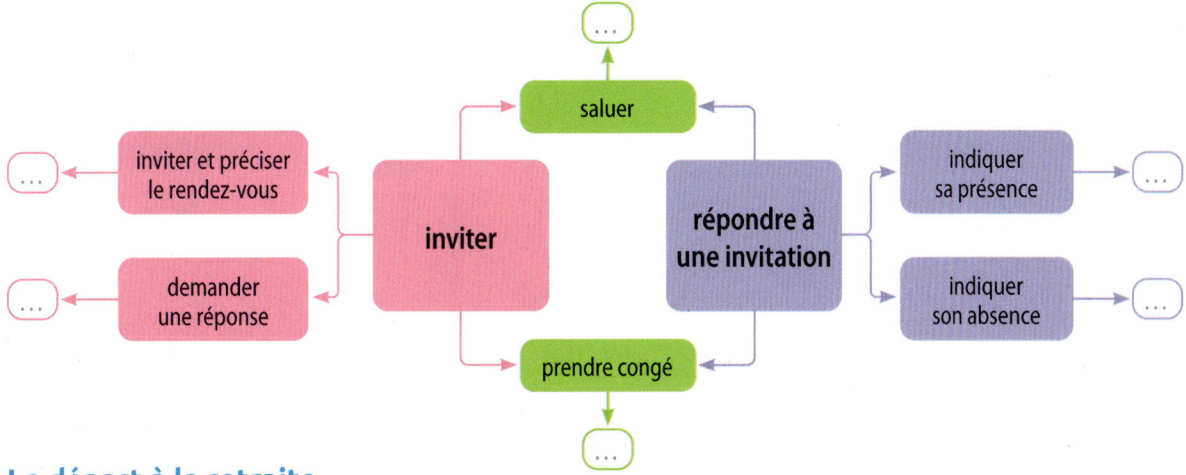

Le départ à la retraite

2 Faites les associations possibles.

Récap' grammaire

Les pronoms personnels compléments *me, te, nous, vous*

Me, **te**, **nous** et **vous** sont des pronoms personnels compléments.
Ils répondent à la question : Qui ? ou À qui ?
Ils se placent en général avant le verbe.
Elle m'invite.
Elle va te remercier.
Elle nous donne rendez-vous.
Elle vous a répondu.

Le présent continu

Pour indiquer une action en cours de réalisation :
verbe **être** au présent + **en train de** + verbe à l'infinitif
Ils sont en train de préparer des sketches.

Les pronoms COI *lui, leur*

Les pronoms **lui** et **leur** sont des pronoms personnels compléments. Ils répondent à la question : **À qui ?**
Ils se placent en général avant le verbe.

Bruno a écrit à Marie, elle a répondu à Bruno. → *Bruno a écrit à Marie, elle lui a répondu.*
Pour fêter le départ de Marie, nous offrons un cadeau à Marie. → *Pour fêter le départ de Marie, nous lui offrons un cadeau.*
Pour aider nos collègues, nous allons donner des idées à nos collègues. → *Pour aider nos collègues, nous allons leur donner des idées.*

On utilise **lui** et **leur** avec des verbes comme *parler, écrire, répondre, offrir, donner, préparer, raconter, communiquer, dire quelque chose* **à quelqu'un**.

 Attention à la place du pronom ! On dit : *Je veux t'inviter. On va lui répondre.*
On ne dit pas : *Je te veux inviter. On lui va répondre.*

Patrimoines

CALENDRIER FESTIF

1. Observez le calendrier festif d'une année en France.

   a. Quelles fêtes ou événements connaissez-vous ?

   b. **En petits groupes** Identifiez…
   – les fêtes traditionnelles ;
   – les dates anniversaires d'un événement historique ;
   – les manifestations culturelles.
   Faites une recherche si nécessaire.

JANVIER
le 1er : Jour de l'an
Le 6 : Épiphanie ou
« fête des Rois »

FÉVRIER
le 2 : Chandeleur

En février ou mars : Mardi gras

MARS

AVRIL
le 1er : Poisson d'avril

En mars ou avril : Pâques

MAI
le 1er : fête du Travail
le 8 : fin de la guerre
1939-1945

JUIN
le 21 : Fête
de la musique

JUILLET
le 14 : fête nationale

AOÛT

Vacances d'été

SEPTEMBRE
Rentrée des classes
le 3e week-end :
Journées européennes
du patrimoine

OCTOBRE
le 31 : Halloween

NOVEMBRE
le 1er : Toussaint
le 11 : fin de la guerre
1914-1918

DÉCEMBRE
le 25 : Noël
le 31 : Saint-Sylvestre

2. a. Lisez les descriptions suivantes. Retrouvez à quel moment-clé du calendrier chaque tradition correspond.

- On se fait des blagues et les enfants collent des poissons en papier dans le dos.
- Il y a un défilé militaire à Paris et des feux d'artifice dans toute la France.
- On mange des crêpes.
- Les enfants cherchent des œufs en chocolat dans les jardins.
- On mange la galette des Rois : la personne qui a la fève devient le roi ou la reine.
- Il y a des carnavals dans certaines villes et on se déguise.

   b. **Échangez !** Est-ce que ces fêtes et traditions existent dans votre pays ? À la même date ou à d'autres dates ?

3. ▷ 24 Regardez la vidéo sans le son. Identifiez la fête et les trois principaux rituels présentés.

4. ▷ 24 Regardez la vidéo avec le son.

   a. Identifiez l'importance de cette fête pour les Français. Justifiez avec les chiffres donnés.

   b. Expliquez l'origine des trois rituels incontournables (act. 3).

   c. Repérez les autres rituels cités.

5. a. **Échangez !** Est-ce que vous célébrez cette fête dans votre pays ? Quels sont les rituels ?

   b. **En petits groupes** Présentez une fête importante de votre pays. Dites quels sont les plats et les boissons traditionnels pour cette fête.

Fenêtre sur…

Sociétés

Fenêtres sur…

1 Lisez les infographies.
  a. D'après ces chiffres, quelle est la place de la cuisine dans la vie quotidienne des Français ?
  b. Faites l'enquête dans la classe. Comparez vos résultats avec les chiffres des infographies.

2 Lisez cette page du site cuisineaz. Qu'est-ce qu'elle présente ? De quelle cuisine s'agit-il ?

3 En petits groupes
  a. Relisez la page. Identifiez…
  – les plats de viande ;
  – les plats de légumes ;
  – les desserts.
  b. Associez les listes d'ingrédients suivantes aux plats correspondants.
  – Des pommes de terre, du lait, de la crème, de l'ail…
  – Des courgettes, des aubergines, des tomates, des poivrons, des oignons…
  – Du veau, de la crème, des carottes, des champignons…

4 a. Échangez ! Parmi les spécialités présentées, lesquelles avez-vous envie de découvrir ?
  b. Quels autres plats ou desserts français connaissez-vous ?

Stratégies et outils pour... produire un écrit

Analyser une consigne : identifier le contexte et le plan de l'écrit à produire

1 Lisez la consigne de production écrite.
  a. Identifiez le type d'écrit demandé.
  b. Identifiez la situation : qui écrit ? À qui faut-il écrire ? Quel est l'objectif ?

> **S'EXPRIMER** ✏️
>
> **Vous rédigez un mail pour inviter un(e) ami(e) à aller à un spectacle.**
>
> Indiquez le type de spectacle, son nom / l'artiste. Dites pourquoi vous voulez le voir. Donnez des précisions : le lieu, le prix des places, les dates et les horaires. Demandez à votre ami(e) s'il / si elle veut venir avec vous.

2 Relisez la consigne. Qu'est-ce qu'il faut faire ? Cochez.
- ☐ Inviter à un spectacle.
- ☐ Dire la nature du spectacle.
- ☐ Donner les raisons du choix.
- ☐ Donner les avis des critiques sur le spectacle.
- ☐ Indiquer où est le spectacle.
- ☐ Dire combien ça coûte.
- ☐ Donner les dates possibles.
- ☐ Préciser les horaires.
- ☐ Fixer le rendez-vous.
- ☐ Demander une réponse.

3 **En petits groupes** Lisez la production d'Amir, un étudiant.

  a. **Vrai ou faux ? Cochez.**

  L'étudiant a respecté la consigne (act. 1) :
  – le type d'écrit   ☐ Vrai   ☐ Faux
  – le destinataire (à qui ?) ☐ Vrai   ☐ Faux
  – l'objectif   ☐ Vrai   ☐ Faux

  b. **Identifiez ce qui manque dans la production (act. 2).**

  c. **Qu'est-ce que vous pouvez proposer à Amir pour améliorer sa production ?**

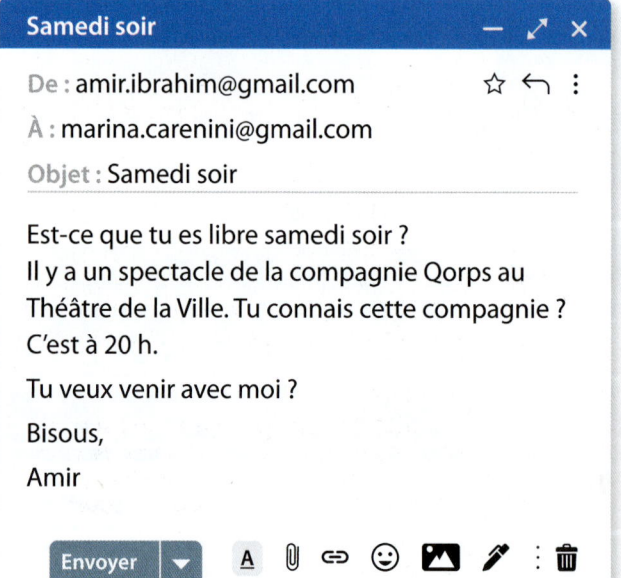

Samedi soir
De : amir.ibrahim@gmail.com
À : marina.carenini@gmail.com
Objet : Samedi soir

Est-ce que tu es libre samedi soir ?
Il y a un spectacle de la compagnie Qorps au Théâtre de la Ville. Tu connais cette compagnie ?
C'est à 20 h.
Tu veux venir avec moi ?
Bisous,
Amir

4 Entraînez-vous à analyser une consigne pour produire un écrit ! Lisez la consigne suivante de production écrite. Qu'est-ce que vous identifiez, pour vous préparer avant d'écrire ?

> **S'EXPRIMER** ✏️
>
> **Vous écrivez un commentaire sur une recette.**
>
> Vous avez réalisé une recette du site cuisineaz.com. Vous écrivez un commentaire sur le site : vous indiquez pour quelle occasion vous avez fait cette recette. Vous précisez quels ont été le résultat et la réaction des personnes qui ont goûté le plat. Puis vous proposez des modifications à apporter à la recette pour l'améliorer.

 Avez-vous une méthode pour vous préparer avant de produire un écrit ?

Entraînement DELF A1

Compréhension de l'oral

Exercice 5 Identifier des objets

🔊 167 **Vous allez entendre un message. Quels objets sont donnés dans le message ?**
Vous entendez le nom de l'objet ? Cochez (X) OUI. Sinon, cochez (X) NON.

a. ☐ OUI   ☐ NON   b. ☐ OUI   ☐ NON   c. ☐ OUI   ☐ NON   d. ☐ OUI   ☐ NON   e. ☐ OUI   ☐ NON

Compréhension des écrits

Exercice 4 Lire pour s'informer

Vous êtes en France. Vous lisez ce flyer.
Lisez le texte puis répondez aux questions.

À 30 minutes de Paris, **la Cueillette de Cergy**, membre du réseau « **Chapeau de paille** », vous accueille dans son jardin. Venez en famille pour cueillir des fruits et des légumes de saison et des fleurs. Un fleuriste vous aide à composer des bouquets magnifiques.

Notre conseil

Portez des vêtements adaptés à la météo. À l'entrée de la Cueillette, le Marché de Caroline vous propose des produits locaux.

> Du lundi au vendredi de 9 h à 19 h 30
> Le week-end de 9 h à 18 h 30

1. Qu'est-ce qu'on peut trouver à la Cueillette de Cergy ?

a. ☐

b. ☐

c. ☐

2. Un professionnel vous aide à...
   a. ☐ cultiver des plantes.
   b. ☐ faire des bouquets de fleurs.
   c. ☐ préparer des recettes de cuisine.

3. Pour aller à la Cueillette de Cergy, il faut s'habiller en fonction...
   a. ☐ du temps qu'il fait.
   b. ☐ du jour de la visite.
   c. ☐ de l'activité choisie.

4. Le Marché de Caroline propose des produits...
   a. ☐ ethniques.
   b. ☐ régionaux.
   c. ☐ biologiques.

5. Le dimanche, la Cueillette de Cergy ferme à...
   a. ☐ 18 h 30.
   b. ☐ 19 h 30
   c. ☐ 20 h 30.

Entraînement DELF A1

Production écrite

Exercice 2 Rédiger un message simple

Lisez le sujet puis rédigez le message.

> Vous êtes en France. Vous avez eu votre diplôme de fin d'études. Vous rédigez un mail pour proposer à vos amis de passer un week-end à la montagne pour fêter cet événement. Vous indiquez la date, l'heure et le lieu du rendez-vous. Vous dites aussi les activités que vous allez faire. (40 mots)

nouveau message

Production orale

Exercice 3 Dialogue simulé

Lisez le sujet ci-dessous.

> **À l'épicerie**
> Vous êtes dans un magasin d'alimentation en France. Vous voulez préparer un repas pour vos amis. Vous demandez des informations sur les produits. Vous choisissez et vous payez.

Annexes

- DELF A1 Épreuve complète .... p. 150-157
- Précis grammatical .... p. 158-166
- Les sons du français .... p. 167
- Activités de phonie-graphie .... p. 168-171
- Tableau de conjugaisons .... p. 172-173
- Carte de la France métropolitaine .... p. 174
- Plan de Paris .... p. 175

DELF A1

Compréhension de l'oral

25 POINTS

Vous allez écouter plusieurs documents. Il y a deux écoutes.
Avant chaque écoute, vous entendez le son suivant : 🔔.
Dans les exercices 1, 2, 3 et 5, pour répondre aux questions, cochez (X) la bonne réponse.

Exercice 1 Identifier un événement .... **4 POINTS**

🔊 168 Vous entendez le message suivant sur votre répondeur téléphonique.
Lisez les questions. Écoutez le document puis répondez.

1 Marina vous invite à un spectacle… **1 POINT**
  a. ☐ lundi.
  b. ☐ jeudi.
  c. ☐ samedi.

2 Quel type de spectacle vous allez voir ? **1 POINT**

a. ☐

c. ☐

b. ☐

3 Marina vient avec… **1 POINT**
  a. ☐ sa sœur.
  b. ☐ son mari.
  c. ☐ son frère.

4 Le rendez-vous est à quelle heure ? **1 POINT**

a. ☐

b. ☐

c. ☐

Exercice 2 Identifier une activité — **4 POINTS**

🔊 169 **Vous êtes en France. Vous entendez cette annonce dans un magasin.
Lisez les questions. Écoutez le document puis répondez.**

1 Le magasin fête... — **1 POINT**
- a. ☐ une saison.
- b. ☐ un anniversaire.
- c. ☐ un événement sportif.

2 Aujourd'hui, il y a des réductions sur quoi ? — **1 POINT**

a.  ☐   b.  ☐   c. ☐

3 Si on participe au jeu, qu'est-ce qu'on peut gagner ? — **1 POINT**

a.  ☐   b.  ☐   c. ☐

4 La fête du magasin se termine à... — **1 POINT**
- a. ☐ 12 h.
- b. ☐ 17 h.
- c. ☐ 19 h 30.

Exercice 3 Comprendre des instructions — **4 POINTS**

🔊 170 **Vous vivez en France. Vous téléphonez à un club sportif. Vous entendez ce message.
Lisez les questions. Écoutez le document puis répondez.**

1 Le club de sport va ouvrir... — **1 POINT**
- a. ☐ en août.
- b. ☐ en septembre.
- c. ☐ en octobre.

2 Pour avoir des informations, on peut téléphoner à... — **1 POINT**
- a. ☐ 10 h.
- b. ☐ 14 h.
- c. ☐ 16 h.

3 Sur le site, on peut déjà trouver... — **1 POINT**
- a. ☐ le prix de l'inscription.
- b. ☐ le nom des enseignants.
- c. ☐ les horaires des activités.

4 Pour se préinscrire aux activités, on doit... — **1 POINT**
- a. ☐ téléphoner au club.
- b. ☐ aller sur le site du club.
- c. ☐ aller au secrétariat du club.

cent cinquante et un

DELF A1

Exercice 4 Identifier des situations .... 8 POINTS

🔊 171 Vous allez entendre quatre petits dialogues correspondant à quatre situations différentes. Il y a 15 secondes de pause entre chaque dialogue. Notez, sous chaque image, le numéro du dialogue qui correspond. Puis vous allez entendre à nouveau les dialogues et vous pouvez compléter vos réponses. Regardez les images. Attention, il y a six images (a, b, c, d, e et f) mais seulement quatre dialogues.

a. Dialogue …

b. Dialogue …

c. Dialogue …

d. Dialogue …

e. Dialogue …

f. Dialogue …

Exercice 5 Identifier des objets .... 5 POINTS

🔊 172 Vous allez entendre un message. Quels objets sont donnés dans le message ? Vous entendez le nom de l'objet ? Cochez (X) OUI. Sinon, cochez (X) NON. Puis vous allez entendre à nouveau le message. Vous complétez vos réponses.

a. ☐ OUI ☐ NON

b. ☐ OUI ☐ NON

c. ☐ OUI ☐ NON

d. ☐ OUI ☐ NON

e. ☐ OUI ☐ NON

Compréhension des **écrits**

25 POINTS

Pour répondre aux questions, cochez (X) la bonne réponse.

Exercice 1 Suivre des instructions simples .... **6 POINTS**

Vous recevez ce message de votre ami français.
Lisez le document puis répondez aux questions.

---

nouveau message

Salut !

J'organise une fête pour Silvia, samedi. C'est son anniversaire. Tu peux m'aider pour la musique ? Si tu es libre demain, on se retrouve chez moi à 18 h pour organiser la soirée. Toi, tu as toujours de bonnes idées. Pour manger, je vais cuisiner des petits plats sympas et j'ai commandé un grand gâteau. Julia et Driss vont acheter le cadeau.

Appelle-moi ce soir vers 20 h.

Bises,

Laurent

---

1 Samedi, c'est l'anniversaire de... **1 POINT**
   a. ☐ Julia.
   b. ☐ Silvia.
   c. ☐ Laurent.

2 Pourquoi Laurent veut des conseils ? **1,5 POINT**

a. ☐   b. ☐   c. ☐

3 Vous avez rendez-vous avec Laurent... **1 POINT**
   a. ☐ aujourd'hui.
   b. ☐ demain.
   c. ☐ samedi.

4 Driss et Julia achètent quoi ? **1,5 POINT**

a. ☐   b. ☐   c. ☐

5 Vous devez appeler Laurent à... **1 POINT**
   a. ☐ 18 h.
   b. ☐ 19 h.
   c. ☐ 20 h.

DELF A1

Exercice 2 Lire pour s'orienter dans l'espace — 6 POINTS

Vous êtes dans une ville française. Vous voulez visiter le musée de la ville. Vous lisez ce panneau. Lisez le document puis répondez aux questions.

> **Le musée est ouvert du mardi au dimanche, de 14 h à 18 h 30.**
>
> Au mois de **janvier**, les salles du premier étage ne sont pas accessibles pour cause de travaux. La nouvelle entrée est située 12 rue Henri-Matisse, dans le jardin du musée.
>
> > Prendre la 1ʳᵉ rue à droite du bâtiment, continuer tout droit puis tourner à gauche. La nouvelle entrée est à 100 mètres, sur la gauche.
>
> **Le samedi, visites guidées en groupe sur réservation.**

1 Le musée est fermé… — 1 POINT
- a. ☐ lundi.
- b. ☐ mardi.
- c. ☐ dimanche.

2 Le musée est ouvert… — 1 POINT
- a. ☐ le matin.
- b. ☐ l'après-midi.
- c. ☐ toute la journée.

3 En janvier, on ne peut pas visiter… — 1 POINT
- a. ☐ le jardin.
- b. ☐ le musée.
- c. ☐ le premier étage.

4 Quel est le chemin pour entrer au musée ? — 2 POINTS

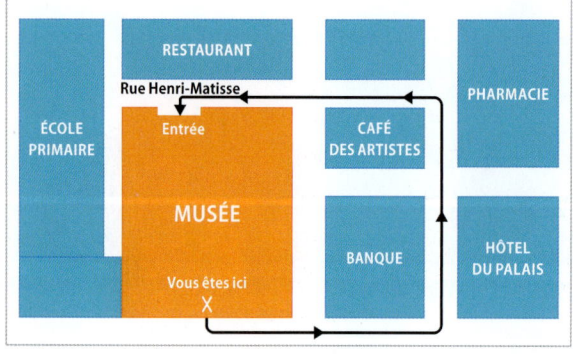

a. ☐

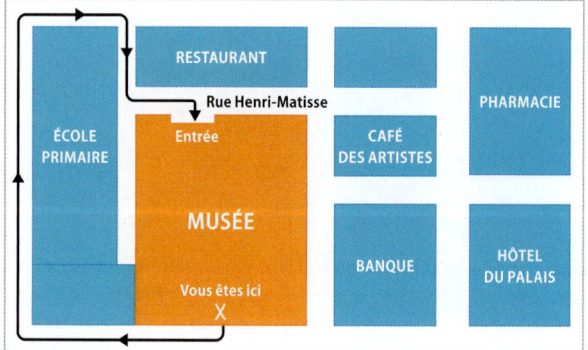

b. ☐

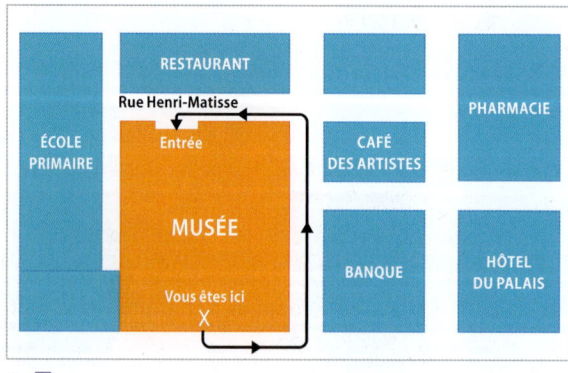

c. ☐

5 Le samedi, on peut… — 1 POINT
- a. ☐ faire une visite avec un guide.
- b. ☐ entrer gratuitement au musée.
- c. ☐ faire une visite privée du musée.

Exercice 3 Lire pour s'orienter dans le temps — 6 POINTS

Vous travaillez en France. Vous lisez ces annonces à la cafétéria de votre entreprise.
Lisez les annonces puis répondez aux questions.

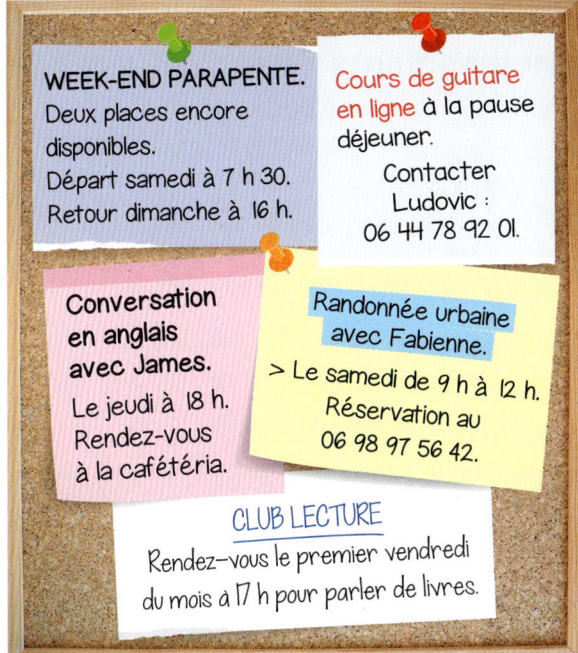

WEEK-END PARAPENTE.
Deux places encore disponibles.
Départ samedi à 7 h 30.
Retour dimanche à 16 h.

Cours de guitare en ligne à la pause déjeuner.
Contacter Ludovic : 06 44 78 92 01.

Conversation en anglais avec James.
Le jeudi à 18 h.
Rendez-vous à la cafétéria.

Randonnée urbaine avec Fabienne.
> Le samedi de 9 h à 12 h.
Réservation au 06 98 97 56 42.

CLUB LECTURE
Rendez-vous le premier vendredi du mois à 17 h pour parler de livres.

1 Une fois par mois, vous pouvez... — 1 POINT
   a. ☐ parler de livres.
   b. ☐ faire de la musique.
   c. ☐ marcher dans la ville.

2 Vous rentrez du week-end parapente à... — 1,5 POINT
   a. ☐ 7 h 30.   b. ☐ 16 h.   c. ☐ 17 h.

3 Le jeudi, vous rencontrez James pour... — 1 POINT
   a. ☐ faire du sport.
   b. ☐ visiter la ville.
   c. ☐ parler en anglais.

4 Vous pouvez faire de la musique... — 1 POINT
   a. ☐ le matin.
   b. ☐ le midi.
   c. ☐ le soir.

5 Le samedi, vous marchez à... — 1,5 POINT
   a. ☐ 9 h.   b. ☐ 12 h 30.   c. ☐ 14 h.

Exercice 4 Lire pour s'informer — 7 POINTS

Vous êtes en France. Vous lisez cet article dans le journal de la ville.
Lisez l'article puis répondez aux questions.

Albi
BALADE LUMINEUSE
De juin à septembre, de 22 h à minuit, participez à la balade lumineuse « Dans les pas de Toulouse-Lautrec », du réalisateur CozTen. Des projections d'images et de films transportent le spectateur dans le Montmartre de la Belle Époque. On découvre l'atelier, la vie et les œuvres de l'artiste. Attention, les photos sont interdites !

Prix de la balade : 5 euros. Gratuit pour les moins de 18 ans.
Réservation : https://reservation.albi-tourisme.fr/balade-lumineuse

1 On peut faire la balade lumineuse... — 1 POINT
   a. ☐ le matin.
   b. ☐ le soir.
   c. ☐ toute la journée.

2 Pendant la balade, on peut voir... — 1,5 POINT
   a. ☐ des paysages naturels.
   b. ☐ les tableaux d'un artiste.
   c. ☐ des monuments de la ville.

3 Qu'est-ce qu'on ne peut pas faire pendant la balade ? — 2 POINTS

a. ☐

b. ☐

c. ☐

4 La balade est gratuite pour... — 1 POINT
   a. ☐ les enfants.
   b. ☐ les adultes.
   c. ☐ tout le monde.

5 Pour réserver la balade, on doit... — 1,5 POINT
   a. ☐ téléphoner.
   b. ☐ envoyer un email.
   c. ☐ aller sur un site internet.

DELF A1

Production écrite

25 POINTS

Exercice 1 Remplir une fiche de renseignements — **10 POINTS**

Vous êtes en France. Vous voulez vous inscrire à un cours de décoration d'intérieur.
Vous remplissez le formulaire d'inscription.

Cours de décoration – Fiche d'inscription

Prénom : .... Âge : ....

Profession : ....

Adresse complète : ....

Téléphone portable : ☐☐☐☐☐☐☐☐☐☐

Pièce préférée de votre logement : ....

Vos deux meubles préférés :

Meuble 1 : .... Meuble 2 : ....

Vos deux couleurs préférées :

Couleur 1 : .... Couleur 2 : ....

Exercice 2 Rédiger un message simple — **15 POINTS**

Vous passez des vacances en France. Vous écrivez un mail à Rachel, votre amie française.
Vous dites où vous êtes. Vous parlez de vos activités et de la météo. (40 mots)

nouveau message

[Envoyer]

Production orale

25 POINTS

Exercice 1 Entretien dirigé

Vous répondez aux questions de l'examinateur sur vous, votre famille, vos goûts ou vos activités.
Exemples : « Comment vous vous appelez? » « Quelle est votre nationalité? » Etc.

Exercice 2 Échange d'informations

Vous tirez au sort les six cartes suivantes. Vous voulez connaître l'examinateur.
Vous lui posez des questions à l'aide des mots écrits sur les cartes. Vous ne devez pas obligatoirement utiliser le mot, vous pouvez poser une question sur le thème.
Exemple : avec la carte « Anniversaire », vous pouvez poser la question « Vous avez quel âge? »

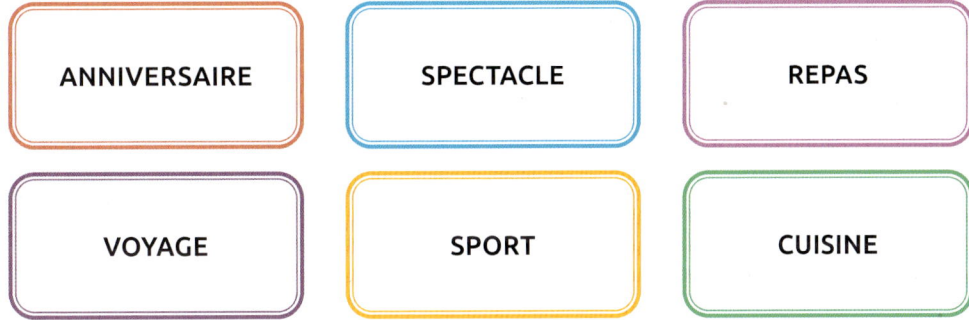

Exercice 3 Dialogue simulé

Sujet n° 1 – Transport

Vous êtes à Bruxelles. Vous voulez des informations sur les transports. Vous allez à l'agence bruxelloise de transports. Vous posez des questions sur les types de transports et les prix. Vous choisissez et vous payez.

Sujet n° 2 – Au restaurant

Vous êtes au restaurant à Lyon. Vous posez des questions sur les plats et les boissons. Vous choisissez et vous payez.

Précis grammatical

Les déterminants

En français, un nom n'est jamais seul, il y a toujours quelque chose devant : un déterminant.

1. Les articles
Ils se placent avant le nom et s'accordent en genre et en nombre avec le nom.

	Singulier		Pluriel	
	Masculin	**Féminin**	**Masculin**	**Féminin**
Articles indéfinis	un professeur un étudiant	une professeure une étudiante	des professeurs des étudiants	des professeures des étudiantes
Articles définis	le professeur l'étudiant	la professeure l'étudiante	les professeurs les étudiants	les professeures les étudiantes
Articles partitifs	du pain de l'agneau	de la salade de l'huile	des petits pois des haricots	des pâtes des amandes

! Devant une voyelle ou un *h* muet, *le* ou *la* deviennent *l'* et *du* ou *de la* deviennent *de l'*.

■ Emplois

L'article indéfini	L'article défini	L'article partitif
→ s'emploie pour désigner une information non spécifique. *Dans ma classe, il y a des femmes et des hommes.* *Je cherche un appartement.*	→ s'emploie pour désigner : – une information spécifique, connue : *L'appartement de Christine est bien situé, près de la station de métro Jean-Jaurès.* – un élément unique : *la France, le 10 janvier ;* – un élément à valeur générale : *J'aime beaucoup les pâtes, je déteste la salade.*	→ s'emploie pour désigner une quantité indéterminée (quand on ne peut pas compter) : – pour l'alimentation : *Je consomme du pain, de la salade.* – pour la météo : *Il y a du soleil, de la neige.* – pour les activités : *Je fais du sport et de la musique.*

■ Les articles contractés

Certains articles définis se contractent avec les prépositions *à* et *de* qui les précèdent.

Avec la préposition *à*	Avec la préposition *de*
→ **au** = **à** + le → **aux** = **à** + les Je joue **au** bridge, **aux** échecs. Je vais **au** théâtre, **aux** Terreaux. J'ai mal **au** dos, **aux** épaules.	→ **du** = **de** + le → **des** = **de** + les Près **des** commerces **du** centre-ville. J'ai peur **du** vide, **des** chevaux.

! Pas de contraction pour *à la, à l', de la, de l'* : *Je vais à la cathédrale, à l'hôtel de ville. En face de la place, loin de l'hôtel.*

2. Les adjectifs démonstratifs

Ils s'accordent en genre et en nombre avec le nom. Ils s'emploient pour :
– désigner une chose, un lieu ou une personne ;
– parler d'un moment proche ou en cours *(ce matin, cette semaine…)*.

	Masculin	Féminin
Singulier	ce bar cet hôtel, cet immeuble	cette boulangerie cette épicerie
Pluriel	ces bars, ces hôtels, ces boulangeries, ces épiceries	

! *Ce* devient *cet* devant une voyelle ou un *h* muet.
! Pour désigner quelque chose quand on ne dit pas le nom, on utilise *ça* : *Combien ça coûte ?*

3. Les adjectifs possessifs

Ils s'accordent en genre et en nombre avec le nom.
Ils s'emploient pour indiquer un lien d'appartenance entre une personne et une chose ou entre deux personnes.

À qui ? (possesseur)	Nom singulier			Nom pluriel
	Masculin	Féminin		Masculin / Féminin
(je) (tu) (il / elle)	mon, ton, son + père / appartement	ma, ta, sa + mère / maison	mon, ton, son + amie / adresse	mes, tes, ses + parents / adresses
(nous) (vous) (ils / elles)	notre, votre, leur + père / mère / maison / adresse			nos, vos, leurs + parents / maisons / adresses

! On utilise *mon / ton / son* devant un nom féminin commençant par une voyelle ou un *h* muet.

Les noms

1. Les noms communs

■ Le genre

En français, tous les noms communs ont un genre : féminin ou masculin.
Pour les noms désignant des êtres animés :

	Masculin	Féminin
Cas général nom masculin + e = nom féminin → avec changement de prononciation → sans changement de prononciation	un étudiant, un cousin un ami, un invité	une étudiante, une cousine une amie, une invitée
Cas particuliers → nom masculin = nom féminin → la consonne finale double au féminin → la syllabe finale change au féminin → le masculin et le féminin sont deux mots différents	un collègue, un colocataire, un enfant un citoyen, un chat un copain, un skieur un garçon, un homme, un père	une collègue, une colocataire, une enfant une citoyenne, une chatte une copine, une skieuse une fille, une femme, une mère

■ Le nombre

	Singulier	Pluriel
Cas général → nom singulier + s = nom pluriel	un étudiant, une étudiante	des étudiants, des étudiantes
Cas particuliers → nom singulier en -s ou -x : pas de changement au pluriel → nom singulier en -eu ou en -eau : + x au pluriel → nom singulier en -al : -aux au pluriel	un mois, un prix un cheveu, un château un cheval, un journal	des mois, des prix des cheveux, des châteaux des chevaux, des journaux

■ Les noms de professions

	Masculin	Féminin
consonne → + e	un avocat	une avocate
-er → -ère	un cuisinier	une cuisinière
-ien → -ienne	un musicien	une musicienne
-eur → -euse	un danseur	une danseuse
-teur → -trice	un acteur	une actrice
-e → -e (masculin = féminin)	un architecte un journaliste	une architecte une journaliste

! Exceptions :
un professeur → une professeure ;
un ingénieur → une ingénieure ;
un chanteur → une chanteuse ;
un médecin → une médecin.

Précis grammatical

2. Les noms de pays et de continents

Noms féminins	→ se terminent par *e*	la France, l'Irlande, l'Europe
Noms masculins	→ se terminent par une autre lettre que *e*	le Canada, le Japon, l'Équateur
Noms pluriels	→ se terminent par *s*	les Pays-Bas, les États-Unis

! Quelques exceptions : *le Mexique, le Mozambique, le Cambodge*.
! Pour certains noms de pays, on n'utilise pas l'article : *Cuba, Madagascar, Malte, Singapour, Haïti…*

Les adjectifs qualificatifs

Les adjectifs qualificatifs s'accordent en genre et en nombre avec le nom.

1. Le masculin et le féminin des adjectifs qualificatifs

	Masculin	Féminin
masculin (avec consonne ou é final) → + e	petit, grand, équipé, gris, vert, français, américain, chinois, allemand, espagnol, kényan	petite, grande, équipée, grise, verte, française, américaine, chinoise, allemande, espagnole, kényane
-e → -e (masculin = féminin)	confortable, pratique, rouge, jaune, suisse, belge	confortable, pratique, rouge, jaune, suisse, belge
-eux → -euse	sérieux, curieux	sérieuse, curieuse
-if → -ive	vif, sportif	vive, sportive
-el → -elle	actuel, fonctionnel	actuelle, fonctionnelle
-er → -ère	étranger, cher	étrangère, chère
-et → -ette	violet	violette
-en / -on → -nne	italien, coréen, bon	italienne, coréenne, bonne
Cas particuliers	gros, gras, bas blanc, sec frais roux, faux doux long beau / bel*, nouveau / nouvel* vieux / vieil* complet turc grec marron	grosse, grasse, basse blanche, sèche fraîche rousse, fausse douce longue belle, nouvelle vieille complète turque grecque marron

* *Beau, nouveau* et *vieux* deviennent *bel, nouvel* et *vieil* devant un nom masculin singulier commençant par une voyelle.

2. Le pluriel des adjectifs qualificatifs

	Singulier	Pluriel
singulier → + s	petit / petite, américain / américaine, sportif / sportive, actuel / actuelle, confortable, blanc / blanche	petits / petites, américains / américaines, sportifs / sportives, actuels / actuelles, confortables, blancs / blanches
masculin singulier = masculin pluriel -s → -s -x → -x	français / française, gros / grosse sérieux / sérieuse, vieux / vieille	français / françaises, gros / grosses sérieux / sérieuses, vieux / vieilles
masculin en -eau → -x	beau / belle, nouveau / nouvelle	beaux / belles, nouveaux / nouvelles
masculin en -al → -aux	spécial / spéciale	spéciaux / spéciales

! Les adjectifs *marron* et *orange* sont invariables : *des yeux marron, des rideaux orange*.

3. La place des adjectifs

- En général, les adjectifs se placent **après le nom** : *un appartement **confortable**, une hôtesse **sympathique**, une cuisine **fonctionnelle**.*
  Les adjectifs de nationalité et de couleur se placent toujours après le nom : *une étudiante **brésilienne**, un mur **blanc**.*
- Certains adjectifs se placent **avant le nom** :
  – les adjectifs ordinaux : *le **premier** arrondissement* ;
  – les adjectifs *beau / bel / belle, joli(e), bon / bonne, mauvais(e), grand(e), petit(e), nouveau / nouvel / nouvelle, jeune, vieux / vieil / vieille* : *une **petite** salle de bain, une **vieille** armoire.*

Les prépositions

1. Les prépositions *à* et *de*

- On utilise *à* pour indiquer le lieu où on est et la destination (le lieu où on va) :
  *Nous sommes **au** théâtre. Vous allez **à l'**hôtel de ville.*
- On utilise *de* pour indiquer l'origine ou la provenance (le lieu d'où on vient) :
  *Nous venons **de** France, **du** Japon, **d'**Espagne, **de la** gare.*
- On utilise aussi les prépositions *à* et *de* dans les constructions indirectes de certains verbes :
  *avoir envie **de** / avoir peur **de** / avoir besoin **de** (quelque chose / quelqu'un), parler **à**, écrire **à**, répondre **à** (quelqu'un).*

2. Les prépositions avec les noms de pays et de villes

Devant…	Lieu où on est / Destination	Lieu d'origine / Provenance
un nom de pays féminin	en France	de France
un nom de pays masculin	au Canada	du Canada
un nom de pays (masculin ou féminin) commençant par une voyelle	en Australie, en Équateur	d'Australie, d'Équateur
un nom de pays pluriel	aux Pays-Bas	des Pays-Bas
un nom de pays sans article	à Madagascar	de Madagascar
un nom de ville	à Londres, à Athènes	de Londres, d'Athènes

3. Les prépositions de localisation

→ **dans, sur, sous, devant, derrière, chez** + déterminant + nom
dans la rue, sur la place, sous les parasols, devant le café, derrière l'hôtel, chez ma mère

→ **à côté de, en face de, loin de, près de, au nord de, au sud de, à l'est de, à l'ouest de** + déterminant / article contracté (si nécessaire) + nom
à côté du marché, en face de la place, loin de l'hôtel, près des commerces, au nord du Brésil

4. Les prépositions avec les modes de déplacement

- **En** + moyen de transport fermé : *Vous circulez **en** bus, **en** tramway, **en** métro, **en** voiture, **en** train…*
- **À** + autres modes de déplacement : *Vous circulez **à** pied, **à** vélo, **à** trottinette…*

! *Je circule **en** transports en commun, **en** bus…* MAIS : *Je prends **les** transports en commun, **le** bus…*

5. Les prépositions pour indiquer les horaires

Pour indiquer :
– l'heure exacte : ***à** 17 heures* ;
– une heure approximative : ***vers** 17 heures* ;
– une tranche horaire : ***de** 16 heures **à** 17 heures* ;
– une limite horaire : ***jusqu'à** 17 heures.*

Précis grammatical

Les pronoms

1. Les pronoms personnels

Pronoms toniques	Pronoms sujets	Pronoms réfléchis	Pronoms COD	Pronoms COI
moi	je / j'	me / m'	me / m'	me / m'
toi	tu	te / t'	te / t'	te / t'
lui / elle	il / elle	se / s'	le / la / l'	lui
nous	nous	nous	nous	nous
vous	vous	vous	vous	vous
eux / elles	ils / elles	se / s'	les	leur

■ Le pronom sujet *on*

On = **nous** : *Qu'est-ce qu'**on** fait cet été ? **On** va en Dordogne ?*
On = **les gens** : *En France, **on** parle français.*

! Avec **on**, le verbe se conjugue à la 3e personne du singulier. Quand **on** = **nous**, l'adjectif ou le participe passé s'accordent au féminin (si nécessaire) et au pluriel : *On est passionné(e)s.*

■ Emplois

- **Pronoms sujets** → en français, le verbe conjugué est toujours accompagné d'un sujet : un nom ou un pronom personnel.
- **Pronoms toniques** → on les utilise :
  – pour renforcer le sujet : ***Moi**, je travaille.*
  – après une préposition (*chez, pour, avec*…) : *Je suis très heureuse pour **toi** ! Je suis chez **moi**.*
- **Pronoms réfléchis** → on les utilise pour les verbes pronominaux.
  *Je **m'**appelle Rémi. Nous **nous** levons tôt. On **se** marie.*
- **Pronoms COD (compléments d'objet direct)** *le, la, l', les*
  → ils remplacent une personne ou un objet. On les utilise pour éviter les répétitions.
  Ils répondent à la question « Qui ? » ou « Quoi ? ». Ils sont compléments d'un verbe avec une **construction directe**.
  *J'invite **mes amis**. → Je **les** invite.*
  *Je lave **la coriandre**. → Je **la** lave.*
- **Pronoms COI (compléments d'objet indirect)** *lui, leur* → ils remplacent une personne.
  Ils répondent à la question « À qui ? ». Ils sont compléments d'un verbe avec une **construction indirecte (avec à)**.
  *Nous répondons **à Bruno**. → Nous **lui** répondons.*
  *Nous offrons un cadeau **à Marie**. → Nous **lui** offrons un cadeau.*
  *Nous parlons **à nos collègues**. → Nous **leur** parlons.*
- **Pronoms compléments** *me, te, nous, vous*
  → ils sont COD ou COI. Ils s'utilisent avec des verbes à construction directe et indirecte.
  *Elle **m'**invite. Elle **te** remercie. Elle **nous** donne rendez-vous.*

2. Le pronom *y*

Le pronom *y* remplace un complément de lieu (où on est, où on va).
*Vous passez vos vacances **en Dordogne** ? Oui, on **y** reste un mois.*
*Le climat est agréable **dans cette région**, il **y** fait beau toute l'année.*
*Tu vas **au spectacle** ce soir ? Non, je n'**y** vais pas.*

3. La place des pronoms réfléchis et compléments

	Avant le verbe
à un temps simple	*Tu **te** prépares. Nous **l'**invitons. Vous **lui** répondez. Tu n'**y** vas pas.*
à un temps composé	*Tu **t'**es préparé(e). Nous **l'**avons invité. Vous **lui** avez répondu. Tu n'**y** es pas allé(e).*
avec l'infinitif	*Tu vas **te** préparer. Nous voulons **l'**inviter. Vous allez **lui** répondre. Tu veux **y** aller.*
à l'impératif négatif	*Ne **te** prépare pas. Ne **l'**invitons pas ! Ne **lui** répondez pas ! N'**y** va pas !*

	Après le verbe
à l'impératif affirmatif	*Prépare-**toi** ! Invitons-**le** ! Répondez-**lui** ! Vas-**y** !*

Les verbes

1. Les verbes pronominaux

- Pour parler des **activités quotidiennes**, on utilise beaucoup de verbes avec un **pronom réfléchi** : *se réveiller, se lever…*
- Le pronom (*me, te, se…*) = **la même personne** que le sujet (*je, tu, il…*) : *Je me lève, tu te lèves…*
- On forme les temps composés avec l'auxiliaire ***être*** : *Je me suis inscrite.*
- Beaucoup de verbes simples existent aussi à la forme pronominale : *appeler quelqu'un / s'appeler, réveiller quelqu'un / se réveiller…*
- Certains verbes pronominaux peuvent exprimer une **action réciproque** entre deux ou plusieurs personnes : *Ils se sont mariés. Nous nous sommes retrouvés.*

2. Les verbes impersonnels

Ces verbes s'emploient uniquement à la 3ᵉ personne du singulier : *il*.
Il est un pronom neutre, il ne remplace pas une personne. On utilise souvent les verbes impersonnels pour :

– parler de la météo : – exprimer une nécessité, une obligation :
 Il pleut. Il neige. Il fait froid.

Il faut { + verbe à l'infinitif : *Il faut prendre un chapeau.*
  + nom : *Il faut des chaussures de marche.*

3. Le mode indicatif

■ Le présent

On l'utilise pour parler de faits actuels, d'habitudes ou de généralités.
Formation : base du verbe + **terminaisons**.
Les verbes peuvent avoir une ou plusieurs bases.

Verbes à une base	→ la majorité des verbes en *-er* : *parl*er, *écout*er, *partag*er*, *commenc*er**… → les verbes *offr*ir, *découvr*ir, *accueill*ir…	Base = base de l'infinitif Terminaisons = *-e, -es, -e, -ons, -ez, -ent*
	→ les verbes en *-dre* comme *descend*re, *attend*re, *répond*re	Base = base de l'infinitif Terminaisons = *-s, -s, -, -ons, -ez, -ent*
Verbes à deux bases	→ quelques verbes en *-er* comme *(s')appel*er, *(se) lev*er	Base 1 (*nous, vous*) = base de l'infinitif Base 2 (*je, tu, il / elle / on, ils / elles*) = *appell- / lèv-* Terminaisons = *-e, -es, -e, -ons, -ez, -ent*
	→ les verbes en *-ir* comme *fin*ir, *chois*ir	Base 1 (*je, tu, il / elle / on*) = base de l'infinitif Base 2 (*nous, vous, ils / elles*) = *finiss- / choisiss-* Terminaisons = *-s, -s, -t, -ons, -ez, -ent*
	→ les verbes en *-ir* comme *part*ir, *sort*ir, *dorm*ir	Base courte (*je, tu, il / elle / on*) = *par- / sor- / dor-* Base longue (*nous, vous, ils / elles*) = *part- / sort- / dorm-* Terminaisons = *-s, -s, -t, -ons, -ez, -ent*
	→ le verbe *mett*re	Base courte (*je, tu, il / elle / on*) = *met-* Base longue (*nous, vous, ils / elles*) = *mett-* Terminaisons = *-s, -s, -t, -ons, -ez, -ent*
Verbes à trois bases	→ les verbes en *-dre* comme *prend*re, *comprend*re, *apprend*re	Base 1 (*je, tu, il / elle / on*) = base de l'infinitif Base 2 (*nous, vous*) = *pren- / compren- / appren-* Base 3 (*ils / elles*) = *prenn- / comprenn- / apprenn-* Terminaisons = *-s, -s, -, -ons, -ez, -ent*
	→ les verbes comme *ven*ir	Base 1 (*nous, vous*) = base de l'infinitif Base 2 (*je, tu, il / elle / on*) = *vien-* Base 3 (*ils / elles*) = *vienn-* Terminaisons = *-s, -s, -t, -ons, -ez, -ent*
	→ les verbes *voul*oir*** et *pouv*oir***	Base 1 (*nous, vous*) = base de l'infinitif Base 2 (*je, tu, il / elle / on*) = *veu- / peu-* Base 3 (*ils / elles*) = *veul- / peuv-* Terminaisons = *-x, -x, -t, -ons, -ez, -ent*
	→ le verbe *dev*oir***	Base 1 (*nous, vous*) = base de l'infinitif Base 2 (*je, tu, il / elle / on*) = *doi-* Base 3 (*ils / elles*) = *doiv-* Terminaisons = *-s, -s, -t, -ons, -ez, -ent*
Verbes irréguliers	→ les verbes *être, avoir, aller, faire*	Ils ont plus de trois bases. *Cf.* conjugaisons p. 172-173.

* **!** Particularité des verbes en *-ger* : *nous partageons*.   ** **!** Particularité des verbes en *-cer* : *nous commençons*.
*** **!** Après les verbes *pouvoir, vouloir* et *devoir*, le verbe est à l'infinitif.

Précis grammatical

■ Le présent continu

On l'utilise pour indiquer une action en cours de réalisation.
Formation : verbe **être** au présent + **en train de / d'** + verbe à l'infinitif.
*Ils **sont en train de** préparer des sketches.*

■ Le futur proche

On l'utilise pour parler d'un événement / d'une action imminente ou planifiée.
Formation : verbe **aller** au présent + verbe à l'infinitif.
*On **va** fêter ça.*
❗ À la forme négative : *Je **ne** vais **pas** venir.*

■ Le passé récent

On l'utilise pour parler d'un événement ou d'une action très récente.
Formation : verbe **venir** au présent + **de / d'** + verbe à infinitif.
*Je **viens de** trouver un appart.*

■ Le passé composé

On l'utilise pour parler de faits passés, pour raconter une suite d'événements.
Formation : auxiliaire **avoir** ou **être** au présent + participe passé.

Avoir + participe passé	*Être* + participe passé
→ Pour la majorité des verbes.	→ Pour 14 verbes et leurs composés : *naître ≠ mourir ; monter ≠ descendre ; arriver ≠ partir ; aller ≠ venir ; entrer ≠ sortir ; passer ; rester ; tomber ; retourner.* – Avec les verbes pronominaux. *La famille **s'est** agrandie.* *Nous **nous** sommes retrouvés.* ❗ Avec *on* = *nous*, on accorde le participe au féminin (si nécessaire) et au pluriel : *On s'est retrouvé(e)s. / On est allé(e)s.*
→ Le participe passé ne s'accorde pas avec le sujet. *Elle **a** réalisé son rêve.* *Nous **avons** choisi cette activité.*	→ Le participe passé s'accorde avec le sujet. *Elle **est** allée à dix mètres de profondeur.* *Nous **sommes** partis en mer.*

❗ À la forme négative : *Nous **ne** sommes **pas** partis. Nous **n'**avons **pas** choisi cette activité.*

	Participe passé
Verbes en *-er*	→ *-é* : allé, réalisé, expliqué, trouvé…
Majorité des verbes en *-ir*	→ *-i* : choisi, parti, sorti… ❗ venir, devenir, obtenir → venu, devenu, obtenu
Majorité des verbes en *-dre*	→ *-u* : descendu, attendu, répondu… ❗ prendre, apprendre, comprendre → pris, appris, compris
Autres verbes	voir → vu ; avoir → eu ; pouvoir → pu ; vivre → vécu ; faire → fait ; être → été ; naître → né ; mourir → mort ; inscrire → inscrit ; vivre → vécu

4. Le mode impératif

- On l'utilise pour dire à quelqu'un de faire quelque chose, pour faire des suggestions ou des recommandations.
  ***Allons** au château.*   ***Faites** des pauses !*
- À l'impératif, il y a seulement trois personnes.

	Présent	Impératif
Verbes en *-er* (+ *offrir, découvrir…*)	tu visites – nous visitons – vous visitez	→ visit**e** – visitons – visitez ❗ aller → va – allons – allez
Autres verbes	tu fais – nous faisons – vous faites	→ fais – faisons – faites
Verbes pronominaux	tu te lèves – nous nous levons – vous vous levez	→ lève-**toi** – levons-**nous** – levez-**vous**

❗ Quelques verbes sont irréguliers à l'impératif : *être* → sois, soyons, soyez ; ***avoir*** → aie, ayons, ayez.

Les adverbes

- Ils sont invariables. On les utilise pour apporter une précision sur :
  – un adjectif ou un adverbe : *L'appartement est **bien** situé. Il parle **très** bien français !*
  – un verbe (l'adverbe se place après le verbe au présent) : *Vous aimez **bien** les activités collectives. Elle travaille **tard**. J'aime **beaucoup** les pâtes.*
- Pour exprimer la fréquence, on utilise : (ne) **jamais** < **parfois** < **souvent** < **toujours**.
  *Je ne mange **jamais** le matin. Je cuisine **souvent**.*

La phrase

1. La forme interrogative

■ La question avec *quel*

	Masculin	Féminin
Singulier	**Quel** est ton pays d'origine ?	**Quelle** est ta profession ?
Pluriel	**Quels** sont les pays d'origine du groupe ?	**Quelles** sont les nationalités du groupe ?

! *Tu parles **quelles** langues ? = **Quelles** langues tu parles ?*
! *Quel sport tu préfères ? = **Qu'est-ce que** tu préfères **comme** sport ?*

■ Les structures du questionnement

	À l'oral / en situation informelle		À l'écrit / en situation formelle
Questions fermées*	Vous voulez changer la déco ?	**Est-ce que** vous voulez changer la déco ?	Voulez-vous changer la déco ?
Questions ouvertes	**Quel** style vous aimez ?	**Quel** style **est-ce que** vous aimez ?	**Quel** style aimez-vous ?
	Vous voulez changer **quoi** ? *(familier)*	**Qu'est-ce que** vous voulez changer ?	**Que** voulez-vous changer ?
	Pourquoi vous voulez changer la déco ?** **Où** vous voulez changer la déco ? = Vous voulez changer la déco **où** ? Vous voulez changer la déco **quand** ?*** **Comment** vous voulez changer la déco ? = Vous voulez changer la déco **comment** ?	**Pourquoi** / **Où** / **Quand** / **Comment** **est-ce que** vous voulez changer la déco ?	**Pourquoi** / **Où** / **Quand** / **Comment** voulez-vous changer la déco ?

* Réponses possibles : *oui*, *non* ou *peut-être*.
** **Pourquoi** se place toujours en début de phrase. Réponses possibles : *parce que* + sujet + verbe ou *pour* + verbe à l'infinitif ou nom.
*** À l'oral, en situation informelle, dans la question sans *est-ce que*, *quand* se place toujours en fin de phrase.

! *Tu **n'**es **pas** étudiante ?*
! ***N'**es-tu **pas** étudiante ?* } Réponses possibles : **Si.** / **Non.**
Pour une question négative, *est-ce que* n'est pas possible.

2. La forme négative

- Il existe différents types de négation.

La négation simple	Je cuisine. → Je **ne** cuisine **pas**.
La négation pour indiquer la fréquence zéro	Je cuisine **toujours**. → Je **ne** cuisine **jamais**.
La négation pour exprimer une quantité zéro	Je mange **du** pain, **de la** salade, **de l'**huile, **des** amandes, **des** pâtes. → Je **ne** mange **pas** / **jamais de** pain, **de** salade, **d'**huile, **d'**amandes, **de** pâtes. J'achète **un** sandwich, **une** pomme. → Je **n'**achète **pas de** sandwich, **pas de** pomme.

Précis grammatical

- **Place de la négation**

Avec un temps simple	Avec un temps composé	Avec un infinitif	Avec un verbe conjugué + infinitif
→ sujet + **ne / n'** + verbe + **pas** Je **ne** cuisine **pas**.	→ sujet + **ne / n'** + auxiliaire + **pas** + participe passé Je **n'**ai **pas** cuisiné.	→ **ne** + **pas** + infinitif *Ne pas* cuisiner.	→ sujet + **ne** + verbe + **pas** + infinitif Je **ne** vais **pas** cuisiner. Je **ne** veux **pas** cuisiner.

3. L'identification et la caractérisation

Pour présenter ou identifier une / des personne(s)	→ **c'est, ce sont** + nom propre	*C'est* Marco Mori. *Ce sont* Christophe et Ahmed*.
	→ **c'est, ce sont** + pronom tonique	*C'est* lui. *Ce sont* eux ?
	→ **c'est, ce sont** + déterminant + nom (+ adjectif)	*C'est* une personne sympathique. *Ce sont* mes grands-parents.
Pour caractériser une / des personne(s), dire la profession ou la nationalité	→ **il / elle est, ils / elles sont** + caractéristique(s)	*Elle est* blonde. *Ils sont* souriants.
	→ **il / elle est, ils / elles sont** + profession / activité ou nationalité	*Il est* photographe. *Elles sont* étudiantes. *Il est* italien.

* À l'oral, on dit souvent : *C'est* Christophe et Ahmed.

L'expression de la quantité

Quantité indéterminée (quand on ne peut pas compter)	→ avec les articles partitifs **du, de la, de l'** ou **des** + nom Je consomme **du** pain, **de la** salade, **de l'**huile, **des** pâtes.
Quantité imprécise	→ avec les adverbes **peu, assez, beaucoup, trop** + **de / d'** + nom Je consomme **peu, assez, beaucoup, trop de** pain, **de** salade, **d'**huile, **d'**amandes, **de** pâtes.
Quantité précise	→ avec une unité de mesure ou un contenant + **de** + nom un morceau **de** poulet, un bouquet **de** coriandre, une cuillère **d'**huile, un kilo **d'**oignons
Quantité zéro	→ avec la négation **pas** + **de / d'** + nom Je ne mange **pas de** pain, **de** salade, **d'**huile, **d'**amandes, **de** pâtes.

Les expressions temporelles

■ **Pour situer dans l'année**

En + mois : *en janvier*.
À / À la / Au + fête ou moment de l'année : *à Noël, à la rentrée, au Nouvel An*.
Début / Mi- / Fin + mois : *début janvier, mi-juillet, fin décembre*.

■ **Pour situer un moment spécifique**

Ce / Cet / Cette + moment : *ce matin, ce midi, cet après-midi, ce soir, ce week-end, cette semaine*.
❗ *Ce week-end* = le week-end en cours ou le plus proche d'aujourd'hui.

■ **Pour exprimer la régularité**

le samedi **le** week-end **le** matin	**tous les** samedis **tous les** week-ends **tous les** matins	**chaque** samedi **chaque** week-end **chaque** matin
	tous les jours **toutes les** semaines **tous les** mois	**chaque** jour **chaque** semaine **chaque** mois

❗ *Toute la* journée / matinée / soirée = la journée / matinée / soirée entière.

■ **Pour exprimer la fréquence**

Combien de fois par jour / semaine / mois / an ? → Une / Deux **fois par** jour / semaine / mois / an.

Les sons du français

Les voyelles du français

Voyelles orales

Aiguës

[i] lit • curry
[e] les • thé

[y] tu
[ø] il veut • jeu • eux

[ɛ] lait • fête • très

[ə] je • ne • de • le
[œ] ils veulent • jeune • heure

[a] mars

Graves

[u] vous
[o] beau • vélo • travaux

[ɔ] bonne • transport
[ɑ] pas • pâtes

Voyelles nasales

Aiguës

[ɛ̃] fin • simple

[œ̃] un

Graves

[õ] bon • nom

[ã] enfant • temps • jambe

Les consonnes du français

Aiguës

[s] sur • centre • ça
[z] base
[t] terre
[d] dos
[n] nos
[ɲ] oignon
[l] il • elle • lac

[ʃ] chaise
[ʒ] je • orage

Graves

[f] ils font
[v] ils vont

[p] pain
[b] bain
[m] main

Neutres

[k] kilo • sec
[g] gousse • légume
[ʀ] robe • mer

Les semi-consonnes du français

Aiguës

[j] yaourt   [ɥ] biscuit

Grave

[w] oui • soir

Activités de Phonie-graphie

DOSSIER 1

LEÇON 1
Les signes orthographiques et les accents

🔊 173 **Écoutez et complétez les prénoms avec la lettre manquante.**
Ex. : F…lix → Félix.
a. Rapha…l   b. No…m   c. L…o   d. Beno…t
e. C…me   f. Ana…s   g. Fran…ois   h. In…s

LEÇON 2
Quelques graphies du son [ã]

a. **Entourez les mots avec le son [ã].**

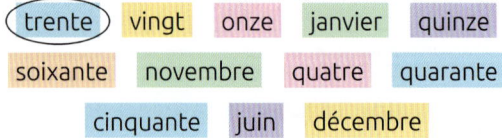

b. **Regardez les mots entourés et complétez la règle.**
Le son [ã] s'écrit …, … ou … (devant *b*).

LEÇON 3
Quelques graphies du son [e]

a. 🔊 174 **Écoutez et lisez les mots suivants. Soulignez dans chaque mot la graphie du son [e].**
Ex. : lis<u>ez</u>.
une vidéo – parler – les sports – vous participez – des livres – calendrier

b. **Complétez la présentation avec les graphies correctes.**
Vous vous appel… Claire. Vous êtes …tudiante. Vous aim… l… nouvelles technologies. Vous habit… à Montr…al. Vous parl… anglais et espagnol. Vous av… la nationalit… française. Votre anniversaire est en févri… .

DOSSIER 2

LEÇON 1
La graphie de [y] et de [u]

a. 🔊 175 **Écoutez et soulignez le son [y] (comme dans *tu*).**
Salut ! Bienvenue chez nous ! Vous êtes à Paris pour le tourisme ou pour les études ?

b. 🔊 175 **Réécoutez et entourez le son [u] (comme dans *vous*).**

c. **Complétez.**
Le son [y] s'écrit … .
Le son [u] s'écrit … .

d. 🔊 176 **Écoutez et complétez avec les graphies *ou* et *u*.**
– J'ét…die la m…sique avec une m…sicienne s…d-africaine. Je suis port…gaise. J'ai des c…rs à l'…niversité chaque j…r.
– Ah ! Bonj…r, moi, je suis j…rnaliste et aussi trad…ctrice p…r un gr…pe d'ét…diants.

LEÇON 2
Les homophones *à* / *a*

a. **Observez et complétez.**
*Il habite **à** Londres, il **a** un enfant.*
La préposition s'écrit … .
Le verbe *avoir* (*il* / *elle*) s'écrit … .

b. **Complétez avec *à* ou *a*.**
1. Marco … trente-huit ans, il habite en Italie, … Rome. Il … trois enfants. Ils étudient … l'école internationale.
2. Je suis mariée et j'habite … Montréal mais je suis née … Paris. J'ai un fils, il … deux nationalités.
3. – Bienvenue au café des langues et … la table du français ! Tu arrives … la fin mais le prochain rendez-vous est jeudi.
– D'accord, … jeudi !

LEÇON 3
La distinction [ɛ̃] / [ɛn]

🔊 177 **Écoutez et complétez avec *en / ent* ou *enne / ennent*.**
Ex. : Elle est canadi… . → Elle est canadienne.
a. Elle n'est pas itali… mais elle parle itali… .
b. Ils vi… du Canada mais ils sont indi…s.
c. Les informatici…s vi… demain.
d. Ils compr… bi… le coré… .
e. C'est une musici… brésili… .

Le schéma mélodique de la phrase et la ponctuation

🔊 178 **Écoutez et complétez avec la ponctuation en fonction de l'intonation.** Utilisez :
– le point d'interrogation (?) pour une question (la voix monte, la phrase est finie) ;
– le point (.) pour une affirmation (la voix descend, la phrase est finie) ;
– la virgule (,) (la voix monte, la phrase n'est pas finie).
❗ Après un point, le mot commence avec une majuscule.

Ex. : – Vous êtes française … – Je suis chinoise … je suis étudiante … j'apprends le français …
   → *– Vous êtes française ? – Je suis chinoise. **Je** suis étudiante, j'apprends le français.*

a. – Le matin … j'apprends le français et après la classe … je visite la ville … le soir … je participe à un café des langues …
– Comment ça fonctionne …
– C'est très simple … les organisateurs proposent des questions … des jeux et des quiz pour animer les conversations …

b. – L'après-midi … j'étudie à la médiathèque … il y a des ordinateurs … des vidéos et des magazines … le soir en classe … nous échangeons … nous partageons notre culture … j'aime les voyages … la cuisine française et la littérature …
– Pourquoi vous êtes à Paris …
– Parce que mon mari est français …

DOSSIER 3

LEÇON 1

La liaison avec le nom

🔊 179 **Écoutez et indiquez les liaisons avec le signe ‿.**
Ex. : un‿équipement.
a. L'appartement est parfait pour deux adultes et un enfant.
b. Les équipements sont modernes : il y a un parking, un digicode et un ascenseur.
c. Il y a des inconvénients dans les appartements du centre-ville.
d. Les hôtes de mon hébergement acceptent les animaux.

LEÇON 3

L'accent grave / circonflexe / aigu pour les sons [e] et [ɛ]

a. 🔊 180 **Écoutez et associez chaque graphie au geste correspondant.**

1. é •   • a.
2. ê •
3. è •   • b.

b. 🔊 181 **Écoutez et écrivez les accents sur les lettres soulignées :** *é (accent aigu) ou è (accent grave).*
Ex. : Vous allez place de la R<u>é</u>publique ou à Fourvi<u>è</u>re ?
1. C'est la premi<u>e</u>re pi<u>e</u>ce au th<u>e</u>âtre des C<u>e</u>lestins.
2. C'est dans le deuxi<u>e</u>me arrondissement.
3. Il est pr<u>e</u>f<u>e</u>rable de se d<u>e</u>placer à v<u>e</u>lo.
4. Le p<u>e</u>rim<u>e</u>tre est ferm<u>e</u>.
5. Le 8 d<u>e</u>cembre, c'est la Fête des Lumi<u>e</u>res à Lyon.

c. Trouvez deux mots avec la graphie *ê.*

DOSSIER 4

LEÇON 1

La distinction [ɔ̃] / [ɔn]

a. 🔊 182 **Écoutez et soulignez quand vous entendez [ɔ̃] comme dans** *station.*
1. Ils ont des contacts avec des personnes passionnées.
2. C'est une bonne idée, rencontrer des personnes pour partager de bons moments.
3. On joue du saxophone, c'est notre passion.

b. 🔊 182 **Réécoutez et entourez quand vous entendez [ɔn] comme dans** *téléphone.*

c. Cochez.
On + consonne ou à la fin d'un mot se prononce ☐ [ɔ̃] ☐ [ɔn].
On / Onn + voyelle se prononce ☐ [ɔ̃] ☐ [ɔn].

Activités de Phonie-graphie

LEÇON 3

Quelques graphies du son [ɛ]

a. 🔊 183 **Écoutez. Soulignez les syllabes avec le son [ɛ].**
Ex. : *Elle fait un appel.*
1. Juliette aime l'escalade et les percussions.
2. Nous allons avoir une nouvelle collègue la semaine prochaine.
3. Je préfère boire un verre avec elle mercredi soir.
4. Je vais faire un repas pour l'anniversaire de mon père.
5. Ça va faire très plaisir à ta grand-mère !

b. Repérez et notez les graphies de [ɛ]. Donnez trois exemples pour chaque graphie.
e + 2 consonnes → exemples : *Juliette*, …, …, …
… → exemples : …, …, …
… → exemples : …, …, …

DOSSIER 5

LEÇON 1

Les graphies *eu* et *ou*

a. 🔊 184 **Écoutez et cochez dans le tableau la graphie correspondant au mot entendu.**
Ex. : 1. cheveux ; 2. courts.

	Ex. 1	Ex. 2	1	2	3	4	5	6	7	8
eu	X									
ou		X								

b. 🔊 185 **Écoutez et complétez avec les graphies *eu* et *ou*.**
1. N…s p…vons faire un t…r en voiture à d…x.
2. V…s v…lez tr…ver un séj…r en am…r…x : une j…rnée p…r v…s d…x !
3. V…s avez les y…x bl…s et les chev…x c…rts t…s les d…x.
4. J'ai un n…veau b…lot : je travaille d…x j…rs par semaine chez …x.

LEÇON 2

Les verbes en *-eler*, *-ever*, *-ener* et *-eter* au présent

a. 🔊 186 **Écoutez les verbes et cochez si vous entendez le son [ɛ].**
Ex. : *il se promène.*

	Ex.	1	2	3	4	5	6	7	8	9	10	11	12
[ɛ]	X												

b. Classez les formes verbales dans le tableau.
je m'appelle – nous nous promenons – ils épellent – vous achetez – il achète – vous vous levez – elle se lève

[ɛ]	[ə]	[ɛ]
è	e	e + 2 consonnes

DOSSIER 6

LEÇON 1

Les graphies de [s] / [z]

a. 🔊 187 **Classez les mots suivants dans le tableau. Puis écoutez et complétez avec le son [s] ou [z].**
Suisse – vacances – paysage – sandales – soleil – chaussettes – Lausanne – saison – centre – sac à dos – valise – finissez – lisez – serviette

s en 1re lettre du mot = […]	
ss = […]	
voyelle + s + voyelle = […]	
c + e = […]	

b. 🔊 188 **Écoutez et complétez avec la graphie *s* ou *ss*.**
1. Pa…ez vos vacances en Sui…e et vi…itez des pay…ages …uperbes !
2. Des chau…ures de marche et un …ac à dos …ont néce…aires dans votre vali…e.
3. Dans le …ud, au …oleil, même en ba…e altitude, une crème …olaire de ba…e est e…entielle en toute …ai…on.

LEÇON 3

Les graphies du son [e] dans les verbes

a. 🔊 189 **Écoutez. Soulignez dans les verbes les syllabes avec le son [e].**
1. Après l'escalade, il a plongé, il a pu nager 200 mètres puis il est remonté.
2. Pourquoi vous avez arrêté le parapente ?

b. Complétez avec les graphies du son [e] correspondantes.
– participe passé des verbes en *-er* → …
– terminaison de la 2e personne du pluriel → …
– terminaison de verbes à l'infinitif → …

c. Complétez les verbes avec les graphies de [e].
– J'ai plong… dans un lac en hiver. D'abord, j'ai ador… nag… sous la glace, mais après j'ai paniqu…, j'ai pu remont… et j'ai …t… contente de retrouv… la sortie.
– Vous av… eu une vidéo de cette aventure ?
– Oui, nous avons ador… regard… le film après. Mais moi, je ne veux pas recommenc… !

DOSSIER 7

LEÇON 2

Les graphies du son [o]

a. 🔊 190 **Écoutez et soulignez quand vous entendez le son [o] comme dans *mot*.**
Ces rideaux jaunes sont trop grands pour ton studio.

b. Trouvez les trois graphies du son [o], puis classez les mots dans le tableau.
rideaux – jaunes – studio – vos – nouveau – défauts – locaux – tableau – gâteaux – travaux – photo – haricots – beau – bureau – déco – bio – lavabo – trop

…	…	…

LEÇON 3

Quelques graphies des sons [ɑ̃] et [ɛ̃]

a. 🔊 191 **Écoutez et soulignez quand vous entendez le son [ɑ̃] comme dans *mange*.**
1. Le patient donne son ordonnance au pharmacien, il a mal aux jambes et aux mains.
2. Je ne me sens pas bien : j'ai de la température et je fais de l'insomnie.
3. C'est impératif de bien manger le matin.

b. 🔊 191 **Réécoutez et entourez quand vous entendez le son [ɛ̃] comme dans *main*.**

c. Complétez avec les graphies possibles.
[ɑ̃] s'écrit *an*, …, … ou … (devant *p* ou *b*).
[ɛ̃] s'écrit *en* (à la fin d'un mot), …, … ou … (devant *p* ou *b*).

d. 🔊 192 **Écoutez et complétez avec les graphies correctes.**
1. Je suis allée voir le médec… hier mat…, je ne m…ge pas assez.
2. Le cli…t …stalle les l…pes dans son logem…t.
3. J'ai passé des heures dev…t l'écr…, m…ten…t je pr…ds un b… .
4. Une …bi…ce calme d…s la ch…bre, c'est …port…t.

DOSSIER 8

LEÇON 1

La prononciation des lettres *c* et *g*

1 a. 🔊 193 **Écoutez et soulignez la lettre *g* quand vous entendez [g] comme dans *goût*.**
1. Prépare les légumes : les courgettes et les aubergines avec une gousse d'ail.
2. Voici les ingrédients : du gingembre, des oranges et de la glace.

b. 🔊 193 **Réécoutez et entourez la lettre *g* quand vous entendez [ʒ] comme dans *rouge*.**

c. Complétez.
La lettre *g* se prononce [g] :
– devant les voyelles *a*, …, … → exemples : …, …
– devant les consonnes … et … → exemples : …, …
La lettre *g* se prononce [ʒ] devant les voyelles …, …
→ exemples : …, …, …

2 a. 🔊 194 **Écoutez et soulignez la lettre *c* quand vous entendez le son [k] comme dans *curcuma*.**
1. François est dans la cuisine, il coupe des carottes.
2. Le poulet aux épices et au citron, avec un légume sec et de la coriandre, c'est un délice ! C'est un plat marocain, pas français.

b. 🔊 194 **Réécoutez et entourez la lettre *c* quand vous entendez le son [s] comme dans *pincée*.**

c. Complétez la règle.
La lettre *c* :
– se prononce [k] devant les voyelles …, …, … ou à la fin d'un mot → exemples : …, …, …, …
– se prononce [s] devant les voyelles …, … → exemples : …, …
– se prononce [s] quand elle est écrite avec une cédille (*ç*) → exemples : …, …

LEÇON 2

La prononciation des graphies *en / ent*

a. 🔊 195 **Écoutez et soulignez les mots entendus.**
déménagent – excellent – équipent – déménagement – changent – commencent – appartement – changement – logent – événement – moment – logement – documentent – document – commencement – différent – demandent – équipement

b. Trouvez les verbes parmi les mots entendus.
… – … – … – … – … – … – …

Tableau de conjugaisons

INFINITIF	INDICATIF		IMPÉRATIF
	PRÉSENT	PASSÉ COMPOSÉ	
Être	je suis tu es il / elle / on est nous sommes vous êtes ils / elles sont	j'ai été tu as été il / elle / on a été nous avons été vous avez été ils / elles ont été	sois soyons soyez
Avoir	j'ai tu as il / elle / on a nous avons vous avez ils / elles ont	j'ai eu tu as eu il / elle / on a eu nous avons eu vous avez eu ils / elles ont eu	aie ayons ayez
Aimer	j'aime tu aimes il / elle / on aime nous aimons vous aimez ils / elles aiment	j'ai aimé tu as aimé il / elle / on a aimé nous avons aimé vous avez aimé ils / elles ont aimé	aime aimons aimez
Aller	je vais tu vas il / elle / on va nous allons vous allez ils / elles vont	je suis allé(e) tu es allé(e) il / elle / on est allé(e)(s) nous sommes allé(e)s vous êtes allé(e)(s) ils / elles sont allé(e)s	va allons allez
Appeler	j'appelle tu appelles il / elle / on appelle nous appelons vous appelez ils / elles appellent	j'ai appelé tu as appelé il / elle / on a appelé nous avons appelé vous avez appelé ils / elles ont appelé	appelle appelons appelez
Choisir	je choisis tu choisis il / elle / on choisit nous choisissons vous choisissez ils / elles choisissent	j'ai choisi tu as choisi il / elle / on a choisi nous avons choisi vous avez choisi ils / elles ont choisi	choisis choisissons choisissez
Commencer	je commence tu commences il / elle / on commence nous commençons vous commencez ils / elles commencent	j'ai commencé tu as commencé il / elle / on a commencé nous avons commencé vous avez commencé ils / elles ont commencé	commence commençons commencez
Descendre	je descends tu descends il / elle / on descend nous descendons vous descendez ils / elles descendent	j'ai descendu tu as descendu il / elle / on a descendu nous avons descendu vous avez descendu ils / elles ont descendu	descends descendons descendez
Devoir	je dois tu dois il / elle / on doit nous devons vous devez ils / elles doivent	j'ai dû tu as dû il / elle / on a dû nous avons dû vous avez dû ils / elles ont dû	

INFINITIF	INDICATIF		IMPÉRATIF
	PRÉSENT	PASSÉ COMPOSÉ	
Faire	je fais tu fais il / elle / on fait nous faisons vous faites ils / elles font	j'ai fait tu as fait il / elle / on a fait nous avons fait vous avez fait ils / elles ont fait	fais faisons faites
Falloir	il faut	il a fallu	
Mettre	je mets tu mets il / elle / on met nous mettons vous mettez ils / elles mettent	j'ai mis tu as mis il / elle / on a mis nous avons mis vous avez mis ils / elles ont mis	mets mettons mettez
Offrir	j'offre tu offres il / elle / on offre nous offrons vous offrez ils / elles offrent	j'ai offert tu as offert il / elle / on a offert nous avons offert vous avez offert ils / elles ont offert	offre offrons offrez
Partager	je partage tu partages il / elle / on partage nous partageons vous partagez ils / elles partagent	j'ai partagé tu as partagé il / elle / on a partagé nous avons partagé vous avez partagé ils / elles ont partagé	partage partageons partagez
Partir	je pars tu pars il / elle / on part nous partons vous partez ils / elles partent	je suis parti(e) tu es parti(e) il / elle / on est parti(e)(s) nous sommes parti(e)s vous êtes parti(e)(s) ils / elles sont parti(e)s	pars partons partez
Pouvoir	je peux tu peux il / elle / on peut nous pouvons vous pouvez ils / elles peuvent	j'ai pu tu as pu il / elle / on a pu nous avons pu vous avez pu ils / elles ont pu	
Prendre	je prends tu prends il / elle / on prend nous prenons vous prenez ils / elles prennent	j'ai pris tu as pris il / elle / on a pris nous avons pris vous avez pris ils / elles ont pris	prends prenons prenez
Se lever	je me lève tu te lèves il / elle / on se lève nous nous levons vous vous levez ils / elles se lèvent	je me suis levé(e) tu t'es levé(e) il / elle / on s'est levé(e)(s) nous nous sommes levé(e)s vous vous êtes levé(e)(s) ils / elles se sont levé(e)s	lève-toi levons-nous levez-vous
Venir	je viens tu viens il / elle / on vient nous venons vous venez ils / elles viennent	je suis venu(e) tu es venu(e) il / elle / on est venu(e)(s) nous sommes venu(e)s vous êtes venu(e)(s) ils / elles sont venu(e)s	viens venons venez
Vouloir	je veux tu veux il / elle / on veut nous voulons vous voulez ils / elles veulent	j'ai voulu tu as voulu il / elle / on a voulu nous avons voulu vous avez voulu ils / elles ont voulu	veuillez

Carte de la France métropolitaine

Plan de **Paris**

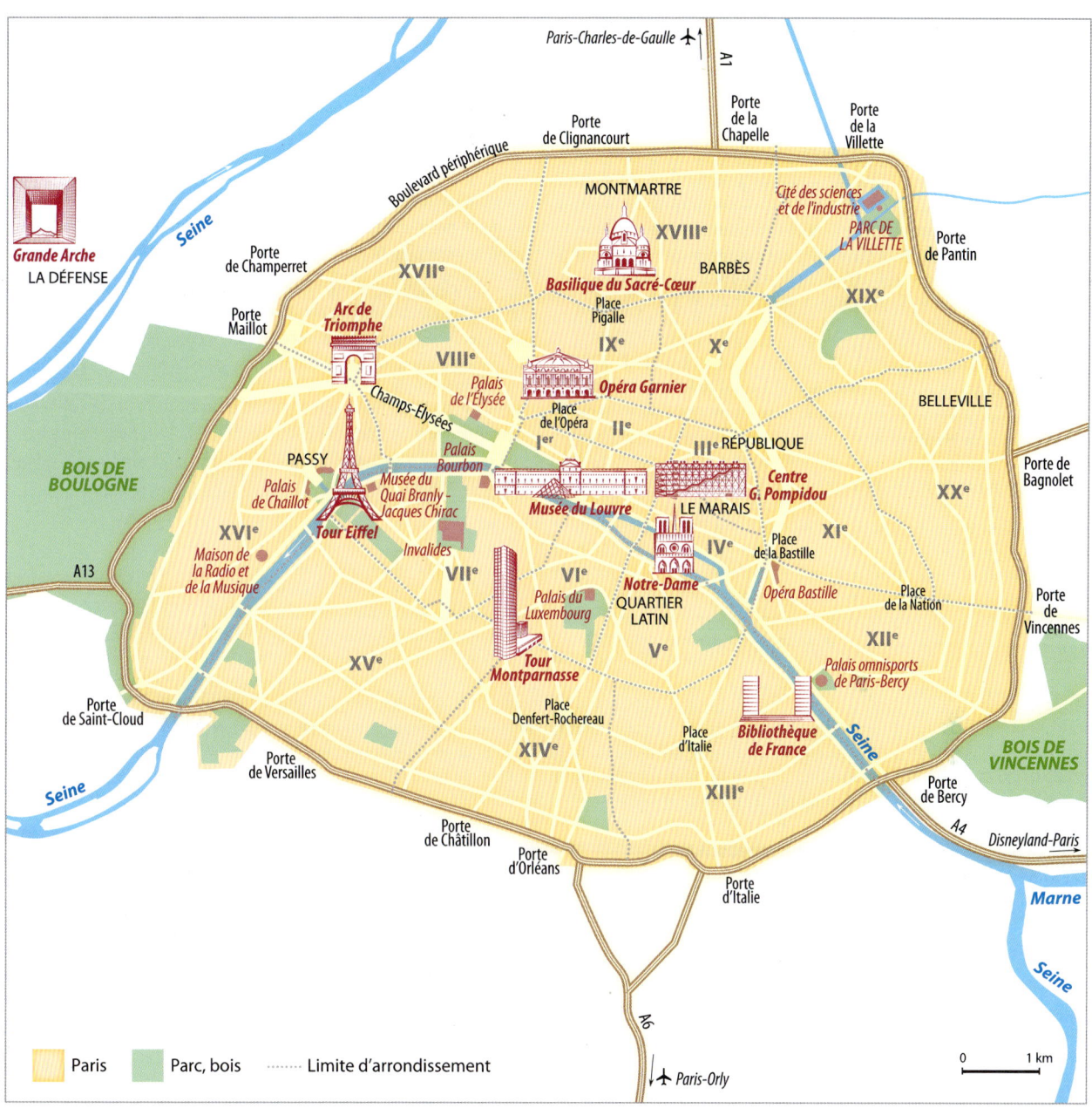

Crédits photographiques et droits de reproduction

Couverture : Getty Images © Ivan Pantic.
– **p. 22** Visuels du site expat.com © expat.com – **p. 26** Extrait de la pièce de théâtre *Le Prénom*, M. Delaporte / A. de la Patellière, 2012 © éd. L'avant-scène théâtre ; affiche *Le Prénom* © théâtre Édouard-VII – **p. 38** Affiche *Café des Langues* © Université Aix-Marseille – **p. 43** Affiches *Je viens de loin* © Alliance française de Paris / Institut français – **p. 52** *Un grand week-end à Marseille* © Hachette Tourisme ; photos © Cup of Tea, © épicerie L'Idéal, © café de l'Abbaye ; plan du centre-ville de Marseille © AFDEC – **p. 56** Visuels *Fête des Lumières de Lyon* © ville de Lyon ; plan du centre-ville de Lyon © AFDEC – **p. 58** Visuel du site visorando.com © visorando.com – **p. 60** Reproductions de Louis Pasteur, Victor Hugo et Jeanne d'Arc © photothèque Hachette – **p. 61** Affiche de Toulouse © lesmotsalaffiche.fr – **p. 68** Visuels du site afs.fr © AFS Vivre Sans Frontière – **p. 74** Visuels du site arteradio.fr © arteradio.fr – **p. 76** Planches de la bande dessinée *Les Cahiers d'Esther*, tome 1 © Riad Sattouf – **p. 94** Affiche *La Cohabitation intergénérationnelle solidaire* © Maison de l'habitat, Métropole Orléans – **p. 95** Photo de Roland Barthes © Ulf Andersen ; couverture du livre *Roland Barthes par Roland Barthes* © éd. Seuil – **p. 103** Affiche et flyer de *Châteaux en fête* © Aurélia Ernoult, mairie de Saint-Aulaye-Puymangou – **p. 104** Couverture du magazine *Le Meilleur de l'Alsace* : édition réalisée par Alsace Destination Tourisme, création agence Citeasen © Max Coquard ; couverture du magazine *Bretagne littoral*, 2022 © Alexandre Lamoureux – Sensation Bretagne ; couverture de la brochure *Vaucluse Provence* © Vaucluse Provence Attractivités – **p. 110-111** Infographies *Régions – La grande enquête* © TF1 – **p. 116** Affiche *Manger-Bouger* © Santé Publique France – **p. 117** Visuels du site Louie Media © louiemedia.fr – **p. 118** Photo de l'affiche *Quand les artistes se mettent à table* © Denis Darzack / Agence VU' © Bernard Demenge / Hans Lucas – **p. 128** Affiches *Flexitarien* © Compass Group / Eurest – **p. 129** *La Promesse* © photothèque R. Magritte / Adagp Images, Paris, 2023 ; *Le Bain de cristal* © photothèque R. Magritte / Adagp Images, Paris, 2023 – **p. 174** Carte de la France © AFDEC – **p. 175** Plan de Paris © AFDEC.

Getty Images : p. 13 © Alvarez – **p. 27** © Reg Lancaster ; © Reporters Associés ; © Alain Denize ; © Éric Catarina ; © Éric Catarina ; © Serge Benhamou ; © Stéphane Cardinale – Corbis – **p. 29** © Flashpop – **p. 60** © Popperfoto ; © Ullstein Bild – **p. 61** © Reporters Associés – **p. 63** © Golero – **p. 131** © Westend61.

Plain Picture : p. 47 © Kniel Synnatzschke – **p. 81** © Deepol – **p. 97** © Josu Acosta – **p. 115** © Eyecatcher.pro.

Shutterstock : autres.

Vidéos « Fenêtres sur… »
p. 27 *La Tendance des prénoms* – Hachette Livre ; **p. 43** *Francophonie – Le français est une langue charmante* – TV5MONDE ; **p. 60** *Féminisation des noms de rues : où en sont les municipalités ?* – LCI ; **p. 76** *Le dessinateur Riad Sattouf publie* Les Cahiers d'Esther – France 5 ; **p. 94** *Colocation intergénérationnelle : un nouveau système pour aider jeunes et seniors* – France 2 ; **p. 110** *1 jour 1 question : À quoi ça sert les Outre-mer ?* – France Télévisions ; **p. 128** *Alimentation : quelles sont les nouvelles habitudes des Français ?* – France Info ; **p. 144** *Sapin, bûche, Père Noël… : quelles sont les origines de toutes ces traditions de Noël ?* – France 3.

Nous avons fait tout notre possible pour obtenir les autorisations de reproduction des textes et documents publiés dans cet ouvrage. Dans le cas où des omissions ou des erreurs se seraient glissées dans nos références, nous y remédierons dans les éditions à venir.

Nous remercions vivement les enseignants de français qui ont participé aux tables rondes.

> À Élisa Chappey qui nous a tant appris sur l'importance de l'audio dans l'apprentissage des langues. *L'éditeur*
> À Annie Berthet qui était à l'origine de l'aventure Alter ego et avec qui nous avons tant partagé. *Catherine, Monique et Véronique*

Couverture : Anne-Danielle Naname – Nicolas Thulie (illustration)
Maquette intérieure : Anne-Danielle Naname
Mise en page : Anne-Danielle Naname, Adeline Calame
Secrétariat d'édition : Astrid Rogge
Relecture orthotypographique : Brigitte Luttiau
Illustrations : Nicolas Thullie (p. 13, 29, 47, 61, 81, 97, 115, 131) ; autres illustrations : Bruno David
Enregistrements audio, montage, mixage : Quali'sons : David Hassici
Maîtrise d'œuvre : Françoise Malvezin, *Le Souffleur de mots*
Capsules de phonétique : Vodetmar : Vincent Derrien ; Appartement n° 1 : Cyril Séaut
Traduction du lexique (livret encarté) : Pico traduction

978-2-01-715313-9
© HACHETTE LIVRE, 2023
58, rue Jean Bleuzen, 92178 Vanves
http://www.hachettefle.fr

PAPIER CERTIFIÉ

Le code de la propriété intellectuelle n'autorisant, aux termes des articles L. 122-4 et L. 122-5, d'une part, que « les copies ou reproductions strictement réservées à l'usage privé du copiste et non destinées à une utilisation collective » et, d'autre part, que « les analyses et les courtes citations » dans un but d'exemple et d'illustration, « toute représentation ou reproduction intégrale ou partielle, faite sans le consentement de l'auteur ou de ses ayants droit ou ayants cause, est illicite ». Cette représentation ou reproduction, par quelque procédé que ce soit, sans autorisation de l'éditeur ou du Centre français de l'exploitation du droit de copie (20, rue des Grands-Augustins, 75006 Paris), constituerait donc une contrefaçon sanctionnée par les articles 425 et suivants du Code pénal.

Achevé d'imprimer en février 2025 sur les presses de Imprimeries IPS
Dépôt légal : janvier 2023
Edition n°02
84/9591/3

mon alter ego 1

A1

MÉTHODE
DE FRANÇAIS

Transcriptions

Corrigés – *S'entraîner*

Lexique multilingue

hachette
FRANÇAIS LANGUE ÉTRANGÈRE

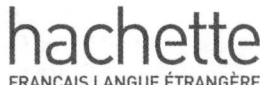

Transcriptions

DOSSIER 1 — Former un groupe

Leçon 1 • Se présenter

🔊 Pistes 002 et 003 – Activité 1
Rémy : Bonjour, je m'appelle Rémy. Et vous ?
Greta : Je m'appelle Greta, et toi ?
Yassine : Je m'appelle Yassine. Et toi ?
Maria : Je m'appelle Maria. Et toi ?

🔊 Pistes 004 et 005 – Activité 2
Dialogue 1
David : Je m'appelle David. Et toi ? Comment tu t'appelles ?
Paloma : Paloma.

Dialogue 2
Rémy : Je m'appelle Rémy, et vous ? Comment vous vous appelez ?
Sung : Je m'appelle Sung.
Rémy : Comment ça s'écrit ?
Sung : S-U-N-G.

🔊 Pistes 006 et 007 – Activité 3a
Rémy : A ?
Akiko : A comme Akiko !
Rémy : B ? C ? D ?
David : D comme David !
Rémy : E ? F ?
Fiorello : F comme Fiorello !
Rémy : G ?
Greta : G comme Greta !
Rémy : H ?
Héloïse : H comme Héloïse !
Rémy : I ? J ? K ?
Kali : K comme Kali !
Rémy : L ? M ?
Maria : M comme Maria !
Rémy : N ? O ? P ?
Paloma : P comme Paloma !
Rémy : Q ? R ? R comme Rémy ! S ?
Sung : S comme Sung !
Rémy : T ?
Tao : T comme Tao !
Rémy : U ? V ?
Vivian : V comme Vivian !
Rémy : W ? X ? Y ?
Yassine : Y comme Yassine !
Rémy : Z ?

🔊 Pistes 008 et 009 – Activité 5
Rémy : Je m'appelle Rémy. Comment ça s'écrit ?
Akiko : R - E - M - I ?
Rémy : Non, ça s'écrit : R - E accent aigu - M - Y. À vous ! Épelez votre prénom.
Yassine : Y - A - deux S - I - N - E.
Héloïse : H - E accent aigu - L - O - I tréma - S - E.
Fiorello : F - I - O - R - E - deux L - O.
Vivian : V - I - V - I - A - N.
Paloma : V ou B ?
Vivian : V comme Victor.

🔊 Piste 010 – zoom Langue – Faire épeler / Épeler (b)
M - I - C - H - E - deux L - E.
J - E accent aigu - R - O accent circonflexe - M - E.
H - E accent aigu - L - E accent grave - N - E.
C - H - R - I - S - T - I - N - E.
F - R - A - N - C cédille - O - I - S.
L - O - I tréma - C.
G - E - O - R - G - E - S.

🔊 Pistes 011 et 012 – Activité 7
Rémy : Alors, dans notre classe il y a… combien d'étudiants ? Un, deux, trois, quatre, cinq, six, sept, huit, neuf, dix, onze… douze. Douze étudiants.
Kali : Et un professeur ! Treize personnes !
Rémy : Treize personnes, oui. Et combien d'hommes ?
Plusieurs étudiants : Un, deux, trois, quatre, cinq, six.
Rémy : Six hommes.
Kali : Cinq étudiants et un professeur.
Rémy : Oui ! Et il y a des femmes. Combien de femmes ?
Plusieurs étudiants : Une, deux, trois, quatre, cinq, six… sept.
Rémy : Sept femmes ! Oui ! Sept étudiantes !

🔊 Piste 013 – zoom Langue – Les nombres de 0 à 20 (a)
zéro – un – deux – trois – quatre – cinq – six – sept – huit – neuf – dix – onze – douze – treize – quatorze – quinze – seize – dix-sept – dix-huit – dix-neuf – vingt

🔊 Piste 014 – Les nombres de 0 à 20 (b)
12 – 3 – 15 – 16

Leçon 1 • Dire la nationalité et les langues parlées

🔊 Pistes 015 et 016 – Activité 2b
Rémy : Je parle français, et vous ? Vous parlez quelle langue avec votre famille ?
Vivian : Je parle anglais, et toi ?
Paloma : Je parle espagnol, et toi ?
Fiorello : Je parle italien.
Héloïse : Moi aussi ! Je parle italien… et allemand.
Rémy : Ah, vous parlez deux langues à la maison !
David : Moi aussi, je parle allemand à la maison. Et toi, Kali ?
Kali : Je parle hindi.

🔊 Pistes 017 et 018 – Activité 2c
Greta : À la maison, je parle suédois. Et toi, Yassine ?
Yassine : Espagnol et arabe. Et toi, Sung ?
Sung : Je parle coréen.
Greta : Au travail, je parle suédois, allemand et anglais. Et toi, Yassine ?
Yassine : Ah, tu parles trois langues au travail ! Moi, je parle arabe. Et toi, Sung ?
Sung : Coréen.
Greta : Et en voyage ou avec des amis, tu parles quelle langue ?
Sung : Je parle coréen et anglais. Et toi, Yassine ?
Yassine : Avec des amis ? Je parle arabe et espagnol. Et toi, Greta ?
Greta : Je parle suédois et anglais. Ah ! Nous parlons anglais tous les trois !

🔊 Pistes 019 et 020 – Activité 5
Rémy : Vous êtes asiatique ? Africain ? Européen ? Du continent américain ? Formez des groupes par continent.
Paloma : Moi, je suis européenne, je suis espagnole. Et toi ?
Fiorello : Moi, je suis italien.
Paloma : Tu es dans mon groupe ! Et toi, tu es européen ?
David : Oui, je suis allemand.
Sung : Je suis coréen, et toi ?
Akiko : Je suis japonaise. Nous sommes asiatiques !
Maria : Quelle est ta nationalité ?
Vivian : Je suis américaine et kényane.
Maria : Ah, tu es nord-américaine ! Et africaine !
Vivian : Oui !
Maria : Moi, je suis latino-américaine. Je suis brésilienne !

🔊 Piste 021 – zoom Langue – Demander / Dire la nationalité (c)
1. français – française
2. grec – grecque
3. américain – américaine
4. allemand – allemande
5. russe – russe
6. espagnol – espagnole
7. brésilien – brésilienne
8. coréen – coréenne
9. kényan – kényane
10. belge – belge
11. chinois – chinoise
12. turc – turque

🔊 Piste 022 – Prononciation – Le rythme et l'accentuation – Activité 6a
Da**vid** – Da**vid**
Fio**rel**lo – Fio**rel**lo
Pa**lo**ma – Pa**lo**ma
Vi**vi**an – Vi**vi**an

🔊 Piste 023 – Activité 6b
Ré**my** – fran**çais**
Da**vid** – alle**mand**
Fiore**llo** – ita**lien**
Palo**ma** – espa**gnole**
Vi**vian** – améri**caine**

Leçon 2 • Demander, donner des informations personnelles

🔊 Pistes 024 et 025 – Activité 1
Rémy : Bonjour, comment ça va aujourd'hui ? Ça va ?
Plusieurs étudiants : Bien ! Ça va !
Yassine : Très bien ! Aujourd'hui, c'est mon anniversaire !
Rémy : Ah bon ? Joyeux anniversaire !
Plusieurs étudiants : Joyeux anniversaire, joyeux anniversaire ! Joyeux anniversaire, Yassine ! Joyeux anniversaire !
Yassine : Merci !

🔊 Pistes 026 et 027 – Activités 2 et 3
Rémy : Alors vous avez quel âge, Yassine ?
Yassine : J'ai 32 ans !
Rémy : Ah, moi aussi j'ai 32 ans ! Nous avons le même âge ! Et les autres, dans la classe, vous avez quel âge ? Héloïse ?
Héloïse : Moi, j'ai 19 ans !
Paloma : Et moi, 18 ans !
Rémy : Ah, alors Héloïse et Paloma, vous êtes dans le groupe des 15-19 ans. Et les autres ? Dites votre âge et formez des groupes : les 20-29 ans, les 30-39 ans, etc.
Kali : Maria, tu as quel âge ?
Maria : J'ai 53 ans, et toi, Kali ?
Kali : Ah, tu es dans mon groupe ! J'ai 50 ans !

🔊 Piste 028 – zoom Langue – Les nombres de 20 à 69 (a)
vingt – vingt et un – vingt-deux – vingt-trois – vingt-quatre – vingt-cinq – vingt-six – vingt-sept – vingt-huit – vingt-neuf – trente – trente et un – trente-deux – trente-trois – trente-quatre – trente-cinq – trente-six – trente-sept – trente-huit – trente-neuf – quarante – quarante et un – quarante-deux – quarante-trois – quarante-quatre – quarante-cinq – quarante-six – quarante-sept – quarante-huit – quarante-neuf – cinquante – cinquante et un – cinquante-deux – cinquante-trois – cinquante-quatre – cinquante-cinq – cinquante-six – cinquante-sept – cinquante-huit – cinquante-neuf – soixante – soixante et un – soixante-deux – soixante-trois – soixante-quatre – soixante-cinq – soixante-six – soixante-sept – soixante-huit – soixante-neuf

🔊 Piste 029 – Les nombres de 20 à 69 (b)
deux – douze – vingt – vingt-deux
trois – treize – trente – trente-trois
quatre – quatorze – quarante – quarante-quatre
cinq – quinze – cinquante – cinquante-cinq
six – seize – soixante – soixante-six

🔊 Piste 030 – Prononciation – Les liaisons et les enchaînements avec les nombres – Activité 4a
un an – deux ans – trois ans – quatre ans – cinq ans – six ans – sept ans – huit ans – neuf ans – dix ans – vingt ans – trente ans

🔊 Piste 031 – Activité 4b
1. six ans – 2. un an – 3. sept ans – 4. deux ans – 5. neuf ans – 6. trois ans – 7. cinq ans – 8. quatre ans – 9. huit ans – 10. trente ans – 11. vingt ans – 12. dix ans

🔊 Pistes 032 et 033 – Activité 6
Rémy : Alors, janvier, février, mars… Et je note l'anniversaire de Yassine : le 25 avril. Et les autres, quelle est votre date d'anniversaire ? En mai, il y a un anniversaire ?
Akiko : Oui ! Mon anniversaire, c'est le 31 mai !
Rémy : Akiko, le 31 mai. En juin ?
Paloma : Moi ! C'est le 21 juin.
Rémy : Paloma, le 21 juin. En juillet ? Août ?
Maria : Moi ! Mon anniversaire, c'est le 6 août.
Rémy : Maria, le 6 août.
Tao : Et moi, c'est en septembre.
Rémy : Quel jour, Tao ?
Tao : le 20.
Rémy : Et en octobre, c'est mon anniversaire : le 29 !
Kali : Et moi, c'est le 15 octobre.
Rémy : OK, Kali, le 15 octobre.
Sung : Mon anniversaire, c'est le 1er novembre.
Rémy : Mmm ! Sung, le 1er novembre.

Transcriptions

Sung : Et toi, Fiorello, quelle est ta date d'anniversaire ?
Fiorello : C'est le 28 décembre.
Rémy : Fiorello, le 28 décembre. Voilà, notre calendrier des anniversaires est complet !

🔊 Piste 034 – zoom Langue – Demander / Dire la date d'anniversaire (a)

Quelle est ta date d'anniversaire ? Quelle est votre date d'anniversaire ?
C'est le 25 avril. C'est le premier novembre.
Mon anniversaire, c'est en janvier, février, mars, avril, mai, juin, juillet, août, septembre, octobre, novembre, décembre.

🔊 Piste 035 – Demander / Dire la date d'anniversaire (b)

janvier – février – […] – avril – […] – […] – juillet – […] – septembre – […] – novembre – […]

🔊 Piste 036 – Prononciation – Le son [ã] – Activité 8a

septembre – août – janvier – février – décembre – juin – mars – mai – octobre – juillet – avril – novembre

🔊 Piste 037 – Activité 8c

En septembre, j'ai trente ans !
En novembre, j'ai quarante ans !
En décembre, j'ai cinquante ans !
En janvier, j'ai soixante ans !

Leçon 2 • Demander, donner des coordonnées

🔊 Pistes 038 et 039 – Activités 2a et 2b

Rémy : Maintenant, nous formons le groupe WhatsApp de la classe ! Vous circulez dans la classe et vous notez les numéros de téléphone. Par exemple, mon numéro, c'est le 06 25 48 31 18.
Greta : Quel est ton numéro de téléphone ?
Yassine : C'est le 06 35 62 55 70. Et toi ?
Greta : C'est le 06 23 77 41 38.
Vivian : Mon numéro de téléphone, c'est le 07 16 02 27 80. Et toi, quel est ton numéro ?
Akiko : C'est le 06 23 64 81 22.
Héloïse : Quel est ton numéro de téléphone ?
David : C'est le 07 58 71 46 90.
Héloïse : Et moi, c'est le 07 19 98 33 92.
David : Merci !

🔊 Piste 040 – zoom Langue – Les nombres de 70 à 100 (a)

soixante-dix – quatre-vingts – quatre-vingt-dix

🔊 Piste 041 – Les nombres de 70 à 100 (b)

soixante-dix – soixante et onze – soixante-douze…
À vous !
quatre-vingts – quatre-vingt-un – quatre-vingt-deux…
À vous !
quatre-vingt-dix – quatre-vingt-onze… À vous !

🔊 Piste 042 – zoom Culture – Les numéros de téléphone en France (a)

Femme 1 : Quel est ton numéro de portable français ? Je le note sur mon téléphone.
Femme 2 : 0 - 6 - 5 - 3 - 4 - 1 - 1 - 6 - 2 - 8.
Femme 1 : Ah ! 06 53 41 16 28, c'est bien ça ?
Femme 2 : Oui, c'est ça. Et toi ? Quel est ton numéro de mobile ?
Femme 1 : C'est le 07 31 19 45 78 ou, de l'international, (+)33 7 31 19 45 78.

🔊 Pistes 043 et 044 – Activité 3

Kali : Le numéro de Paloma : 06 71 66 21 83.
Sung : Fiorello : 07 93 37 74 61.
Tao : Kali : 07 89 51 18 18.
Maria : Tao : 06 61 76 59 66.
Paloma : Maria : 06 85 15 95 13.
Fiorello : Sung : 07 12 72 45 61.

🔊 Pistes 045 et 046 – Activité 5b

Rémy : r demorand arobase yahoo point fr.
Akiko : akiko tiret osawa arobase hotmail point com.
Greta : greta point falk arobase gmail point com.
David : david tiret bas grass arobase outlook point com.

🔊 Piste 047 – zoom Langue – Demander / Dire l'adresse mail (a)

Quelle est ton adresse mail ?
Quelle est votre adresse mail ?
Mon adresse mail, c'est akiko tiret osawa arobase hotmail point com.

🔊 Piste 048 – Demander / Dire l'adresse mail (b)

f - point - moretti - arobase - yahoo - point - F - R
maria - tiret bas - gomes - arobase - U - O - L - point - com - point - B - R

Leçon 3 • Donner des informations sur quelqu'un

🔊 Piste 049 – zoom Langue – Les verbes *être* et *avoir* pour donner des informations personnelles (c)

ils sont – ils ont

🔊 Piste 050 – Prononciation – Les sons [ə] et [e] – Activité 6a

1. le – **2.** les

🔊 Piste 051 – Activité 6b

1. le sport – **2.** les cinémas – **3.** le film – **4.** le profil – **5.** les mois – **6.** les noms – **7.** le groupe – **8.** le nombre

🔊 Piste 052 – Activité 6c

Exemple : les goûts → le goût.
1. le nombre – **2.** les films – **3.** le nom – **4.** les groupes – **5.** les mois – **6.** le cinéma – **7.** les profils – **8.** le sport

🔊 Piste 053 – zoom Langue – Les verbes en *-er* au présent (a)

je parle – tu parles – il parle – elle parle – nous parlons – vous parlez – ils parlent – elles parlent

🔊 Piste 054 – Les verbes en *-er* au présent (b)

j'aime – tu aimes – il aime – elle aime – nous aimons – vous aimez – ils aiment – elles aiment

🔊 Piste 055 – Récap' grammaire

Les verbes en *-er* au présent
aimer : j'aime – tu aimes – il aime – elle aime –

nous aimons – vous aimez – ils aiment – elles aiment
parler : je parle – tu parles – il parle – elle parle –
nous parlons – vous parlez – ils parlent – elles parlent

🔊 Piste 056 – Récap' grammaire
Les verbes *avoir* et *être* au présent
avoir : j'ai – tu as – il a – elle a – nous avons –
vous avez – ils ont – elles ont
être : je suis – tu es – il est – elle est – nous sommes –
vous êtes – ils sont – elles sont

Fenêtres sur... Sociétés

🔊 Piste 057 – Activité 1

Extrait 1
Alexandre
Je donnerais toute ma vie
Pour une cendre
Rien qu'une cendre de ta Lucky
Alexandre

Extrait 2
Élisa, Élisa
Élisa, saute-moi au cou
Élisa, Élisa
Élisa, cherche-moi des poux
Enfonce bien tes ongles

Extrait 3
Léa
Elle est parisienne, elle est pas présentable
Elle est pas jolie, elle est pas moche non plus
Elle est pas à gauche, elle est pas à droite
Elle est pas maladroite

Extrait 4
C'est qu' je suis l'as de trèfle qui pique ton cœur
L'as de trèfle qui pique ton cœur
L'as de trèfle qui pique ton cœur, Caroline
Claude MC prend le microphone genre love story raggamuffin
Pour te parler d'une amie qu'on appelle Caroline

Extrait 5
Petite Marie, je parle de toi
Parce qu'avec ta petite voix
Tes petites manies, tu as versé sur ma vie
Des milliers de roses

Extrait 6
Quatre consonnes et trois voyelles
C'est le prénom de Raphaël
Je le murmure à mon oreille
Et chaque lettre m'émerveille
C'est le tréma qui m'ensorcelle
Dans le prénom de Raphaël
Comme il se mêle au a, au e
Comme il les entremêle au l
Raphaël

Extrait 7
Lalala... Pierre
Mon Pierre

▷ 03 – Activité 2
Les tendances actuelles sont aux prénoms courts. Il y a beaucoup de prénoms d'une syllabe dans le top 20. Le trio en tête ne change pas avec Emma, Jade et Louise dans le top 3 féminin et Gabriel, Raphaël et Léo dans le top 3 masculin.
On va certainement voir le retour des Suzanne, des Madeleine, mais il y aura aussi des prénoms nouveaux. On va donc avoir un équilibre entre le nouveau et l'ancien dans le répertoire des prénoms.

Stratégies et outils pour... communiquer en classe

🔊 Piste 058 – Activité 1b
Étudiante 1 : Qu'est-ce que c'est ?
Professeur : C'est une chaise.
Étudiant 1 : Comment dit-on « Hi! » en français ?
Étudiante 2 : « Salut ! »
Étudiante 3 : C'est à quelle page ?
Professeure : Page 36.
Étudiante 4 : Comment ça se prononce ?
Professeure : Ça se prononce « douze », avec « ou » comme dans « vous ».
Étudiante 5 : « Tableau », comment ça s'écrit ?
Étudiante 6 : T-A-B-L-E-A-U.
Étudiante 7 : « Voyelle », qu'est-ce que ça signifie ?
Professeur : C'est une lettre : *a, e, i...*

🔊 Piste 059 – Activité 2a
1. Parlez lentement, s'il vous plaît.
2. Pardon, j'ai une question.
3. Je ne comprends pas. Vous pouvez expliquer ?
4. Comment ? Répétez, s'il vous plaît !

DOSSIER 2 Communiquer en contexte international

Leçon 1 • Parler de son apprentissage

🔊 Pistes 060 et 061 – Activités 5, 6 et 7
Mei : Bonjour ! Je m'appelle Mei, je suis chinoise. Je suis musicienne. Je suis à Paris parce que j'étudie le violon. J'apprends le français parce que mes cours de musique sont en français... Et aussi pour le plaisir !
Sofia : Bonjour, je m'appelle Sofia et je suis étudiante à l'Alliance française de Paris. Je suis italienne, je suis traductrice. Je suis ici parce que je suis amoureuse d'un Français. Il est graphiste à Paris. J'apprends le français pour communiquer avec la famille.
Francisco : Bonjour, je m'appelle Francisco et j'étudie à l'Alliance française. Je suis brésilien. Pourquoi je suis à Paris ? Parce que ma femme travaille ici, elle est architecte. Moi, je suis cuisinier, j'apprends le français pour travailler à Paris. Et aussi parce que j'aime la langue française !

Transcriptions

🔊 **Piste 062 – Prononciation – Les sons [y] et [u] – Activité 8a**

ou – bonj**ou**r
u – sal**u**t

🔊 **Piste 063 – Activité 8b**

Exemples : culture – cours.
1. amour – 2. excursion – 3. groupe – 4. musique – 5. tourisme – 6. journaliste – 7. traductrice – 8. étudiant

🔊 **Piste 064 – Activité 8c**

1. J'ai un cours de musique.
2. Je voyage le douze août.
3. J'étudie le journalisme.
4. La traductrice est avec un groupe.

🔊 **Piste 065 – Récap' grammaire**
Le verbe *apprendre* au présent

j'apprends – tu apprends – il apprend – elle apprend – nous apprenons – vous apprenez – ils apprennent – elles apprennent

🔊 **Piste 066 – Récap' grammaire**
Les verbes en *-ger* au présent

je partage – tu partages – il partage – elle partage – nous partageons – vous partagez – ils partagent – elles partagent

Leçon 2 • Annoncer un événement

🔊 **Pistes 067 et 068 – Activité 4**

Vous écoutez Radio France internationale.
Journaliste 1 : Bonjour à tous, bienvenue dans notre émission spéciale sur la langue française.
Journaliste 2 : Oui, aujourd'hui, nous sommes le 20 mars, c'est la Journée internationale de la Francophonie, journée créée en 1988. C'est aussi la Semaine de la langue française et de la Francophonie, créée, elle, en 1995. Savez-vous que 300 millions de personnes utilisent la langue française dans le monde ? Cette semaine, 70 pays…

🔊 **Piste 069 – Prononciation – La mélodie et le rythme du français – Activité 8a**

Bonjour à tous. Bienvenue dans notre émission sur la langue française. Nous sommes le 22 mars.

🔊 **Piste 070 – Activité 8b**

Bienvenue dans notre émission sur la langue française.

🔊 **Piste 071 – Activités 8c et 8d**

Exemple : Bonjour !
Bonjour à tous ! Bienvenue dans notre émission sur la langue française. Nous sommes le 22 mars.

🔊 **Piste 072 – Activité 8e**

Bonjour à tous ! Bienvenue dans notre émission sur la langue française. Nous sommes le 22 mars.
Bonjour à tous ! Bienvenue dans notre émission sur la langue française. Nous sommes le 22 mars.

🔊 **Piste 073 – S'entraîner – Activité 2**

La langue française dans le monde, c'est : 274 millions d'utilisateurs, 180 millions d'internautes, 125 millions d'apprenants et 900 000 professeurs. Les prévisions pour 2070 sont : entre 477 millions et 747 millions de francophones.

Leçon 3 • Faire connaissance

🔊 **Piste 074 – zoom Langue – Dire le pays / la ville d'origine (b)**

je viens – tu viens – il vient – elle vient – nous venons – vous venez – ils viennent – elles viennent

🔊 **Pistes 075 et 076 – Activités 4 et 5**

Dialogue 1
Animateur : Bonjour ! Vous allez bien ? Bienvenue à la table du français !
Plusieurs étudiants : Bonjour. / Salut ! / Oui, ça va.
Animateur : Alors, je me présente, je m'appelle Simon, je suis l'animateur. Pour faire connaissance, je vous propose de parler de votre pays d'origine. Quelles sont les nationalités, dans le groupe ?
Étudiante 1 : Je suis espagnole.
Étudiant : Moi, je viens du Maroc.
Animateur : Et toi, quel est ton pays d'origine ?
Étudiante 2 : Je viens des États-Unis, de San Francisco…

Dialogue 2
Animateur : Regardez les papiers sur la table. Qui choisit un thème ?
Étudiant 1 : Moi ! Le travail ! Est-ce que vous travaillez ?
Étudiant 2 : Non.
Étudiante : Oui ! Je travaille dans un restaurant.
Étudiant 1 : Ah ? Tu n'es pas étudiante ?
Étudiante : Si. J'étudie la journée et je travaille le soir ! Je suis serveuse au restaurant…

Dialogue 3
Étudiant 1 : Ah ! Le thème, c'est la cuisine. Vous aimez la cuisine française ?
Étudiante 1 : Ah ben moi, non, je n'aime pas la cuisine française…
Étudiante 2 : Ah bon ? Quelle est ta cuisine préférée ?
Étudiante 1 : La cuisine chinoise.
Étudiant 3 : Ah oui, la cuisine chinoise, j'aime bien !
Animateur : Oh ! 14 heures, c'est fini pour aujourd'hui ! Vous venez jeudi ?
Étudiant 1 : Oui ! À jeudi ! Bon après-midi !
Étudiant 3 : Au revoir, à bientôt !
Étudiante 2 : Salut, bonne journée ! À jeudi !

🔊 **Pistes 077 et 078 – Activité 6**

Dialogue 1
Animateur : Bonjour ! Vous allez bien ? Bienvenue à la table du français !
Plusieurs étudiants : Bonjour. / Salut ! / Oui, ça va.
Animateur : Alors, je me présente, je m'appelle Simon, je suis l'animateur. Pour faire connaissance, je vous propose de parler de votre pays d'origine. Quelles sont les nationalités, dans le groupe ?
Étudiante 1 : Je suis espagnole.
Étudiant : Moi, je viens du Maroc.

Animateur : Et toi, quel est ton pays d'origine ?
Étudiante 2 : Je viens des États-Unis, de San Francisco…

Dialogue 3
Étudiant 1 : Ah ! Le thème, c'est la cuisine. Vous aimez la cuisine française ?
Étudiante 1 : Ah ben moi, non, je n'aime pas la cuisine française…
Étudiante 2 : Ah bon ? Quelle est ta cuisine préférée ?
Étudiante 1 : La cuisine chinoise.
Étudiant 3 : Ah oui, la cuisine chinoise, j'aime bien !
Animateur : Oh ! 14 heures, c'est fini pour aujourd'hui ! Vous venez jeudi ?
Étudiant 1 : Oui ! À jeudi ! Bon après-midi !
Étudiant 3 : Au revoir, à bientôt !
Étudiante 2 : Salut, bonne journée ! À jeudi !

🔊 Piste 079 – Prononciation – La question intonative – Activité 7a

Exemples : Tu parles français. Tu parles français ?
1. Vous travaillez ici.
2. L'Alliance organise une rencontre.
3. Je viens jeudi ?
4. Vous étudiez le chinois ?
5. Nous parlons français.
6. L'Alliance organise une rencontre ?
7. Je viens jeudi.
8. Il aime la cuisine ?
9. Vous travaillez ici ?
10. Vous étudiez le chinois.
11. Nous parlons français ?
12. Il aime la cuisine.

🔊 Piste 080 – Activité 7b

Exemple : Il voyage en Europe. Il voyage en Europe ?
1. Vous venez de Montréal ?
2. Vous êtes chinoise.
3. Il vient du Canada.
4. Tu es étudiant ?
5. Vous êtes traducteur.
6. Vous travaillez dans un restaurant ?
7. Elle parle japonais ?

🔊 Piste 081 – Prononciation – Le son [ɛ̃] – Activité 7c

Exemple : bien.
1. elles viennent – 2. musicien – 3. semaine –
4. simple – 5. je viens – 6. européenne –
7. informaticien – 8. cinq continents

🔊 Piste 082 – Récap' grammaire

Le verbe *venir* au présent
je viens – tu viens – il vient – elle vient – nous venons – vous venez – ils viennent – elles viennent

Fenêtres sur… Identités

▶ 07 – Activité 2

Bonjour à tous. Moi, je m'appelle Yu Jian Li. J'ai 24 ans et je suis chinois. En 2011, je suis venu en France pour continuer mes études, dans le domaine ingénierie mécanique. Et actuellement, je viens de commencer mon premier travail en France. […] Pour la première fois, j'ai entendu la langue française, j'étais impressionné. C'était un coup de foudre pour moi. Pour moi, mon mot préféré c'est « aimer ». Parce qu'en France, on parle souvent de romantisme et en plus, à Paris, on sait que c'est une ville très romantique : il y a le mur des amours. Du coup, je suis vraiment touché par ce mot-là, « aimer ». Le premier, c'est Victor Hugo dans le domaine de la littérature. Parce que moi, j'ai eu l'occasion de lire ses phrases, et je suis vraiment touché par les sentiments, les émotions dans ses phrases. Et la deuxième personne, c'est Zidane, pour le foot, parce que le foot, pour moi, c'est aussi la passion. La francophonie, c'est… comment dire… que tout le monde parle français, comment dire… il y a différents types de français, mais on parle de la même langue. Oui, c'est ça. On échange entre nous, en français. C'est plutôt dans la nourriture. Par exemple le croissant, en Chine, on dit « croissant » aussi. Voilà, parce que c'est quelque chose de spécial qui est venu de la France. Du coup, on prend son nom en français, pour montrer que ça vient de la France.

Stratégies et outils pour… effectuer des tâches

🔊 Piste 083 – Activité 1b

1. Écoutez le dialogue.
2. Écrivez le message.
3. Ouvrez le livre à la page 35.
4. Observez la photo.
5. Regardez la vidéo.
6. Lisez le texte.
7. Fermez votre livre.
8. Répondez aux questions.
9. Choisissez la réponse correcte.
10. Échangez ! Parlez de vos goûts.

🔊 Piste 084 – Activité 2b

1. Entourez l'ordinateur.
2. Soulignez le mot « cahier ».
3. Associez la table et la chaise.
4. Complétez le mot manquant.
5. Cochez la photo du tableau.

Entraînement DELF A1

🔊 Piste 085 – Compréhension de l'oral – Exercice 1 – Identifier un événement

Vous êtes en France. Vous entendez ce message sur votre répondeur. Lisez les questions. Écoutez le document puis répondez.
Bonjour. C'est Myriam du centre de langues. J'appelle pour vous informer que le cours de français commence mercredi après-midi à 15 heures. Votre professeure s'appelle Mélanie Rebichoux. J'épelle : R-E-B-I-C-H-O-U-X. Le cours est dans la salle 115. Pour confirmer votre présence, vous devez téléphoner mardi au secrétariat.

Transcriptions

DOSSIER 3 Découvrir une ville
Leçon 1 • Rechercher / Proposer un hébergement

🔊 Pistes 086 et 087 – Activité 3b
a. Est-ce qu'il y a un ascenseur ?
b. Vous acceptez les animaux ?
c. C'est un immeuble avec un digicode ?
d. Il y a des équipements pour les enfants ?
Un lit pour bébé ? Une chaise pour bébé ?

🔊 Piste 088 – Prononciation – La liaison et l'enchaînement – Activité 4a
1. un salon – un hébergement
2. une cuisine – une information

🔊 Piste 089 – Activité 4b
1. un lit – un ascenseur – un appartement – un logement
2. une hôtesse – une baignoire – une chambre – une annonce

🔊 Piste 090 – Activité 4c
Exemple : des hébergements.
1. des logements – 2. des équipements –
3. les appartements – 4. des salles de bain –
5. les lits – 6. des informations – 7. les chambres –
8. les annonces

🔊 Piste 091 – Activité 4d
1. Un appartement avec des équipements.
2. Une annonce avec des informations.
3. Un logement avec des avantages.
4. Les annonces pour des locations.
5. Un hébergement pour un adulte et deux enfants.
6. Un immeuble avec des ascenseurs.

🔊 Piste 092 – zoom Langue – Caractériser une personne, un hébergement (b)
1. Il est attentionné. – Elle est attentionnée.
2. Il est petit. – Elle est petite.
3. Il est grand. – Elle est grande.
4. Il est intéressant – Elle est intéressante.
5. Il est disponible. – Elle est disponible.
6. Il est pratique. – Elle est pratique.
7. Il est content. – Elle est contente.

Leçon 2 • Présenter un lieu « coup de cœur »

🔊 Pistes 093 et 094 – Activités 5 et 6
Dialogue 1
Client : Bonjour !
Commerçant : Bonjour monsieur.
Client : Je voudrais ce gâteau, s'il vous plaît.
Commerçant : Oui, vous désirez autre chose ?
Client : Euh… ça, qu'est-ce que c'est ?
Commerçant : Des biscuits traditionnels de Marseille, ça s'appelle des navettes.
Client : Ah… Et combien ça coûte ?
Commerçant : Cinq euros cinquante.
Client : Alors je voudrais un paquet, s'il vous plaît.
Dialogue 2
Client : Bonjour ! Combien coûte ce livre ?
Commerçante : Alors… Il coûte 12 euros.
Client : Ah, OK, très bien !
Commerçante : C'est un très bon livre, hein ! Vous payez comment ?
Client : Par carte, sans contact.
Commerçante : Merci !
Client : Et… je voudrais aussi un thé, un thé vert, s'il vous plaît. Et un croissant.
Commerçante : Un thé vert et un croissant, d'accord ! Asseyez-vous, j'arrive !
Client : L'addition, s'il vous plaît !

🔊 Piste 095 – Prononciation – Les consonnes finales muettes – Activité 7a
1. client – port – près – biscuits – prix – d'accord
2. premier – quartier – panier – déjeuner – sur – cœur – bar

🔊 Piste 096 – Activité 7b
1. Dans ce quartier, il y a un bar sur le boulevard.
2. Deux thés et deux gâteaux, s'il vous plaît !

Leçon 3 • Indiquer un itinéraire

🔊 Pistes 097 et 098 – Activités 4 et 5
Journaliste : Bonjour, ici Radio Fourvière, c'est le premier soir de la Fête des Lumières, nous sommes sur la place Bellecour. Derrière moi, une œuvre incontournable : *La Vague*. Les visiteurs sont très nombreux ! Monsieur, bonsoir, un petit mot pour Radio Fourvière ? Vous allez où ?
Homme : Ce soir, je vais dans le Vieux-Lyon pour admirer la cathédrale Saint-Jean. Ensuite, je monte à Fourvière et je redescends jusqu'à Saint-Paul.
Journaliste : Bonsoir messieurs dames, quel est votre parcours pour découvrir la Fête des Lumières ?
Femme : Alors nous, nous allons aux Terreaux, pour le spectacle sur l'hôtel de ville. Chaque année, c'est magnifique ! Et après, nous allons sur la place Sathonay.

🔊 Piste 099 – zoom Langue – Les verbes *prendre* et *descendre* au présent (d)
je prends – je descends
tu prends – tu descends
il prend – il descend
elle prend – elle descend
nous prenons – nous descendons
vous prenez – vous descendez
ils prennent – ils descendent
elles prennent – elles descendent

🔊 Piste 100 – Prononciation – Les sons [e] et [ɛ] – Activités 9a et 9b
1. aller – 2. lumière – 3. tramway – 4. vélo –
5. théâtre – 6. rivière – 7. fête – 8. à pied

🔊 Piste 101 – Activité 9c
1. La Fête des Lumières.
2. La première idée ?

3. Ouvert ou fermé ?
4. Le vélo ou la trottinette ?
5. Vous allez à la rivière.
6. Aller à la fête à pied.
7. La cinquième année.
8. Après la fontaine.

🔊 Piste 102 – Récap' grammaire
Les verbes *aller*, *descendre* et *prendre* au présent

aller : je vais – tu vas – il va – elle va – nous allons – vous allez – ils vont – elles vont
descendre : je descends – tu descends – il descend – elle descend – nous descendons – vous descendez – ils descendent – elles descendent
prendre : je prends – tu prends – il prend – elle prend – nous prenons – vous prenez – ils prennent – elles prennent

Fenêtres sur… Patrimoines

▶ 10 – Activité 2

Quand vous vous promenez, levez-vous parfois les yeux pour prêter attention aux noms de rues ? Savez-vous qu'en France, à peine 2 % des boulevards et autres allées portent le nom d'une femme ? Pour comprendre cette inégalité, démarrons notre enquête rue Jeanne-d'Arc, le nom de personnage féminin le plus attribué en France. Les raisons sont historiques, diront certains, mais ici, la ville entend combler son retard et la commune la plus active en la matière depuis cinq ans, c'est Nantes. Ici, 70 % des nouveaux noms de rues sont ceux de femmes illustres, davantage que lors des deux derniers siècles. Il me semble important, voilà, de reconnaître que les femmes ont participé à la société.

DOSSIER 4 Entretenir des relations sociales

Leçon 1 • Parler de ses loisirs

🔊 Piste 103 – Activités 1c et 2
Sven : Tu connais *Meetup* ?
Paul : Oui, c'est super pour rencontrer des gens.
Sven : On crée un groupe pour proposer des activités avec les habitants du quartier ?
Paul : Ah oui, bonne idée ! On ne connaît pas nos voisins…
Sven : Voilà, je suis sur le site. Regarde les thèmes. On prend des thèmes variés, non ? Bon, qu'est-ce qu'on aime ?
Paul : La musique, bien sûr ! C'est ma passion !
Sven : Et la lecture ?
Paul : Ben oui, on adore lire tous les deux !
Sven : Le yoga ?
Paul : Oh non, je n'aime pas le yoga.
Sven : Alors, comme sport, tu préfères quoi ?
Paul : Le foot ! Beaucoup de gens aiment le foot !
Sven : D'accord. Et la marche rapide ?
Paul : Oui, j'aime bien marcher. Quoi d'autre ?
Sven : Les jeux de société ! Les soirées jeux, c'est super !
Paul : OK ! Et on choisit une activité créative aussi ?
Sven : Oui, le dessin ! J'adore !
Paul : Et qu'est-ce qu'on choisit comme nom pour le groupe ?
Sven : Ben… « Activités entre voisins » ?
Paul : Ah oui, d'accord !

🔊 Piste 104 – Prononciation – Le son [ɔ̃] – Activité 4a
Exemple : bon.
1. propose – 2. rencontre – 3. nos voisins – 4. le nom – 5. on cherche – 6. beaucoup – 7. quoi d'autre – 8. la passion

🔊 Piste 105 – Activité 4b
[o] – [ɔ̃]

🔊 Piste 106 – Activité 4c
1. On cherche les contacts.
2. Les rencontres sont de bons moments.
3. On partage nos passions.

🔊 Piste 107 – zoom Langue – Parler de ses activités : *faire de, jouer de / à* (b)
je fais – tu fais – il fait – elle fait – on fait – nous faisons – vous faites – ils font – elles font

🔊 Piste 108 – Récap' grammaire
Le verbe *faire* au présent
je fais – tu fais – il fait – elle fait – on fait – nous faisons – vous faites – ils font – elles font

Leçon 2 • Parler de sa famille

🔊 Piste 109 – Activités 6, 7 et 8
Mère d'accueil : Alors, Giacomo, tu as des photos de ta famille ?
Giacomo : Oui, voilà ! Sur cette photo, c'est ma famille maternelle.
Mère d'accueil : Les trois enfants, ce sont tes frères et sœurs ?
Giacomo : Non, je n'ai pas de sœur. Mais j'ai un demi-frère : ici, à gauche. Il s'appelle Pietro.
Mère d'accueil : Ah oui, il est blond, comme toi ! Et les deux autres ?
Giacomo : La fille brune avec les cheveux longs, c'est ma cousine Giulia. Et le petit, devant, dans les bras de son papa, c'est mon cousin Lapo.
Mère d'accueil : Donc le jeune homme brun avec une barbe, c'est ton oncle ?
Giacomo : Oui. Mon oncle Emilio.
Mère d'accueil : Et ta mère, c'est la dame blonde, là, à droite ?
Giacomo : Oui.
Mère d'accueil : Elle est belle ! Et derrière, à gauche ? Ce sont tes grands-parents ?
Giacomo : Oui, les parents de ma mère.
Mère d'accueil : Ils sont très souriants ! Et la dame rousse ?
Giacomo : C'est ma tante Graziella, la sœur de ma mère. Et l'homme avec les cheveux très courts, à côté

# Transcriptions

de Graziella, c'est mon beau-père, le compagnon de ma mère.
Mère d'accueil : Et ton père et toi, vous n'êtes pas sur la photo ?
Giacomo : Non, mais j'ai cette autre photo : je suis avec mon père et ma belle-mère.
Mère d'accueil : Ah, tu ressembles à ton père : vous avez les yeux bleus tous les deux !

Leçon 3 • Annoncer / Réagir à une nouvelle

Piste 110 – Activités 2, 3 et 4
1. *Vous avez un nouveau message. Reçu vendredi 10 à 17 heures.*
Lucas : Coucou mamie ! C'est Lucas ! J'ai une super nouvelle : je viens d'avoir mon permis de conduire ! Je vais passer chez toi bientôt et on va faire un tour avec la voiture de maman, d'accord ? Je t'embrasse mamie !
2. **Caroline :** Bonsoir Patrick, c'est Caroline. Je ne vais pas venir au travail demain, je suis malade. Je viens de voir le médecin, j'ai un arrêt de travail de cinq jours. Je suis désolée… Demain matin, je vais transférer par mail les documents pour la réunion et comme ça vous pouvez…
3. **Jasmine :** Coucou papa ! Je viens de recevoir la réponse pour le travail : j'ai le poste ! Je suis super contente ! Je commence à bosser la semaine prochaine. Après-demain, j'apporte le champagne, on va trinquer ! Bisou papa !
4. **Walid :** Salut les copains ! Je viens de trouver un appart ! C'est cool ! On va fêter ça le week-end prochain, OK les amis ? Bon ben, bises !

Piste 111 – Prononciation – Le rythme et l'accentuation – Activité 5a
On va fêter ça / le week-end prochain.
1. la la la la la / la la la la la
2. la la la la la la la la la

Piste 112 – Activités 5c et 5d
1. On va faire un tour / avec la voiture / de Carolina.
2. Je vais transférer par mail / les documents / pour la réunion.

Piste 113 – Tâche cible – Activité 1a
Bonjour, vous avez un nouveau message. Salut Julien, c'est maman. C'est maman ! C'est maman ! Salut ma beauté, c'est maman. Oui, bonjour ma grenouille. Salut ma petite chérie. Ben… c'était papa maman. Oui mon fils. C'est maman, donc voilà ! Reçu vendredi 13 à 19 h 08 : c'est pour te donner une bonne nouvelle, j'ai mon micro-ondes, mais si tu savais le délire que ça a été…
(Arte) Voilà, et ben écoute je t'embrasse de tout mon cœur. (Radio) Et puis je vous fais des gros gros bisous, à bientôt. C'était maman. (point) Bisous ma chatte, bisous bisous, plein de bonnes pensées à vous tous, au revoir ma puce. (com)

Fenêtres sur… Littératures

▷ 13 – Activités 1, 2 et 3
Présentatrice : Voici à présent le portrait de l'auteur de bandes dessinées Riad Sattouf. Successeur en quelque sorte de Claire Bretécher, puisque sa petite Esther occupe toutes les semaines une page dans le *Nouvel Obs*. Ses cahiers sont aujourd'hui rassemblés dans un album où les pensées secrètes et la vie quotidienne de la fillette nous en apprennent beaucoup sur notre monde.
Alexandra Rouaud : Après *La Vie secrète des jeunes* et *L'Arabe du futur*, où il racontait sa jeunesse en Libye et en Syrie, le réalisateur des *Beaux gosses* signe *Les Cahiers d'Esther*, une histoire racontée d'après le récit authentique d'une petite fille de 10 ans, vivant dans le 17e arrondissement de Paris.
Riad Sattouf : Elle a commencé à me parler de sa propre jeunesse, en fait de son quotidien, de sa vie secrète – entre guillemets – de petite fille, à l'école, de ses copains, qu'est-ce qui fait qu'on est populaire ou qu'on ne l'est pas, etc. Et donc j'ai tout de suite eu envie d'en faire des bandes dessinées avec ses histoires pour mettre en parallèle sa propre jeunesse à elle, sa jeunesse française en 2016, avec la mienne au Moyen-Orient.
Alexandra Rouaud : Les points communs entre les jeunesses croquées par Riad Sattouf, c'est le quotidien, la famille, les amis, les amours et l'école.

Stratégies et outils pour… identifier une situation orale

Piste 114 – Activités 1a et 2a
<u>Situation 1</u>
Cliente : Bonjour !
Boulangère : Bonjour madame.
Cliente : Je vais prendre deux baguettes tradition.
Boulangère : Il vous fallait autre chose ?
Cliente : Oui, un croissant et un pain au chocolat, s'il vous plaît.
Boulangère : Ça fait trois euros soixante-quinze, s'il vous plaît. Et voilà : un euro vingt-cinq pour vous. Bonne journée !
Cliente : Merci, bonne journée !

<u>Situation 2</u>
Journaliste : Bonjour, c'est pour une enquête. Vous pratiquez une activité physique ou sportive ?
Femme 1 : Je cours régulièrement, je fais du yoga toutes les semaines.
Femme 2 : Du renforcement musculaire, du vélo.
Homme 1 : Du fitness en salle de sport.
Journaliste : Et vous, vous pratiquez une activité physique ou sportive ?
Femme 3 : Oui, du golf !
Homme 2 : Du badminton en club.
Femme 4 : Je vais à la salle de sport.
Homme 3 : Je fais de la randonnée.
Femme 5 : Natation et volley.

Situation 3
Commandant de bord : Mesdames et messieurs, dans quelques instants, notre TGV entrera en gare de Paris-Montparnasse, terminus de ce train. Nous espérons que vous avez effectué un agréable voyage. Avant de quitter vos places, veuillez vous assurer de ne rien oublier. La SNCF et son personnel de bord ainsi que le personnel de restauration vous souhaitent une excellente fin de soirée. Paris-Montparnasse, terminus de ce train.

Situation 4
France Inter ! Nicolas Demorand... Le 7/9.
Nicolas Demorand : Il est 7 heures, bienvenue sur France Inter, nous sommes le mercredi 29 juin ! Anaïs Feuga, bonjour !
Anaïs Feuga : Bonjour Nicolas, bonjour à tous !
Nicolas Demorand : À la une de l'actualité ce matin, la géopolitique en mouvement...

🔊 **Piste 115 – Activités 3a et 3b**
Tania : Coucou Juliette, ça va ?
Juliette : Je t'attends depuis quarante-cinq minutes ! Vraiment, Tania, tu exagères !
Tania : Comment ça, quarante-cinq minutes ? On avait rendez-vous à 15 heures !
Juliette : Non, on avait rendez-vous à 14 h 15 !
Tania : Ah bon ? Tu es sûre ?
Juliette : Oui, tu es toujours en retard !!
Tania : Oh, pardon... Excuse-moi...

Entraînement DELF A1

🔊 **Piste 116 – Compréhension de l'oral – Exercice 2 – Identifier une activité**
Vous êtes en France. Vous entendez cette annonce à la radio. Lisez les questions. Écoutez le document puis répondez.
Le musée du vélo de Tournus fête ses 10 ans et organise des visites guidées. Pour cet événement, le week-end prochain, l'entrée du musée coûte 4 euros et elle est gratuite pour les enfants de 0 à 12 ans. Vous réservez votre visite sur notre site internet.

DOSSIER 5 Gérer son quotidien

Leçon 1 • Parler de l'organisation au travail

🔊 **Piste 117 – Activités 2, 3 et 4**
Amad : Bonjour, bienvenue !
Françoise : Bonjour Amad !
Amad : Bonjour Françoise. Ah, Leïla, ton micro et ta caméra ne fonctionnent pas : tu as des problèmes avec ta connexion ?
Laurent : Bonjour !
Amad : Bonjour Laurent ! Et Bérénice, elle n'est pas connectée ? Ah, la voilà !
Bérénice : Bonjour Amad ! Bonjour tout le monde !
Leïla : Bonjour !
Amad : Ah, voilà Leïla ! Bon, tout le monde est là. Cet après-midi, on est ensemble jusqu'à 17 h 30. Pendant cette réunion, on va parler de notre nouveau projet européen.
Leïla : Pardon Amad, excuse-moi, je n'entends pas bien, je prends mon casque !
Amad : Ah, d'accord. Ça va ? Tu entends maintenant ?
Leïla : Oui, c'est bon.
Amad : Alors, j'annonce l'ordre du jour : d'abord, je vais présenter le projet. Puis, avant la pause, on va discuter du budget ; je viens de recevoir les informations par mail, ce matin.
Françoise : Amad, on fait la pause à quelle heure ? Vers 16 heures, c'est possible ?
Amad : Oui, de 16 heures à 16 h 15. Ça va pour toi, Françoise ?
Françoise : Oui, très bien, j'ai un appel téléphonique important, je voudrais appeler pendant la pause.
Amad : Parfait. Et après la pause, on va organiser les équipes. On termine à 17 h 30 et on fixe notre prochain rendez-vous. Ce soir, après notre réunion, j'envoie un mail avec les documents. OK ?
Plusieurs personnes : OK !
Amad : Bon, quelle heure est-il ? Il est 14 h 35, nous commençons la réunion.

🔊 **Piste 118 – Activités 6, 7 et 8b**
Amad : Bon, il est 17 h 30, on termine. Pour notre prochaine réunion, vous voulez travailler en visio ou en présentiel ?
Françoise : En présentiel, si possible ! Moi je veux voir mes collègues !
Plusieurs personnes : Oui ! Bien sûr ! Moi aussi !
Amad : D'accord. On peut regarder pour la semaine du 21 février ?
Plusieurs personnes : Oui ! / OK ! / D'accord !
Amad : Alors, le 21 ou le 22, quelles sont vos disponibilités ? Françoise ?
Françoise : Moi, je suis disponible le 22 au matin. Mais le 21, je ne peux pas.
Amad : Et toi, Bérénice ?
Bérénice : Moi non plus, je ne suis pas libre le 21. Mais le 22, oui, c'est possible pour moi, le matin.
Amad : Et Leïla ? Laurent ? Le 22 au matin, vous êtes libres ?
Leïla : Ah non, pas le matin. Le 22, je suis libre l'après-midi seulement.
Laurent : Moi aussi. Le matin, j'ai une réunion avec des clients et ils ne peuvent pas déplacer le rendez-vous.
Amad : Et mercredi 23 après-midi, vous pouvez venir ?
Bérénice : Moi, je peux.
Leïla : Moi aussi !
Laurent : Oui, le 23, je suis dispo toute la journée. Et toi, Françoise, tu peux venir ?
Françoise : Ah non ! Le mercredi, c'est impossible pour moi, je ne travaille pas !
Amad : Oh là là, c'est compliqué !
Laurent : Nous pouvons créer un Doodle pour la semaine du 21, pour donner nos disponibilités ?
Amad : Bonne idée, je fais ça ce soir ! Alors bonne soirée à tous !
Plusieurs personnes : Bonne soirée !

Transcriptions

🔊 Piste 119 – Prononciation – Les sons [ø] et [œ] – Activité 9a
1. [ø] – 2. [œ]

🔊 Piste 120 – Activité 9b
Exemple 1 : veux ; exemple 2 : veulent.
1. Quelle heure ? – 2. vingt-deux – 3. Tu peux. – 4. Ils veulent. – 5. seulement – 6. Elle veut. – 7. Elles ne peuvent pas. – 8. ma sœur

🔊 Piste 121 – Activité 9c
1. Elles ne veulent pas à 16 heures.
2. Je peux à 22 heures.
3. Elles peuvent venir avec leurs deux sœurs.

🔊 Piste 122 – Récap' grammaire
Les verbes en -cer au présent
je commence – tu commences – il commence – elle commence – on commence – nous commençons – vous commencez – ils commencent – elles commencent

🔊 Piste 123 – Récap' grammaire
Les verbes *pouvoir* et *vouloir* au présent
pouvoir : je peux – tu peux – il peut – elle peut – on peut – nous pouvons – vous pouvez – ils peuvent – elles peuvent
vouloir : je veux – tu veux – il veut – elle veut – on veut – nous voulons – vous voulez – ils veulent – elles veulent

Leçon 2 • Décrire ses habitudes

🔊 Piste 124 – Activité 5b
Père : Les enfants, il est cinq heures moins le quart, c'est l'heure du goûter !
Enfants : Ouais !
Garçon : Et après, on peut aller dans le jardin ?
Père : Bon, d'accord. Vous goûtez et ensuite vous sortez quelques minutes. Mais après, qu'est-ce que vous faites ? Regardez le planning !
Enfants : On fait les devoirs !

🔊 Piste 125 – Activités 6 et 7

Dialogue 1
Père : Les enfants, il est cinq heures moins le quart, c'est l'heure du goûter !
Enfants : Ouais !
Garçon : Et après, on peut aller dans le jardin ?
Père : Bon, d'accord. Vous goûtez et ensuite vous sortez quelques minutes. Mais après, qu'est-ce que vous faites ? Regardez le planning !
Enfants : On fait les devoirs !

Dialogue 2
Garçon : Papa, on peut regarder un dessin animé avant le dîner ?
Père : D'accord, mais d'abord, vous prenez votre bain, il est six heures et demie…

Dialogue 3
Père : Allez Élina, Il est huit heures moins dix ! Tu ne termines pas ton repas ?
Fille : Nooon…
Père : Bon, eh bien tu vas te laver les mains et te brosser les dents !

Dialogue 4
Garçon : Papa, on peut lire une autre histoire ?
Père : Non, non. Il est huit heures et quart, allez hop ! Vous vous couchez !
Fille : Je veux un bisou de maman.
Père : Maman part du travail tard, tu sais, mais elle arrive bientôt…

Dialogue 5
Mère : Salut mon chéri !
Père : Oh là là, tu rentres tard !
Mère : Oui… Je suis fatiguée ! Les enfants dorment ?
Garçon : Coucou maman !
Père : Oh non Benjamin, il est neuf heures dix et tu ne dors pas ?
Garçon : Non, je n'arrive pas à m'endormir !

🔊 Piste 126 – Récap' grammaire
Les verbes pronominaux au présent
se préparer : je me prépare – tu te prépares – il se prépare – elle se prépare – on se prépare – nous nous préparons – vous vous préparez – ils se préparent – elles se préparent
s'habiller : je m'habille – tu t'habilles – il s'habille – elle s'habille – on s'habille – nous nous habillons – vous vous habillez – ils s'habillent – elles s'habillent

🔊 Piste 127 – Récap' grammaire
Les verbes *partir*, *sortir* et *dormir* au présent
partir : je pars – tu pars – il part – elle part – on part – nous partons – vous partez – ils partent – elles partent
sortir : je sors – tu sors – il sort – elle sort – on sort – nous sortons – vous sortez – ils sortent – elles sortent
dormir : je dors – tu dors – il dort – elle dort – on dort – nous dormons – vous dormez – ils dorment – elles dorment

Leçon 3 • Formuler des règles

🔊 Piste 128 – Activités 3, 4 et 5
Fille 1 : Bon, eh bien voilà l'appartement, Léo ! Tu es le quatrième colocataire, c'est super !
Léo : Oui, je suis très content !
Fille 1 : Bon, alors maintenant, regarde cette affiche.
Léo : Qu'est-ce que c'est ? Ah, les règles ! Alors, qu'est-ce que les colocataires doivent faire ?
Fille 1 : Respecter des règles, pour bien vivre ensemble… Et la première chose, c'est le loyer !
Léo : Vous devez payer à quelle date ?
Garçon : Nous devons payer le loyer le 5 de chaque mois.
Léo : OK, pas de problème.
Fille 2 : Et puis il faut respecter la propriété. Par exemple, dans le frigo, on a un étage par personne : il ne faut pas prendre la nourriture des autres ! Et dans la salle de bain, on écrit notre prénom sur les produits.
Léo : Ah oui, bien sûr ! On ne doit pas utiliser les produits des autres !
Fille 1 : Bon… On a aussi des règles de convivialité !

On se dit bonjour, au revoir… de préférence avec le sourire ! On veut une bonne ambiance dans cette coloc !
Garçon : Et on aime bien passer des moments sympas : on fait des soirées jeux, on prend l'apéro, on dîne ensemble…
Fille 2 : Oui ! Et quand il y a des problèmes, on doit se parler : on se réunit et on cherche des solutions !
Léo : Est-ce qu'on a le droit d'inviter des gens ?
Garçon : Oui, mais on a un planning pour ça. Tu ne peux pas inviter qui tu veux quand tu veux. Il faut s'organiser.
Léo : Et pour les tâches ménagères, on fait comment ?
Fille 1 : Pour ça aussi, tu dois respecter le planning. Tout le monde participe. Justement, regarde…

🔊 Piste 129 – Activités 7 et 8

Fille 1 : Pour le ménage, il y a les tâches personnelles comme ranger ses affaires ou faire la vaisselle après manger. Tout le monde fait ça tous les jours.
Garçon : Oui, et pour les autres tâches, on a un planning.
Léo : D'accord, je vois : on nettoie les toilettes trois fois par semaine : le lundi, le mercredi et le vendredi.
Fille 1 : C'est ça ! La cuisine, c'est tous les mardis, et on sort les poubelles le mardi et le samedi.
Fille 2 : Et on n'oublie pas d'arroser les plantes tous les dimanches !
Léo : Et pour les courses, comment on fait ?
Garçon : Il y a une liste. On achète les produits nécessaires pour la coloc, une fois par semaine : chaque samedi.
Fille 1 : Voilà ! Et chaque semaine, on écrit sur le planning qui fait quoi.
Léo : Waouh, super organisation ! Et la lessive ? C'est combien de fois par semaine ?
Fille 2 : Chaque colocataire fait sa lessive quand il veut, mais il faut s'organiser : on ne peut pas tous faire notre lessive le même jour !

🔊 Piste 130 – Récap' grammaire
Le verbe *devoir* au présent et *il faut*

devoir : je dois – tu dois – il doit – elle doit – on doit – nous devons – vous devez – ils doivent – elles doivent
falloir : il faut

Fenêtres sur… Sociétés

▶ 15 – Activités 2 et 3

19 heures, Jacqueline Vasseur attend ce moment tous les jours.
Manon : Santé !
L'heure où Manon rentre de l'école.
Jacqueline : On prend l'apéro…
Manon : Le fameux !
Jacqueline : Tous les soirs, on prend l'apéro.
Et tous les soirs, ça papote.
Manon : Vous l'aviez lu, celui-ci ?
Jacqueline : Si tu veux, je vais te le donner.
Manon : Oui, avec plaisir.
Jacqueline : Parce que, moi, je l'ai lu et relu.

70 ans d'écart, pourtant, elles sont inséparables. À 92 ans, Jacqueline se sentait seule dans son grand appartement. Aujourd'hui, elle héberge cette étudiante et ça a tout changé.
Manon : Je suis là quasiment tous les soirs. On dîne avec madame Vasseur tous les soirs aussi. On peut en profiter aussi le matin pour se balader, pour faire des courses ensemble.
Jacqueline : C'est une présence, une grande présence. Je suis très heureuse de l'avoir.
Ensemble, elles ont signé un contrat. Six soirs par semaine et un week-end sur deux, Manon doit être là pour Jacqueline. En retour, l'étudiante est logée gratuitement.
Journaliste : Ça, c'est ta chambre alors ?
Manon : C'est ma chambre, du coup, mon espace personnel avec le petit lit où il y a tout ce qu'il faut. Mon espace pour travailler. La salle de bain aussi. Jacqueline a un appartement de quasiment 90 m², donc c'est quand même un super avantage aussi. Moi, ça me fait de l'espace.
C'est Catherine Garnier qui les a fait se rencontrer. Son association met en contact étudiants et retraités.
Catherine Garnier : La cohabitation intergénérationnelle, c'est vraiment une solution pour le maintien à domicile, pour répondre à la difficulté des étudiants à se loger. Du côté senior, ils peuvent se dire aussi : « Je me sens utile dans la société parce que j'offre un logement à un étudiant. »
Toutes deux se sont découvert des passions communes : la lecture, la musique. Entre elles, il s'est noué un lien très fort.
Manon et Jacqueline : « Quand il me prend dans ses bras, qu'il me parle tout bas, je vois la vie en rose… »

DOSSIER 6 Changer de cadre

Leçon 1 • (S') Informer avant un voyage

🔊 Piste 131 – Activités 7 et 8

Clara : Qu'est-ce que tu emportes, Marion, pour les vacances en Suisse ?
Marion : C'est l'été, il va faire chaud, alors… il faut des tee-shirts et des shorts, bien sûr.
Clara : Oui ! Et un maillot de bain ?
Marion : Bah oui, pour les baignades dans les lacs. Tiens, regarde, Clara, j'ai une *check-list*.
Clara : Ah super ! Merci !
Marion : Tu vois, il faut aussi des vêtements chauds.
Clara : Ah oui, c'est vrai, il peut faire froid à la montagne en été.
Marion : Oui, moi, je prends un pantalon et une veste polaire.
Clara : Ah, moi, je n'ai pas de veste polaire, mais j'ai un pull chaud ou alors une doudoune. Qu'est-ce que je prends ?
Marion : Les deux ! Et tu as des chaussures de marche ?

Transcriptions

Clara : Non, mais je vais prendre des baskets. Et des sandales aussi.
Marion : Mais à la montagne, il faut des chaussures de marche, Clara !
Clara : Ah oui, tu as raison ! J'ai besoin d'acheter des chaussures de randonnée. Et j'ai besoin d'un coupe-vent aussi, je n'ai pas de vêtement de pluie. Je vais aller au magasin de sport.
Marion : Et pour les balades, il faut prendre un chapeau, une gourde, de la crème solaire…
Clara : Oui, oui, j'ai tout ça !

🔊 Piste 132 – Prononciation – Les sons [s] et [z] – Activité 9a

1. [s] – 2. [z]

🔊 Piste 133 – Activité 9b

Exemple : besoin.
1. des chaussettes – 2. une valise – 3. le sud – 4. le soleil – 5. un paysage – 6. des sandales – 7. des choses – 8. un voisin

🔊 Piste 134 – Activité 9c

1. Pour les vacances en Suisse, visitez Lausanne et Zurich !
2. Vous connaissez les paysages des pays voisins ?
3. Dans la valise, il y a les choses nécessaires.
4. Selon la saison, il faut des sandales et une serviette.

Leçon 2 • Donner des informations touristiques

🔊 Piste 135 – Activités 7 et 8

Touriste 1 : Bonjour ! Je voudrais des renseignements sur le festival *Châteaux en fête*.
Employé : Vous visitez la Dordogne pour la première fois ?
Touriste 1 : Oui.
Employé : Pendant ce festival, les châteaux de la région ouvrent leurs portes et proposent des visites guidées. Ils organisent aussi des expositions, des dégustations de produits locaux, des spectacles, des reconstitutions historiques…
Touriste 2 : Ah super ! Pour voir des spectacles, où est-ce qu'on peut aller ?
Employé : Allez au château de Morin, il y a une pièce de théâtre de Molière dimanche après-midi. Et samedi soir, vous pouvez aller à un concert de violon au château de Bonaguil.
Touriste 1 : Ah, très bien ! Est-ce qu'il y a des animations pour les enfants ?
Employé : Oui ! Avec les enfants, visitez le château de Saint-Aulaye ! Il y a des animations sur le Moyen Âge. C'est très bien ! Voici une brochure.
Touriste 2 : Ah super !
Employé : Vous pouvez aussi participer à l'*escape game* du château de Morin, c'est tous les jours à 10 heures ou à 15 heures.
Touriste 1 : D'accord, merci beaucoup ! Bon, qu'est-ce qu'on fait ?
Touriste 2 : Allons d'abord au château de Saint-Aulaye ! C'est bien pour les enfants.
Touriste 1 : D'accord ! Il faut réserver ?
Employé : Pour le château de Saint-Aulaye, non. Mais pour les spectacles, n'oubliez pas de téléphoner ! Les numéros sont sur le site de *Châteaux en fête*.
Touriste 1 : Super ! Merci !

🔊 Piste 136 – Récap' grammaire

Les verbes *choisir*, *découvrir* et *offrir* au présent
choisir : je choisis – tu choisis – il choisit – elle choisit – on choisit – nous choisissons – vous choisissez – ils choisissent – elles choisissent
découvrir : je découvre – tu découvres – il découvre – elle découvre – on découvre – nous découvrons – vous découvrez – ils découvrent – elles découvrent
offrir : j'offre – tu offres – il offre – elle offre – on offre – nous offrons – vous offrez – ils offrent – elles offrent

Leçon 3 • Raconter une expérience

🔊 Piste 137 – Activités 3 et 4

Homme : Alors, qu'est-ce qu'on choisit comme activité pour notre week-end tous les deux ?
Femme : Moi, j'ai envie de sensations fortes… Un saut à l'élastique ?
Homme : Ah non, moi, j'ai peur de sauter dans le vide !
Femme : L'accrobranche ?
Homme : Euh… ce n'est pas vraiment sur terre… Je préfère une activité sur terre.
Femme : Et une activité en mer, comme la plongée ?
Homme : Oh non, je n'ai pas envie de plonger dans l'océan en avril… Il va faire froid !
Femme : Bon, ben alors tu choisis !
Homme : Une balade à cheval ? Monter à cheval, c'est sympa, non ?
Femme : Ah non ! Surtout pas ! J'ai peur des chevaux. Je vais paniquer !
Homme : Une course d'orientation ?
Femme : Bof… Courir, je ne suis pas fan !
Homme : Et la spéléologie ?
Femme : Ah ouais, bonne idée ! Ça doit être une expérience forte ! Mais… et toi, tu n'as pas peur d'aller sous terre ?
Homme : Eh ben non ! J'ai envie d'essayer ! Alors on choisit ça ?

🔊 Piste 138 – Activité 8

1. **Homme 1 :** Alors, ce saut ?
   Femme 1 : J'ai trouvé ça génial ! Je n'ai pas eu peur de sauter !
2. **Femme 2 :** J'ai trouvé ça très court : le vol a duré seulement dix minutes !
3. **Femme 3 :** Alors, cette première expérience ?
   Homme 2 : Les enfants ont adoré passer l'après-midi dans les arbres !
4. **Homme 3 :** J'ai aimé les sensations sous terre ! Mais j'ai été déçu parce que je n'ai pas pu filmer.
5. **Homme 4 :** Alors, raconte !
   Femme 4 : Pfff… J'ai détesté ça ! J'ai paniqué sous l'eau…

🔊 **Piste 139 – Prononciation – Les sons [e] et [ə] – Activité 9a**
1. j'ai choisi – **2.** je choisis

🔊 **Piste 140 – Activité 9b**
Exemples : je filme – j'ai filmé.
1. j'ai plongé – **2.** je plonge – **3.** j'ai trouvé –
4. je trouve – **5.** j'ai détesté – **6.** je déteste –
7. je réalise – **8.** j'ai réalisé

🔊 **Piste 141 – Activité 9c**
1. Je réalise un film.
2. J'ai filmé des dauphins.
3. Je déteste la course.
4. J'ai plongé à dix mètres.
5. Je trouve ça super !
6. Je fais de l'escalade.
7. J'ai choisi l'accrobranche.

🔊 **Piste 142 – Tâche cible – Activité 1a**
Journaliste : Bonjour et bienvenue dans *Conseils de sportifs*. Je m'appelle Olivier et, comme vous le savez, une fois par mois dans cette chaîne de podcasts, nous partageons le récit de sportifs et sportives, de personnes ordinaires, qui vivent des aventures extraordinaires. Aujourd'hui, nous allons marcher avec Catherine.
Catherine : Ma petite aventure n'est pas exceptionnelle, mais pour moi, c'est un exploit. Et ça peut donner des idées à des marcheurs débutants. Au début, j'ai commencé la marche sur des petites distances, de quatre ou cinq kilomètres. Très vite, j'ai acheté des bonnes chaussures et j'ai augmenté les distances. Maintenant, je fais dix à quinze kilomètres le soir après le boulot, trois fois par semaine. Et le mois dernier, j'ai décidé de relever un défi : une « grande » marche. De Amboise à Tours, trente-six kilomètres, en deux étapes. Un vrai challenge pour moi ! J'ai fait ça avec une amie. J'ai adoré marcher sur une longue distance et découvrir les paysages. J'ai réussi et je suis fière de moi !

Fenêtres sur… Territoires

▶️ **18 – Activité 3**
À quoi ça sert ? Ça veut dire quoi ça ? Pourquoi c'est comme ça ? C'est où ? C'est qui lui ? Un jour, une question.
C'est quoi les outre-mer ? Les outre-mer sont des terres situées au-delà des mers, par rapport à la France appelée la métropole. Il s'agit de treize morceaux de France : la Guyane, située sur le continent américain, et douze îles et archipels dispersés sur les océans de la planète. Des îles Caraïbes de l'océan Atlantique : la Martinique, la Guadeloupe, Saint-Barthélemy, Saint-Martin et Saint-Pierre-et-Miquelon. Des îles de l'océan Indien : La Réunion, Mayotte et les Terres australes et antarctiques françaises. Et, plus loin encore, des îles de l'océan Pacifique : La Nouvelle-Calédonie, Wallis-et-Futuna et la Polynésie française. En tout, près de 2,8 millions d'habitants vivent dans ces DROM-COM. Des DROM-COM, qu'est-ce que c'est ? La France est divisée en dix-huit régions, treize sont situées en métropole. Les cinq autres sont les régions d'outre-mer : la Martinique, la Guadeloupe, la Guyane française, Mayotte et La Réunion. Ces régions ne comptent qu'un seul département. On les appelle donc les départements et régions d'outre-mer ou DROM. Saint-Barthélemy, Saint-Martin, Saint-Pierre-et-Miquelon, Wallis-et-Futuna et la Polynésie française sont les cinq collectivités d'outre-mer de la France ou COM. La Nouvelle-Calédonie a un statut spécial : ce n'est ni une région ni une collectivité. Grâce à ses terres, la France est responsable de kilomètres de littoral, de récifs coralliens et d'une incroyable biodiversité.
Tu te poses des questions ? Nous, on y répond.

Entraînement DELF A1

🔊 **Piste 143 – Compréhension de l'oral – Exercice 4 – Identifier des situations**
Vous allez entendre quatre petits dialogues correspondant à quatre situations différentes. Notez, sous chaque image, le numéro du dialogue qui correspond. Regardez les images. Attention, il y a six images (a, b, c, d, e et f) mais seulement quatre dialogues.

Dialogue 1
Homme : Pardon, tu sais où est la réunion, cet après-midi ?
Femme : Le directeur est au Canada. Il propose de faire une visioconférence.
Homme : Ah, d'accord !

Dialogue 2
Homme 1 : Julien, ce matin, je dois partir plus tôt. Tu peux accompagner Chloé à l'école ?
Homme 2 : Oui, pas de problème. À 8 h 30, c'est ça ?
Homme 1 : Oui, merci.

Dialogue 3
Femme : Aujourd'hui, il pleut. On ne peut pas faire de l'accrobranche…
Homme : Alors on va au musée ?
Femme : Oui, bonne idée !

Dialogue 4
Femme 1 : Alors Morgane, tu es prête pour ton voyage en Chine ?
Femme 2 : Je dois encore préparer ma valise. Je ne sais pas quels vêtements prendre. Il fait chaud là-bas, non ?
Femme 1 : Je ne sais pas.

Transcriptions

DOSSIER 7 Prendre soin de soi

Leçon 1 • Décrire des habitudes alimentaires

🔊 Piste 144 – Activités 5b et 6

Femme 1 : Aujourd'hui, pour ce quatrième épisode, je suis allée à votre rencontre au supermarché. Observer les caddies, c'est très intéressant ! Vos courses parlent de vous ! On identifie tout de suite votre profil de consommateur ! Êtes-vous du type « gourmet » ? « Vite-fait » ? « Végétarien » ? Préférez-vous acheter des produits bio ? Des produits locaux ?
Homme 1 : Moi, je suis végétarien : je ne mange jamais de viande ; pas de produits laitiers, mais je bois du lait végétal et je prends parfois des œufs… Et bien sûr, je mange beaucoup de légumes, de céréales, de légumes secs. Là, j'ai acheté une salade, des petits pois, de l'huile d'olive, du riz, des pommes…
Homme 2 : Pour moi, l'essentiel c'est le plaisir et le goût ! Les régimes sans sel, sans sucre, ce n'est pas pour moi ! Je mange de tout. Dans mon caddie, aujourd'hui, il y a de la viande : de l'agneau et du poulet, des légumes frais ; toujours de saison, sinon ce n'est pas bon ! Je n'achète pas d'aliments transformés, je préfère cuisiner !
Femme 2 : Je ne cuisine jamais parce que je n'ai pas le temps. Mais je fais attention à ce que je mange ! Je consomme peu de plats préparés parce qu'il y a souvent trop de sel et puis c'est trop gras ! Voilà, j'ai acheté un poulet rôti, de la salade verte et des légumes surgelés. J'ai aussi des pâtes… Ben oui, je mange souvent des pâtes, c'est facile à préparer ! Et j'ai pris du pain et du fromage.

🔊 Piste 145 – Prononciation – L'élision du *e* dans *de* – Activité 7a

Exemple : de la salade.
1. trop d(e) charcuterie – 2. de la farine –
3. de la viande – 4. beaucoup d(e) marmelade –
5. assez d(e) farine – 6. de la marmelade –
7. pas d(e) viande – 8. de la charcuterie –
9. peu d(e) salade

🔊 Piste 146 – Activité 7b

1. de la salade – beaucoup d(e) salade
2. de la viande – pas d(e) viande
3. de la charcuterie – trop d(e) charcuterie
4. de la marmelade – peu d(e) marmelade
5. de la farine – assez d(e) farine
6. de la viande – trop d(e) viande
7. de la salade – pas d(e) salade
8. de la farine – beaucoup d(e) farine

Leçon 2 • Parler de l'aménagement d'un logement

🔊 Piste 147 – Activités 2, 3 et 5

Décoratrice : Bonjour, monsieur Bougard ! Emmanuelle Dasti.
Client : Ah, bonjour ! Entrez !
Décoratrice : Ah, voilà votre studio ! Il fait trente mètres carrés, c'est ça ?
Client : Oui, exactement !
Décoratrice : Bon… Pour bien comprendre votre demande, je vais vous poser quelques questions. D'abord, pourquoi est-ce que vous voulez redécorer votre studio ?
Client : L'appart vient de ma grand-mère, vous voyez, c'est un peu triste, démodé. Et moi, je veux me sentir bien ici !
Décoratrice : Oui, bien sûr… Alors pour la déco, justement, comment vous imaginez votre nouvel intérieur ? Quel style, quelles couleurs vous aimez ?
Client : Je ne sais pas trop mais je voudrais une ambiance actuelle, des couleurs gaies…
Décoratrice : Oui, la pièce est sombre, hein ! On peut changer la couleur des murs, remplacer ces rideaux marron…
Client : Oui, très bien. Ah, autre problème : le studio n'est pas du tout fonctionnel. Je voudrais réorganiser l'espace.
Décoratrice : Ah oui, on peut créer différents espaces dans la pièce. Euh… Quand est-ce que vous êtes chez vous ? La journée ou seulement le soir ?
Client : Ah, je suis souvent là, je travaille beaucoup chez moi.
Décoratrice : Mais vous travaillez où ? Il n'y a pas de bureau !
Client : Là, sur cette table. Ou sur le canapé. Mais je voudrais bien un coin bureau.
Décoratrice : On peut créer un espace de travail, séparé par une bibliothèque. Là, à côté de la fenêtre.
Client : Ah oui, une bibliothèque en séparation, c'est une bonne idée !
Décoratrice : Ah, parlons des meubles, justement ! Est-ce que vous voulez garder vos meubles ? Qu'est-ce que vous voulez changer ?
Client : Ben… j'aime bien mon canapé-lit et la table. Mais je voudrais changer les chaises et ce fauteuil noir. Et puis, cette vieille armoire, bah, je ne sais pas…
Décoratrice : Et le coin cuisine ?
Client : Il n'y a pas assez de rangements. Regardez, il y a seulement un placard et ces étagères !
Décoratrice : Oui, il faut ajouter des placards ! Et la salle de bain ? Montrez-moi !
Client : C'est là.

🔊 Piste 148 – Prononciation – L'intonation de la question – Activités 8a et 8b

1. a. Où est-ce que vous travaillez ?
b. Vous travaillez où ?
2. a. Vous êtes chez vous quand ?
b. Quand est-ce que vous êtes chez vous ?
3. a. Comment est-ce que vous travaillez ?
b. Vous travaillez comment ?

Leçon 3 • Parler de la santé

🔊 Piste 149 – Activités 2 et 3

Médecin : Monsieur Debouba, bonjour !

Patient : Bonjour docteur.
Médecin : Vous avez votre carte Vitale ?
Patient : Oui, voilà.
Médecin : Merci ! Alors, je vous écoute.
Patient : Eh bien, je suis très fatigué, je ne me sens pas très bien en ce moment.
Médecin : Ah, vous n'êtes pas en forme… Et vous dormez bien ?
Patient : Non, je fais des insomnies… alors j'ai sommeil dans la journée.
Médecin : Vous avez de l'appétit ? Vous mangez bien ?
Patient : Ben, j'ai faim comme d'habitude, je mange normalement…
Médecin : Vous avez pris votre température ?
Patient : Oh, je n'ai pas de fièvre, je ne suis pas malade ! Je suis juste très fatigué.
Médecin : Alors… au travail, comment ça se passe ?
Patient : Ah ! J'ai beaucoup de travail, comme toujours… Je suis très stressé en ce moment. Et le soir, j'ai souvent mal à la tête.
Médecin : Est-ce que vous avez d'autres douleurs ?
Patient : Oui, j'ai souvent mal au cou, à l'épaule… Et en fin de journée, j'ai mal aux jambes.
Médecin : Mmm… Beaucoup de personnes ont ce type de symptômes parce qu'elles passent trop de temps assises. C'est votre cas ?
Patient : Oui, c'est vrai, je reste assis toute la journée devant l'ordinateur…
Médecin : Bon, je vais vous examiner… Alors, je vous fais une ordonnance pour passer une radio. Et puis prenez ça, c'est une brochure de prévention des maladies professionnelles.
Patient : Est-ce que vous allez aussi me prescrire des médicaments pour dormir ?
Médecin : Ce n'est peut-être pas nécessaire. D'abord, je vais vous donner des conseils pour bien dormir… La première chose à faire, c'est de se calmer.

Piste 150 – Activité 4
Médecin : Est-ce que vous avez d'autres douleurs ?
Patient : Oui, j'ai souvent mal au cou, à l'épaule… Et en fin de journée, j'ai mal aux jambes.
Médecin : Mmm… Beaucoup de personnes ont ce type de symptômes parce qu'elles passent trop de temps assises. C'est votre cas ?
Patient : Oui, c'est vrai, je reste assis toute la journée devant l'ordinateur…
Médecin : Bon, je vais vous examiner… Alors, je vous fais une ordonnance pour passer une radio. Et puis prenez ça, c'est une brochure de prévention des maladies professionnelles.
Patient : Est-ce que vous allez aussi me prescrire des médicaments pour dormir ?
Médecin : Ce n'est peut-être pas nécessaire. D'abord, je vais vous donner des conseils pour bien dormir… La première chose à faire, c'est de se calmer.

Piste 151 – Prononciation – La distinction [ã] / [ɛ̃] – Activité 9a
Exemple : quand – quand.
1. daim – dent
2. écran – écrin
3. jambes – jambes
4. hein – en
5. temps – thym
6. à vin – avant
7. saint – cent
8. devant – devant
9. main – ment

Piste 152 – Activité 9b
1. [ãããããããããã] – 2. [ɛ̃ɛ̃ɛ̃ɛ̃ɛ̃ɛ̃ɛ̃ɛ̃ɛ̃ɛ̃ɛ̃] – 3. [ãããããããã] – 4. [ɛ̃ɛ̃ɛ̃ɛ̃ɛ̃ɛ̃ɛ̃ɛ̃] – 5. [ããããããã] – 6. [ɛ̃ɛ̃ɛ̃ɛ̃ɛ̃ɛ̃ɛ̃] – 7. [ããã] – 8. [ɛ̃ɛ̃ɛ̃] – 9. [ã] – 10. [ɛ̃]

Piste 153 – Activité 9c
1. médecin – 2. dentiste – 3. santé – 4. insomnie – 5. écran – 6. médicament – 7. symptôme – 8. remboursement – 9. assurance – 10. ordonnance – 11. température

Fenêtres sur… Sociétés

21 – Activités 1b et 2
Présentatrice : Et pour aller plus loin sur ces nouvelles recettes qui ne s'adressent pas qu'aux végétariens, Jihane Benzina est avec nous. Voilà donc que le flexitarisme se développe. C'est la tendance du moment. De quoi s'agit-il précisément ?
Journaliste : Alors Marie-Sophie, le flexitarisme, cela concerne trois Français sur dix. Le principe : manger surtout, eh bien, des fruits, des légumes, des œufs, des produits laitiers, mais ils ne s'interdisent pas un morceau de viande de temps en temps. Pourquoi ? Parce que d'abord c'est pratique, quand on est invité, et puis parce qu'ils aiment ça, tout simplement.
Présentatrice : Et pourquoi cherche-t-on autant à diminuer notre consommation de viande ? Il y a une prise de conscience ?
Journaliste : Oui, parce que l'excès de viande rouge, on le sait, ce n'est pas très bon pour la santé, ce n'est pas très bon pour la planète non plus, l'élevage intensif pollue, et cette prise de conscience, elle a lieu, elle a fait diminuer la consommation de viande rouge en France : – 10 % en dix ans.

Fenêtres sur… Littératures

Piste 154 – Activité 1a
L'Oiseau du Colorado
L'oiseau du Colorado
Mange du miel et des gâteaux
Du chocolat et des mandarines
Des dragées des nougatines
Des framboises des roudoudous
De la glace et du caramel mou.
L'oiseau du Colorado
Boit du champagne et du sirop
Suc de fraise et lait d'autruche
Jus d'ananas glacé en cruche
Sang de pêche et navet
Whisky menthe et café.
L'oiseau du Colorado

Dans un grand lit fait un petit dodo
Puis il s'envole dans les nuages
Pour regarder les images
Et jouer un bon moment
Avec la pluie et le beau temps.

Stratégies et outils pour... faire face à des difficultés de communication

🔊 Piste 155 – Activité 1

Dialogue 1
Patient : Bonjour docteur.
Médecin : Bonjour monsieur. Qu'est-ce qui vous amène ?
Patient : Excusez-moi… Je ne parle pas bien français. Vous parlez anglais ?
Médecin : Non, désolée. Pas bien.
Patient : Alors… vous pouvez parler lentement, s'il vous plaît ?

Dialogue 2
Médecin : Vous avez un traitement ?
Patient : Pardon ? Vous pouvez répéter ?
Médecin : Vous avez un traitement ?
Patient : Euh… je ne comprends pas…
Médecin : Vous prenez des médicaments ?

Dialogue 3
Patient : J'ai mal à … Comment dit-on *my head* en français ?
Médecin : À la tête ?
Patient : Oui, j'ai mal à la tête.

Dialogue 4
Médecin : Votre carte Vitale, s'il vous plaît.
Patient : Comment ?
Médecin : Vous avez votre carte Vitale ?
Patient : Qu'est-ce que c'est ? Vous pouvez expliquer ?

🔊 Piste 156 – Activité 3

Audio 1
Médecin : Bonjour madame. Asseyez-vous. On ne se connaît pas, vous n'êtes jamais venue au cabinet ?

Audio 2
Médecin : Voici votre ordonnance. Prenez ce médicament tous les matins dans de l'eau froide. À jeun, c'est important, hein ? À jeun !

Audio 3
Médecin : Bon voilà : vos examens indiquent que vous êtes intolérant à un nombre important d'aliments. Il faudrait éviter de les consommer, voire les supprimer complètement. Donc, vous devriez bannir de votre alimentation tout produit contenant du soja, du gluten…

DOSSIER 8 Prendre part à des événements

Leçon 1 • Comprendre et expliquer une recette de cuisine

🔊 Piste 157 – Activités 6, 7 et 8

Homme : Alors, Nora, qu'est-ce qu'on prépare pour nos invités ce soir ?
Femme : J'ai acheté les ingrédients pour faire un tajine de poulet. Je voudrais faire la recette du poulet au citron confit.
Homme : Bonne idée ! Ils adorent la cuisine marocaine ! On prépare ensemble ? Dis-moi quoi faire !
Femme : D'accord ! Première chose, tu épluches et tu coupes les oignons.
Homme : OK ! Je les coupe comment ?
Femme : Très fins. Tiens, prends ce couteau, il coupe bien.
Homme : Je les mets dans une casserole ?
Femme : Non, directement dans le plat à tajine : tu fais chauffer l'huile et le beurre dans le plat et tu mets les oignons. Et l'ail aussi ! Voilà… et maintenant, j'ajoute le gingembre, une cuillère de curcuma et la cannelle.
Homme : Ah, ça prend une belle couleur ! On met les morceaux de poulet maintenant ?
Femme : Oui, et on les mélange bien aux oignons et aux épices. Et quand ils sont bien colorés, on verse un peu d'eau dans le plat.
Homme : On fait cuire combien de temps ?
Femme : Quarante-cinq minutes, avec le couvercle, à feu très doux.
Homme : Et le citron confit ? On le met seulement en fin de cuisson ?
Femme : Oui, avec les olives.
Homme : Ah, on n'a pas mis la coriandre !
Femme : C'est vrai : dans la recette, ils la mettent avec les épices. Mais moi, je fais comme les Marocains, je l'ajoute dans les assiettes, au moment de servir.
Homme : Hum, ça sent bon ! J'ai faim !

🔊 Piste 158 – Prononciation – Les sons [k] et [g] – Activité 9a

Qui coupe ?
Guy goûte.

🔊 Piste 159 – Activité 9b

1. une gousse – 2. chaque jour – 3. gramme – 4. crabe – 5. curcuma – 6. légume – 7. coriandre – 8. ingrédient

🔊 Piste 160 – Activité 9c

1. Quelques grammes de crabe.
2. Couper chaque gousse.
3. Une casserole de légumes.
4. Des ingrédients sucrés.
5. Une cuillère de curcuma.
6. Une glace à la cannelle.

🔊 **Piste 161 – Tâche cible – Activité 1a**
Salut, je m'appelle Pascale Carot et je suis ravie de vous retrouver pour papoter de produits de saison. Cette semaine, je craque pour le potimarron ; c'est mon légume préféré en automne. J'adore son petit goût de châtaigne et je trouve que sa couleur est magnifique. Le potimarron est délicieux rôti. Pour cela, coupez des gros cubes, mettez-les dans un grand plat avec un peu de sel et un peu d'huile d'olive. Mélangez et enfournez pendant vingt à trente minutes à deux cents degrés et vous allez juste mélanger une fois ou deux. Vous pouvez éventuellement ajouter quelques gousses d'ail en chemise. C'est un délice. Vous savez, vous pouvez aussi le préparer en dessert. C'est très simple ! Prenez votre recette préférée de *carrot cake*, remplacez les carottes râpées par du potimarron râpé, ajoutez des noix ou des noisettes, voire les deux, de la cannelle, un peu de gingembre, vous allez voir : c'est délicieux. Et on est en plein dans la saison… Hummm, miam.

🔊 **Piste 162 – Récap' grammaire**
Le verbe *mettre* au présent
je mets – tu mets – il met – elle met – on met – nous mettons – vous mettez – ils mettent – elles mettent

Leçon 2 • Évoquer des événements personnels

🔊 **Piste 163 – Prononciation – La distinction [ɛ̃] / [ɑ̃] / [ɔ̃] – Activité 8a**
1. fin juin – 2. Pompon – 3. trente ans

🔊 **Piste 164 – Activité 8b**
1. maison – 2. naissance – 3. appartement – 4. dessin – 5. réveillon – 6. matin – 7. moment – 8. bien

🔊 **Piste 165 – Activité 8c**
1. La naissance d'un enfant, c'est émouvant pour un parent.
2. Nous fêtons le réveillon du Nouvel An dans notre maison.
3. Je suis inscrite à un cours de dessin le vendredi matin.

Leçon 3 • Célébrer un événement

🔊 **Piste 166 – Activités 6, 7 et 8**
Collègue 1 : Est-ce que vous avez des photos de Marie ?
Collègue 2 : Euh, oui… Pourquoi ?
Collègue 1 : On est en train de préparer un diaporama et j'ai commencé à sélectionner des photos. On va lui faire une projection surprise pendant le pot de départ.
Collègue 3 : Excellente idée ! Un diaporama, c'est un beau souvenir !
Collègue 1 : Vous avez d'autres idées de surprises pour sa fête de départ ?
Collègue 3 : Un livre d'or ?
Collègue 1 : Ah oui, c'est une bonne idée, un livre d'or pour Marie ! On peut lui écrire un petit mot personnel, un poème, faire un dessin…
Collègue 2 : Oui, super ! Moi, j'ai une autre proposition : on écrit une chanson et on lui chante le soir de la fête !
Collègue 3 : Très bien ! C'est une belle surprise !
Collègue 1 : Et je sais que des collègues sont en train de préparer des sketches. Vous pouvez leur raconter des anecdotes ou des souvenirs pour leur donner des idées.
Collègue 2 : Et Bruno, il va faire quelque chose ?
Collègue 1 : Oui, il va faire un speech. Je lui ai communiqué des informations sur la carrière de Marie pour son discours.
Collègue 3 : Et comme cadeau commun, qu'est-ce qu'on lui offre ?
Collègue 2 : Je ne sais pas… Marie n'aime pas beaucoup les choses matérielles.
Collègue 3 : On peut faire une cagnotte ! Sur Internet, c'est facile : on met de l'argent sur un site comme Leetchi. Ensuite, Marie choisit comment elle utilise la cagnotte : elle peut s'offrir un voyage, des spectacles…
Collègue 1 : Parfait ! Qui crée la cagnotte ?
Collègue 3 : Moi, je veux bien !

Fenêtres sur… Patrimoines

▷ **24 – Activités 3 et 4**
Présentateur : J'ai envie de vous montrer quelques images : le rituel des traditions de Noël, justement, en images. Regardez avec nous.
C'est bientôt Noël : entre les cadeaux, le repas et le reste, va falloir assurer…
Tu as raison, c'est du boulot, toutes ces traditions…
Journaliste : Il n'y a pas de doute, Noël est la fête la plus populaire. 71 % des Français la préfèrent même au Jour de l'an. Pour 80 % d'entre nous, avant la naissance du petit Jésus, Noël, c'est d'abord une fête de famille. Un rendez-vous attendu autour de petits rituels incontournables. Qui dit Noël, dit forcément sapin de Noël. Une tradition, non pas religieuse, mais bien païenne : à l'origine, pour célébrer le solstice d'hiver, on décorait un arbre. La bûche vient de cette même tradition : au Moyen Âge, on faisait brûler une grosse bûche et on conservait les cendres qui devaient protéger la maison. La bûche se transformera en dessert à la fin du XIXe siècle grâce à l'œuvre de pâtissiers français. Quant aux fameux cadeaux de Noël, cela nous vient de saint Nicolas, l'évêque qui distribuait des friandises aux enfants sages. Dans les années cinquante, les friandises seront remplacées par des jouets et autres babioles sous la pression de la société de consommation. Bon, on ne va pas tout vous raconter. Le Père Noël, la couronne accrochée à la porte, les chaussettes à la cheminée, le calendrier de l'Avent, le bisou sous le gui, la crèche, la messe de minuit, le chapon ou les treize desserts en Provence : à Noël, les traditions sont vraiment à la fête.

Transcriptions

Entraînement DELF A1

🔊 **Piste 167 – Compréhension de l'oral – Exercice 5 – Identifier des objets**

Vous allez entendre un message. Quels objets sont donnés dans le message ? Vous entendez le nom de l'objet ? Cochez OUI. Sinon, cochez NON.
Salut Noémie, c'est Malika. Je change la décoration de mon appartement. Tu cherches des meubles et des objets pour ton studio ? Je peux te donner une lampe et un vieux fauteuil. J'ai aussi un miroir pour ta salle de bain. Si tu es intéressée, passe chez moi demain après-midi et tu décides. D'accord ?

DELF A1

🔊 **Piste 168 – Compréhension de l'oral – Exercice 1**

Vous entendez le message suivant sur votre répondeur téléphonique. Lisez les questions. Écoutez le document puis répondez.
Bonjour, c'est Marina ! Jeudi, je vais voir le spectacle de danse de ma sœur. C'est au Théâtre de la ville. Tu veux venir ? Mon mari vient aussi. Mon frère, lui, ne peut pas : il est parti en vacances lundi. C'est à 21 h 30. J'ai déjà les billets. On peut se retrouver à 21 h 15 devant le théâtre, d'accord ?

🔊 **Piste 169 – Compréhension de l'oral – Exercice 2**

Vous êtes en France. Vous entendez cette annonce dans un magasin. Lisez les questions. Écoutez le document puis répondez.
Chers clients, aujourd'hui, c'est la fête du printemps dans notre magasin ! Il y a 15 % de réduction sur les articles sportifs. De midi à 17 heures, participez à notre jeu et gagnez des tee-shirts et des chapeaux ! Attention, vous avez jusqu'à 19 h 30 pour profiter de nos réductions !

🔊 **Piste 170 – Compréhension de l'oral – Exercice 3**

Vous vivez en France. Vous téléphonez à un club sportif. Vous entendez ce message. Lisez les questions. Écoutez le document puis répondez
Le club de sport est fermé au mois d'août et rouvre le 1er septembre. Pour avoir des informations sur nos activités, téléphonez le matin de 9 heures à 12 h 30. Les activités reprennent en octobre. Les horaires sont déjà disponibles sur notre site. Remplissez le formulaire en ligne pour la préinscription.

🔊 **Piste 171 – Compréhension de l'oral – Exercice 4**

Vous allez entendre quatre petits dialogues correspondant à quatre situations différentes. Il y a quinze secondes de pause entre chaque dialogue. Notez, sous chaque image, le numéro du dialogue qui correspond. Puis vous allez entendre à nouveau les dialogues et vous pouvez compléter vos réponses. Regardez les images. Attention, il y a six images (a, b, c, d, e et f) mais seulement quatre dialogues.

Dialogue 1
Femme 1 : Pardon, je cherche le cours d'espagnol.
Femme 2 : Euh… je crois que c'est dans la salle 12, au fond du couloir à droite.
Femme 1 : Très bien, merci !

Dialogue 2
Homme : Bonjour madame, je cherche des romans en français facile.
Femme : Vous pouvez utiliser cet ordinateur. Cliquez ici pour consulter le catalogue en ligne.
Homme : Ah oui, je vois, merci !

Dialogue 3
Professeur : Alors maintenant, prenez vos téléphones : on va faire un jeu de vocabulaire.
Élève : On fait des équipes ?
Professeur : Non, vous allez jouer seuls. Vous répondez aux questions via l'application sur votre téléphone.

Dialogue 4
Professeur : Ce matin, vous allez travailler en groupes.
Élève : Qu'est-ce qu'on va faire ?
Professeur : Vous allez interroger les habitants du quartier sur leurs habitudes quotidiennes.
Élève : Ah, c'est intéressant !

🔊 **Piste 172 – Compréhension de l'oral – Exercice 5**

Vous allez entendre un message. Quels objets sont donnés dans le message ? Vous entendez le nom de l'objet ? Cochez OUI. Sinon, cochez NON. Puis vous allez entendre à nouveau le message. Vous complétez vos réponses.
Bonjour, je viens de déménager dans mon studio. Je suis en train de le décorer. Si tu veux, viens dîner ce soir. Mais voilà, je n'ai pas beaucoup d'ustensiles… J'ai seulement des assiettes et des couverts. Ma mère m'a acheté des verres. Elle les apporte cet après-midi. Je t'attends à 20 heures, d'accord ? Bisous.

Activités de phonie-graphie

DOSSIER 1

Leçon 1

🔊 **Piste 173 – Les signes orthographiques et les accents**

Exemple : Félix avec « e » accent aigu.
a. Raphaël avec « e » tréma.
b. Noâm avec « a » accent circonflexe.
c. Léo avec « e » accent aigu.
d. Benoît avec « i » accent circonflexe.
e. Côme avec « o » accent circonflexe.
f. Anaïs avec « i » tréma.
g. François avec « c » cédille.
h. Inès avec « e » accent grave.

Leçon 3

🔊 **Piste 174 – Quelques graphies du son [e] – Activité a**

Exemple : lisez.

une vidéo – parler – les sports – vous participez – des livres – calendrier

DOSSIER 2

Leçon 1

🔊 Piste 175 – La graphie de [y] et de [u] – Activités a et b

Salut ! Bienvenue chez nous ! Vous êtes à Paris pour le tourisme ou pour les études ?

🔊 Piste 176 – La graphie de [y] et de [u] – Activité d

– J'étudie la musique avec une musicienne sud-africaine. Je suis portugaise. J'ai des cours à l'université chaque jour.
– Ah ! Bonjour, moi, je suis journaliste et aussi traductrice pour un groupe d'étudiants.

Leçon 3

🔊 Piste 177 – La distinction [ɛ̃] / [ɛn]

Exemple : Elle est canadienne.
a. Elle n'est pas italienne mais elle parle italien.
b. Ils viennent du Canada mais ils sont indiens.
c. Les informaticiens viennent demain.
d. Ils comprennent bien le coréen.
e. C'est une musicienne brésilienne.

🔊 Piste 178 – Le schéma mélodique de la phrase et la ponctuation

Exemple : – Vous êtes française ?
– Je suis chinoise. Je suis étudiante, j'apprends le français.
a. – Le matin, j'apprends le français et après la classe, je visite la ville. Le soir, je participe à un café des langues.
– Comment ça fonctionne ?
– C'est très simple. Les organisateurs proposent des questions, des jeux et des quiz pour animer les conversations.
b. – L'après-midi, j'étudie à la médiathèque. Il y a des ordinateurs, des vidéos et des magazines. Le soir en classe, nous échangeons, nous partageons notre culture. J'aime les voyages, la cuisine française et la littérature.
– Pourquoi vous êtes à Paris ?
– Parce que mon mari est français.

DOSSIER 3

Leçon 1

🔊 Piste 179 – La liaison avec le nom

Exemple : un équipement.
a. L'appartement est parfait pour deux adultes et un enfant.
b. Les équipements sont modernes : il y a un parking, un digicode et un ascenseur.
c. Il y a des inconvénients dans les appartements du centre-ville.
d. Les hôtes de mon hébergement acceptent les animaux.

Leçon 3

🔊 Piste 180 – L'accent grave / circonflexe / aigu pour les sons [e] et [ɛ] – Activité a

1. é – 2. ê – 3. è

🔊 Piste 181 – L'accent grave / circonflexe / aigu pour les sons [e] et [ɛ] – Activité b

Exemple : Vous allez place de la République ou à Fourvière ?
1. C'est la première pièce au théâtre des Célestins.
2. C'est dans le deuxième arrondissement.
3. Il est préférable de se déplacer à vélo.
4. Le périmètre est fermé.
5. Le 8 décembre, c'est la Fête des Lumières à Lyon.

DOSSIER 4

Leçon 1

🔊 Piste 182 – La distinction [ɔ̃] / [ɔn] – Activités a et b

1. Ils ont des contacts avec des personnes passionnées.
2. C'est une bonne idée, rencontrer des personnes pour partager de bons moments.
3. On joue du saxophone, c'est notre passion.

Leçon 3

🔊 Piste 183 – Quelques graphies du son [ɛ] – Activité a

Exemple : Elle fait un appel.
1. Juliette aime l'escalade et les percussions.
2. Nous allons avoir une nouvelle collègue la semaine prochaine.
3. Je préfère boire un verre avec elle mercredi soir.
4. Je vais faire un repas pour l'anniversaire de mon père.
5. Ça va faire très plaisir à ta grand-mère !

DOSSIER 5

Leçon 1

🔊 Piste 184 – Les graphies *eu* et *ou* – Activité a

Exemple 1 : cheveux ; exemple 2 : courts.
1. jour – **2.** peux – **3.** pour – **4.** bleus – **5.** deux – **6.** heureux – **7.** roux – **8.** tous

🔊 Piste 185 – Les graphies *eu* et *ou* – Activité b

1. Nous pouvons faire un tour en voiture à deux.
2. Vous voulez trouver un séjour en amoureux : une journée pour vous deux !
3. Vous avez les yeux bleus et les cheveux courts tous les deux.
4. J'ai un nouveau boulot : je travaille deux jours par semaine chez eux.

Transcriptions

Leçon 2

🔊 **Piste 186 – Les verbes en -eler, -ever, -ener et -eter au présent – Activité a**

Exemple : il se promène.
1. nous nous levons – 2. ils se lèvent –
3. je me promène – 4. nous nous promenons –
5. vous vous appelez – 6. il s'appelle – 7. ils achètent –
8. nous achetons – 9. on achète – 10. tu épelles –
11. vous épelez – 12. ils épellent

DOSSIER 6

Leçon 1

🔊 **Piste 187 – Les graphies de [s] / [z] – Activité a**

Suisse – vacances – paysage – sandales – soleil – chaussettes – Lausanne – saison – centre – sac à dos – valise – finissez – lisez – serviette

🔊 **Piste 188 – Les graphies de [s] / [z] – Activité b**

1. Passez vos vacances en Suisse et visitez des paysages superbes !
2. Des chaussures de marche et un sac à dos sont nécessaires dans votre valise.
3. Dans le sud, au soleil, même en basse altitude, une crème solaire de base est essentielle en toute saison.

Leçon 3

🔊 **Piste 189 – Les graphies du son [e] dans les verbes – Activité a**

1. Après l'escalade, il a plongé, il a pu nager 200 mètres puis il est remonté.
2. Pourquoi vous avez arrêté le parapente ?

DOSSIER 7

Leçon 2

🔊 **Piste 190 – Les graphies du son [o]**

Ces rideaux jaunes sont trop grands pour ton studio.

Leçon 3

🔊 **Piste 191 – Quelques graphies des sons [ã] et [ɛ̃] – Activités a et b**

1. Le patient donne son ordonnance au pharmacien, il a mal aux jambes et aux mains.
2. Je ne me sens pas bien : j'ai de la température et je fais de l'insomnie.
3. C'est impératif de bien manger le matin.

🔊 **Piste 192 – Quelques graphies des sons [ã] et [ɛ̃] – Activité d**

1. Je suis allée voir le médecin hier matin, je ne mange pas assez.
2. Le client installe les lampes dans son logement.
3. J'ai passé des heures devant l'écran, maintenant je prends un bain.
4. Une ambiance calme dans la chambre, c'est important.

DOSSIER 8

Leçon 1

🔊 **Piste 193 – La prononciation des lettres c et g – Activités 1a et 1b**

1. Prépare les légumes : les courgettes et les aubergines avec une gousse d'ail.
2. Voici les ingrédients : du gingembre, des oranges et de la glace.

🔊 **Piste 194 – La prononciation des lettres c et g – Activités 2a et 2b**

1. François est dans la cuisine, il coupe des carottes.
2. Le poulet aux épices et au citron, avec un légume sec et de la coriandre, c'est un délice ! C'est un plat marocain, pas français.

Leçon 2

🔊 **Piste 195 – La prononciation des graphies en / ent – Activité a**

1. déménagent – 2. excellent – 3. déménagement –
4. changent – 5. commencent – 6. changement –
7. logement – 8. document – 9. demandent –
10. équipement

Corrigés – S'entraîner

DOSSIER 1 Former un groupe

Leçon 3 (p. 24)

1 a. Je **suis** mariée avec Imad. Il **est** tunisien.
b. Sabine **a** deux nationalités : elle **est** espagnole et belge.
c. Nous **avons** deux enfants. Ils **ont** 6 et 10 ans.
d. – Vous **êtes** canadiens ?
– Non, nous **sommes** des expatriés français.

2 a. J'aime les jeux vidéo.
b. J'aime l'art.
c. J'aime le sport.
d. J'aime la littérature.

3 Je m'appelle – ma femme s'appelle – elle parle – Nous habitons – Ils s'appellent – Ils aiment – nous participons – Je travaille – ma femme cherche

4 a. Nous ne sommes pas expatriés.
b. Je n'aime pas les jeux vidéo.
c. Ils n'habitent pas à Abidjan.
d. Vous n'êtes pas canadienne ?
e. Tu ne parles pas trois langues ?
f. Ma femme n'a pas 35 ans.

DOSSIER 2 Communiquer en contexte international

Leçon 1 (p. 32)

1 a. nous apprenons – b. Elle apprend – c. Nous ne comprenons pas – d. Tu comprends ? / je ne comprends pas – e. Les étudiants apprennent – f. Vous apprenez

2 a. Il échange – b. Nous partageons – c. Vous voyagez – d. Ils partagent – e. Tu voyages – f. Nous échangeons

3 a. Pourquoi – Parce que – pour – pour
b. Pourquoi – Parce que – pour

4 a. Elle est serveuse.
b. Elle est cuisinière.
c. Il est infirmier.
d. Il est architecte.
e. Elle est photographe.
f. Il est musicien.
g. Il est journaliste.
h. Elle est actrice.

Leçon 2 (p. 36)

1 a. À Paris, en France.
b. Au Canada.
c. À Londres, en Grande-Bretagne.
d. Aux Pays-Bas.
e. En Belgique.
f. En Australie.
g. Au Mexique.

2 274 millions d'utilisateurs de la langue.
180 millions d'internautes.
125 millions d'apprenants.
900 000 professeurs.
Prévisions pour 2070 : entre 477 millions et 747 millions de francophones.

3 a. Qui ? – b. Quand ? – c. Qui ? – d. Où ? – e. Quand ? – f. Où ?

4 b. un jeu – c. un concours – d. une exposition – e. une rencontre

5 samedi 9 – lundi 11
mardi 20 – jeudi 22 – vendredi 23

Leçon 3 (p. 40)

1 – Judith et moi, nous **venons de Grande-Bretagne**. Ricardo et Jorge **viennent du Brésil**, Cheng **vient de Chine**, Renate **vient d'Allemagne**, Aïcha **vient du Maroc**. Et toi, tu **viens des Pays-Bas** ?
– Non, je **viens de Belgique**, **de** Bruxelles.

2 a. Bonne journée ! – b. Bonjour ! – c. À bientôt ! – d. Bonne soirée ! – e. Bonne journée !

3 Quel est le lieu de rencontre ?
Quels sont les jours de rencontre ?
Quel est le nombre de participants ?
Quelle est l'origine des participants ?
Quelles sont les langues pratiquées ?
Quelles sont les conditions pour participer ?

4 a. Tu parles anglais ? / Est-ce que tu parles anglais ?
b. Tu ne viens pas d'Espagne ?
c. Yoko vient du Japon ? / Est-ce que Yoko vient du Japon ?
d. Vous êtes étudiants ? / Est-ce que vous êtes étudiants ?
e. Ils ne sont pas américains ?
f. Vous comprenez ? / Est-ce que vous comprenez ?

DOSSIER 3 Découvrir une ville

Leçon 1 (p. 50)

1 Dans la cuisine, il y a une cuisinière, un micro-ondes, un réfrigérateur, une télévision.
Dans la salle de bain, il y a une baignoire, un lave-linge, des toilettes.

2 Maison dans **le** centre ville de Toulouse, à 200 mètres **de la** station de métro Jeanne-d'Arc. Dans **la** maison, il y a deux chambres, **un** salon, **une** cuisine, **une** salle de bain et **des** toilettes séparées **de la** salle de bain. **La** cuisine est équipée : il y a **un** micro-ondes, **une** machine à café et **un** réfrigérateur. Il y a **des** équipements pour enfants : **un** lit et **une** chaise pour bébé.

3 a. Est-ce qu'il y a un parking **gratuit** dans l'immeuble ?
b. Luc et Nina sont des propriétaires **attentionnés**.
c. Il y a une cuisine **équipée** et dans la salle de bain, il y a une **petite** baignoire / une baignoire **confortable**.
d. Dans les chambres, il y a des lits **confortables**.
e. C'est un appartement **pratique** pour une famille : il y a des équipements pour les enfants.
f. C'est une **bonne** location pour un prix **intéressant**.

4 C'est une hôtesse agréable. Elle est sympathique et attentionnée.
C'est un hébergement confortable. Il est propre et bien équipé.

Corrigés – S'entraîner

C'est un immeuble moderne. Il est équipé avec un digicode.
C'est une grande maison. Elle est située dans le centre-ville.

Leçon 2 (p. 54)

1 a. un musée – b. l'hôtel de ville – c. une librairie – d. un restaurant – e. une pharmacie

2 a. ce – b. cet – c. Ces – d. Cette – e. ce – f. cette

3 entre l'épicerie et la pharmacie – Sur la place – devant mon immeuble – dans le quartier – derrière l'église – à côté de la librairie

4 a. Le douzième arrondissement est loin du Vieux-Port.
b. L'hôtel est à côté des commerces du centre-ville.
c. Le bar est en face de la place Jean-Jaurès.
d. La librairie est près du restaurant *La Table d'Augustine*.
e. Le parking n'est pas loin de l'Opéra.
f. L'université est à côté des jardins du château.

5 a-5 – b-1 – c-3 – d-2 – e-4

Leçon 3 (p. 58)

1 a. Nous allons à l'Opéra.
b. Tu vas à la cathédrale.
c. Je vais au parc.
d. Vous allez à la Fête des Lumières ?
e. Sarah va au parking.
f. Les touristes vont aux musées Gadagne.

2 Vous êtes sur la place Saint-Paul. D'abord, vous tournez à gauche dans la rue Victor-Hugo. Puis vous **continuez** tout droit, jusqu'à la place des Fédérés. Vous **traversez** la place. Ensuite, vous **prenez** la rue d'Algérie et vous **marchez** jusqu'à la rivière. Vous **longez** la rivière sur le quai Saint-Michel puis vous **tournez** à droite dans la rue Vitet. Vous **montez** les escaliers et vous **arrivez** sur la place de la République.

3 a. 1. le train – 2. la voiture – 3. la trottinette – 4. le vélo
b. 1. Vous allez à Toulouse en train.
2. Je ne vais pas au centre-ville en voiture.
3. Stéphanie va au parc à trottinette.
4. Les enfants vont à l'école à vélo.

4 a. Tu prends – b. Fatia et Marie ne prennent pas – c. Nous descendons – d. Nous prenons – e. Vous prenez – f. Ils descendent

DOSSIER 4 Entretenir des relations sociales

Leçon 1 (p. 66)

1 **On est** trois amis et **on a** la même passion : la musique. **On propose** ce groupe parce qu'**on désire** partager cette passion. **On aime** la pop anglaise et la soul et **on chante** dans un groupe. Le week-end, **on va** à des concerts et **on adore** organiser des soirées karaoké.

2 a. 1. Qu'est-ce que tu aimes écouter ? / Tu aimes écouter quoi ?
2. Qu'est-ce que le groupe organise ? / Le groupe organise quoi ?
3. Qu'est-ce que les participants proposent ? / Les participants proposent quoi ?
b. 1. Qu'est-ce que vous préférez comme livres ?
2. Quel événement nous proposons ?
3. Qu'est-ce que tu aimes comme musique ?

3 À titre indicatif :
Anita est fan / passionnée de football ; elle aime (bien) marcher / la marche ; elle n'aime pas dessiner / le dessin ; elle déteste la couture.
Christophe adore l'escalade / est fan / passionné d'escalade ; il aime (bien) lire / la lecture ; il n'aime pas le yoga ; il déteste la peinture.

4 a. Je fais du foot. / Je joue au foot.
b. Nous faisons de la flûte. / Nous jouons de la flûte.
c. Mélissa joue aux échecs.
d. Luc fait du vélo.
e. Yaël et Marc font / jouent de l'accordéon.
f. Vous ne faites pas de sport.

Leçon 2 (p. 70)

1 Mon expérience dans cette famille est très positive ! Mon père et ma **mère** d'accueil, Marc et Lucie, sont des gens très sympathiques. Ils ont trois **enfants** de 12, 14 et 16 ans : une fille et deux garçons. Donc j'ai deux **frères** et une **sœur**, ici en France. J'ai aussi une bonne relation avec mes **grands-parents** d'accueil : les **parents** de Lucie. La **grand-mère**, Olga, est très attentionnée et j'aime bien parler avec le **grand-père** : il connaît mon pays !

2 a. leurs – b. Votre – c. ta – d. nos – e. Son – f. leur

3 a. 2. photo d. – 3. photo b. – 4. photo a.
b. 1. Kenza est une femme sérieuse et attentive.
2. Anne est brune aux yeux bleus, c'est une femme curieuse.
3. Mathilde est sportive, elle aime être active.
4. Marie, c'est la femme rousse. Elle est très joyeuse !

4 – À gauche, sur la photo, c'est ton **oncle**, le frère de ta mère ?
– Oui, il s'appelle Victor. **Il est** très sérieux sur la photo mais **c'est** une personne sympathique.
– Et là, **ce sont** tes sœurs ?
– Non, **ce sont** mes **cousines**, les filles de Victor.
– **Elles sont** jeunes ! Et à côté, **c'est** leur mère ?
– Non, **c'est** leur **belle-mère**, la nouvelle femme de Victor.

Leçon 3 (p. 74)

1 Action passée : phrases d et f.
Action future : phrases b et e.

2 *À titre indicatif :*
a. Augustin va manger un sandwich.
b. Elles vont prendre le bus.
c. Nous venons de faire des biscuits.
d. Je vais voyager.
e. Il vient de faire du sport.

3 a-1 – b-6 – c-5 – d-4 – e-2 – f-3

4 eux – nous – Moi – lui – elle – toi

DOSSIER 5 Gérer son quotidien

Leçon 1 (p. 84)

1 a. Nous commen**ç**ons – b. Je déplace –
c. Nous pla**ç**ons – d. Ils annoncent –
e. On commence – f. Nous annon**ç**ons

2 **Pendant** cette journée, nous allons rencontrer les nouveaux collègues et finaliser le projet européen. Ce matin, on parle du projet **jusqu'à** 10 h 30 et ensuite, on fait une pause café. **Après** la pause, on travaille **de** 11 h **à** 12 h 30. **Avant** le déjeuner, on accueille les collègues de Marseille. Puis on mange avec eux **de** 13 h **à** 14 h 30. Cet après-midi : **après** le déjeuner, **vers** 14 h 35-40, on organise des petits groupes de travail. Les groupes travaillent **jusqu'à** 16 h 30. On termine la journée **à** 17 h précises, parce les collègues marseillais reprennent le train.

3 a-3 – b-5 – c-4 – d-1 – e-2

4 a. – Vous **pouvez** venir à 10 h ? Vous êtes disponible ?
– Ah non, je ne **peux** pas, je suis en réunion.
b. – Vous acceptez de travailler le dimanche ?
– Non, pas d'accord ! Nous ne **voulons** pas travailler le week-end !
c. – Travailler un soir de la semaine, c'est possible pour eux ?
– Non. Ils ne **peuvent / veulent** pas travailler le soir, ils ont des enfants.
d. – Vous **voulez** travailler dans quelle équipe ? Vous avez une préférence ?
– Nous, on **veut** être ensemble, on travaille bien à trois.

Leçon 2 (p. 88)

1 a. Je **me réveille** à 6 h et je **me lève** à 6 h 15. Ensuite, je **me lave**.
b. Le matin, Sabrina **se douche** puis elle **se maquille**.
c. Le matin, j'aime bien **partir** tôt, vers 7 h 30. Le soir, je **rentre** à la maison vers 17 h.
d. Je **prépare** le petit déjeuner puis je **me prépare** dans la salle de bain.
e. D'abord, nous **nous habillons** puis nous **habillons** les enfants.
f. Les parents **se lavent** puis ils **lavent** leur bébé.

2 **En général**, j'ai beaucoup de travail. **Le** matin, je me lève tôt. Je prépare le petit déjeuner et je pars de la maison à 7 h 30. **Le** midi, je déjeune avec des clients et **l'**après-midi, j'ai des réunions. **Le** soir, je ne peux pas m'occuper des enfants parce que je rentre tard… Alors **le** week-end, je veux passer du temps avec eux !

3 a. il dort – b. Tu sors – c. Les enfants sortent – d. je m'endors – e. nous partons – f. vous dormez

4 a. Il est neuf heures moins le quart.
b. Il est quatre heures et quart.
c. Il est midi moins dix.
d. Il est six heures et demie.
e. Il est sept heures vingt.
f. Il est cinq heures moins cinq.

Leçon 3 (p. 92)

1 a. Tu ne dois pas / Tu ne peux pas / Il ne faut pas écouter de musique après 22 heures.
b. Nous devons / Il faut manger ensemble régulièrement.
c. Vous ne devez pas / Vous ne pouvez pas / Il ne faut pas prendre de douche après 23 heures.
d. Les colocataires doivent / Il faut participer à la vie domestique.
e. Je ne dois pas / Je ne peux pas / Il ne faut pas porter de chaussures dans l'appartement.
f. On doit / Il faut parler avec les autres quand il y a un problème.

2 – payer le loyer le 1er de chaque mois
– respecter les autres
– participer aux tâches ménagères
– communiquer quand il y a un problème
– enlever ses chaussures
– avoir le sourire

3 a. Il faut faire les courses.
b. Il faut arroser les plantes.
c. Il faut nettoyer la salle de bain.
d. Il faut faire la vaisselle.
e. Il faut faire la lessive
f. Il faut passer l'aspirateur.

4 On fait la vaisselle tous les jours : Tom, le / chaque lundi et le / chaque vendredi / tous les lundis et tous les vendredis ; Lisa, le / chaque mardi et le / chaque samedi / tous les mardis et tous les samedis ; Marco, le / chaque mercredi / tous les mercredis ; Enora, le / chaque jeudi et le / chaque dimanche / tous les jeudis et tous les dimanches.
On nettoie la salle de bain deux fois par semaine : Lisa, le / chaque mercredi / tous les mercredis ; Marco, le / chaque samedi / tous les samedis.
On fait les courses une fois par semaine : Enora, le / chaque vendredi / tous les vendredis.
On passe l'aspirateur deux fois par semaine : Marco, le / chaque lundi / tous les lundis ; Tom, le / chaque jeudi / tous les jeudis.

Corrigés – S'entraîner

DOSSIER 6 Changer de cadre

Leçon 1 (p. 100)

1 À titre indicatif :
Chamonix est dans l'est de la France, dans les Alpes.
Brest est dans l'ouest de la France, au bord de la mer.
Marseille est dans le sud de la France, au bord de la mer Méditerranée.
Lausanne est dans le sud-ouest de la Suisse, au bord du lac Léman.
L'Allemagne est à l'est de la France, au nord de la Suisse.
L'Espagne est au sud de la France, entre la mer Méditerranée et l'océan Atlantique.

2 À titre indicatif :
À Montréal, en hiver, il neige.
Au printemps, il pleut et il y a du vent / le vent souffle. Il fait froid (au début du printemps) mais à la fin, les températures sont agréables : 25 degrés au maximum.
En été, il fait beau, il y a du soleil, il fait chaud : jusqu'à 27 degrés. Il y a des orages.
En automne, il ne fait pas beau ; il fait doux (au début de l'automne) et à la fin, il fait froid.

3 a. j'ai besoin d' – b. a besoin d' – c. faut – d. n'a pas besoin d' – e. faut

4 a. des tongs – b. des chaussures de marche – c. une serviette – d. une robe – e. des sandales

Leçon 2 (p. 104)

1 Colmar est une ville d'Alsace. Les visiteurs **y** admirent un patrimoine varié et ils **y** découvrent des maisons typiques de la région. La rivière Lauch traverse la ville. On peut **y** faire une promenade en bateau.
Il faut visiter le musée Unterlinden. On **y** voit une œuvre célèbre : le retable d'Issenheim. On **y** trouve aussi un jardin, un café, une boutique…
Pour venir à Colmar à la fin de l'année, il faut réserver à l'avance : les touristes **y** sont très nombreux à cette période.

2 1. nous – 2. nous – 3. les gens (= les touristes) – 4. nous – 5. les gens (= les amateurs d'histoire) – 6. les gens (= les amateurs d'histoire)

3 a. Vous choisissez – b. Nous offrons – c. on découvre – d. Ces villages offrent – e. Les touristes choisissent – f. Tu choisis – g. les enfants découvrent

4 a. Faites – b. Participe – c. Allons – d. Viens – e. Découvrez – f. Va – g. Découvre

Leçon 3 (p. 108)

1 a. Marc a envie de – b. j'ai peur de – c. Maya a envie de – d. Ils ont peur de – e. nous avons envie d' – f. Tu as envie de

2 a. la plongée – b. une balade à cheval – c. une course d'orientation – d. le canoë-kayak – e. la spéléologie – f. l'accrobranche / la spéléologie / le saut à l'élastique

3 Mon ami et moi, nous **avons choisi** cette activité sur le site Cap Adrénaline. Mon ami **a sauté** le premier. Moi, j'**ai attendu** mon tour. Ensuite, je **suis montée** sur le pont. Là, j'**ai vu** le vide devant moi et j'**ai détesté** cette sensation ! J'**ai eu** peur de sauter ! Mais la monitrice **a été** super : elle **est venue** et elle **a pris** le temps de parler avec moi. Elle **a filmé** mon saut ! Finalement, mon ami et moi, nous **avons trouvé** ça super.

4 a. Nous **n'avons pas pu** aller en mer **la semaine dernière**.
b. Tu **as été** contente de ton expérience, **hier** ?
c. Vous **avez fini** de ranger votre équipement ?
d. **Hier matin**, elles **sont descendues** dans la grotte : elles **ont eu** de la chance !
e. **Le week-end dernier**, Sophie **est partie** à la montagne : elle **a fait** du parapente.
f. Ils **ont vécu** une expérience spéciale.

DOSSIER 7 Prendre soin de soi

Leçon 1 (p. 118)

1 a. À titre indicatif :
– un petit déjeuner en famille : du pain, du beurre, du lait, du café, du thé, des céréales, du fromage, des yaourts, des fruits (oranges, pommes)…
– un pique-nique : du pain, du beurre, de la viande, de la charcuterie, des tomates, des carottes, des fruits…
b. Réponses libres.

2 d'aliment – les fruits – les légumes – de la viande – du poisson – la viande blanche – des céréales – des légumes secs – les produits de saison – une pomme – pas de fraises – de viande – un bon steak – de l'eau – les sodas

3 a. Vous consommez trop d'aliments gras.
b. Tu as acheté assez de salade ?
c. Il n'y a pas assez de légumes dans ton caddie.
d. J'ai mis peu de sucre dans mon yaourt.

4 a. Un plat surgelé – b. du pain complet – c. Les poissons gras – d. c'est trop sucré – e. le beurre salé ou le beurre sans sel

5 À titre indicatif :
Un végan mange souvent des légumes secs et des céréales. Il ne mange jamais de viande, d'œufs, de produits laitiers.
Un « bio-local » mange toujours des fruits et des légumes de saison, des aliments bio, produits localement.
Un bébé d'un an mange souvent des yaourts, des légumes, il boit toujours du lait, il mange parfois de la viande et du poisson. Il ne boit jamais de soda.

Leçon 2 (p. 122)

1 a. Pourquoi est-ce que tu veux redécorer ton appartement ? / Pourquoi tu veux redécorer ton appartement ?
b. Qu'est-ce que vous choisissez pour la décoration ? / Vous choisissez quoi pour la décoration ?
c. Où est-ce qu'on peut placer le lit ? / Où on peut placer le lit ? / On peut placer le lit où ?
d. Est-ce que vous passez beaucoup de temps chez vous ? / Vous passez beaucoup de temps chez vous ?

2 a. Quelles pièces souhaitez-vous redécorer ?
b. Voulez-vous réorganiser l'espace ?
c. Quand êtes-vous disponible ?
d. Que voulez-vous changer ?
e. Pourquoi avez-vous envie de changer votre canapé ?

3 *À titre indicatif :*
Dans le salon, il y a un beau canapé gris, une petite table basse blanche, un grand tapis blanc, un plaid et un coussin gris en matière douce, une étagère, un grand tableau, des rideaux blancs, une table, une chaise et des plantes vertes. (Dans la salle à manger, il y a une lampe blanche et une grande table avec trois chaises.)

4 C'est une pièce **sombre** parce qu'il y a seulement une petite fenêtre : il faut des murs d'une couleur **claire**. Il n'y a pas beaucoup de rangements : il faut ajouter deux **grands** placards pour une cuisine **fonctionnelle**. Ils peuvent être de couleur **vive** pour une ambiance gaie. Pour les meubles, on garde la **longue** table **blanche** et on remplace les **vieilles** chaises par quatre **nouvelles** chaises de style **actuel**.

Leçon 3 (p. 126)

1 a. Elle a mal au genou.
b. Il a mal à l'épaule.
c. Il a mal à la main.
d. Elle a mal aux yeux.
e. Il a mal à la tête.
f. Il a mal au coude.

2 a. j'ai sommeil – b. il a de la fièvre – c. Tu as faim – d. J'ai chaud – e. j'ai froid – f. Vous avez soif – g. il a de l'appétit

3 levez-vous / ne vous levez pas – travaillez / ne travaillez pas – détendez-vous / ne vous détendez pas – bougez / ne bougez pas – endormez-vous / ne vous endormez pas

4 a. En télétravail, **ne restez pas** assis(e) trop longtemps et **étirez-vous** souvent. **Ne vous allongez jamais** sur le canapé pour travailler. **Faites** de l'exercice régulièrement : **promenez-vous** 30 minutes par jour. Pour les petits trajets, **ne vous déplacez pas** en voiture : **marchez**. **Ne prenez pas** l'ascenseur, **montez** les escaliers. Et **soyez** attentif(ive) à votre alimentation et à votre sommeil !

b. En télétravail, **ne reste pas** assis(e) trop longtemps et **étire-toi** régulièrement. **Ne t'allonge jamais** sur le canapé pour travailler. **Fais** de l'exercice régulièrement : **promène-toi** 30 minutes par jour. Pour les petits trajets, **ne te déplace pas** en voiture : **marche**. **Ne prends pas** l'ascenseur, **monte** les escaliers. Et **sois** attentif(ive) à ton alimentation et à ton sommeil !

DOSSIER 8 Prendre part à des évènements

Leçon 1 (p. 134)

1 a. soupe de carottes au curry – b. spaghettis au saumon et à la crème – c. salade de tomates à l'ail – d. gâteau au chocolat et à l'orange – e. jus d'orange aux épices

2 *À titre indicatif :*
un litre d'eau / d'huile – un pot de moutarde – un kilo de tomates / de sucre – une cuillère de curry / de sel / de moutarde – une pincée de curry / de sel

3 a. 1. Vous **versez** le lait dans **une casserole**.
2. On **fait cuire** les oignons dans **une poêle**.
3. Ils **ajoutent une cuillère** de sucre dans le yaourt.
4. Nous **mélangeons** le sucre avec **une cuillère**.
5. J'**épluche** la pomme avec **un couteau**.
6. Tu **couvres** la casserole avec **un couvercle**.

b. 1. Vous mettez le lait dans une casserole.
2. On met les oignons dans une poêle.
3. Ils mettent une cuillère de sucre dans le yaourt.

4 1. Mettre la farine dans un saladier et **la** mélanger avec le sucre.
2. Ajouter les œufs et **les** mélanger à la farine.
3. Prendre le lait bien frais et **l'**ajouter dans la préparation.
4. Faire chauffer le beurre et **le** mettre dans la préparation.
5. Verser un peu de pâte et **la** répartir dans la poêle chaude.
6. Faire cuire la crêpe des deux côtés et **la** servir.

Leçon 2 (p. 138)

1 a. au Nouvel An / début janvier – b. à la rentrée – c. à Noël – d. début juillet – e. fin décembre

2 a. la naissance – b. le changement de travail – c. le déménagement – d. l'obtention d'un diplôme – e. le mariage – f. l'installation

3 a. Alicia s'est installée / Elles ont trouvé – b. Notre chatte, Minette, est morte / elle a vécu – c. Nos filles se sont inscrites / elles ont obtenu – d. la famille s'est réunie / on s'est retrouvés – e. vous vous êtes mariés / nous avons déménagé – f. J'ai quitté / je suis devenu

Corrigés – *S'entraîner*

4 Année spéciale pour nous : nous **sommes devenus** parents !
Janvier : nos deux garçons Hugo et Maxime **sont nés** le Jour de l'an, **c'était** un moment magique !
Mai : Tom **a trouvé** un nouveau travail à Marseille. On **a quitté** notre petit appartement de Paris et on **s'est installés** dans une petite maison avec un jardin. **C'était** bien pour nous quatre de changer de vie !
Décembre : nous **nous sommes retrouvés** en famille pour les fêtes de fin d'année. **Il y avait** aussi nos nouveaux amis marseillais. **C'était** super de faire notre première fête dans notre nouvelle maison !

Leçon 3 (p. 142)

1 Chers collègues et amis,
Après 42 ans de carrière, je quitte l'entreprise !
Je vous invite à venir fêter ma retraite et vous donne rendez-vous le 12 juin dans la salle de conférence.
Merci de confirmer votre présence avant le 31 mai.
Bien à vous,
Jean-Paul

Cher Jean-Paul,
Je te confirme ma présence le 12 juin.
Tu as été pour moi un super collègue, alors je veux être là pour ton pot de départ !
Amicalement,
Bénédicte

2 a. Mes chers collègues, je **vous** quitte mais je ne vais pas **vous** oublier !
b. Cher Hugues, je **te** remercie pour ton travail !
c. Mia, nous **te** disons merci ! Tu **nous** as apporté une aide précieuse !
d. Cher Paul, je **te** souhaite une belle retraite. Tu vas **me** manquer !
e. Chers collègues, vous **m'**avez fait de belles surprises ! Je **vous** remercie !
f. Chère Anita, merci de **nous** inviter à ton pot de départ, mais nous ne pouvons pas venir.

3 a. Nous lui faisons une surprise.
b. on veut leur souhaiter bon voyage.
c. où est-ce que tu leur as donné rendez-vous ?
d. je lui ai envoyé une invitation.
e. pour lui confirmer ma présence.

4 *À titre indicatif :*
a. Elles sont en train de fêter leur départ.
b. Nous sommes en train de choisir des photos.
c. On est en train de ranger.
d. Tu es en train de préparer ta valise.

Lexique

FRANÇAIS	ANGLAIS	ESPAGNOL	PORTUGAIS	ALLEMAND	CHINOIS
à bientôt	see you soon	hasta pronto	até logo	bis bald	回头见
à côté (de)	beside/at the side of	al lado (de)	ao lado (de)	neben	在……旁边
à droite	on the right	a la derecha	à direita	nach rechts	在右边
à gauche	on the left	a la izquierda	à esquerda	nach links	在左边
à plus ! (fam.)	see you later!	¡hasta luego!	até já !	bis später!	回见
absence (n. f.)	absence	ausencia	ausência	Abwesenheit	缺席
accessible (adj.)	accessible	accesible	acessível	zugänglich	可获得、可达的
accessoire (n. m.)	accessory	accesorio	acessório	Accessoire	配件
accordéon (n. m.)	accordion	acordeón	acordeão	Akkordeon	手风琴
accrobranche (n. m.)	tree-top trail	arborismo	arborismo	Klettergarten	攀林运动
accueil (n. m.)	foster care	acogida	acolhida	Empfang	招待、迎接
accueilli (n. m.)	youngster in foster care	acogido/a	acolhido	Gast	迎宾
accueillir (v.)	to foster	acoger	acolher	empfangen	欢迎、迎接
achat (n. m.)	purchase	compra	compra	Kauf	购物
acteur(trice) (n.)	actor/actress	actor/actriz	ator(a)	Schauspieler(in)	演员
actif(ive) (adj.)	active	activo/a	ativo(a)	aktiv	活跃的
action (n. f.)	action	acción	ação	Handlung	行动
activité (n. f.)	activity	actividad	atividade	Aktivität	活动
actuel(le) (adj.)	current/topical	actual	atual	derzeitig	目前的
adapté(e) (adj.)	adapted	adaptado/a	adaptado(a)	angepasst	适合的
addition (n. f.)	bill	cuenta	conta	Rechnung	加法/增加
adorer (v.)	to adore	encantar	adorar	mögen	崇拜、热爱
adresse (n. f.)	address	dirección	morada	Adresse	地址
affaires (n. f. pl.)	things/belongings	cosas	coisas	Sachen	衣物
africain(e) (adj., n.)	African	africano/a	africano(a)	afrikanisch / Afrikaner(in)	非洲的
Afrique (n. f.)	Africa	África	África	Afrika	非洲
âge (n. m.)	age	edad	idade	Alter	年龄
agencement (n. m.)	layout/arrangement/organisation	disposición	disposição	Einrichtung	布局
agenda (n. m.)	diary	agenda	agenda	Terminkalender	记事本
agneau (n. m.)	lamb	cordero	cordeiro	Lamm	羔羊
agréable (adj.)	nice	agradable	agradável	angenehm	舒服的
ail (n. m.)	garlic	ajo	alho	Knoblauch	蒜
aimer (v.)	to love	gustar	amar	mögen	爱
air (n. m.)	air	aire	ar	Luft	空气
ajouter (v.)	to add	añadir	acrescentar	hinzufügen	添加
album souvenir (n. m.)	memory book	álbum de recuerdos	álbum de recordações	Erinnerungsalbum	纪念相册
alimentaire (adj.)	dietary	alimentario/a	alimentar	Ernährungs-	饮食的
alimentation (n. f.)	food	alimentación	alimentação	Ernährung	食品
allemand(e) (adj.)	German	alemán/alemana	alemão/alemã	deutsch	德国的
aller (v.)	to go	ir	ir	gehen / fahren	去
allongé(e) (adj.)	lying down	acostado/a	deitado(a)	liegend	延长的
alors	thus	entonces	então	also	那么
amande (n. f.)	almond	almendra	amêndoa	Mandel	杏仁
amateur(trice) (adj.)	enthusiast	aficionado/a	amador(a)	Interessent(in)	业余的
ambiance (n. f.)	ambience	ambiente	ambiente	Stimmung	氛围
améliorer (v.)	to improve	mejorar	melhorar	verbessern	改进
aménagement (n. m.)	moving in/settling in	acondicionamiento	disposição	Einrichtung	布置、调整
aménager (v.)	to move in/to settle in	acondicionar	dispor	einrichten	整理
américain(e) (adj.)	American	americano/a	americano(a)	amerikanisch	美国的
Amérique (n. f.)	America	América	América	Amerika	美国、美洲
ami(e) (n.)	friend	amigo/a	amigo(a)	Freund(in)	朋友
amical(e) (adj.)	friendly	amistoso/a	amigável	freundschaftlich	友好的
amitié (n. f.)	friendship	amistad	amizade	Freundschaft	友谊
amour (n. m.)	love	amor	amor	Liebe	爱
amoureux(euse) (adj.)	in love	enamorado/a	apaixonado	verliebt	爱恋的
an (n. m.)	year	año	ano	Jahr	年

Lexique

FRANÇAIS	ANGLAIS	ESPAGNOL	PORTUGAIS	ALLEMAND	CHINOIS
anglais(e) (adj.)	English	inglés/inglesa	inglês/inglesa	englisch	英国的
animateur(trice) (n.)	facilitator/team leader	animador/a	animador (cultural)	Leiter(in)	主持人
animation (n. f.)	event	actividades de animación	animação	Veranstaltung	活动
animer (v.)	to facilitate/lead/chair (a meeting)	animar	animar	leiten	使活跃/组织
année (n. f.)	year	año	ano	Jahr	年份
anniversaire (n. m.)	anniversary/birthday	cumpleaños	aniversário	Geburtstag	生日
annonce (n. f.)	advert/announcement	anuncio	anúncio	Inserat	通告
annoncer (v.)	to advertise/to announce	anunciar	anunciar	ankündigen / inserieren	宣布
août (n. m.)	August	agosto	agosto	August	八月
appartement (n. m.)	flat/apartment	apartamento	apartamento	Wohnung	套房
appel (n. m.)	call	llamada	chamada	Anruf	电话
appétit (n. m.)	appetite	apetito	apetite	Appetit	胃口
apprenant(e) (n.)	learner	estudiante	aprendiz	Lerner(in)	学习者
apprendre (v.)	to learn	aprender	aprender	lernen	学习
apprentissage (n. m.)	learning	aprendizaje	aprendizagem	Lernen	学习
approximatif(ve) (adj.)	approximate/roughly/about	aproximado/a	aproximativo(a)	ungefähr	近似的
après	after/afterwards	después	depois	nach	之后
après-demain	day after tomorrow	pasado mañana	depois de amanhã	übermorgen	后天
après-midi (n.)	afternoon	tarde	tarde	Nachmittag	下午
arabe (adj., n.)	Arabic/Arab	árabe	árabe	arabisch	阿拉伯的
arbre (n. m.)	tree	árbol	árvore	Baum	树
architecte (n.)	architect	arquitecto/a	arquiteto(a)	Architekt(in)	建筑师
argent (n. m.)	money/silver	dinero	dinheiro	Geld	钱
argentin(e) (adj.)	Argentinean	argentino/a	argentino(a)	argentinisch	阿根廷的
armoire (n. f.)	cupboard/wardrobe	armario	armário	Schrank	衣橱
aromatique (adj.)	herb	aromático/a	aromático(a)	aromatisch	芳香的
arrêt (n. m.) (de bus)	(bus) stop	parada	paragem	Haltestelle	（公交）站
arrêt de travail (n. m.)	sick leave/doctor's certificate	baja médica	licença por doença	Krankschreibung	病假
arriver (v.)	to arrive	llegar	chegar	ankommen	到达、来
arrondissement (n. m.)	district	distrito	freguesia	Bezirk	区
arroser (v.)	to water	regar	regar	gießen	浇水
art (n. m.)	art	arte	arte	Kunst	艺术
ascenseur (n. m.)	lift	ascensor	elevador	Aufzug	电梯
asiatique (adj.)	Asian	asiático/a	asiático(a)	asiatisch	亚洲的
Asie (n. f.)	Asia	Asia	Ásia	Asien	亚洲
aspirateur (n. m.)	vacuum cleaner	aspiradora	aspirador	Staubsauger	吸尘器
assiette (n. f.)	plate	plato	prato	Teller	盘子
assis(e) (adj.)	sitting down	sentado/a	sentado(a)	sitzend	坐着的
astuce (n. f.)	clever trick	truco	astúcia	Trick	诀窍
atelier (n. m.)	workshop	taller	atelier	Atelier	工坊
attention (n. f.)	kindness/attention	atención	atenção	Aufmerksamkeit	关注
attentionné(e) (adj.)	thoughtful/caring	atento/a	atencioso(a)	rücksichtsvoll	殷勤的
attitude (n. f.)	attitude	actitud	atitude	Haltung	态度
au revoir	good-bye	adiós	adeus	Auf Wiedersehen	再见
aujourd'hui	today	hoy	hoje	heute	今天
automne (n. m.)	autumn	otoño	outono	Herbst	秋天
avant-bras (n. m.)	forearm	antebrazo	antebraço	Unterarm	小臂
avec	with	con	com	mit	与、和
avenue (n. f.)	avenue	avenida	avenida	Allee	大道
avocat(e) (n.)	lawyer	abogado/a	advogado(a)	Anwalt / Anwältin	律师
avoir (v.)	to have	tener	ter	haben	有
avril (n. m.)	April	abril	abril	April	四月
baignade (n. f.)	bathing/swimming	baño	banho	Baden	洗浴

FRANÇAIS	ANGLAIS	ESPAGNOL	PORTUGAIS	ALLEMAND	CHINOIS
baignoire (n. f.)	bath	bañera	banheira	Badewanne	浴缸
balade (n. f.)	walk/stroll	paseo	passeio	Spaziergang / Spazierfahrt	溜达
banlieue (n. f.)	suburb	suburbio	periferia	Vorstadt	郊区
bar (n. m.)	bar	bar	bar	Kneipe	酒吧
barbe (n. f.)	beard	barba	barba	Bart	胡子
bas(se) (adj.)	low	bajo/a	baixo(a)	niedrig	低
baskets (n. f. pl.)	trainers	zapatillas deportivas	ténis	Turnschuhe	篮球鞋
bateau (n. m.)	boat	barco	barco	Boot	船
beau, bel(le) (adj.)	beautiful	bonito/a	bonito(a)	schön	漂亮、帅气
beau-père (n. m.)	step-father/father-in-law	suegro	sogro	Schwiegervater	岳父/继父
belge (adj.)	Belgian	belga	belga	belgisch	比利时的
belle-mère (n. f.)	step-mother/mother-in-law	suegra	sogra	Schwiegermutter	岳母/继母
besoin (n. m.)	need	necesidad	necessidade	Bedürfnis	需求
beurre (n. m.)	butter	mantequilla	manteiga	Butter	黄油
bibliothèque (n. f.)	library	biblioteca	biblioteca	Bibliothek	图书馆、书架
bien	good	bien	bem	gut	好
bienvenue (n. f.)	welcome	bienvenida	boas-vindas	willkommen	欢迎
biologique (bio) (adj.)	organic	orgánico/a	biológico	biologisch	生物的、有机的
bise (n. f.)	kiss	beso	beijinho	Küsschen	面颊吻
bisou (n. m.)	kiss	beso	beijinho	Küsschen	亲吻
blanc(he) (adj.)	white	blanco/a	branco(a)	weiß	白色的
bleu(e) (adj.)	blue	azul	azul	blau	蓝色的
blond(e) (adj.)	blond	rubio/a	louro(a)	blond	金色的
bœuf (n. m.)	beef	carne de vacuno	carne de vaca	Rind	牛
boîte (n. f.)	box/tin	caja	caixa	Schachtel	盒子
bon(ne) (adj.)	good	bueno/a	bom/boa	gut	好的
bonheur (n. m.)	happiness	felicidad	felicidade	Glück	幸福
bonjour (n.)	hi/hello	hola	bom dia	Guten Tag	你好
bonsoir	goodnight/good evening	buenas noches	boa noite	Guten Abend	晚上好
bosser (v.) (fam.)	to work	currar	trabalhar duro	arbeiten	工作
bouger (v.)	to move	moverse	mexer-se	bewegen	移动
boulangerie (n. f.)	bakery	panadería	padaria	Bäckerei	面包店
boulot (n. m.) (fam.)	work	trabajo	trabalho	Arbeit	工作
bouquet (n. m.)	bouquet	ramo	ramo	Strauß	花束
boussole (n. f.)	compass	brújula	bússola	Kompass	指南针
bras (n. m.)	arm	brazo	braço	Arm	胳膊
brésilien(ne) (adj.)	Brazilian	brasileño/a	brasileiro(a)	brasilianisch	巴西的
brun(e) (adj.)	brown/brunette	moreno/a	moreno(a)	braun	棕色的
bureau (n. m.)	desk / office	escritorio/oficina	secretária / escritório	Schreibtisch / Büro	办公室
bus (n. m.)	bus	autobús	autocarro	Bus	公交车
caddie (n. m.)	trolley	carro de la compra	carrinho de supermercado	Einkaufswagen	购物推车
cadeau (n. m.)	gift/present	regalo	prenda	Geschenk	礼物
cadre (n. m.)	environment/setting manager/executive	entorno/ejecutlvo	quadro	Umfeld / Führungskraft	干部/环境、背景
café (n. m.)	café / coffee	café	café	Café / Kaffee	咖啡馆
cagnotte (n. f.)	kitty	bote	jackpot	Gemeinschaftskasse	钱箱
calendrier (n. m.)	calendar	calendario	calendário	Kalender	日历
calme (adj.)	calm	tranquilo/a	calma	ruhig	平静的
caméra (n. f.)	camera (film or video camera)	cámara	câmara	Kamera	摄影机
campagne (n. f.)	countryside	campo	campo	Land	乡村
canapé (n. m.)	sofa	sofá	sofá	Sofa	沙发
cannelle (n. f.)	cinnamon	canela	canela	Zimt	桂皮
canoë (n. m.)	canoe	canoa	canoa	Kanu	独木舟
carnet (n. m.)	notebook	libreta	caderneta	Notizbuch	本子

Lexique

FRANÇAIS	ANGLAIS	ESPAGNOL	PORTUGAIS	ALLEMAND	CHINOIS
carotte (n. f.)	carrot	zanahoria	cenoura	Karotte	萝卜
carrière (n. f.)	career	carrera	carreira	Karriere	生涯
carte (bancaire) (n. f.)	(bank) card	tarjeta	cartão multibanco	Karte	卡
casque (n. m.)	headphones	casco	capacete	Kopfhörer	头盔
casquette (n. f.)	cap	gorra	boné	Mütze	鸭舌帽
casserole (n. f.)	saucepan	cazo	tacho	Kochtopf	平底锅
cathédrale (n. f.)	cathedral	catedral	catedral	Kathedrale	教堂
célébrer (v.)	to celebrate	celebrar	celebrar	feiern	欢庆
célibataire (n., adj.)	single/unmarried	soltero/a	solteiro(a)	ledig	单身者、单身的
centilitre (n. m.)	centilitre	centilitro	centilitro	Zentiliter	厘升
centre-ville (n. f.)	town centre/city centre	centro de la ciudad	centro da cidade	Innenstadt	市中心
céréale (n. f.)	cereal	cereal	cereal	Getreide	谷物
chaîne (n. f.) (de montagnes)	chain (of mountains)	cadena	cadeia	Kette	山脉
chaise (n. f.)	chair	silla	cadeira	Stuhl	椅子
chambre (n. f.)	bedroom	dormitorio	quarto	Schlafzimmer	卧室
chance (n. f.)	luck	suerte	sorte	Chance / Glück	运气
changement (n. m.)	change	cambio	mudança	Veränderung	更改
changer (v.)	to change	cambiar	mudar	ändern	改变
chanter (v.)	to sing	cantar	cantar	singen	歌唱
chapeau (n. m.)	hat	sombrero	chapéu	Hut	帽子
charcuterie (n. f.)	delicatessen meat	charcutería	charcutaria	Wurstwaren	猪肉食品
château (n. m.)	castle/stately home	castillo	castelo	Schloss	城堡
chauffer (v.) (faire chauffer)	to heat	calentar	aquecer	erwärmen	加热
chaussettes (n. f. pl.)	socks	calcetines	meias	Socken	袜子
chaussures (n. f. pl.)	shoes	zapatos	sapatos	Schuhe	鞋
chemin (n. m.)	path	camino	caminho	Weg	道路
chemise (n. f.)	shirt	camisa	camisa	Hemd	衬衫
chercher (v.)	to look for	buscar	buscar	suchen	寻找
cheval (n. m.)	horse	caballo	cavalo	Pferd	马
cheveu (n. f.)	hair	pelo	cabelo	Haar	头发
chinois(e) (adj.)	Chinese	chino/a	chinês /chinesa	chinesisch	中国的
choisir (v.)	to choose	elegir	escolher	wählen	选择
choix (n. m.)	choice	elección	escolha	Auswahl	选择
chose (n. f.)	thing	cosa	coisa	Sache	事物、东西
cinéma (n. m.)	cinema	cine	cinema	Kino	电影
circulation (n. f.)	traffic	circulación	circulação	Verkehr	流通、交通
circuler (v.)	travelling/getting about	circular	circular	unterwegs sein	交通
civil(e) (adj.)	civil	civil	civil	zivil	礼貌的
clair(e) (adj.)	light	claro/a	claro(a)	hell	清楚的
classe (n. f.)	class	clase	classe	Klasse	班级
client(e) (n.)	customer/client	cliente/clienta	cliente	Kunde / Kundin	顾客、客户
climat (n. m.)	climate	clima	clima	Klima	气候
coaching (n. m.)	coaching	coaching	coaching	Coaching	教练
coin (n. m.)	corner	esquina	canto	Ecke	角落
collecte (n. f.)	collection	recogida	recolha	Sammlung	募集
collecter (v.)	to collect	recoger	recolher	sammeln	收集
collectif(ive) (adj.)	collective	colectivo/a	coletivo(a)	kollektiv	团体的
collectivité (n. f.)	community	comunidad	coletividade	Gemeinschaft	集体
collègue (n.)	colleague	colega	colega	Kollege / Kollegin	同事
colocataire (n.)	flat-mate/house-mate	compañero/a de piso	colega de casa	Mitbewohner(in)	合租者
colocation (n. f.)	flat-share/house-share	compartir piso	partilhar casa	Wohngemeinschaft	合租
combien (de)	how much/how many	cuánto/a(s)	quanto	wie viel	多少
commander (v.)	to order	pedir	pedir	bestellen	预定
comme	like	como	como	wie	像……一样
commentaire (n. m.)	commentary	comentario	comentário	Kommentar	评论
commerçant(e) (n.)	shop-keeper	comerciante	comerciante	Händler(in)	商家

FRANÇAIS	ANGLAIS	ESPAGNOL	PORTUGAIS	ALLEMAND	CHINOIS
commerce (n. m.)	shop/store	comercio	comércio	Geschäft	商业
communication (n. f.)	communication	comunicación	comunicação	Kommunikation	通讯、交流
communiquer (v.)	to communicate	comunicar	comunicar	mitteilen	传达、交流
compagnon(gne) (n.)	civil partner	pareja	companheiro(a)	Lebensgefährte / Lebensgefährtin	伴侣
complet(ète) (adj.)	complete	completo/a	completo(a)	vollständig	完整的
comportement (n. m.)	behaviour	comportamiento	comportamento	Verhalten	行为
comprendre (v.)	to understand	entender	compreender	verstehen	理解
concert (n. m.)	concert	concierto	concerto	Konzert	音乐会、演唱会
concours (n. m.)	competition	concurso	concurso	Wettbewerb	比赛
condiment (n. m.)	condiment	condimento	condimento	Gewürz	调味品
confirmer (v.)	to confirm	confirmar	confirmar	bestätigen	确认
confort (n. m.)	comfort	comodidad	conforto	Komfort	舒适
confortable (adj.)	comfortable	cómodo/a	confortável	bequem	舒适的
connecter (se) (v.)	to connect	conectar (se)	conectar	(sich) verbinden	连接
connexion (n. f.)	connection	conexión	conexão	Verbindung	连通
consommer (v.)	to consume	consumir	consumir	verbrauchen	消费
consultation (n. f.)	consultation	consulta	consulta	Anfrage	咨询
consulter (v.)	to consult	consultar	consultar	um Rat fragen	咨询
contact (n. m.)	contact	contacto	contacto	Kontakt	联系人
content(e) (adj.)	happy/pleased	contento/a	contente	zufrieden	高兴的
continent (n. m.)	continent	continente	continente	Kontinent	大陆
continuer (v.)	to continue	continuar	continuar	weitergehen / weitermachen	继续
conversation (n. f.)	conversation	conversación	conversa	Gespräch	会话
convivialité (n. f.)	conviviality	convivencia	convivência	Geselligkeit	融洽的社交关系
cool (fam.)	cool	guay	fixe	cool	酷
coordonnées (n. f. pl.)	contact details	datos de contacto	dados de contacto	Kontaktdaten	联系方式
copain, copine (n.)	mate/friend	amigo/a	amigo(a)	Freund / Freundin	伙伴、朋友
coréen(ne) (adj.)	Korean	coreano/a	coreano(a)	koreanisch	韩国的
coriandre (n. f.)	coriander	cilantro	coentro	Koriander	香菜
corps (n. m.)	body	cuerpo	corpo	Körper	身体
cou (n. m.)	neck	cuello	pescoço	Hals	脖子
coucou (n. m.)	cuckoo	hola	olá	Kuckuck	嗨
coude (n. m.)	elbow	codo	cotovelo	Ellenbogen	胳膊肘
couleur (n. f.)	colour	color	cor	Farbe	颜色
coup de cœur (n. m.)	favourite	flechazo	favorito(a)	Favorit	一见钟情
couper (v.)	to cut	cortar	cortar	schneiden	切断
coupe-vent (n. m.)	windcheater/anorak	cortavientos	corta-vento	Windschutz	防风衣
couple (n. m.)	couple	pareja	casal	Paar	一对夫妇/情侣
course (n. f.) (à pied)	race	carrera	corrida	Lauf	跑步
courses (n. f. pl.)	shopping	compra	compras (fazer compras)	Einkäufe	购物
cousin(e) (n.)	cousin	primo/a	primo(a)	Cousin(e)	表兄弟/表姐妹
coussin (n. m.)	cushion	cojín	almofada	Kissen	靠垫
couteau (n. m.)	knife	cuchillo	faca	Messer	刀
coûter (v.)	to cost	costar	custar	kosten	花费、值
couture (n. f.)	sewing	costura	costura	Nähen	缝纫、时装业
couvercle (n. m.)	cover/lid	tapa	tampa	Deckel	盖子
couvrir (v.)	to cover	cubrir	cobrir	abdecken	覆盖
créateur (n. m.)	creator/designer	creador/a	criador	Schöpfer	创造者
créatif(ive) (adj.)	creative	creativo/a	criativo	kreativ	有创意的
créer (v.)	to create	crear	criar	erstellen	创造
crème (n. f.)	cream	nata	nata	Sahne	奶油
crème solaire (n. f.)	sunscreen	crema solar	protetor solar	Sonnencreme	防晒霜
créneau horaire (n. m.)	time slot	franja horaria	faixa horária	Zeitfenster	时间段
crêpe (n. f.)	pancake	crepe	crepe	Pfannkuchen	饼
cuillère (n. f.)	spoon	cuchara	colher	Löffel	勺子

Lexique

FRANÇAIS	ANGLAIS	ESPAGNOL	PORTUGAIS	ALLEMAND	CHINOIS
cuire (v.)	leather	cocer	cozer	kochen	烧、煮
cuisine (n. f.)	kitchen / cooking, cookery	cocina	cozinha	Küche	厨房
cuisiner (v.)	to cook	cocinar	cozinhar	kochen	烹饪
cuisinier(ère) (n.)	cook	cocinero/a	cozinheiro(a)	Koch / Köchin	厨师
culture (n. f.)	culture	cultura	cultura	Kultur	文化
culturel(le) (adj.)	cultural	cultural	cultural	kulturell	文化的
curcuma (n. m.)	turmeric	cúrcuma	curcuma	Kurkuma	姜黄
curieux(euse) (adj.)	inquisitive/curious	curioso/a	curioso(a)	neugierig	好奇的
d'abord	first of all/firstly	primero	em primeiro lugar	zuerst	首先
dans	in	dentro de	em	in	在
danse (n. f.)	dance	baile	dança	Tanz	舞蹈
danseur(euse) (n.)	dancer	bailarín/a	dançarino(a)	Tänzer(in)	舞者
date (n. f.)	date	fecha	data	Datum	日期
début (n. m.)	beginning/start	inicio	início	Beginn	开始
décembre (n. m.)	December	diciembre	dezembro	Dezember	十二月
décorateur(trice) (n.)	interior designer	decorador/a	decorador(a)	Dekorateur(in)	装饰师
décoration (déco) (n. f.)	decoration/interior design	decoración	decoração	Dekoration (Deko)	装饰
décorer (v.)	to decorate	decorar	decorar	dekorieren	装潢
découvrir (v.)	to discover	descubrir	descobrir	entdecken	发现
décrire (v.)	to describe	describir	descrever	beschreiben	描述
déçu(e) (adj.)	disappointed	decepcionado/a	desiludido(a)	enttäuscht	失望的
dégustation (n. f.)	tasting/sampling	degustación	degustação	Verkostung	品尝
déjeuner (v., n.)	lunch	almorzar	almoço	zu Mittag essen	用午餐
délicieux(euse) (adj.)	delicious	delicioso/a	delicioso(a)	köstlich	美味的
demain	tomorrow	mañana	amanhã	morgen	明天
demander (v.)	to ask	preguntar	perguntar	fragen	请求
déménagement (n. m.)	moving	mudanza	mudança de casa	Umzug	搬家
déménager (v.)	to move	mudarse	mudar de casa	umziehen	搬家
demi-frère (n. m.)	half-brother	hermanastro	meio-irmão	Halbbruder	异父（异母）兄弟
demi-sœur (n. f.)	half-sister	hermanastra	meia-irmã	Halbschwester	异父（异母）姐妹
démodé(e) (adj.)	old-fashioned	pasado/a de moda	fora de moda	altmodisch	过时的
dentiste (n.)	dentist	dentista	dentista	Zahnarzt / Zahnärztin	牙医
départ (n. m.)	start	salida	partida	Abreise	出发、起点
dépense (n. f.)	expense/expenditure	gasto	gasto	Ausgabe	开支、花费
déplacement (n. m.)	journey/trip	desplazamiento	deslocamento	Reise	移动
déplacer (v.) un rendez-vous	to change a rendezvous	mover una cita	adiar um encontro	eine Verabredung verschieben	改变一次预约
derrière	behind	detrás	atrás	hinter	在后面
descendre (v.)	to descend	bajar	descer	hinuntergehen	下来
description physique (n. f.)	physical description	descripción física	descrição física	körperliche Beschreibung	外貌描述
désirer (v.)	to desire/to want	desear	desejar	wünschen	渴望
désolé(e) (adj.)	sorry	lo siento	desolado(a)	es tut mir leid	抱歉的
dessert (n. m.)	dessert	postre	sobremesa	Nachspeise	甜点
dessin animé (n. m.)	cartoon	dibujos animados	desenho animado	Zeichentrickfilm	动画片
destination (n. f.)	destination	destino	destino	Ziel	目的地
détester (v.)	to hate	odiar	detestar	hassen	厌恶
devant	in front of	delante	diante de	vor	之前
développer (v.)	to develop	desarrollar	desenvolver	entwickeln	发展
devenir (v.)	to become	convertirse	tornar-se	werden	变成
devinette (n. f.)	riddle	adivinanza	enigma	Rätsel	谜语
devoir (v.)	to owe/to have to (do something)	deber	dever	müssen	应该、有义务
devoirs (n. m. pl.)	homework	deberes	trabalho de casa	Hausaufgaben	作业
diaporama (n. m.)	slide show	diaporama	diaporama	Präsentation	幻灯片
difficile (adj.)	difficult	difícil	difícil	schwierig	难的

FRANÇAIS	ANGLAIS	ESPAGNOL	PORTUGAIS	ALLEMAND	CHINOIS
digicode (n. m.)	door code	código digital	digicódigo	elektronisches Schloss	数码门控
dimanche (n. m.)	Sunday	domingo	domingo	Sonntag	周日
dîner (n. m.)	dinner	cena	jantar	Abendessen	晚餐
dîner (v.)	to dine/to have dinner	cenar	jantar	zu Abend essen	用晚餐
diplôme (n. m.)	qualification/diploma	diploma	diploma	Abschluss	文凭
dire (v.)	to say	decir	dizer	sagen	说
discours (n. m.)	speech	discurso	discurso	Rede	演说
discuter (v.)	to discuss	charlar	conversar	diskutieren	讨论
disponibilité (n. f.)	availability	disponibilidad	disponibilidade	Verfügbarkeit	可用性
disponible (adj.)	available	disponible	disponível	verfügbar	可用的
distance (n. f.)	distance	distancia	distância	Entfernung	距离
divorcé(e) (n., adj.)	divorced	divorciado/a	divorciado(a)	geschieden	离婚、离婚的
doigt (n. m.)	finger	dedo	dedo	Finger	手指
domestique (adj.)	domestic	doméstico/a	doméstico(a)	häuslich	家用的
dommage (n. m.)	a shame/a pity	qué pena	que pena	schade	遗憾
donner (v.)	to give	dar	dar	geben	给
dormir (v.)	to sleep	dormir	dormir	schlafen	睡觉
dos (n. m.)	back	espalda	costas	Rücken	背
douche (n. f.)	shower	ducha	duche	Dusche	淋浴
doudoune (n. f.)	down jacket	chaqueta de plumas	jaqueta de penas	Daunenjacke	羽绒服
douleur (n. f.)	pain	dolor	dor	Schmerz	疼痛
doux(ce) (adj.)	soft/gentle	suave	suave	süß	柔软的
échanger (v.)	to discuss	intercambiar	trocar	austauschen	交换
écharpe (n. f.)	scarf	bufanda	lenço	Schal	围巾
échecs (n. m. pl.)	chess	ajedrez	xadrez	Schach	国际象棋
école (n. f.)	school	escuela	escola	Schule	学校
économie (n. f.)	economy	economía	economia	Wirtschaft	经济
écouter (v.)	to listen	escuchar	escutar	zuhören	听
écran (n. m.)	screen	pantalla	ecrã	Bildschirm	屏幕
écrire (v.)	to write	escribir	escrever	schreiben	写
écriture (n. f.)	writing	escritura	escrita	Schreiben	写作
église (n. f.)	church	iglesia	igreja	Kirche	小教堂
emblématique (adj.)	emblematic	emblemático/a	emblemático(a)	symbolträchtig	标志的、象征的
embrasser (v.)	to kiss	besar	beijar	küssen / umarmen	拥吻
émouvant(e) (adj.)	touching	emotivo/a	emocionante	rührend	感动的
emplacement (n. m.)	space/place	espacio	localização	Standort	位置
emploi du temps (n. m.)	timetable/schedule	horario	horário	Stundenplan	时间表
en face	opposite	enfrente	diante de	gegenüber	对面
enfant (n.)	child	hijo/a	criança	Kind	孩童
enfin	at last	por fin	finalmente	endlich	最后
enlever (v.)	to remove	quitar	retirar	entfernen	除掉、去除
ensuite	next	a continuación	em seguida	dann	接下来
entre	between	entre	entre	zwischen	在……之间
entrée (n. f.)	entrance	entrante	entrada	Eingang	入口
entreprise (n. f.)	company/business	empresa	empresa	Unternehmen	公司
envoyer (v.)	to send	enviar	enviar	senden	寄送
épaule (n. f.)	shoulder	hombro	ombro	Schulter	肩膀
épeler (v.)	to spell	deletrear	soletrar	buchstabieren	拼读
épice (n. f.)	spice	especia	especiaria	Gewürz	香料
épicerie (n. f.)	grocery store	tienda de alimentación	mercearia	Lebensmittelgeschäft	食品杂货店
éplucher (v.)	to peel	pelar	descascar	schälen	削皮
époque (n. f.)	era/age/epoch	época	época	Zeit	时代
équilibré(e) (adj.)	well-balanced	equilibrado/a	equilibrado(a)	ausgeglichen	平衡的
équipe (n. f.)	team	equipo	equipa	Team	团队
équipé(e) (adj.)	fitted	equipado/a	equipado(a)	ausgestattet	设备齐全的
équipement (n. m.)	fixtures and fittings/ amenities/facilities	equipamiento	equipamento	Ausstattung	设备

Lexique

FRANÇAIS	ANGLAIS	ESPAGNOL	PORTUGAIS	ALLEMAND	CHINOIS
escalade (n. f.)	climbing	escalada	escalada	Klettern	攀登
escalier (n. m.)	staircase	escalera	escada	Treppe	楼梯
espace (n. m.)	space	espacio	espaço	Raum	空间
espace de travail collaboratif (ETC) (n.)	collaborative workspace	espacio de trabajo colaborativo	espaço de trabalho corporativo	Coworking-Space	合作工作空间
espagnol(e) (adj.)	Spanish	español/a	espanhol/espanhola	spanisch	西班牙的
est (n. m.)	east	este	leste	Osten	东部
étagères (n. f. pl.)	shelves	estantes	estantes	Regal	架子
étape (n. f.)	stage/step	etapa	etapa	Etappe	步骤
été (n. m.)	summer	verano	verão	Sommer	夏天
étranger(ère) (adj., n.)	foreigner/stranger	extranjero/a	estrangeiro(a)	ausländisch / Ausländer(in)	外国的、外国人
être (v.)	to be	ser, estar	ser	sein	是
études (n. m. pl.)	studies	estudios	estudos	Studium	学业
étudiant(e) (n.)	student	estudiante	estudante	Student(in)	学生
étudier (v.)	to study	estudiar	estudar	studieren	学习
Europe (n. f.)	Europe	Europa	Europa	Europa	欧洲
européen(ne) (adj.)	European	europeo/a	europeu/europeia	europäisch	欧洲的
événement (n. m.)	event	evento	evento	Ereignis / Veranstaltung	事件
éviter (v.)	to avoid	evitar	evitar	vermeiden	避免
examen (n. m.)	exam	examen	exame	Prüfung	考试
exceptionnel(le) (adj.)	exceptional	excepcional	excecional	außergewöhnlich	破例的
excessif(ve) (adj.)	excessive	excesivo/a	excessivo	übermäßig	过度的、极端的
expatrié(e) (adj., n.)	expatriate	expatriado/a	expatriado(a)	Auswanderer / Auswanderin	离开本国的人
expérience (n. f.)	experience	experiencia	experiência	Erfahrung	经验
explorer (v.)	to explore	explorar	explorar	erkunden	探索
exposition (n. f.)	exhibition	exposición	exposição	Ausstellung	展览
extraordinaire (adj.)	extraordinary	extraordinario/a	extraordinário(a)	außerordentlich	非凡的
facile (adj.)	easy	fácil	fácil	einfach	简单的
faculté (n. f.)	faculty	facultad	faculdade	Fakultät	学院
faim (n. f.)	hunger	hambre	fome	Hunger	饥饿
faire (v.)	to make/to do	hacer	fazer	machen	做、作
faire connaissance (v.)	to get to know	conocer	conhecer	kennenlernen	认识某人
faire une pause (v.)	to take a break	hacer una pausa	fazer uma pausa	eine Pause machen	短暂休息
falloir (v.) (il faut)	to have to	hacer falta (hay que)	ser preciso	müssen (man muss)	需要、应当
familial(e) (adj.)	familiar	familiar	familiar	familiär	家庭的
famille (n. f.)	family	familia	família	Familie	家庭
fan (n.)	fan	fan	fã	Fan	粉丝
farine (n. f.)	flour	harina	farinha	Mehl	面粉
fatigué(e) (adj.)	tired	cansado/a	cansado(a)	müde	疲劳的
fauteuil (n. m.)	armchair	sillón	poltrona	Sessel	座椅
félicitations (n. f. pl.)	congratulations	enhorabuena	parabéns	Glückwünsche	祝贺
féliciter (v.)	to congratulate	felicitar	felicitar	gratulieren	恭喜
féminin(e) (adj.)	feminine	femenino/a	feminino(a)	weiblich	女性的
femme (n. f.)	woman	mujer	mulher	Frau	女性
fermer (v.)	to close	cerrar	fechar	schließen	关闭
festival (n. m.)	festival	festival	festival	Festival	节日
fête (n. f.)	party/celebration/fête	fiesta	festa	Fest	节庆
fêter (v.)	to celebrate	celebrar	festejar	feiern	庆祝
feu (n. m.)	fire	fuego	fogo	Feuer	火
février (n. m.)	February	febrero	fevereiro	Februar	二月
fièvre (n. f.)	fever	fiebre	febre	Fieber	发烧
file d'attente (n. f.)	queue	cola	fila	Warteschlange	等待队列
fille (n. f.)	daughter	hija	filha	Tochter	女孩、女儿
film (n. m.)	film	película	filme	Film	电影
fils (n. m.)	son	hijo	filho	Sohn	儿子

FRANÇAIS	ANGLAIS	ESPAGNOL	PORTUGAIS	ALLEMAND	CHINOIS
fin (n. f.)	end	final	fino	Ende	结局
finir (v.)	to finish/to end	acabar	terminar	beenden	结束
fixer (v.)	to make (an appointment)	fijar	marcar	vereinbaren	确定
flexible (adj.)	flexible	flexible	flexível	flexibel	灵活的
flûte (n. f.)	flute	flauta	flauta	Flöte	笛子
fonctionnel(le) (adj.)	functional	funcional	funcional	funktional	实用的
fonctionner (v.)	to work/to be operational	funcionar	funcionar	funktionieren	运行
fond (n. m.)	bottom	fondo	fundo	Hintergrund	底部、基础
football (foot) (n. m.)	football	fútbol	futebol	Fußball	足球
formuler (v.)	to formulate	formular	formular	formulieren	明确表达、列出
fort(e) (adj.)	strong	fuerte	forte	stark	强大的
fourchette (n. f.)	fork	tenedor	garfo	Gabel	叉子
frais (fraîche) (adj.)	fresh	fresco/a	fresco(a)	frisch	新鲜的
français(e) (adj.)	French	francés/francesa	francês/francesa	französisch	法国的
francophone (adj.)	French-speaking	francófono/a	francófono(a)	französischsprachig	讲法语的
fréquence (n. f.)	frequency	frecuencia	frequência	Häufigkeit	频率
frère (n. m.)	brother	hermano	irmão	Bruder	兄、弟
fromage (n. m.)	cheese	queso	queijo	Käse	奶酪
frontal(e) (adj.)	frontal/head-on	frontal	frontal	frontal	正面的
fruit (n. m.)	fruit	fruta	fruta	Frucht	果实
gai(e) (adj.)	cheerful/happy	alegre	alegre	fröhlich	欢快的
gants (n. m. pl.)	gloves	guantes	luvas	Handschuhe	手套
garçon (n. m.)	boy	chico	rapaz	Junge	男孩
garder (v.)	to keep / to look after	guardar	guardar	behalten	看管、保留
gare (n. f.)	station	estación de tren	estação	Bahnhof	车站
gastronomie (n. f.)	gastronomy	gastronomía	gastronomia	Gastronomie	美食
gâteau (n. m.)	cake/gateau	pastel	bolo	Kuchen	蛋糕
génial(e) (adj.)	fantastic/great/brilliant	genial	genial	großartig	很棒的
genou (n. m.)	knee	rodilla	joelho	Knie	膝盖
gens (n. m. pl.)	people	gente	gente	Leute	人
géologie (n. f.)	geology	geología	geologia	Geologie	地理
géologique (adj.)	geological	geológico/a	geológico	geologisch	地理的
gérer (v.)	to manage	gestionar	gerir	verwalten	管理、处理
gingembre (n. m.)	ginger	jengibre	gengibre	Ingwer	姜
gourde (n. f.)	water bottle	cantimplora	cabaça	Trinkflasche	水壶
gourmet (n. m.)	gourmet	gourmet	gourmet	Feinschmecker	美食的
gousse (n. f.)	pod/clove (garlic)	vaina	vagem	(Knoblauch-)Zehe	蒜瓣、荚
goût (n. m.)	taste	sabor	sabor	Geschmack	味道
goûter (v.)	to taste	degustar / merendar	provar	probieren	品尝
gramme (n. m.)	gram	gramo	grama	Gramm	克
grand(e) (adj.)	large/tall/big	grande	grande	groß	大的
grand-mère (n. f.)	grandmother	abuela	avó	Großmutter	奶奶、外婆
grand-parent (n. m.)	grandparent	abuelos	avós	Großeltern	祖父母
grand-père (n. m.)	grandfather	abuelo	avô	Großvater	爷爷、外公
graphiste (n.)	graphic designer	diseñador gráfico	designer gráfico	Grafikdesigner(in)	图像工作者
gras(se) (adj.)	fatty	graso/a	gorduroso(a)	fett	肥的
gratuit(e) (adj.)	free	gratuito/a	gratuito(a)	kostenlos	免费的
grec(que) (adj.)	Greek	griego/a	grego(a)	griechisch	希腊的
gris(e) (adj.)	grey	gris	cinza	grau	灰色的
gros(se) (adj.)	fat	gordo/a	gordo(a)	dick	胖的
groupe (n. m.)	group	grupo	grupo	Gruppe	组
groupe de travail (n. m.)	working group	grupo de trabajo	grupo de trabalho	Arbeitsgruppe	工作组
guidé(e) (adj.)	guided	guiado/a	guiado(a)	geführt	引导的
guide touristique (n. m.)	tourist guide	guía turístico	guia turístico	Reiseführer(in)	导游
guitare (n. f.)	guitar	guitarra	violão	Gitarre	吉他
habitant(e) (n.)	inhabitant	habitante	habitante	Einwohner(in)	居民
habiter (v.)	to inhabit	vivir	morar	wohnen	居住

Lexique

FRANÇAIS	ANGLAIS	ESPAGNOL	PORTUGAIS	ALLEMAND	CHINOIS
habitude (n. f.)	custom/habit	costumbre	hábito	Gewohnheit	习惯
harnais (n. m.)	harness	arnés	arnês	Gurt	安全背带
hébergement (n. m.)	accommodation	alojamiento	alojamento	Unterkunft	留宿
herbe (n. f.)	grass	hierba	relva	Gras	草
heure (n. f.)	hour/time	hora	hora	Uhrzeit / Stunde	时间、小时
heureux(se) (adj.)	happy	feliz	feliz	glücklich	幸福的
hindi (adj., n. m.)	Hindi	hindi	hindi	Hindi	印地语的
histoire (n. f.)	story	historia	história	Geschichte	故事
historique (adj.)	historical	histórico/a	histórico(a)	geschichtlich	历史的
hiver (n. m.)	winter	invierno	inverno	Winter	冬季
homme (n. m.)	man	hombre	homem	Mann	男人
horaire (n. m.)	time	horario	horário	Zeiten	时刻表
hôte(sse) (n.)	host(hostess)	anfitrión/anfitriona	anfitrião/anfitriã	Gastgeber(in)	东道主
hôtel (n. m.)	hotel	hotel	hotel	Hotel	宾馆、酒店
hôtel de ville (n. m.)	town hall	ayuntamiento	câmara municipal	Rathaus	市政厅
huile (n. f.)	oil	aceite	óleo	Öl	油
hygiène (n. f.)	hygiene	higiene	higiene	Hygiene	卫生
idéal(e) (adj.)	ideal	ideal	ideal	ideal	理想的
idée (n. f.)	idea	idea	ideia	Idee	想法、主意
immeuble (n. m.)	building/block of flats	edificio	imóvel	Gebäude	楼
impatient(e) (adj.)	impatient	impaciente	impaciente	ungeduldig	不耐烦的
imperméable (adj., n. m.)	waterproof (adj.) / raincoat (n.)	impermeable	capa de chuva	wasserdicht / Regenmantel	雨衣
inconfortable (adj.)	uncomfortable	incómodo	desconfortável	unbequem	不舒服的
incontournable (adj.)	inescapable / unavoidable	imprescindible	incontornável	unumgänglich	不可回避的
indépendant(e) (adj.)	independent	independiente	independente	selbständig	独立的
indien(ne) (adj.)	Indian	indio/a	indiano(a)	indisch	印度的、印第安的
indifférence (n. f.)	indifference	indiferencia	indiferente	Gleichgültigkeit	无所谓
indisponibilité (n. f.)	unavailability	indisponibilidad	indisponibilidade	Nichtverfügbarkeit	不可用
infirmier(ère) (n.)	nurse	enfermero/a	enfermeiro(a)	Krankenpfleger / Krankenschwester	护士
informaticien(ne) (n.)	IT expert/computer expert	informático/a	informático(a)	Informatiker(in)	信息工程师
information (n. f.)	information	información	informação	Information	信息
informer (v.)	to inform	informar	informar	informieren	告知
ingrédient (n. m.)	ingredient	ingrediente	ingrediente	Zutat	配方
initiative (n. f.)	initiative	iniciativa	iniciativa	Initiative	首创
institut (n. m.)	institute	instituto	instituto	Institut	机构、学员
instrument (n. m.)	instrument	instrumento	instrumento	Instrument	工具
insuffisant(e) (adj.)	insufficient	insuficiente	insuficiente	ungenügend	不够的
interdiction (n. f.)	ban	prohibición	proibição	Verbot	禁止
intéressant(e) (adj.)	interesting	interesante	interessante	interessant	有趣的
intérêt (n. m.)	interest	interés	interesse	Interesse	兴趣
intérieur (n. m.)	interior/inside	interior	interior	Inneres	内部
international(e) (adj.)	international	internacional	internacional	international	国际的
invitation (n. f.)	invitation	invitación	convite	Einladung	邀请函
italien(ne) (adj.)	Italian	italiano/a	italiano(a)	italienisch	意大利的
itinéraire (n. m.)	itinerary/route	itinerario	itinerário	Route	路线
jambe (n. f.)	leg	pierna	perna	Bein	腿
janvier (n. m.)	January	enero	janeiro	Januar	一月
japonais(e) (adj.)	Japanese	japonés/japonesa	japonês/japonesa	japanisch	日本的
jardin (n. m.)	garden	jardín	jardim	Garten	花园
jaune (adj.)	yellow	amarillo	amarelo(a)	gelb	黄色的
jeu (n. m.)	game/play	juego	jogo	Spiel	游戏
jeu de société (n. m.)	board game	juego de mesa	jogo de mesa	Gesellschaftsspiel	图版游戏
jeudi (n. m.)	Thursday	jueves	quinta-feira	Donnerstag	周四
jeune (adj.)	young	joven	jovem	jung	年轻的
journaliste (n.)	journalist	periodista	jornalista	Journalist(in)	记者

FRANÇAIS	ANGLAIS	ESPAGNOL	PORTUGAIS	ALLEMAND	CHINOIS
journée (n. f.)	day	día	dia	Tag	一天
joyeux(euse) (adj.)	cheerful/merry/joyous	feliz	feliz	fröhlich	快乐的
juillet (n. m.)	July	julio	julho	Juli	七月
juin (n. m.)	June	junio	junho	Juni	六月
jupe (n. f.)	skirt	falda	saia	Rock	半身裙
jusqu'à	until	hasta	até	bis	至、直到
kayak (n. m.)	kayak	kayak	caiaque	Kajak	皮艇
kényan(e) (adj.)	Kenyan	keniano/a	queniano(a)	kenianisch	肯尼亚的
kilo(gramme) (n. m.)	kilo(gramme)	kilo(gramo)	quilograma	Kilo(gramm)	公斤
kinésithérapeute (kiné) (n.)	physiotherapist (physio)	fisioterapeuta (fisio)	fisioterapeuta	Physiotherapeut(in)	体疗医生
lac (n. m.)	lake	lago	lago	See	湖
lait (n. m.)	milk	leche	leite	Milch	奶、乳
lampe (n. f.)	lamp	lámpara	lâmpada	Lampe	灯
langue (n. f.)	language	idioma	língua	Sprache	语言
latino-américain(e) (adj.)	Latin-American	latinoamericano/a	latino-americano(a)	lateinamerikanisch	拉丁美洲的
lave-linge (n. m.)	washing machine	lavadora	máquina de lavar roupa	Waschmaschine	洗衣机
lecture (n. f.)	reading	lectura	leitura	Lektüre	阅读
léger(ère) (adj.)	light/slight	ligero/a	leve	leicht	轻盈的
légume (n. m.)	vegetables	verdura	legume	Gemüse	蔬菜
lentilles (n. f. pl.)	lentils	lentejas	lentilhas	Linsen	扁豆
lessive (n. f.)	washing	colada	lavar a roupa	Wäsche	洗衣
lettre (n. f.)	letter	carta	carta	Buchstabe / Brief	信
librairie (n. f.)	bookshop	librería	livraria	Buchhandlung	书店
lien (n. m.)	link	vínculo	ligação	Link	连接物
lieu (n. m.)	place	lugar	lugar	Ort	地点
lire (v.)	to read	leer	ler	lesen	读
lit (n. m.)	bed	cama	cama	Bett	床
litre (n. m.)	litre	litro	litro	Liter	升
littéraire (adj.)	literary	literario/a	literário(a)	literarisch	文学的
littérature (n. f.)	literature	literatura	literatura	Literatur	文学
livre (n. m.)	book	libro	livro	Buch	书
local(e) (adj.)	local	local	local	lokal	本地的
localisation (n. f.)	location	ubicación	localização	Lage	定位
logement (n. m.)	accommodation	alojamiento	alojamento	Wohnung	住房
loin (de)	far (from)	lejos (de)	longe	weit (von)	远离……
loisir (n. m.)	leisure	hobby	lazer	Freizeit	娱乐活动
long(ue) (adj.)	long	largo/a	longo(a)	lang	长的
longer (v.)	to follow alongside	bordear	ladear	entlanggehen	沿着……走
loyer (n. m.)	rent	alquiler	aluguer	Miete	房租
lundi (n. m.)	Monday	lunes	segunda-feira	Montag	周一
lunettes (n. f. pl.) (de soleil)	(sun)glasses	gafas (de sol)	óculos (de sol)	(Sonnen-)Brille	（太阳）眼镜
lycéen(ne) (n.)	high school student	estudiante de instituto	estudante do secundário	Gymnasiast(in)	中学生
machine à café (n. f.)	coffee machine	cafetera	máquina de café	Kaffeemaschine	咖啡机
magique (adj.)	magic/magical	mágico/a	mágico(a)	zauberhaft	神奇的
mai (n. m.)	May	mayo	maio	Mai	五月
mail (n. m.)	email	e-mail	e-mail	E-Mail	邮件
maillot de bain (n. m.)	swimsuit	traje de baño	fato de banho	Badeanzug / Badehose	泳衣
main (n. f.)	hand	mano	mão	Hand	手
maison (n. f.)	house	casa	casa	Haus	家、房屋
mal (n. m.) (avoir mal)	pain	dolor	dor	Schmerzen	疼
maman (n. f.)	mum	mamá	mamã	Mutter	妈妈
mamie (n. f.)	granny/grandma	abuelita	vovó	Oma	奶奶、外婆
mandarin (n. m.)	Mandarin	mandarín	mandarim	Mandarin	普通话
manquer (v.)	to lack	hacer falta	sentir falta	fehlen	缺少

Lexique

FRANÇAIS	ANGLAIS	ESPAGNOL	PORTUGAIS	ALLEMAND	CHINOIS
marche (n. f.)	step	caminata	caminhada	Wanderung	运行
marché (n. m.)	market	mercado	mercado	Markt	市场
marcher (v.)	to walk	andar	andar	wandern	步行、运行
mardi (n. m.)	Tuesday	martes	terça-feira	Dienstag	周二
mari (n. m.)	husband	marido	marido	Ehemann	丈夫
mariage (n. m.)	wedding	boda	casamento	Hochzeit	婚礼
marié(e) (adj.)	married	casado/a	casado(a)	verheiratet	结婚的
marocain(e) (adj.)	Moroccan	marroquí	marroquino(a)	marokkanisch	摩洛哥的
marron (adj.)	brown	marrón	castanho(a)	braun	棕色的
mars (n. m.)	March	marzo	março	März	三月
masculin(e) (adj.)	masculine	masculino/a	masculino(a)	männlich	男性的
match (n. m.)	match	partido	jogo	Spiel	比赛
maternel(le) (adj.)	maternal	maternal	maternal	mütterlich	母性的
matière (n. f.)	fat	materia	gordura	Stoff	物质、材料
matière (n. f.) (scolaire)	(school) subject	asignatura	disciplina	Fach	题材
matin (n. m.)	morning	mañana	manhã	Morgen	早晨
matinal(e) (adj.)	morning/early/to be an early riser	matinal	matinal	morgendlich	早晨的
médecin (n. m., f.)	doctor	médico	médico(a)	Arzt / Ärztin	医生
médicament (n. m.)	medicine/drug	medicamento	medicamento	Medikament	药物
médiéval(e) (adj.)	mediaeval	medieval	medieval	mittelalterlich	中世纪的
mélanger (v.)	to mix	mezclar	misturar	mischen	混合
membre (n. m.)	member	miembro	membro	Mitglied	成员
menthe (n. f.)	mint	menta	hortelã	Minze	薄荷
menu (n. m.)	set menu	menú	ementa	Menü	菜单
mer (n. f.)	sea	mar	mar	Meer	大海
merci (n. m.)	thank you	gracias	obrigado(a)	danke	谢谢
mercredi (n. m.)	Wednesday	miércoles	quarta-feira	Mittwoch	周三
mère (n. f.)	mother	madre	mãe	Mutter	母亲
merveilleux(euse) (adj.)	wonderful	maravilloso/a	maravilhoso(a)	wunderbar	绝妙的
message (n. m.)	message	mensaje	mensagem	Nachricht	消息
météo (n. f.)	weather	pronóstico del tiempo	previsão do tempo	Wetterbericht	天气预报
métro (n. m.)	underground/metro	metro	metro	U-Bahn	地铁
métropolitain(e) (adj.)	metropolitan	metropolitano/a	metropolitano(a)	großstädtisch	都市的
mettre (v.)	to put	poner	colocar	setzen	放置
meuble (n. m.)	piece of furniture	mueble	móvel	Möbel	家具
micro (n. m.)	microphone	micrófono	microfone	Mikro	话筒
micro-ondes (n. m.)	microwave	microondas	micro-ondas	Mikrowelle	微波炉
miette (n. f.)	crumb	miga	migalha	Krümel	碎屑
mime (n. m.)	mime	mímica	mímica	Mime	哑剧
miroir (n. m.)	mirror	espejo	espelho	Spiegel	镜子
mitigé(e) (adj.)	reserved/uncertain	moderado/a	mitigado(a)	gemischt	含糊的
modération (n. f.)	moderation	moderación	moderação	Mäßigung	适度
modéré(e) (adj.)	moderate	moderado/a	moderado(a)	gemäßigt	适度的
moderne (adj.)	modern	moderno/a	moderno(a)	modern	现代的
mois (n. m.)	month	mes	mês	Monat	月份
moment-clé (n. m.)	key moment	momento decisivo	momento crucial	Schlüsselmoment	关键时刻
montage (n. m.)	collage/photomontage	montaje	montagem	Montage	剪辑
montagne (n. f.)	mountain	montaña	montanha	Berg	山
montagneux(euse) (adj.)	mountainous	montañoso/a	montanhoso(a)	bergig	多山的
monter (v.)	to go up	subir	subir	hinaufsteigen	登上
monument (n. m.)	monument	monumento	monumento	Sehenswürdigkeit	纪念性建筑物
morceau (n. m.)	piece	trozo	pedaço	Stück	块
mort (n. f.)	death	muerte	morte	Tod	死亡
motif (n. m.)	reason/motive	motivo	motivo	Grund	理由
motivation (n. f.)	motivation	motivación	motivação	Motivation	动机
motivé(e) (adj.)	motivated	motivado/a	motivado(a)	motiviert	积极的

FRANÇAIS	ANGLAIS	ESPAGNOL	PORTUGAIS	ALLEMAND	CHINOIS
mourir (v.)	to die	morir	morrer	sterben	死亡
moutarde (n. f.)	mustard	mostaza	mostarda	Senf	芥末
mouton (n. m.)	mutton	cordero	carneiro	Schaf	绵羊
mur (n. m.)	wall	pared	parede	Wand	墙
muscle (n. m.)	muscle	músculo	músculo	Muskel	肌肉
musée (n. m.)	museum	museo	museu	Museum	博物馆
musical(e) (adj.)	musical	musical	musical	musikalisch	音乐的
musicien(ne) (n.)	musician	músico/a	músico(a)	Musiker(in)	音乐家
musique (n. f.)	music	música	música	Musik	音乐
naissance (n. f.)	birth	nacimiento	nascimento	Geburt	诞生
naître (v.)	to be born	nacer	nascer	geboren werden	出生
nationalité (n. f.)	nationality	nacionalidad	nacionalidade	Nationalität	国籍
nature (n. f.)	nature	naturaleza	natureza	Natur	自然
naturel(le) (adj.)	natural	natural	natural	natürlich	自然的
naviguer (v.)	navigate	navegar	navegar	surfen	航行
nécessité (n. f.)	necessity	necesidad	necessidade	Notwendigkeit	必要性
neige (n. f.)	snow	nieve	neve	Schnee	雪
nettoyer (v.)	to clean	limpiar	limpar	reinigen	清理
niveau (n. m.)	level	nivel	nível	Niveau	水平、等级
noir(e) (adj.)	black	negro/a	preto	schwarz	黑色的
noisette (n. f.)	hazelnut	avellana	avelã	Haselnuss	榛子
noix (n. f.)	walnut	nuez	noz	Walnuss	干果
nom de famille (n. m.)	surname	apellido	apelido	Familienname	姓
nord (n. m.)	north	norte	norte	Norden	北部
nord-américain(e) (adj.)	North American	norteamericano/a	norte-americano(a)	nordamerikanisch	北美的
nouveau, nouvelle (adj.)	new	nuevo/a	novo(a)	neu	新的
nouvelle (n. f.)	a piece of news	noticia	notícia	Neuigkeit	消息
nouvelles technologies (n. f. pl.)	new technologies	nuevas tecnologías	novas tecnologias	neue Technologien	新技术
novembre (n. m.)	November	noviembre	novembro	November	十一月
numéro (n. m.)	number	número	número	Nummer	号码
objet (n. m.)	object	objeto	objeto	Gegenstand	物品
obligation (n. f.)	obligation	obligación	obrigação	Verpflichtung	义务、责任
obtenir (v.)	to obtain	obtener	obter	erhalten	获取
obtention (n. f.)	obtaining	obtención	obtenção	Erhalt	获得
occasion (n. f.)	occasion	oportunidad	oportunidade	Gelegenheit	机会
Océanie (n. f.)	Oceania	Oceanía	Oceânia	Ozeanien	大洋洲
octobre (n. m.)	October	octubre	outubro	Oktober	十月
office de tourisme (n. m.)	tourist office	oficina de turismo	posto de turismo	Tourist Information	旅游局
offrir (v.)	to offer	regalar	oferecer	anbieten	提供
oignon (n. m.)	onion	cebolla	cebola	Zwiebel	洋葱
olive (n. f.)	olive	aceituna	azeitona	Olive	橄榄
oncle (n. m.)	uncle	tío	tio	Onkel	叔叔
opéra (n. m.)	opera	ópera	ópera	Oper	歌剧
orage (n. m.)	thunderstorm	tormenta	tormenta	Gewitter	风暴
orange (adj.)	orange	naranja	laranja	orange	橘色的
ordinateur (n. m.)	computer	ordenador	computador	Computer	电脑
ordonnance (n. f.)	prescription	receta	prescrição	Rezept	处方
ordre (n. m.)	order	orden	ordem	Reihenfolge	命令、次序
ordre du jour (n. m.)	agenda	orden del día	ordem do dia	Tagesordnung	议程
ordures (n. f. pl.)	household waste/rubbish	basura	lixo	Müll	垃圾
organisateur(trice) (n.)	organiser	organizador/a	organizador(a)	Organisator(in)	组织者
organisation (n. f.)	organisation	organización	organização	Organisation	组织、机构
organiser (v.)	to organise	organizar	organizar	organisieren	组织
original(e) (adj.)	original/unusual	original	original	originell	最初的
origine (n. f.)	origin	origen	origem	Herkunft	起源
où	where	dónde	onde	wo	哪里

Lexique

FRANÇAIS	ANGLAIS	ESPAGNOL	PORTUGAIS	ALLEMAND	CHINOIS
oublier (v.)	to forget	olvidar	esquecer	vergessen	忘记
oui	yes	sí	sim	ja	是
pain (n. m.)	bread	pan	pão	Brot	面包
palmes (n. f. pl.)	flippers	aletas	barbatana	Palmen	棕榈叶
pamplemousse (n. m.)	grapefruit	pomelo	toranja	Grapefruit	柚子
pantalon (n. m.)	trousers	pantalón	calças	Hose	裤子
papa (n. m.)	daddy	papá	papá	Papa	爸爸
parapente (n. m.)	paraglider	parapente	parapente	Gleitschirmfliegen	山崖跳伞
parc (n. m.)	park	parque	parque	Park	公园
parce que	because	porque	porque	weil	因为
parcours (n. m.)	trail/route	recorrido	percurso	Strecke	路线
parent (n. m.)	parent/relation	padre/madre / familiar	parente	Eltern	父母
parfait(e) (adj.)	perfect	perfecto/a	perfeito(a)	perfekt	完美的
parking (n. m.)	car park	parking	parque de estacionamento	Parkplatz	停车场
parler (v.)	to talk/to speak	hablar	falar	sprechen	说话
part (n. f.)	portion/slice/share	parte	parte	Anteil	部分、份额
partagé(e) (adj.)	shared	compartido/a	partilhado(a)	geteilt	分享的
partager (v.)	to share	compartir	partilhar	teilen	分享
participant(e) (n.)	participant	participante	participante	Teilnehmer(in)	参与者
participer (v.)	to participate	participar	participar	teilnehmen	参与
partir (v.)	to leave	salir	partir	weggehen / abfahren	离开
passer (v.)	to pass/to go or come past	pasar	passar	geschehen	经过、通过
passion (n. f.)	passion/enthusiasm	pasión	paixão	Leidenschaft	激情
passionné(e) (adj.)	enthusiastic	apasionado/a	apaixonado(a)	leidenschaftlich	充满激情的
pâté (n. m.)	pâté	paté	patê	Pastete	肉酱
pâtes (n. f. pl.)	pasta	pasta	massa	Nudeln	面条
patient(e) (n.)	patient	paciente	paciente	geduldig	病患
pâtisserie (n. f.)	pastry/cake	pastelería	pastelaria	Konditorei	糕点店
patrimoine (n. m.)	heritage	patrimonio	património	Vermögen	遗产、财富
pause (n. f.)	pause/break	pausa	pausa	Pause	休息
payer (v.)	to pay	pagar	pagar	bezahlen	支付
pays (n. m.)	country	país	país	Land	国家
paysage (n. m.)	landscape/scenery	paisaje	paisagem	Landschaft	风景
pêche (n. f.)	fishing	pesca	pesca	Angeln	桃子
peinture (n. f.)	paint	pintura	pintura	Malerei	绘画
percussions (n. f. pl.)	percussion	percusión	percussão	Schlagzeug	敲击
père (n. m.)	father	padre	pai	Vater	父亲
période (n. f.)	period	período	período	Zeitraum	时期
permis de conduire (n. m.)	driving licence	permiso de conducir	carta de condução	Führerschein	驾照
personnalité (n. f.)	personality	personalidad	personalidade	Persönlichkeit	个性
personnel(le) (adj.)	personal	personal	pessoal	persönlich	个人的
petit(e) (adj.)	small	pequeño/a	pequeno(a)	klein	小的
petit mot (n. m.)	a little note/word	nota	nota	Wörtchen	简短的话
petit déjeuner (n. m.)	breakfast	desayuno	pequeno-almoço	Frühstück	早餐
petits pois (n. m. pl.)	peas	guisantes	ervilha	Erbsen	四季豆
peu (un)	a little	poco (un)	pouco (um)	wenig (ein)	一点
peur (n. f.)	fear	miedo	medo	Angst	害怕
pharmacie (n. f.)	pharmacists/chemists	farmacia	farmácia	Apotheke	药店
pharmacien(ienne) (n.)	pharmacist	farmacéutico/a	farmacêutico(a)	Apotheker(in)	药剂师
phénomène de société (n. m.)	social trend/social phenomenon	fenómeno social	fenómeno social	gesellschaftliches Phänomen	社会现象
photo(graphie) (n. f.)	photo/snapshot	foto(grafía)	foto(grafia)	Foto(grafie)	照片
photographe (n.)	photographer	fotógrafo/a	fotógrafo(a)	Fotograf(in)	摄影师
piano (n. m.)	piano	piano	piano	Klavier	钢琴
pièce (n. f.)	room	habitación	assoalhada	Zimmer	片、件
pied (n. m.)	foot	pie	pé	Fuß	脚

FRANÇAIS	ANGLAIS	ESPAGNOL	PORTUGAIS	ALLEMAND	CHINOIS
pincée (n. f.)	pinch	pizca	pitada	Prise	一小撮
placard (n. m.)	cupboard	armario empotrado	armário embutido	Schrank	橱柜
place (n. f.)	square	plaza	praça	Platz	广场
plage (n. f.)	beach	playa	praia	Strand	海滩
plaid (n. m.)	rug/throw	manta	manta	Decke	毛毯
plaisir (n. m.)	pleasure	placer	prazer	Vergnügen	乐趣
plan (n. m.)	plan/map	plano	plano	Plan	地图
planche (n. f.)	board	tabla	tábua	Brett	板
planning (n. m.)	schedule	planning	planeamento	Zeitplan	计划
plante (n. f.)	plant	planta	planta	Pflanze	植物
plat (n. m.)	dish	plato	prato	Platte	餐盘
plat (principal) (n. m.)	main dish	plato (principal)	prato (principal)	(Haupt-)Gericht	（主）菜
plongée (n. f.)	dive	buceo	mergulho	Tauchgang	潜水
pluie (n. f.)	rain	lluvia	chuva	Regen	雨
poêle (n. f.)	frying pan	sartén	frigideira	Pfanne	锅
poésie (n. f.)	poetry	poesía	poesia	Poesie	诗
poids (n. m.)	weight	peso	peso	Gewicht	重量
poignet (n. m.)	wrist	muñeca	pulso	Handgelenk	手腕
point cardinal (n. m.)	compass point	punto cardinal	ponto cardinal	Himmelsrichtung	基点
pois chiches (n. m. pl.)	chick peas	garbanzos	grão-de-bico	Kichererbsen	鹰嘴豆
poisson (n. m.)	fish	pescado	peixe	Fisch	鱼
poivre (n. m.)	pepper	pimienta	pimenta	Pfeffer	胡椒
polaire (adj.)	polar/arctic	polar	polar	polar	南北极的
politique (n. f.)	policy	política	política	Politik	政治
pomme (n. f.)	apple	manzana	maçã	Apfel	苹果
pont (n. m.)	bridge	puente	ponte	Brücke	桥
porc (n. m.)	pork	cerdo	porco	Schwein	猪肉
port (n. m.)	port	puerto	porto	Hafen	港口
portable (n. m.)	mobile phone	móvil	telemóvel	Handy	手机
portugais(e) (adj., n.)	Portuguese	portugués/portuguesa	português/portuguesa	portugiesisch	葡萄牙的
positif(ive) (adj.)	positive	positivo/a	positivo	positiv	积极的、阳性的
position (n. f.)	position	posición	posição	Position	位置
poste (n. m.)	workstation	puesto	posto de trabalho	Arbeitsstelle	岗位
pot (n.) (fam.)	drink	copa (tomar una copa)	Beber um copo	Umtrunk	小型酒会
pot (n. m.)	pot/jar	bote	pote	Topf	罐、杯
poubelle (n. f.)	dustbin	papelera	caixote de lixo	Abfalleimer	垃圾桶
poulet (n. m.)	chicken	pollo	frango	Huhn	鸡肉
pour	for	para	para	für	为了
pourquoi	why	por qué	por que	warum	为什么
pouvoir (v.)	to be able to	poder	poder	können	能够
pratique (adj.)	practical/convenient	práctico/a	prático(a)	praktisch	实用的
pratiquer (v.)	practice/play	practicar	praticar	praktizieren	开展
précis(e) (adj.)	precise	preciso/a	preciso(a)	genau	精准的
préfecture (n. f.)	prefecture	prefectura	prefeitura	Präfektur	警察局
préférer (v.)	to prefer	preferir	preferir	bevorzugen	偏好
préhistorique (adj.)	prehistoric	prehistórico/a	pré-histórico(a)	vorgeschichtlich	史前的
prendre (v.)	to take / to catch	coger	apanhar	nehmen	拿、搭乘、做……
prendre congé (v.)	to leave	despedirse	despedir-se	sich verabschieden	请假
prénom (n. m.)	first name	nombre	nome	Vorname	名
préparé(e) (adj.)	ready (a ready meal)	preparado/a	preparado(a)	zubereitet	预制的
préparer (v.)	to prepare	preparar	preparar	zubereiten	准备
près (de)	near (to)	cerca (de)	perto (de)	in der Nähe (von)	靠近……
présence (n. f.)	presence	presencia	presença	Anwesenheit	在场
présentiel(le) (adj.)	face-to-face/in person	presencial	presencial	Präsenz-	到场的
prévention (n. f.)	prevention	prevención	prevenção	Vorbeugung	预防措施
printemps (n. m.)	spring	primavera	primavera	Frühling	春天

Lexique

FRANÇAIS	ANGLAIS	ESPAGNOL	PORTUGAIS	ALLEMAND	CHINOIS
prix (n. m.)	price	precio	preço	Preis	价格
problème (n. m.)	problem	problema	problema	Problem	问题
prochain(e) (adj.)	next	próximo/a	próximo(a)	nächste(r)	下一个
produit laitier (n. m.)	dairy product	producto lácteo	produto lácteo	Milchprodukt	乳制品
professeur(e) (n.)	teacher	profesor/a	professor(a)	Lehrer(in)	教师
profession (n. f.)	profession	profesión	profissão	Beruf	职业
professionnel(le) (adj.)	professional	profesional	profissional	beruflich / professionell	专业的
profil linguistique (n. m.)	linguistic profile	perfil lingüístico	perfil linguístico	Sprachprofil	语言特点
programme (n. m.)	programme	programa	programa	Programm	计划、安排
projet (n. m.)	project	proyecto	projeto	Projekt	项目
proposer (v.)	offer/suggest	proponer	propor	vorschlagen	提议
propre (adj.)	clean	limpio	limpo(a)	sauber	干净的
propreté (n. m.)	cleanliness	limpieza	limpeza	Sauberkeit	洁净
propriétaire (n.)	owner	propietario/a	proprietário(a)	Besitzer	所有者
proximité (n. f.)	proximity	proximidad	proximidade	Nähe	邻近
public (n. m.)	public	público	público	Öffentlichkeit	公共的
puis	then	después	depois	dann	然后
pull (n. m.)	jumper/pullover	jersey	pulôver	Pullover	套衫
quai (n. m.)	quay	muelle	cais	Ufer	展台、河岸
quand	when	cuándo	quando	wenn	何时
quantité (n. f.)	quantity	cantidad	quantidade	Menge	数量
quartier (n. m.)	district	barrio	bairro	Stadtviertel	地区
quel(le) (adj.)	which/what	cuál	qual	welche(r)	哪个
qui	who	quién	quem	wer	谁
quitter (v.)	to leave	dejar	deixar	verlassen	离开
quotidien (n. m. ou adj.)	daily	diario	quotidiano	Alltag / täglich	日常、每日的
raison (n. f.)	reason	razón	razão	Grund	理由
rame (n. f.)	oar	remo	remo	Ruder	浆
randonnée (n. f.)	hike	senderismo	caminhada	Wanderung	远足
ranger (v.)	to put away	ordenar	arrumar	aufräumen	整理
rapide (adj.)	quick/rapid	rápido	rápido	schnell	快速的
rayon (n. m.)	section/department	sección	setor	Abteilung	柜台
recette (n. f.)	recipe	receta	receita	Rezept	菜谱
recevoir (v.)	to receive	recibir	receber	erhalten	收到
rechercher (v.)	to look for	buscar	procurar	suchen	寻找、研究
recommandation (n. f.)	recommendation	recomendación	recomendação	Empfehlung	推荐
recueil (n. m.)	collection/anthology	recopilación	compilação	Sammlung	文集
réduire (v.)	to reduce	reducir	reduzir	verringern	减少
réfrigérateur (n. m.)	refrigerator	frigorífico	frigorífico	Kühlschrank	冰箱
regarder (v.)	to look at	mirar	olhar	ansehen	看
régime (n. m.)	diet	régimen	regime	Diät	饮食制度
région (n. f.)	region	región	região	Region	地区
régulier(ère) (adj.)	regular	regular	regular	regelmäßig	定期的
relation (n. f.)	relation	relación	relação	Beziehung	关系
relooking (n. m.)	makeover	cambio de look	mudança de look	Umgestaltung	改造
remerciement (n. m.)	thanks/acknowledgement	agradecimiento	agradecimento	Dank	谢意
remercier (v.)	to thank	agradecer	agradecer	danken	感谢
remise (n. f.) (de diplômes)	graduation ceremony	entrega	entrega	Übergabe	颁发
rencontre (n. f.)	encounter/meeting	encuentro	encontro	Begegnung	会见
rencontrer (v.)	to meet	encontrarse	encontrar	treffen	遇见
rendez-vous (n. m.)	rendezvous	cita	encontro	Verabredung	约会
rentrée (n. f.)	back to school/back to work	vuelta	regresso	Rückkehr	返回
rentrer (v.)	to go home/to come home	volver	regressar	nach Hause gehen	回到
réorganiser (v.)	to reorganise	reorganizar	reorganizar	neu organisieren	重新组织

FRANÇAIS	ANGLAIS	ESPAGNOL	PORTUGAIS	ALLEMAND	CHINOIS
répartition (n. f.)	distribution/share	reparto	repartição	Verteilung	分配
repas (n. m.)	meal	comida	refeição	Mahlzeit	饮食、饭
réponse (n. f.)	answer/reply	respuesta	resposta	Antwort	回答
réservation (n. f.)	reservation	reserva	reserva	Reservierung	预定
résidence (n. f.)	residence	residencia	residência	Ferienwohnung	住宅
respect (n. m.)	respect	respeto	respeito	Respekt	尊重
ressembler (v.)	to resemble	parecerse	parecer	aussehen wie	和……相像
ressenti (n. m.)	perception	sensación	sensação	Empfinden	感受
retourner (v.)	to return	volver	retornar	zurückkehren	反转、返回
retraite (n. f.)	retirement	jubilación	reforma	Ruhestand	退休
réunion (n. f.)	meeting	reunión	reunião	Besprechung	会议
réveillon (n. m.)	Christmas Eve celebration New Year's Eve celebration	cena	consoada	Heiligabend / Silvester	前夜
rideau (n. m.)	curtain	cortina	cortina	Vorhang	窗帘
rivière (n. f.)	river	río	rio	Fluss	河流
riz (n. m.)	rice	arroz	arroz	Reis	米
robe (n. f.)	dress	vestido	vestido	Kleid	裙子
rose (adj.)	pink	rosa	rosa	rosa	玫瑰
rouge (adj.)	red	rojo/a	vermelho(a)	rot	红色
routine (n. f.)	routine	rutina	rotina	Routine	日常
roux(sse) (adj.)	ginger/auburn	pelirrojo/a	ruivo(a)	rotbraun	红色的
rue (n. f.)	road/street	calle	rua	Straße	街
russe (adj.)	Russian	ruso/a	russo(a)	russisch	俄罗斯的
rythme (n. m.)	rate/rhythm	ritmo	ritmo	Rhythmus	节奏
s'agrandir (v.)	to grow	crecer	crescer	sich vergrößern	变大
s'appeler (v.)	to be called	llamarse	chamar-se	heißen	名叫
s'endormir (v.)	to fall sleep	dormirse	adormecer	einschlafen	睡着
s'exercer (v.)	to practice	entrenarse	treinar	trainieren	练习、锻炼
s'habiller (v.)	to get dressed	vestirse	vestir-se	sich anziehen	穿着
s'il vous plaît	please	por favor	por favor	bitte	麻烦、请
s'inscrire (v.)	to sign up for/enrol	inscribirse	inscrever-se	sich anmelden	注册
s'installer (v.)	to move in/to settle in	instalarse	instalar-se	sich niederlassen	安置
s'occuper (v.)	to look after	ocuparse	cuidar	sich kümmern	照顾
sac à dos (n. m.)	backpack	mochila	mochila	Rucksack	背包
sachet (n. m.)	sachet	bolsita	sacola	Beutel	小袋
saison (n. f.)	season	estación	estação do ano	Saison	季节
salade (n. f.)	lettuce	ensalada	alface	Salat	色拉
salé(e) (adj.)	savoury	salado/a	salgado(a)	gesalzen	咸的
salle de bain (n. f.)	bathroom	cuarto de baño	casa de banho	Badezimmer	浴室
salon (n. m.)	living room/sitting room	salón	sala	Wohnzimmer	客厅、沙龙
saluer (v.)	to greet	saludar	cumprimentar	grüßen	打招呼
salut (n. m.)	greeting	hola	olá	Gruß	致意
samedi (n. m.)	Saturday	sábado	sábado	Samstag	周六
sandales (n. f. pl.)	sandals	sandalias	sandálias	Sandalen	凉鞋
santé (n. f.)	health	salud	saúde	Gesundheit	健康
satisfait(e) (adj.)	satisfied	satisfecho/a	satisfeito(a)	zufrieden	满意的
saumon (n. m.)	salmon	salmón	salmão	Lachs	鲑鱼
saut (n. m.) (à l'élastique)	jump (bungee jumping)	puenting	bungee jumping	Sprung	跳
sauter (v.)	to jump	saltar	saltar	springen	跳
saxophone (n. m.)	saxophone	saxofón	saxofone	Saxophon	萨克斯管
saynète (n. f.)	playlet	sainete	sainete	Sketch	独幕剧
scolaire (adj.)	school	escolar	escolar	schulisch	学校的
se baigner (v.)	bathing/swimming	bañarse	banhar-se	baden	沐浴
se brosser (v.) les dents	to brush one's teeth	cepillarse los dientes	escovar os dentes	sich die Zähne putzen	刷牙
se coucher (v.)	to go to bed	acostarse	deitar-se	schlafen gehen	睡觉
se démaquiller (v.)	to remove one's makeup	desmaquillarse	desmaquilhar-se	sich abschminken	卸妆
se déshabiller (v.)	to undress	desvestirse	despir-se	sich ausziehen	脱衣

Lexique

FRANÇAIS	ANGLAIS	ESPAGNOL	PORTUGAIS	ALLEMAND	CHINOIS
se détendre (v.)	to relax	relajarse	descontrair-se	sich entspannen	放松
se doucher (v.)	to take a shower	ducharse	tomar banho	duschen	淋浴
se laver (v.)	to wash oneself	lavarse	lavar-se	sich waschen	洗漱
se lever (v.)	to get up	levantarse	levantar-se	aufstehen	起床
se maquiller (v.)	to put one's makeup on	maquillarse	maquilhar-se	sich schminken	化妆
se marier (v.)	to get married	casarse	casar-se	heiraten	结婚
se nourrir (v.)	to eat	alimentarse	alimentar-se	sich ernähren	吃饭、进食
se parfumer (v.)	to put perfume on	perfumarse	perfumar-se	sich parfümieren	喷香水
se parler (v.)	to talk to oneself	hablarse	falar-se	miteinander sprechen	自言自语
se préparer (v.)	to prepare oneself	prepararse	preparar-se	sich vorbereiten	准备
se présenter (v.)	to present oneself	presentarse	apresentar-se	sich vorstellen	自我介绍
se réunir (v.)	to get together	reunirse	reunir-se	sich treffen	会和
se réveiller (v.)	to wake up	despertarse	acordar	aufwachen	醒来
se sentir (v.)	to feel	sentirse	sentir-se	sich fühlen	感觉
sec (sèche) (adj.)	dry	seco/a	seco(a)	trocken	干燥的
séjour (n. m.)	stay	estancia	estadia	Aufenthalt	旅居
sel (n. m.)	salt	sal	sal	Salz	盐
selle (n. f.)	saddle	sillín	sela	Sattel	鞍
semaine (n. f.)	week	semana	semana	Woche	一周
sensation (n. f.)	sensation/feeling	sensación	sensação	Eindruck	感觉
sentiment (n. m.)	sentiment/feeling	sentimiento	sentimento	Gefühl	情感
septembre (n. m.)	September	septiembre	setembro	September	九月
sérieux(euse) (adj.)	serious	serio/a	sério(a)	zuverlässig	严肃的
serveur(euse) (n.)	waiter/waitress	camarero/a	empregado(a) de mesa	Kellner(in)	服务员
serviette (n. f.)	towel	toalla	toalha	Handtuch	毛巾
servir (v.)	to serve	servir	servir	dienen	服务
short(s) (n. m.)	shorts	pantalón corto	calção	kurze Hose	短裤
site naturel (n. m.)	natural beauty spot	paraje natural	sítio natural	Naturschutzgebiet	景点
situation de famille (n. f.)	marital status	estado civil	estado civil	Familienstand	家庭状况
situer (v.)	to situate	ubicar	situar	einordnen	位于
sociable (adj.)	sociable	sociable	sociável	gesellig	交际的
soda (n. m.)	fizzy drink	soda	soda	Sodawasser	苏打
sœur (n. f.)	sister	hermana	irmã	Schwester	姐、妹
soif (n. f.)	thirst	sed	sede	Durst	渴
soir (n. m.)	evening	noche	noite	Abend	晚上
soirée (n. f.)	evening	noche	noite	Abend	晚间
soleil (n. m.)	sun	sol	sol	Sonne	阳光
solidaire (adj.)	supportive	solidario/a	solidário(a)	solidarisch	单独的
sombre (adj.)	dark	oscuro/a	escuro(a)	dunkel	暗的
sommeil (n. m.)	sleep	sueño	sono	Schlaf	睡眠
sortir (v.)	to go out	salir	sair	ausgehen	出去
souffler (v.)	to blow	soplar	soprar	blasen	吹
souhait (n. m.)	wish	deseo	desejo	Wunsch	心愿
souriant(e) (adj.)	smiling/cheerful	sonriente	sorridente	freundlich	微笑的
sourire (n. m.) (v.)	smile	sonreír	sorrir	Lächeln / lächeln	微笑
sous	under	debajo de	debaixo	unter	在……之下
spectacle (n. m.)	show/spectacle	espectáculo	espetáculo	Vorstellung	表演
speech (n. m.)	speech	discurso	discurso	Ansprache	发言
spéléologie (n. f.)	caving	espeleología	espeleologia	Höhlenforschung	洞穴学
sport (n. m.)	sport	deporte	desporto	Sport	体育
sportif(ive) (adj.)	sporty	deportista	desportivo(a)	sportlich	爱运动的
stade (n. m.)	stadium/sports ground	estadio	estádio	Stadion	体育场
station de métro (n. f.)	underground station/ metro station	estación de metro	estação de metro	U-Bahn-Haltestelle	地铁站
station de radio (n. f.)	radio station	emisora de radio	estação de rádio	Radiosender	广播站
studio (n. m.)	studio flat	estudio	estúdio	Einzimmerwohnung	单间套房
style (n. m.)	style	estilo	estilo	Stil	风格

FRANÇAIS	ANGLAIS	ESPAGNOL	PORTUGAIS	ALLEMAND	CHINOIS
sucré(e) (adj.)	sweet	dulce	doce	süß	甜的
sucre (n. m.)	sugar	azúcar	açúcar	Zucker	糖
sud (n. m.)	south	sur	sul	Süden	南部
suédois(e) (adj.)	Swedish	sueco/a	sueco(a)	schwedisch	瑞典的
suisse (adj.)	Swiss	suizo/a	suíço(a)	schweizerisch	瑞士
super (adj.)	great	fenomenal	fixe	toll	很棒的
superbe (adj.)	superb	precioso/a	extraordinário	herrlich	极好的
sur	on	encima de	em cima de	auf	在……之上
surgelé(e) (adj.)	frozen	congelado/a	congelado(a)	tiefgefroren	冷冻的
surprise (n. f.)	surprise	sorpresa	surpresa	Überraschung	惊讶
sympathique (sympa) (adj.)	nice	simpático/a	simpático(a)	nett	和善的
symptôme (n. m.)	symptom	síntoma	sintoma	Symptom	症状
table (n. f.)	table	mesa	mesa	Tisch	桌子
tableau (n. m.)	picture	cuadro	quadro	Bild	图表
tâche (n. f.)	task	tarea	tarefa	Aufgabe	任务
tâche ménagère (n. f.)	household chores	tarea doméstica	tarefa doméstica	Hausarbeit	家务
tante (n. f.)	aunt	tía	tia	Tante	婶婶
tapis (n. m.)	rug/mat	alfombra	tapete	Teppich	地毯
tarif (n. m.)	price	tarifa	tarifa	Tarif	价格
tasse (n. f.)	cup	taza	chávena	Tasse	杯子
tee-shirt (n. m.)	tee-shirt/T-shirt	camiseta	t-shirt	T-Shirt	T恤
téléphone (n. m.)	telephone	teléfono	telefone	Telefon	电话
téléphonique (adj.)	telephone/phone	telefónico/a	telefónico(a)	telefonisch	电话的
télétravail (n. m.)	remote working	teletrabajo	teletrabalho	Telearbeit	远程办公
télévision (n. f.)	television	televisión	televisão	Fernseher	电视
témoignage (n. m.)	personal story	testimonio	testemunho	Bericht	证词
température (n. f.)	temperature	temperatura	temperatura	Temperatur	温度
temps (n. m.)	weather/ time	tiempo	tempo	Wetter	时间、天气
terminer (v.)	to finish/to complete	terminar	terminar	beenden	结束
terminus (n. m.)	terminus	última parada	paragem final	Endhaltestelle	终点站
tête (n. f.)	head	cabeza	cabeça	Kopf	头
théâtre (n. m.)	theatre	teatro	teatro	Theater	剧场
timide (adj.)	shy/timid	tímido/a	tímido	schüchtern	羞涩的
toilettes (n. f. pl.)	toilets	aseo	lavabos	Toilette	卫生间
tomate (n. f.)	tomato	tomate	tomate	Tomate	西红柿
tongs (n. f. pl.)	flip-flops	chanclas	chinelos	Flip-Flops	人字拖
top (adj.) (fam.)	great/fab	genial	genial	top	很好的
touriste (n.)	tourist	turista	turista	Tourist	游客
touristique (adj.)	touristy	turístico/a	turístico(a)	touristisch	旅游的
tourner (v.)	to turn	girar	girar	abbiegen	旋转
tout droit	straight ahead	todo recto	em frente	geradeaus	笔直
traditionnel(le) (adj.)	traditional	tradicional	tradicional	traditionell	传统的
traducteur(trice) (n.)	translator	traductor/a	tradutor(a)	Übersetzer(in)	翻译
train (n. m.)	train	tren	comboio	Zug	火车
tramway (n. m.)	tramway	tranvía	elétrico	Straßenbahn	电车
transférer (v.)	to transfer	transferir	transferir	übertragen	转移
transformé(e) (adj.)	ready (meal)/processed (food)	transformado/a	transformado(a)	verarbeitet	加工的
transport (n. m.) (en commun)	(public) transport	transporte (público)	transporte público	(öffentliches) Verkehrsmittel	交通
travail (n. m.)	work	trabajo	trabalho	Arbeit	工作
travailler (v.)	to work	trabajar	trabalhar	arbeiten	工作
traverser (v.)	to cross	cruzar	atravessar	überqueren	穿过
très	very	muy	muito	sehr	很
triste (adj.)	sad	triste	triste	traurig	悲伤的
trombinoscope (n. m.)	photographic who's who	directorio de fotos	registo fotográfico	Fotowand	照片档案
trottinette (n. f.)	scooter	patinete	trotinette	Roller	踏板车

Lexique

FRANÇAIS	ANGLAIS	ESPAGNOL	PORTUGAIS	ALLEMAND	CHINOIS
trousse à pharmacie (n. f.)	first aid kit	botiquín	kit de primeiros socorros	Verbandskasten	医药箱
turc, turque (adj.)	Turkish	turco/a	turco(a)	türkisch	土耳其的
union (n. f.)	union	unión	união	Vereinigung	联合
unique (adj.)	unique	único/a	único(a)	einzigartig / einzeln	独特的
unité (n. f.)	single unit/item	unidad	unidade	Einheit	单位
université (n. f.)	university	universidad	universidade	Universität	大学
urbain(e) (adj.)	urban	urbano/a	urbano(a)	städtisch	城市的
ustensile (n. m.)	utensil	utensilio	utensílio	Utensil	用具
vacances (n. f. pl.)	holidays	vacaciones	férias	Urlaub	假期
vaisselle (n. f.)	crockery	vajilla	loiça	Geschirr	餐具
valise (n. f.)	suitcase	maleta	mala	Koffer	行李
valoriser (v.)	to enhance/to show to best advantage	resaltar	valorizar	aufwerten	使增值
varié(e) (adj.)	varied	variado/a	variado(a)	vielfältig	多样的
végétarien(ne) (adj.)	vegetarian	vegetariano/a	vegetariano(a)	vegetarisch	素食的
véhicule (n. m.)	vehicle	vehículo	veículo	Fahrzeug	车辆
vélo (n. m.)	bike	bicicleta	bicicleta	Fahrrad	自行车
vendredi (n. m.)	Friday	viernes	sexta-feira	Freitag	周五
venir (v.)	to come	venir	vir	kommen	来
verre (n. m.)	glass	vaso	copo	Glas	玻璃杯
verser (v.)	to pour	verter	verter	eingießen	倒
vert(e) (adj.)	green	verde	verde	grün	绿色的
veste (n. f.)	jacket	chaqueta	casaco	Jacke	外套
vêtement (n. m.)	item of clothing	prenda	roupa	Kleidungsstück	衣服
viande (n. f.)	meat	carne	carne	Fleisch	肉
vide (n. m.)	empty	vacío/a	vazio(a)	Leere	空白
vidéo (n. m.)	video	vídeo	vídeo	Video	视频
vie (n. f.)	life	vida	vida	Leben	生活
vieux, vieille (adj.)	old	viejo/a	velho(a)	alt	旧的
vif(ve) (adj.)	lively	vivo/a	vivo(a)	lebhaft	活的、活泼的
village (n. m.)	village	pueblo	aldeia	Dorf	村庄
ville (n. f.)	town	ciudad	cidade	Stadt	城市
violet(te) (adj.)	purple/violet	violeta	violeta	violett	紫色的
visioconférence (n. f.) / visio (fam.)	video conference/video conf	videoconferencia	videoconferência	Videokonferenz	视频会议
visite (n. f.)	visit	visita	visita	Besuch	参观、拜访
visiter (v.)	to visit	visitar	visitar	besuchen	参观
visiteur(euse) (n.)	visitor	visitante	visitante	Besucher(in)	参观者
vite	quick/fast	rápido	rápido	schnell	快的
vivre (v.)	to live	vivir	viver	leben	生活
vocal(e) (adj.)	vocal	vocal	vocal	Stimm-	语音的
vœu (n. m.)	wish	deseo	desejo	Wunsch	祝愿
voisin(e) (n.)	neighbour	vecino/a	vizinho(a)	Nachbar(in)	邻居
voiture (n. f.)	car	coche	carro	Auto	车辆
vol (n. m.)	flight	vuelo	voo	Flug	飞行
voler (v.)	to fly	volar	voar	fliegen	飞
vouloir (v.)	to want to	querer	querer	wollen	想要
voyage (n. m.)	journey/voyage	viaje	viagem	Reise	旅行
voyager (v.)	to travel	viajar	viajar	reisen	旅行
week-end (n. m.)	weekend	fin de semana	fim de semana	Wochenende	周末
yaourt (n. m.)	yoghurt	yogur	iogurte	Joghurt	酸奶
yeux (n. m. pl.)	eyes	ojos	olhos	Augen	眼睛